全国革命老区县发展史丛书——河南驻马店市卷

泌阳县革命老区发展史

泌阳县老区建设促进会 编

郑州大学出版社

图书在版编目（CIP）数据

泌阳县革命老区发展史 / 泌阳县老区建设促进会编. —郑州：郑州大学出版社，2021.11

（全国革命老区县发展史丛书）

ISBN 978-7-5645-8342-2

Ⅰ. ①泌… Ⅱ. ①泌… Ⅲ. ①泌阳县－地方史 Ⅳ. ①K296.14

中国版本图书馆CIP数据核字（2021）第234023号

泌阳县革命老区发展史

BIYANG XIAN GEMING LAOQU FAZHANSHI

策划编辑	孙理达	封面设计	吴　超
责任编辑	席静雅	版式设计	吴　超
责任校对	樊建伟	责任监制	凌　青　李瑞卿
出版发行	郑州大学出版社有限公司	地　　址	郑州市大学路40号（450052）
出 版 人	孙保营	网　　址	http://www.zzup.cn
经　　销	全国新华书店	发行电话	0371-66966070
印　　刷	郑州印之星印务有限公司		
开　　本	710 mm×1010 mm　1/16	彩　　页	8
印　　张	23.5	字　　数	403千字
版　　次	2021年11月第1版	印　　次	2021年11月第1次印刷
书　　号	ISBN 978-7-5645-8342-2	定　　价	120.00元

本书如有印装质量问题，请与本社联系调换。

中国工农红25军长征入泌阳界旧址（泌阳高店肖湾）

中国工农红25军长征休整地旧址（泌阳高邑胡栗冲）

中国工农红28军五道岭会议旧址

革命旧址

1927年，中共泌阳支部在县城福音堂钟楼成立（福音堂旧址）

邓庄古槐，豫南人民抗日军独立团成立地旧址

1939年，刘少奇去竹沟经泌阳在县城西关夜宿之地

北京新四军研究会寻访团在焦竹园革命旧址留影

县老促会会长焦相贤等陪同老革命后代参观鄂豫边革命纪念馆

泌阳烈士陵园革命烈士纪念碑

鄂豫边革命根据地创始人后代在烈士陵园凭吊。右图自左至右依次为：陈其民（陈子爵之子）、王雷生（王国华之子）、张宁（张星江之孙）、周东延（周骏鸣之子）、仝胜利（仝中玉之子）

2017年9月30日，烈士纪念日公祭活动

青少年学生向革命先烈献祭

清明节凭吊革命烈士

革命文物

1934年1月，张星江参加全国苏维埃第二次代表大会颁发的纪念章（苗清发之子苗章栓捐赠；刘万营　谢永彬 供图）

泌阳青年战时工作团纪念章（苏凤章之女苏淑琴存放）

新四军女战士用过的化妆箱

新四军号手使用过的军号

新四军老八团团长周骏鸣用过的公文包

老八团团长周骏鸣用过的望远镜（以上四物现均存于鄂豫边革命纪念馆，黄海山供图）

盘古山盘古庙全境

2004年，中国民间文艺家协会组织专家学者考察盘古山盘古磨

中国盘古圣地 拜祖大典盛况

泌阳羊册、黄山口等乡的山区分布的凹穴岩画（图为专家学者考察现场）

泌阳楚长城遗址

考察下河湾战国冶铁遗址

泌阳县城图

泌阳高速引线

泌水河南岸生态项目区

著名物产

泌阳驴

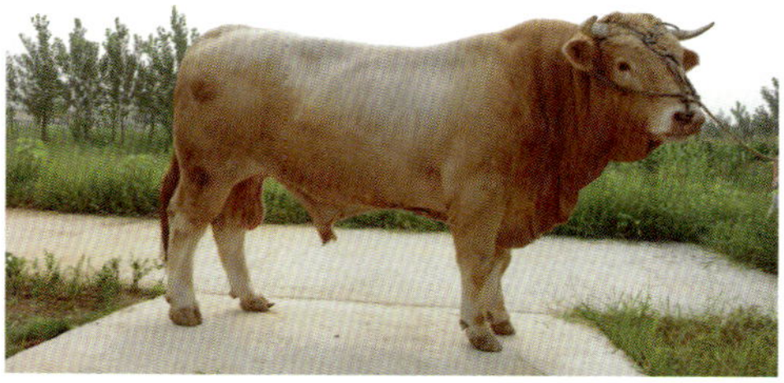

泌阳夏南牛

夏南牛赛牛大会

2017年8月15日，“夏南牛·恒都牛肉”高铁冠名列车首发式在郑州东站举行

2002年，泌阳国际香菇研讨会期间，世界蘑菇协会会长马克·沃克在香菇市场

泌阳花菇甲天下

泌阳高店油田油井

泌阳铜山风景区下元寺全景图

泌阳县城公园，市民表演集体舞蹈

2017年4月26日，时任省委书记、省人大常委会主任谢伏瞻（右三）与市委书记余学友（左三），市委副书记、市长陈星（右一）到泌阳县赊湾镇董岗村查看脱贫情况，并与困难户关书芳亲切交谈

2017年3月30日，全市产业扶贫现场会在泌阳县召开

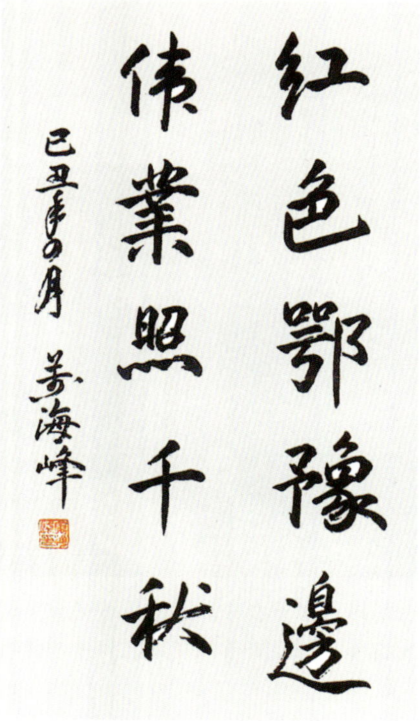

万海峰将军题词

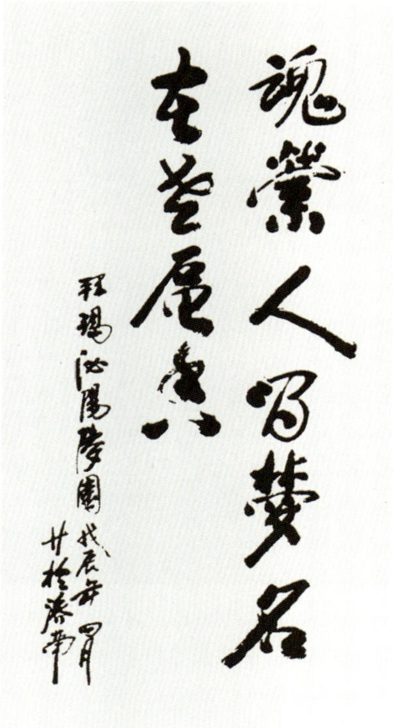

赵峰将军为泌阳烈士陵园题词

2021年6月22日，泌阳县新发展党员代表入党宣誓暨党员重温入党誓词仪式在焦竹园鄂豫边革命纪念馆举行，县委书记张树营领誓

《泌阳县革命老区发展史》
编审委员会

顾　　问　张树营　魏华伟　郭洪波　刘德法

主　　任　焦相贤

副 主 任　王广超　袁运福　高明德　陈　超　王建军　李全武

成　　员（以姓氏笔画为序）

王保良　王德收　刘天坤　刘康乐　吕　涛　孙书贵　孙德兵　李东升　杨兴峰　禹　剑　席之合　苗　峰　郭晓勇　龚中立

总 编 审　董新奇　王庆怀

副总编审　焦相贤　刘德法

编　　审　袁运福　高明德

主　　编　王瑜廷

编　　辑　闫照有　周文化　魏景部

摄　　影　刘　艺　梁和平　冯华豫

总　　序

在举国欢庆新中国成立70周年前夕，中国老区建设促进会王健会长请我为“全国革命老区县发展史”丛书作序，作为一名在老区战斗过并得到老区人民生死相助的老兵，回首往事，心潮澎湃，感慨万千，深感义不容辞，欣然应允。

中国革命老区，是以毛泽东为代表的中国共产党人在领导人民推翻帝国主义、封建主义和官僚资本主义三座大山，争取民族独立和人民解放伟大斗争中建立的革命根据地，在这片红色的土地上，诞生了无数可歌可泣的革命英雄儿女，为后人树起了一座不朽的丰碑，她是新中国的摇篮，是党和军队的根。

在艰苦卓绝的战争年代，老区人民把自己的命运与中华民族的命运紧紧地联系在一起，与中国共产党和人民军队的命运紧紧地联系在一起，他们生死相依，患难与共。我曾亲历过战争年代，并得到过老区红哥、红嫂的救助，切身感受到发生在身边的一幕幕撼天动地的革命故事，在那极其艰难的条件下，老区人民倾其所有、破家支前，不怕艰难困苦，不怕流血牺牲。“最后一碗米送去做军粮，最后一尺布送去做军装，最后一件老棉袄盖在担架上，最后一个亲骨肉送去上战场”，这是当时伟大的老区人民为建立新中国做出巨大牺牲的真实写照，它将永远镌刻在中国共产党、中国人民解放军、中华人民共和国的历史丰碑上。他们的光辉业绩永载史册，他们的革命精神必将影响一代又一代的革命新人，造就一代又一代的民族脊梁。

在社会主义革命和建设时期，革命老区和老区人民响应党的号召，面对落后的面貌、脆弱的经济、恶劣的生态环境，他们本色不变，精神不丢，自力更生，艰苦奋斗，干一行爱一行。始终坚持“革命理想高于天”，自觉做共产主义远大理想的坚定信仰者和忠实实践者，勇于向恶劣的自然环境和贫穷落后宣战，他们在各条战线上为国建功立业，用平凡的双手创造了一个又一个不平凡的奇迹，彰显了老区人的崇高精神和人格力量。

在改革开放的伟大进程中，老区人民解放思想，勇于创新，发奋图强，攻坚克难，老区的经济社会建设取得了辉煌成就。特别是在改变中国的面貌、中华民族的面貌、中国人民的面貌、中国共产党的面貌的伟大实践中发挥了至关重要的作用。老区人民既是改革开放的参与者，也是改革开放的推动者。

艰苦练意志，危难见精神。老区人民在近百年的革命战争、社会主义建设和改革开放的伟大实践中，孕育形成了伟大的老区精神：爱党信党、坚定不移的理想信念；舍生忘死、无私奉献的博大胸怀；不屈不挠、敢于胜利的英雄气概；自强不息、艰苦奋斗的顽强斗志；求真务实、开拓创新的科学态度；鱼水情深、生死相依的光荣传统。这是党和人民宝贵的精神财富、丰厚的政治资源，是凝心聚力、振奋民族精神的重要法宝，也是社会主义核心价值观的重要内容。

中国老区建设促进会怀着强烈的政治责任感和历史使命感，组织全国各地老促会人员克服困难，尽心竭力编纂“全国革命老区县发展史”丛书，记录老区的光辉历史和辉煌成就，传承红色基因，弘扬老区精神，是功在当代，利及千秋的一件大事。手捧这部丛书的部分书稿，读着书中的故事，倍感亲切，深感这部丛书具有资政、育人、存史的社会功能，有着重要的时代和历史价值。它是不忘初心、牢记使命的源头活水，是赞颂共产党、讴歌老区人民的一部精品力作，是弘扬老区精神、传承红色记忆的丰厚载体，是一项继承优秀传统文化、弘扬革命文化、发展社会主义先进文化，坚定“四个自信”的宏大文化工程。它必将成为一种文化品牌，为各界人士了解老区、宣传老区、支持老区提供一部有价值的研究史料。希望读者朋友们、能从中了解并牢记这些为党和民族的利益不断奉献的老区人民，从中得到教益，汲取人生奋斗的精神动力。

新时代赋予新使命，新起点开启新征程。让我们更加紧密地团结在以习近平同志为核心的党中央周围，坚持以习近平新时代中国特色社会主义思想为指导，增强“四个意识”，坚定“四个自信”，做到“两个维护”，弘扬老区精神，铭记苦难辉煌。为实现“两个一百年”奋斗目标，实现中华民族伟大复兴的中国梦作出新的更大的贡献！

迟浩田

2009年4月11日

编 写 说 明

2017年6月，中国老区建设促进会组织全国各地老促会启动编纂“全国革命老区县发展史”丛书，按照“建立中国共产党、成立中华人民共和国、推进改革开放和中国特色社会主义事业”三大里程碑的历史脉络，系统书写革命老区百年历史，深入挖掘革命老区红色文化资源，这对于充实丰富中国革命史籍宝库、在新时代传承红色基因、弘扬革命精神、强固根本，对于激励人们在新的历史条件下夺取中国特色社会主义伟大胜利，实现中华民族伟大复兴的中国梦具有重要意义。

丛书编纂以习近平新时代中国特色社会主义思想为指导，以《中国共产党历史》《中国共产党的九十年》等重要文献为基本依据，以党的领导为核心，以老区人民为主体，以老区发展为主线，体现历史进程特征，突出时代发展特色，坚持辩证唯物主义和历史唯物主义相统一、历史真实性与内容可读性相统一的原则，书写革命老区从站起来、富起来到强起来的光辉革命史、不懈奋斗史、辉煌成就史，把老区人民的伟大贡献、伟大创造、伟大成就、伟大精神充分展示出来，形成一部具有厚重历史特征和鲜明时代特色的精品力作。这是一部培根铸魂、守正创新，既为历史立言，又为时代服务，字里行间流淌着红色血脉、催生着革命激情的传世之作。丛书的编纂出版将成为讴歌党讴歌人民讴歌时代、传播红色文化、为革命老区和老区人民树碑立传的重要载体。

丛书按照编年体与纪事本末体相结合、以编年体为主的编写体例确定框架结构；运用时经事纬、点面结合的方式记述史实；坚持人事结合、以事带人的原则处理人与事的关系；采取夹叙夹议、叙论结合以叙为主的方法展开内容。做到了史料与史论、历史与现实、政治与学术统一，文献性、学术性、知识性相兼容。

为编纂好“全国革命老区县发展史”丛书，打造红色文化品牌，中国老区建设促进会认真组织积极协调，提出政治立场鲜明、史料真实准确、思想论述深刻、历史维度厚重、时代特色突出、编写体例规范、篇目布局合理、审读把关严格、出版制作精良的编纂出版总要求，力求达到革命史籍精品的精神高度、思想深度、知识广度、语言力度，增强丛书的权威性和社会影响力。各省（区、市）、市（州、盟）、县（市、区、旗）老促会的同志，以强烈的使命感、责任感和紧迫感，勇于担当，积极作为，认真实施，组织由老促会成员、专家学者等参加的十余万人编纂队伍。编纂工作主体责任在县，省、市组织协调、有力指导、审读把关。各方面人员以高度负责的精神和科学严谨的态度，满腔热情地投入工作，为丛书编纂出版做出了重要贡献。丛书编纂工作还得到了党和国家有关部委、地方各级党委政府及有关部门的大力支持和积极参与，社会各界也给予了热情帮助。中共中央政治局原委员、中央军委原副主席、原国务委员兼国防部长迟浩田上将，对老区人民怀有深厚感情，对革命老区建设发展十分关注，欣然为“全国革命老区县发展史”丛书作总序。

丛书由总册和1599部分册（每个革命老区县编纂1部分册）组成，共1600册。鉴于丛书所记述的史实内容多、时间跨度长和编纂时间紧，不妥之处，敬请批评指正。

中国老区建设促进会

2019年5月14日

目　录

概　述

一

泌阳古称比阳，位于东经113° 06′ —113° 42′ 、北纬32° 33′ —33° 09′ ，地处河南省南部，东接黄淮平原，西临南阳盆地，东西分流长江淮河二水；南有楚山汉沔，北为秦水韩土，南北处于中原荆楚相接之地。在长江、黄河两水中间区域，属大陆地理版块第三阶梯。春秋战国时期，这里曾属楚国和韩国，现在是驻马店、平顶山、信阳、南阳四市交汇地带的重要县级区域。

县城在驻马店市西南98公里，西距南阳市100公里，东北距郑州市320公里，距首都北京1100公里。东至确山县城78公里；南至桐柏县城65公里；西至唐河县城50公里；北至武钢区80公里。

县境东与遂平县、驿城区、确山县接壤，南与桐柏县交界，西与唐河县、社旗县相连，北与方城县、舞阳县毗邻。象河关北出至舞阳、下碑寺东北出至遂平、邓庄铺东出至确山、马谷田东南出至信阳、高店南出至桐柏、赊湾西南出至唐河、泰山庙西出至赊店（社旗）、郭集西北出至方城。东起铜山乡城顶寨，西至郭集乡侉庄行政村黄庄，广61.5公里；北起象河乡李庄行政村部家，南至马谷田镇庙街行政村远洼，袤68.5公里。总面积2336平方公里，辖11镇8乡3个街道办事处。人口中包含22个民族；28.5万户，93万人（截至2018年统计）。1986年1月，全部被河南省人民政府认定为革命老区乡镇；2014年，被纳入国务院大别山革命老区振兴发展规划区域。

二

泌阳历史悠久。早在新石器时代，境内已有人类居住繁衍。唐尧虞舜时属豫州之域。夏商因之。周时，境内有侯国昶（今县境东南马谷田一带）。

春秋属楚国。战国末期属韩。秦统一后，属南阳郡。

汉高祖五年（前202），境内设比阳、舞阴二县，距今已有2200多年。比阳，或为沘阳，以县城设于比水北岸而得名。城址在今城区古城村北体育场范围。三国时期，属魏荆州南阳郡。

西晋，比阳为公国相。东晋、十六国时，先后属前赵、后赵、前燕、前秦、后秦。

南北朝时期，县境归属时变，置州设县频繁。宋永初元年（420），比阳县隶属雍州广平郡（治今湖北襄阳）；泰豫元年（472），桓诞以所属降北魏，魏即于比阳置东荆州，比阳县更名阳平县。齐建元年间（479—482）侨置高邑县。西魏废帝二年（553）春，改东荆州为鸿州。北周天和二年（567）改为淮州。

隋代开皇五年（585），改淮州为显州；开皇七年，改阳平县为饶良县；大业二年（606），改饶良县为比阳县；大业三年四月，改显州为淮安郡，隶属豫州，领比阳、平氏、桐柏、显冈、慈丘、真昌（今社旗县境内）六县。

唐代武德四年（621），复改淮安郡为显州，置总管府，辖显州、北澧州（治今方城县）、纯州（治今桐柏县）；武德七年，改显州总管府为都督府。贞观元年（627），罢都督府；贞观九年，废枣阳唐州建置，改显州为唐州（治所比阳），领比阳、桐柏、平氏、慈丘、上马（城址在今唐河东古城）、湖阳6县。天宝元年（742），改唐州为淮安郡。乾元二年（759）复改淮安郡为唐州，隶山南东道（治今湖北襄阳市），领县如故。贞元元年（785）改隶东都道，贞元三年又改隶山南东道。天祐三年（906），唐州治所移至泌阳（今唐河），比阳县属之。

北宋时，隶属唐州，始设二乡。南宋绍兴十一年（1141），地处淮水以北的比阳县割于金国，置羊栅镇，隶唐州。金天兴三年（1234），金亡，复归南宋。

元宪宗四年（1254），蒙古军入侵至襄阳以北，县境归入蒙古。元世祖至元三年（1266）“以民力不及”，废比阳，入泌阳（今唐河），改比阳为毗阳镇，设巡检司，隶唐州。

明洪武元年（1368）三月，征成将军邓愈攻占南阳，毗阳入明朝版图；洪武十四年（1381），复于毗阳镇置县，因其地望于唐河所称泌阳相符，故定名泌阳，属南阳府。下设毗阳、饶良、象河、白失（秩）、高邑5保。其时，县城南移，以今东方红街为中心区。嘉靖四年（1525）时下辖36保。

清顺治二年（1645），清军据南阳府，县境入清；顺治三年辖区并为10保。道光七年（1827）辖8保，即毗阳、饶良、象河、高邑、白秩、牛蹄、官庄、羊册，下辖80个铺（街）、1545个村庄，属南阳府。

1913年，泌阳县属汝阳道。沿清8保建制，改8保为8区，下辖铺改为乡，共有77个乡31个镇（街）。1927年，道废，直隶省。1931年，改区为乡，王集乡划归唐河县，全县107个乡镇（街）并为1个镇、12个乡。1932年，推行保甲制，恢复原8区，下辖72联保，532保，5840甲。1933年，属河南省第六行政督察专员公署（治所今南阳市）。1941年，取消区和联保，复设乡，全县新设30个乡，辖244保。1942年，并为12乡1镇，244保，2522甲。

1947年11月18日，陈谢兵团第四纵第十一旅（李成芳旅），首次解放泌阳；23日泌阳北部成立泌阳县爱国人民政府（称泌北县，驻方城县），隶豫陕鄂边区七地委。1947年12月17日，桐柏军区部队和泌阳干部大队由桐柏黄岗进入泌阳，在王店宣布成立泌阳县委县政府，19日进入县城，再次解放泌阳。1948年1月5日，泌北县奉命撤销，同时原泌阳县改称泌东县（驻今贾楼乡曾沟），成立泌西县（驻羊册古城寨）。1949年1月，泌东、泌西两县合并成立泌阳爱国民主县政府（驻官庄）；4月15日迁至中山镇（即今泌阳城）；10月，全县设城关、沙河店2镇和大磨、马谷田、王店、牛蹄、春水、羊册、官庄、饶良、双庙9区，镇区下辖197个乡，隶南阳专区。1956年7月，省人委决定将县境东部冷水、前城、大李河、陈楼4乡划归确山县。1958年10月，全县统称“铜山人民公社”，辖11个管理区。1959年3月，撤销“铜山人民公社”，改管理区为人民公社。1961年，全县设10区1镇，下辖74个人民公社。翌年，人民公社调整合并为54个，下辖443个生产大队。1965年7月，泌阳县改隶新设的驻马店专区；是年年底，泌阳饶良区划归新设的社旗县。2000年，驻马店撤地设市，泌阳县隶属驻马店市。2011年，泌阳板桥镇、老河乡、沙河店镇划入驿城区。2013年，根据城镇化建设需求，实行城镇化管理体制，撤销泌水镇、花园乡，改设古城、泌水、花园3个街道办事处。

2018年，泌阳县共有22个乡镇街道办，羊册、马谷田、春水、赊湾、官庄、郭集、泰山庙、王店、杨家集、高店、高邑11个镇和象河、黄山口、双庙街、盘古、下碑寺、贾楼、付庄、铜山8个乡及古城、花园、泌水3个街道办事处，共294个村委会和60个居民委员会，3228个自然村。

三

泌阳文化灿烂，有丰厚的文化遗存。传说泌阳盘古山是盘古开天辟地的地方。远古洪荒时候，盘古氏在这里经石狮搭救，而后滚磨成亲、肇造人类、百神佑子、驯化牲畜、种植五谷、三场私雨，垂死化生，盘古故事丰富多彩，千古流传，生生不息。其遗迹遗存有盘古庙、盘古磨、盘古井、石狮子、百神庙、盘古化身山等，胜迹实证，神话图卷，如影随形，毋庸置疑。盘古古刹庙会、敬盘古、拴娃娃、百家姓、祈福祈寿、神狮把门、过生儿、还愿、呼女孩为“千金”，称夫妻为“姊妹俩”，打招呼用“回来啦”，民俗相伴，文化积淀，根深蒂固，深入人心。2005年，泌阳以此被中国民间文

专家学者考察泌阳羊册、黄山口等乡山区分布的凹穴岩画现场

艺家协会命名为“中国盘古圣地”。一年一度的盘古庙会更名为“中国盘古文化节”，自2003年开始至今，已连续举办17届拜祖盛典。

在今黄山口、羊册、官庄等乡镇山区发现的凹穴岩画，与方城县、舞阳县等地凹穴岩画同类，有星象、事物等记载。有关专家考证，刀耕火种的时代这里就有人类生活，凹穴岩画就是远古先民生产生活的文化符号，且与方城、舞阳和具茨山凹穴岩画一样，是中原古老文明历史的见证。在象河、春水、下碑寺境内，发现有多个古代石场、石碾，为农耕时代先民开凿的石槽，于槽内碾轧农作物、脱壳存仁以食用，表现了先民生产劳动的智慧。

官庄镇蒋庄有新石器时代文化遗址，1986年11月被公布为河南省第二批重点文物保护单位。赊湾镇赵庄仰韶文化遗址，前荒里、康庙等文化遗址，表明早在六七千年前，现泌阳境内已有人类居住繁衍生息。赊湾镇王阎村委张庄文化遗址，属于龙山文化下王岗类型，同时又有仰韶、屈家岭文化层的存在，距今约4000多年。该遗址对研究汉水流域远古文明状况有十分重要的价值，证明远古时泌阳的繁荣昌盛，2008年，被公布为河南省重点文物保护单位。一件件造型典雅别致的陶器、陶片、石器和斧钺的出土，是远古文明的活化石。

春秋时期，楚国修筑的北部边境防御长城，从西北方城县境延至泌阳境象河、春水、下碑寺、付庄，境内段长约30公里。长城依山就势，蜿蜒曲折。长城脚下修筑车马大道，史称夏路。象河古称象禾，是楚国北部边境的一个关隘，史称“缯关”。楚长城象河段约略西北东南向，当时修筑的数座烽火台和屯兵时的百口井等遗迹尚存，被列为第二批全国文物保护单位。

马谷田镇南岗村委下河湾冶铁遗址，是迄今为止中国发现的内涵最丰富、保存最完好、延续时间较长的，战国秦汉时期的集采、冶、炼于一体的大型官营冶铁遗址。其规模不仅在中原地区，甚至全国都十分罕见。冶铸遗址堆积，如炼炉、熔炉和鼓风管残片，应是战国晚期开始、延续至两汉时期的遗物，非官营而达不到这样的规模。遗址一经发现即引起考古界轰动，被列为第六批全国文物保护单位。

自汉以后，县境设州置县，有故城旧址多处。比阳故城在泌阳河北岸，今县城古城村北体育场。境西北舞阴故城（治所在今羊册古城）遗址依稀可见。南朝齐建元年间，河北高邑流民在今高邑镇侨置高邑县，故城址在今高邑街粮所高台以北。南北朝北魏在境北有江夏郡故城（春秋时名为重丘。郡、县治所均在今付庄乡政府西侧古城。后改慈丘县），境南有城阳郡、城阳县故城（郡、县治所均在今高店乡丁道村），境西有西郢州故城（治所似在今赊湾镇张湾），境东有昭越县故城（或曰招远县，后改为同光县，治所在今铜山乡古城岗村）。一处处故城遗址的残砖瓦片，从远古走来，向人们陈展出泌阳辉煌的历史。

四

泌阳自然资源丰富。属浅山丘陵区，从东南而来的桐柏山余脉由县境中部逶迤而北纵贯县境，山势大致呈“S”形，自然成为长江流域的泌阳河与淮河流域的汝河的分水岭，即所谓“一山源二水，流向分东西”。地势基本是中部高，东北、西南两隅低平，平均海拔321米，县城周围海拔140米以上。整个县域版图俨然是一幅太极图，镶嵌在中华人民共和国版图的中部。

泌阳总体地貌呈现“四山四丘两平原”的格局。山区面积占全县面积的4/10，主要在郭集、羊册、黄山口、春水、象河、下碑寺、付庄、贾楼、铜山、马谷田等乡镇;丘陵面积占全县面积的百分之四十，遍布全县;平原面积占全县面积的2/10，分布在泌阳河、汝河等主要河流两岸。全县有海拔高度在500米以上的山峰52座，其中白云山、盘古山、铜峰最为著名。白云山最高，983米，是驻马店市境内最高峰。山体俯视江淮平原，鸟瞰南阳盆地，被称为“淮汉界碑”。盘古山以人类祖居之地闻名遐迩。铜山是河南省AAAA级风景名胜区。共有河流146条，以泌阳河和汝河为两大干流，分东西两个流向。西流泌阳河，为境内最大河流，是河南省著名的倒流河。反“从”为“比”，古称“沘水”，唐代称泌水，因水而设泌阳县（今唐河县），明代比阳县改为泌阳县，因县而称泌阳河。该水源自白云山东麓，一路汇集铜山河、柳河、马谷田河、梁河、甜水河、红河等，入唐、白河和汉水，达于长江。东流汝河，古称“亲水”，以其亲从于全国地势西高东低之流而故名。浩浩荡荡，经遂平、汝南交汇洪河，再入淮河。

地处北亚热带与暖温带过渡地带，属大陆性季风气候。春风温暖，夏雨炎热，秋短夜凉，冬长干冷。四季分明，夏西南风，冬偏北风。天无久灾，地不绝收。据1950—2018年68年统计，常年日照时数为1758.6～2361.5小时，年平均日照时间2066.3小时，8月最多，224.1小时，2月最少，130.0小时；年平均气温14.6℃，1月最冷，均温0.9℃，7月最热，均温27.5℃；年平均无霜期219天；降水夏季集中，强度大，春、秋降水较适中，冬季降水量小。春季盛行偏东风，夏季盛行西南风，秋、冬偏北风较多；主要灾害性气候为旱灾。

农作物遵从春种、夏管、秋收、冬藏的规律。“二月二，龙抬头”，蛙、蛇等冬眠动物惊蛰始动，春天燕从南方来，“要要暖，椿头菜大似碗”，“三月三，金瓜葫芦地里钻”，林木花草发芽开花；夏天植物生长，枝繁叶茂；秋天风扫落叶，果实累累，“九月九，龙封口”，此后，家燕南飞；入冬，蛙、蛇冬眠，各类果实储藏备用。

全县总耕地面积1040平方千米，其中基本农田保护面积750平方千米，是河南省农业大县。农作物有100多种，盛产小麦、大豆、芝麻、花生、棉花等，优势树种为马尾松、刺槐、湿地松、火炬松、杨、柳等。水草丰盛，宜放牧，利养殖。牛、马、驴、猪、羊、鸡、鸭、鹅、兔、蚕、鱼饲养量大质优。有产中药材300多种，地道药材有射干、桔梗、丹参、柴胡等。已探明矿产有铁、铜、金、银、水晶、萤石、大理石、石油、金红石、碱等30多种。著名特产有：泌阳驴、南阳黄牛、马谷田瓢梨、白云山仙桃、泌阳花菇、夏南牛、铜山水晶石、桔梗、柴胡等。

五

泌阳有“宛汝通衢”“平随通道”之称，向为兵家必争之地。

战国时期，楚怀王二十八年（前301），秦庶长奂、齐大将章子（匡章）、韩将公孙喜、魏将暴鸢各带本国兵马，联合攻楚。楚派唐昧率兵抵御。联军自西、北压境，“夹沘而军”，联军渡河掩杀楚军两万余众，取重丘（今泌阳县付庄）而去。此后，泌阳境属韩国。

西汉末年，“王莽撵刘秀”，由宛追至泌阳东部山区的营盘河、截军山，刘秀依仗山势险峻而脱险。东汉建安初年，曹操与张绣争战于南阳舞阴间，互有胜负。建安四年（199）十一月，张绣联合刘表部将邓济，占湖阳（今唐河境内）陷舞阴。曹操部署军队、整饬军纪，亲率将士出战，攻占舞阴，收复湖阳，生擒邓济，收降张绣。据说，曹操“削发断袍”以明军纪的故事就发生在这里。

南北朝时，县境成为南北双方频繁争夺的战区，几无宁日。南朝齐建元元年（479），齐崔慧景率兵攻比阳，与北魏比阳守将韦珍激战于城南，齐军溃败。韦珍乘胜追击至桐柏以南，收降民7000余户，安置在城阳、冈陵、义阳三郡。北魏太和年间，桓诞引魏兵万余人与南朝齐陈显达部战于比阳南，桓败退入比阳城，齐兵围城数日而退。不久，桓诞又带兵攻舞阴，被南朝齐舞阴戍主殷公愍击败。北魏太和二十一年（497）孝文帝领兵百万御驾亲征，舞阴、比阳被魏军占领归属北魏。唐元和十二年（817），李愬由唐州（今泌阳）发兵，雪夜入蔡，一举攻破蔡州，活捉叛军吴元济。南宋绍兴六年（1136），岳飞收复了唐州（治所在今唐河）、鲁山、伊、洛等地。十月，伪齐刘豫派其弟“五大王”进攻唐、邓，在比阳（今泌阳）付庄、板桥一带相持。岳军决定佯撤，派董先、王贵率部在牛蹄附近的亲水（今汝河）南岸白云山设伏。刘豫得知岳军撤退，派李成、孔彦舟等将领尾追。金、伪齐军追赶到牛蹄正渡河时，岳飞回军掩击，李、孔部全军覆没。

诸多争战使百姓深受其害，到元代，全县人口锐减至4000多人。明初，“燕王扫北”，中原各县路断人稀。明末，李自成义军于境内数次争战。清代，从反清复明到推翻清朝封建帝制，斗争从未停歇。民国时期，军阀混战，当局横征暴敛，日寇铁蹄践踏；自然灾害，兵匪祸害，拉锯战争，致使民不聊生。

六

泌阳人民具有坚强的斗争精神和光荣的革命传统。南北朝时，樊素安率东荆州农民起义，屡胜北魏军。唐代黄巢义军驻屯境内铜山、高邑一带，“重铸铜峰高邑失，跨过剑阁论是非”。明末，李自成义军往来与官府多次交战，两次克城，并建立农民政权，宣布“免征三年税赋”。清代，泌阳农民纷纷参加和支援太平天国、白莲教、白朗等农民起义，坚持与封建统治斗争。清咸丰六年（1856），肖况、李太春、陈太安、管绍堂、王二党等捻军首领，在泌阳东北角子山竖旗起义，很快发展到2000多人，经牛角沟、马岭与清军激战，击败清军，影响渐大。周边州县农民纷纷前来参加捻军，最多达万人之众。清廷严令河南巡抚英桂会同三省都统胜宝率众兵“围剿”，义军以角子山为根据地，兵分三路迎击，攻克泌阳，击毙泌阳团首郝恒太和汛把总张士位，继而，转战十余州县，粉碎了清政府的疯狂围剿，胜利返回角子山根据地。斗争持续十多年，给清廷以沉重打击。光绪二十八年（1902），泌阳衙户房书吏张云卿为反对增加田赋充“庚子赔款”发起了反官府、反洋教起义。唐、桐、泌三县百姓群情激愤，纷纷响应，很快发展到万余人，张云卿被推举为义军元帅。接着，张云卿带领义民从盘古山出发，直逼泌阳县城。知县费鸿章与刘万乾惊恐万状，上报清廷。清廷指使河南巡抚锡良镇压义民，缉捕张云卿等。清兵在泌阳、唐河对义民疯狂逮捕和屠杀。张云卿不幸被捕，在严刑拷打面前，坚贞不屈，英勇就义。

1919年五四运动，促进了泌阳人民的新觉醒，反帝反封建的斗争此起彼伏。1924年，泌阳始有共产党人活动。1927年11月，中共泌阳支部在县城福音堂钟鼓楼下成立。1928年10月，中共泌阳县委成立。1930年，泌阳县委按照南阳中心县委指示成立武装起义的行动委员会；是年秋，趁赊湾西北康庄—楝树庄起会，袭击民团，夺取武器，进行武装暴动预演。1932年秋，针对农民庄稼受灾、饿殍盈路的情况，中共鄂豫边临时省委指示泌阳县组织骨干力量，秘密串连发动，开展抢粮斗争。县委领导分工负责，各乡党员和进步青年纷纷组织起来，开展轰轰烈烈的抢粮斗争。

1934年11月23—25日，鄂豫皖红25军长征经过泌阳，党组织积极宣传发动沿途群众箪食壶浆迎红军，红军经过的数十个村庄，为部队准备吃的用的，安置部队伤病员养伤、治病，和部队结下深厚情谊。1935年，在红军主力长征、与党中央失去联系的艰难情况下，张星江、王国华等一批共产党人挺身而出，自觉加强鄂豫边与河南两地党组织的联系，成立了中共鄂豫边省委。鄂豫边省委领导机关进驻泌阳后，在王庄、罗沙坡建立造枪厂，为鄂豫边红军游击队修造枪支；在高邑馆驿村建立文印室，翻印党的文件和宣传材料，用以指导边区各县区党组织工作和群众的革命斗争。地方党组织发动群众，成立农民自卫会和自卫队，这些群众组织，负责维护乡村治安，为部队筹粮筹款和安排村民生产生活等，实际是党领导下的基层苏维埃政权。鄂豫边省委所辖20多个县，各县均成立了农民自卫会自卫队，仅泌阳、确山、桐柏、信阳中心区乡村的农民自卫会自卫队达3000多个。这是中共鄂豫边省委创立的、以泌阳东部山区为腹心的鄂豫边游击根据地（又称桐柏山革命根据地），是三年游击战争时期南方8省15块红色革命根据地之一，“它的前期居鄂豫皖和湘鄂西两大苏区之间，后期处鄂豫皖和鄂豫陕两个革命根据地之间，为牵制敌人和配合各革命根据地的斗争、策应红军长征，为中国人民的解放事业，作出了重要贡献”（《鄂豫边区革命史》）。

1937年“七七事变”爆发，中华民族危机深重，举国警醒，全面抗战开始。8月，鄂豫皖红28军两次支援鄂豫边红军游击队，使鄂豫边革命根据地百余里中心区连成一片。鄂豫边省委领导的红军游击队以豫南人民抗日军独立团名义公开亮旗，进驻泌阳邓庄铺、焦竹园。在中国共产党统一战线旗帜下，泌阳人民积极投身于抗日救亡革命洪流。

1938年，鄂豫边省委和由独立的团改编的新四军第四支队第八团队并迁确山竹沟。不久，八团东征抗日，在竹沟设立了八团留守处，为新四军部队提供后勤保障。随之，中共河南省委、中共中央中原局进驻竹沟，竹沟成为中原抗战的战略支撑点。以刘少奇为书记的中原局，成为中原抗战的领导核心，竹沟因此成为远近闻名的“小延安”。泌阳是“小延安”竹沟的前身，处于中原局所在的抗日根据地中心区，曾开设“泌阳青年战时工作团”，为抗日培训骨干力量。基层党组织积极动员先进青年参加抗战，先后为新四军二师、四师、五师输送战士上千人，并为留守处和部队供应军械、粮秣等大量物资。在支援夺回信阳的抗日战斗中，泌阳组织担架400多副，千余名青壮年农民奔赴战场，数十名医生前往救治参战的68军伤员。还动员群众做了很多棉鞋和棉衣等物资送到前线。全县人民同仇敌忾，一致抗日救亡，“县城无一人当汉奸”，受到美籍战地记者史沫特莱采访和高度评价。

1946年，国民党当局发动全面内战，派30万军队分4路向中原大举进攻。时任淮北支队政委和代理泌阳县委书记的侯太俊，率数十人同数倍于我的敌人周旋于泌阳东部山区，奋战数十昼夜，掩护人民解放军中原突围，最后被捕，惨遭活埋。1947年泌阳解放，新设立的泌东县驻贾楼乡曾沟，泌西县驻羊册、泰山庙一带，建立基层人民政权，面对国民党当局和顽匪的猖狂反扑，不少村民毅然决然参加民兵队，组织农会，进行土地改革、剿匪反霸。许多农民协会的“穷人头”（贫农协会会长）在拉锯战争中被残害。1948年，邓小平率部驻泌阳苗庄寺村，召集桐柏二分区、二地委、二专署和泌阳县、区领导会议，纠正急性土改的错误，动员地方群众支援宛东战役。全县人民积极响应党的号召，积极生产，节衣缩食，筹集粮草，支援大军南下，解放全中国。

1949年10月，中华人民共和国成立，泌阳人民翻身解放，真正成为社会的主人。在党和政府领导下，老区人民发扬革命传统，艰苦奋斗，历经抗美援朝、中印边境保卫战、抗美援越、珍宝岛之战、西沙之战、对越自卫反击战等，为了共和国的荣誉和国家的繁荣昌盛，许多优秀儿女置个人生死于度外，牺牲在保家卫国的战场上。

泌阳是河南省十二个革命老苏区县之一，泌阳这片土地曾被革命先烈的鲜血染红。革命战争年代，泌阳参军参战数万人，20多万人参与支援前线的各项工作，有数千名优秀儿女为革命事业献出了宝贵的生命，追烈827位。这里得到了党中央的深切关怀，这里留有张星江、王国华、仝中玉、周骏鸣、张旺午、陈少敏、刘子厚、文敏生、李子健等革命前辈的光辉足迹，这里洒下了王国平、陈香斋、邓一非、王恩久、徐中学、侯太俊等无数革命先烈的鲜血，这里记载着鄂豫边党的革命的历史，这里流传着鄂豫边人民奋斗的壮歌，这里矗立着鄂豫边革命英雄永远的丰碑。

七

泌阳山川钟灵毓秀，哺育了广大劳动人民，也哺育了众多英贤才俊。南北朝时的范缜，不畏强权，不随流俗，坚持《神灭论》的观点，成为中国历史上杰出的思想家、哲学家。范云，幼年机警有识，属文下笔辄成，曾任竟陵王主薄，宠冠府朝；后任大司马谘议参军、侍中、吏部尚书，以辅佐梁武帝功高，封宵城县侯。明正德年间户部郎中焦希程，任贵州按察副使、分巡安平道，平西南寇建立殊功。嘉靖年间任工部郎中的陈民志，为官清正，体恤民情，事母至孝，教子尤严，得到百姓称赞。万历年间的关廷访，莅政廉明，教民耕读，昭雪奇怨，民众感佩。清咸丰庚申科进士王伯良，时称“中原才子”，曾任徐闻知县，学业刻苦，政绩颇著，造就士林显有起色，士民颂德。清嘉庆六年（1801）辛酉科举人刘汝舟，曾任山西黎城、曲沃知县，“官清如水，爱民如子”。

中共在河南的早期领导人韩沅波（绍湘），任共青团开封首届地方执行委员会组织委员，1925年经组织选派赴苏留学，回国后在上海中央军委工作；1930年调往东北，和陈潭秋、张浩组成满洲总行动委员会，任省委常委兼军委书记；在领导博客图兵变时，不幸被捕，壮烈牺牲。曾任豫区委秘书的河南省工委委员祁修文，辗转各地宣传革命，几次被捕不移其志，为解放事业英勇献身。鄂豫边省委委员、红军游击队长陈香斋毁家纾难，为革命甘洒热血。以民团大队长身份作掩护的共产党员徐中学，在“竹沟事变”中，冒死与河南省委联系，为掩护省委和八团留守处人员顺利突围而被捕，受尽酷刑，英勇就义。新中国成立后历任湖北省要职的张旺午，在鄂豫边党组织生死存亡的危机关头，挺身而出，为创建鄂豫边革命根据地作出重大贡献。曾任山东省民革主委、原国民革命军中将军长张宣武，在抗日战争中，率部与日军血战藤县，给日寇以沉重打击；在解放战争中，率部起义，为祖国西南的早日解放立下功劳。豫南名绅、河南省参议员王友梅，曾参加国民党第一次全国代表大会，拥护“三民主义”，在共产党统战政策感召下，协同开办泌阳青年战时工作团培养抗日干部；解放战争时期，起草并发布反蒋亥世电，与国民党河南省政府主席张轸一起起义。居台国画大师、曾任台北师范大学美术系教授吕佛庭，抗战时积极宣传抗日，后送子参加人民解放军、抗美援朝，终生祈盼祖国统一。还有，被中宣部誉为“传播共产主义真理种子的人”、曾任南京大学教授李乾亨，当代作家、湖北省作协副主席苏群，河北省地方志专家方延青等，都为国家建设和社会进步作出了自己的贡献。

八

新中国成立以来，泌阳社会和经济建设取得很大成就。

新中国成立前，受封建土地所有制束缚，又有战乱和灾荒，耕作粗放，粮食产量低下，小麦亩产只有三四十公斤，棉花亩产3公斤左右，农民衣不蔽体，食不果腹，终年挣扎在贫困日子里。新中国成立后，经过土地改革、农业合作、农田基本建设和工业支援、科学种田，农业生产条件显著改变，生产水平大幅提高。1958年，全县农业总产值4855万元，比1950年提高60%，粮食总产量154 560吨，人均332公斤，获国务院“社会主义建设先进单位”称号。1978年，农业总产值794万元，粮食总产量166 620吨。2018年，全县农业机械总动力147.29万千瓦，农用拖拉机69 200台，粮食作物种植面积125 308公顷，粮食总产量688 824吨。

水利、林业、畜牧业是泌阳的优势，新中国成立之初就开始修建水库，到20世纪70年代，共建成大、中、小型水库72座，塘堰坝1399个，机井1264眼，引河渠314条，设计灌溉面积71.5万亩，实际灌溉面积25万亩。先后治理水土流失面积1029平方公里。之后，农田水利建设一直保持全省前列位次。全县地表水7亿立方米，现有宋家场、华山、石门等大中小型水库65座，水库数量位于河南省前列，水库总库容27 456万立方米，兴利库容13 689万立方米，年供水能力5693万立方米。有塘坝2505座，总库容1632万立方米，供水能力1469万立方米。已建水库、塘堰坝的最大拦蓄能力为4.85亿立方米，有效灌溉面积38 380公顷（其中节灌面积16 080公顷）。有河湖提水泵站3处，泵站装机流量1.04立方米/秒，年供水能力约500万立方米。有浅层机电井1147眼，其中配套机电井918眼，年供水能力约9481万立方米。农业合作化后，党和政府提倡植树造林，至1957年，累计造林42.7万亩。1963年，在“绿化祖国”“实行大地园林化”号召下，全县造林以年10万亩面积递增，被国家定为“薪炭林基地县”。1987年，全县成片林面积61.4万亩，“四旁”（村旁、宅旁、路旁、水旁）植树1450万株，森林覆盖率为17.9%。2018年，森林覆盖率达44.8%，活立木蓄积量已达486万立方米，建立千亩以上的用材林基地40余处，面积达70万亩；百亩以上经济林基地25万亩；1万亩以上的薪炭林基地25万亩。以板栗、梨、核桃、白云仙桃、小杂果等生态经济优质林果基地建设，形成了“南梨、北枣、中部桃，全县板栗和杂果”的林果发展格局。年产各类干鲜果17 200万公斤，林业总产值达21亿元。2018年，全县牛存栏38.5万头，生猪存栏62.1万头，山绵羊存栏28.38

万只，家禽存栏399.35万只。全年肉类总产量10.25万吨，禽蛋产量2.97万吨，奶类产量1065吨。全年畜牧业产值40.2亿元，占农业总产值的41.82%。有产的中药材300多种，射干、桔梗、柴胡、丹参、苍术等尤为地道。为全国食用菌生产大县，品种有香菇、黑木耳、猴头菇、羊肚菌、玉黄蘑、白玉菇等，2018年总产量36万吨，产值37亿元。

泌阳工业基础薄弱。1958年大办工业时，全县建起22家国营企业，360多个集体企业。1962年调整后，保留两个国营、5家县属集体企业。1980年，乡镇企业异军突起。1987年，全县工业企业有30多个门类近3000家，其中国营22家，集体87家，村办65家，个体2664家，各类工业总产值9335万元，占社会总产值的19%。之后，推行经济体制改革，招商引资发展工业企业。2018年，全县工业生产总值81.9亿元，占全县生产总值241.86亿元的约33.86%。

交通、邮电在十分落后的基础上起步，发展迅速。旧时，出境过境道路俱为土路或沙石路面牛马车道，木桥或石桥，蜿蜒曲折，随势而行。新中国成立后，开始拓宽取直道路，修筑钢筋混凝土结构桥梁。历经70余年发展，已初步形成以高速公路为骨架，干线公路为支撑，农村公路为脉络的四通八达的公路交通网络。沪陕、焦随、新阳等三条高速和张南、君二、平桐、棠西等6条省级公路纵横链接，县、乡、村道路互相交织。2017年，全县公路通达总里程3099.68公里，其中高速公路117.4公里，国道122.02公里，省道203.81公里，县乡村道1748.63公里。公路网密度132.75公里/百平方公里。过去的书信联络被手机通话和微信交流所代替，邮政业务部分转型为电商、物流，方便快捷。

城乡建设日新月异。新中国成立前，兵匪骚扰，民不聊生，贫苦农民住土墙草房，凋敝破败。泌阳城是有名的“草房县城”。1958年，政府规划部分乡村建设排房，以点带面，改善农民居住条件。1965年，部分生产队集体建窑烧砖瓦，扶持社员修房盖屋。1985年后，农民逐步富裕，初建平房，继而盖楼房。城镇拓宽街道，临街门面改建为楼房，住宅小区楼房林立。2018年，县城建成区面积从1987年的7平方公里扩大到45平方公里，新修和改造城区纵18条、横15条主次干道280余公里，完成全长38公里的四环合围绕城公路，建成较大规模公园、绿地28处，总面积200万平方米，公园绿地服务半径覆盖率81%，道路绿化普及率98%。泌水河畔崛起一座宜居宜业宜商宜游的现代化城市。

文化教育科技卫生事业长足发展。过去，泌阳穷乡僻壤，文化教育落后，缺医少药，传染性疫病猖獗，防治无策。新中国成立后，扫除文盲，动员适龄儿童入学学习。全民动员开展爱国卫生活动，不断改善医疗卫生条件，提高人民健康水平。2017年，全县各级各类学校486所，当年招生53 751人，在校学生193 701人，教职工12 257人。安排“两免一补”资金13 253.3万元，资助困难学生23 817人次。小学入学率100%，巩固率99.8%，初中入学率99%，巩固率98%，均达省定标准。全县有表演艺术团体13个，文化馆（站）23个，公共图书馆1个，广播电视台1座，有线电视用户2万户；科学研究开发机构2个，工程技术研究中心7个，地震台站1个；卫生机构437个（含个体诊所），其中医院18个（民营15个）、卫生院22个、妇幼保健院1个。有医疗卫生技术人员2960人，其中，执业医师1227人，注册护士1123人。实有病床4470张。一般传染病发病率下降；地方性疾病得到控制。通过实施签约服务、建立居民健康档案等，人民群众基本医疗得到有效保障，健康水平大幅度提升，县人均寿命由新中国成立前的32岁提高到2018年的76岁。

社会和谐稳定，保障逐步完善，人民安居乐业，生活水平提高。平安建设取得显著成效，救灾救济、大病和临时救助、特困供养、城乡最低生活保障等，为居民带来了福祉。2018年，全县居民人均可支配收入由新中国成立初的40多元增加到17 336.35元，个人储蓄存款余额由1978年的583万元增长到1 774 837万元。

百年征程，沧桑巨变。在泌阳县委、县政府领导下，泌阳老区人民发扬革命传统，坚定地行进在社会主义康庄大道上，70余年不懈的努力，基本实现了从站起来、富起来到强起来的发展目标。先后获得了国家和省级多项荣誉，主要有：全国卫生县城，全国生态文明建设示范区县，全国绿化模范县，全国油料百强县，全国有机食品示范县，全国粮棉种植先进县，全国金铜山优质烟叶生产基地，全国十大牲畜繁育基地，全国食用菌生产先进县，全国优质香菇出口基地县，全国科技先进县，全国体育工作先进县，全国科普示范县，国家级农村职业教育和成人教育示范县，国家级平安农机示范县，国家级电子商务进农村综合示范县，国家级现代农业产业园全省平安建设工作优秀县，全省卫生应急综合示范县，省级园林县城，全省优秀科普示范暨公民科学素质建设先进县。

2016年以来，党中央发布进行“三大攻坚战”的号令，泌阳老区人民深入贯彻习近平新时期社会主义新理念新思想新战略，紧急围绕“五位一体”总体布局和“四个全面”战略布局，大力实施“生态立县、特色富县、工业强县、科教兴县”发展战略，经济社会全面发展，物质文明精神文明共同进步。县产业集聚区晋升为全省二星级产业集聚区，铜山风景区被被批准为AAAA级旅游风景区，盘古圣地被批准为AAA级旅游风景区，泌阳被国务院办公厅授予土地集约利用较好、闲置土地较少的县，被省政府评为统筹使用财政涉农资金先进县，被评为2017年度全省脱贫攻坚工作先进单位，被国家中医药管理局评为2016—2018创建周期全国基层中医药工作先进单位，被省绿化委员会、林业厅评为林业推进生态文明建设示范县，被省交通运输厅评为全省第二批四好农村路示范县，被省政府食品安全委员会评为第一批省级食品安全示范县，被国土资源部评为“2016年地质灾害防治高标准‘十有县’”，被省人民政府批准退出省级贫困县序列，被国家农业部认定为“河南省泌阳县泌阳夏南牛中国特色农产品优势区”，并被农业部财政部认定为“河南省国家现代农业产业园创建县”，被国家质检总局评为“2018年国家级出口食品农产品质量安全示范区”，被国家教育部评为“2018年全国义务教育发展基本均衡县”，被省政府评为“2015—2017年度河南省红旗渠精神杯竞赛活动先进集体”，被省科协命名为“河南省科普信息化示范县”，被国家林业和草原局授予“2016—2018年度全国森林防火先进单位”，被省委、省政府授予“河南省文明城市”称号；旅游城市、森林城市创建，均取得明显成效。

勿忘历史，继往开来。辉煌的历史，是先辈们留给我们的宝贵财富，必将激励泌阳90多万人民，在党的坚强领导下，团结奋进，开拓进取，为建设活力泌阳、生态泌阳、和谐泌阳、美丽泌阳，实现泌阳社会的全面小康而不懈努力。

第一章　马列主义在泌阳传播

第一节　近现代泌阳人民反抗压迫的状况和革命意识的萌生

1840年鸦片战争以后，帝、官、封成为压在中国人民头上的三座大山。泌阳人民饱受战乱灾荒、兵燹匪祸，民不聊生。

哪里有压迫，哪里就有反抗。泌阳人民有着强烈的革命要求，进行过多次自发的英勇不屈的斗争。道光二十二年（1842）九月，泌阳捻党邓韩玉等百余人在湖北枣阳活动。咸丰元年（1851）一月，南阳捻军乔建德率2000余人在泌阳角子山（属今下碑寺乡）竖旗起义。之后，河南捻军首领萧况、李太春、陈太安率捻军万余人，以角子山为根据地，转战于裕州（方城）、舞阳、南阳、鲁山、叶县、遂平等十余州县，坚持斗争十余年，屡败清军，给清军以很大打击。捻军还与太平天国革命军相互支援，影响很大。

光绪二十六年（1900），义和团传入泌阳，泌阳农民纷纷参加，集于境内马谷田义和寨等处，学拳术，练枪法，秘密串联，抵制外国传教活动。光绪二十八年（1902），泌阳因连年灾荒，饿殍遍野。清政府不顾人民死活，增加田赋以作“庚子赔款”。时在县衙户房任书吏的邑人张云卿向知县反映情况，请求减免课税，却遭到天主教神父刘万乾的阻挠。张云卿义愤填膺，遂联合桐柏义民首领罗正杰、唐河义民首领毕锡奎，共举“反清灭洋”旗帜起义，唐、桐、泌三县民众万余人奋起响应。义民焚教堂，杀教徒，矛头直指帝国主义教会，成为有名的“泌阳教案”。清政府惧怕洋人，下旨传谕河南巡抚锡良派兵镇压。张云卿、罗振杰等被捕，英勇就义。清政府勒令泌阳赔白银二万六千两。

1919年5月4日，北京青年爱国学生游行示威，反帝、反封建，抗议中日签订的丧权辱国“二十一条”不平等条约，举国响应，拉开了中国无产阶级领导的新民主主义革命的序幕。5月中旬，泌阳县城实业学堂、县高等小学堂师生及市民千余人上街游行、示威、演说，要求“内惩国贼，外争国权”。成立“抵制日货委员会”，查封和焚毁部分日货。五四运动促进了马克思主义在中国的传播及其与中国工人运动的结合，青年学生起了先锋作用，中国无产阶级开始登上政治舞台。五四运动忧国忧民、不屈不挠、乐于奉献、敢于斗争的爱国主义精神，直接影响了中国共产党的诞生和发展。

第二节 泌阳共产党人早期活动

1921年7月，中国共产党第一次全国代表大会在上海开幕，党的一大宣告中国共产党正式成立。中国共产党的成立，具有划时代的意义，是中国历史上“开天辟地的大事变”。从此，中国革命有了坚强的领导核心，中国人民有了可以依赖的组织者和领导者，在共产党领导下，中国革命事业不断向前发展。

泌阳较早成为共产党员的是县城关（今泌阳县古城街道办事处）祁庄村的祁修文（炳堂）。1919年五四运动中，祁修文作为信阳省立第三师范学生会负责人，赴上海参加全国学生代表会议。1923—1924年，他就读于上海美术专科学校，接触到党的早期革命活动家肖楚女，经培养加入共产党组织。

1924年1月20—30日，在孙中山主持下，中国国民党在广州召开了有共产党人参加的第一次全国代表大会，此次大会通过了由共产党人起草的以反帝反封建为主题内容的宣言，确定了“联俄、联共、扶助农工”的三大政策，把旧民主主义发展成为新民主主义。泌阳名绅王友梅以地方代表身份参加会议。

1925—1926年，泌阳籍在开封第一师范学校学习的韩绍湘（又名沅波，时为泌阳饶良人，今属社旗县）和在甲种工业学校学习的姚建宇（敬斋）先后加入共产党组织。

1926年2月21—24日，中国共产党在北京召开特别会议，号召全国各地党组织配合国民革命军实行北伐。河南共产党组织积极响应，中共豫区委一方面不失时机地选派共产党员赴全省各地发展党的组织，如派蔡训明、金孚光、姚建宇回到豫西南，分别在南阳、唐河、泌阳发展和建立党、团组织；一方面委派韩元波等去苏联留学，为党培养干部。10月，姚建宇回到泌阳，立即在青年学生中宣传马列主义及共产党的主张，积极筹建党的组织。11月，北伐军从武汉挥师北上进入河南。鄂豫边界党组织利用国共合作的有利条件，组织和发展农民协会，向土豪劣绅进行公开斗争，迅猛掀起了轰轰烈烈的农村大革命，有力支援了北伐战争。

第二章　土地革命战争时期

第一节　点燃革命星火，创建党的组织

一、中共泌阳支部建立及其初步斗争

正当豫南工农革命运动风起云涌、突飞猛进之时，1927年4月12日，蒋介石在上海发动反革命政变，大肆镇压革命运动，疯狂屠杀共产党员。7月15日，汪精卫公开叛变，宁汉合流，共产党员遭捕杀和通缉，民众团体被取消，农民自卫组织被摧毁，各地党组织几乎被破坏殆尽，大革命惨遭失败。白色恐怖笼罩泌阳，反动军阀吴佩孚部驻泌阳的陈文钊旅，下令通缉姚建宇，姚被迫去了南阳。

8月1日，周恩来、叶挺、朱德等共产党人联合国民党左派举行了南昌起义，打响了武装反抗国民党反动派的第一枪，揭开了中国共产党独立领导武装斗争和创建革命军队的序幕。8月7日，中共中央政治局在汉口召开紧急会议，毛泽东在会上提出了著名的"枪杆子里面出政权"的论断。八七会议在革命遭受严重挫折后，总结了大革命失败的经验教训，结束了陈独秀右倾机会主义错误在党中央的统治，确定了党在农村领导武装暴动、开展土地革命的总方针。会议对挽救当时的危局、实现党的战略转变起了重要作用，为各地革命斗争指明了方向。

为贯彻落实八七会议精神，中共豫区委指示各地共产党人开展隐蔽斗争。10月初，受河南省委派遣，姚建宇再次回到泌阳，以泌阳师范和中山学校教师身份为掩护，秘密开展工作。姚建宇走街串巷，向青年学生介绍《向导》《劳动者》等进步书刊，召开座谈会，宣传共产党的主张。经考察培养，发展了一批积极分子加入中国共产党。经过一个多月准备，11月底，姚建宇召集入党青年在县城福音堂钟楼下开会宣誓。与会党员有张旺午、张

炳昌、魏祥甫、陈香斋、李秀三、史星岑、史子惠、高子扬等。会议选举姚建宇为支部书记，张旺午为组织委员，张炳昌为宣传委员，魏祥甫为交通委员，学运史星岑、史子惠，妇女李秀三，农运高子扬、陈香斋。中共泌阳支部直属中共河南省委领导。

1928年2月，河南省委在开封召开全省第三次代表大会，提出“极力造成豫南割据局面”的任务，决定加强豫南特委，建立豫东南特委和南阳（豫西南）特委。3月，姚建宇参加在南阳赊店沈营召开的豫西南各县代表大会。会议确定了集中全力向农村发展、组织农民协会、准备武装暴动和加强南阳驻军及樊钟秀建国军的兵运工作路线，成立了中共南阳特委，中共泌阳支部改属南阳特委领导。4月，南阳特委派金孚光、段语禅来泌阳，通过中共泌阳县委疏通关系进入驻防泌阳的樊钟秀建国军策划兵变。金、段以建国军政治部正、副主任职务便利和利用樊钟秀与蒋介石的矛盾，相机宣传共产党的政策，揭露蒋介石背叛孙中山屠杀革命党人的罪行，做了大量的策反工作。不久，国民党泌阳县党部获知策反情况，密报建国军军部，撤销政治部，金孚光、段语禅、姚建宇被通缉，不得不离开泌阳。此次策划兵变虽未成功，但共产党在建国军中的宣传教育产生了较大影响，泌阳党组织经受了锻炼，积累了经验和教训，增强了扩大发展党的组织的信心。

二、中共泌阳县委的建立

1928年6月，中国共产党第六次全国代表大会召开，会议确定了新的工作方针和策略，“必须坚决从广大范围内直接的武装发动转变到加紧组织和动员群众的日常工作的方向来”。此时，姚建宇调南阳特委工作，张旺午接任泌阳支部书记。按照特委部署，泌阳党组织工作重心转移到农村，培养发展了吕秀甫、陈德修（岱）、胡邦立、刘黎阁、蔡玉钦、毕永泰（子久）、王稳、房老四、陈宇轩、刘长发、杨协恭等20多人加入共产党组织，建立了孙楼、七里岗、五里河、赊湾、高庄、闫店、城关、城关小学等党小组。8月，中共泌阳支部改为中共泌阳特别支部委员会，张旺午任书记，魏祥甫、陈香斋、吕秀甫、刘黎阁、胡邦立为委员。特支辖孙楼、七里岗、五里河、赊湾、高庄、闫店、中山镇（城关）、中山镇学校、崔楼、高店、马庄11个支部，共有党员50余名。中共泌阳特支的建立，标志泌阳党组织和革命力量的发展壮大，为中共泌阳县委的建立奠定了组织基础。

9月，中共豫南特委派刘福僧来泌阳负责筹建泌阳县委。继而，又派陈雪怀、孙怀远到泌阳加强领导工作。10月，召开中共泌阳特支扩大会议，决定成立中国共产党泌阳县委员会和中国共产主义青年团泌阳县委。中共泌阳县县委书记陈雪怀，委员张旺午、魏祥甫、刘黎阁、胡邦立、孙怀远、陈香斋，团县委书记孙怀远。同时，成立中国共产党泌阳城关区委和团城关区委，史星岑任城关区委书记，陈德修任团城关区委书记。张炳昌调开封团省委工作。中共泌阳县委隶属豫西南特委，下辖1个区委和11个农村支部，党员已发展到120余名。县委领导分片区负责，开展组织发展和对敌斗争。

第二节　党的六大指航向，革命斗争起风云

一、抗捐税斗争

1929年春，泌阳大旱，即民间所说的民国十八年年馑，居民逃荒要饭的成群结队，饿死人现象时有发生。国民党当局不顾人民死活，加派苛捐杂税，如县政捐、民团捐、田亩捐、清乡捐名目繁多。地方军阀与土豪劣绅相结为恶，横征暴敛，土匪、盗贼肆虐，“佃农自耕农不用说了，甚至小地主因苛捐杂税的负担亦有悬梁自尽者（樊钟秀势力之下的泌阳县）”（《河南代表关于豫南工作的报告》1928年6月25日），许多农民倾家荡产，无以为生。

中共泌阳县委面对穷苦老百姓背井离乡逃荒要饭、不时有人饿死的惨景，适时组织城关群众和各界进步人士游行示威，各学校师生闻讯也罢课响应。人们冲进县商会，同会长樊焕台、税务局长张和祥进行面对面斗争，质问当局为什么增加捐税。樊、张自知理亏，宣布取消新增苛捐杂税，斗争取得了胜利。这次斗争是中共泌阳县委组织发动和领导的第一次群众运动，是党的工作和群众运动结合的一次尝试。

二、落实党的六大精神

1929年年初，国民党编遣会议后，豫西南的局面纷乱，为革命力量的发展创造了有利的条件。5月，豫西南特委与信阳中心县委接上关系，得

到党的“六大”文件，遂召开南阳、唐河、泌阳、邓县4县代表会议，鄂北代表列席会议。会议“决定各县负责人及工作路线，恢复整顿组织”，取消豫西南特委，建立中共唐河工作区中心县委。会议之后，各县迅速把“六大”文件精神传达到基层党员，并进行组织整顿和培训，且根据各县实际部署了工作。

9月中旬，中央巡视员郭树勋（述申）到达南阳指导工作。根据党组织发展情况，唐河中心县委改为南阳中心县委，进一步加强了领导力量，制定了关于政治、组织、宣传、农运、兵运、济难会等决议，规定了以下政治任务：①加强城市工作，开始城市手工业工人与贫民运动，并开展反帝运动。②加紧农民士兵及民团运动，注意分化夺取土匪枪会的工作。③在斗争中加紧反国民党改良派与反军阀混战的宣传。④加紧土地革命宣传，反对封建势力。⑤开始领导日常生活斗争。⑥开始发展青年运动并注意妇女运动。⑦健全党的支部组织，并在一切斗争中发展扩大，严密党的组织，训练下级干部人才，纠正和平发展与盲动主义的错误倾向。

这一时期，由于正确贯彻党的六大精神，党的建设和革命斗争进入新的发展时期，泌阳县共产党员增至160余名。同时，发展学生运动和农民组织，建立泌阳农民协会，会员百余人。

三、以敌攻敌

1929年10月，冯玉祥的一个团溃败流窜至泌阳，国民党县党部书记张瑞亭和以王友堂为代表的地方势力，在是否允许流窜部队驻扎问题上发生矛盾。中共泌阳县委抓住这一时机，由书记陈雪怀摹仿张瑞亭的笔迹，以国民党县党部名义书写“反对王友堂勾结土匪进城”大幅标语，贴满大街小巷。该团士兵进城见到标语报告团部，团长即令部队荷枪实弹找张瑞亭追查。张瑞亭把罪责转嫁到与自己有私仇的县党部农委樊清斋头上，持枪追樊，樊身中数弹侥幸逃脱，并到省府状告张瑞亭。结果，张瑞亭被押至省法院，囚死狱中。这次斗争“以敌攻敌”，达到“一石二鸟”的目的。

四、成立光蛋会

1929年冬，县委把发展农村党组织作为主要任务。刘黎阁和高子扬通过亲友到王店张楼一带活动。刘黎阁自编诗歌，鼓动宣传群众，如“种田人多辛苦，锄地到晌午，汗滴禾下土，风又刮雨又淋，脚手难闲住。”发展了党的外围组织“光蛋会”，吸收青年先进分子参加。“光蛋会”领导人是王广宇、侯太俊，会员有马长富、苏天广等。光蛋会为百姓办事，联合穷人防匪祸，组织抗粮抗捐斗争，分土豪粮食、钱财赈济穷人，成为百姓的贴心会。百姓也编出称赞“光蛋会”的歌谣：“光蛋会，真是好，专打恶霸和土豪。救济穷苦老百姓，当年的闯王回来了。”

五、反帝运动

11月，陈雪怀调回南阳，张旺午接任书记。12月，根据南阳中心县委指示，决定发动群众开展反帝国主义宗教运动。县委委员姚建宇在全校师生大会上作《怎样做个新青年》的演讲，鼓励学生做拯救中华的好青年，点燃了反帝反封的火焰。同学会以“泌阳县各界反帝反基督教联合会”的名义，起草了《反基督教侵略宣言》，印发全国各省市，泌阳师范学生和市民两千余人，罢课罢市示威游行，掀起声势巨大的反帝反基督教运动，并捣毁泌阳教堂，赶走帝国主义牧师诺心清，取得反帝反基督教的胜利。

但这场斗争中，县委主要领导身份暴露，遭到当局通缉。县邮局地下共产党员汪席珍偷拆公文，获悉通缉情况，急忙告诉党组织，并扣押公文一日，使张旺午、刘黎阁、魏祥甫等人得以转移，其余同志也隐蔽起来。当局搜捕落空，便日夜站岗放哨、戒严搜查，一时间，白色恐怖笼罩全县。

1930年2月，县委党组织得到恢复，毕永泰接任书记，陈香斋、王立堂、胡邦立、高子扬、蔡玉钦为委员。建立中共泌阳城东区委员会和沙河店区委员会，高子扬、许衍午分别任区委书记。全县时有党员120人。

六、营救红九军领导

1930年3月，根据南阳中心县委指示，县委决定发展农民武装，同时通过瓦解保安团争取武装。县委派陈岱（德修）到王店、石头河发展刘世耀入党，将刘世耀所在村30多位护寨的村民发展为农民武装。5月，刘黎阁做唐泌边界马西友、马德义和饶良贾林汉瓦解争取反动武装，马和贾答应与共产党合作。

鉴于国民党集团内部矛盾和鄂豫边区革命形势，中共中央决定“豫南鄂北两特委合并”。但由于李立三“左”倾冒险错误影响，两地党组织忙于武装暴动，未能及时合并。这时，蒋、冯、阎中原大战发展到激烈程度，杨虎城率部向陇海路以南登封一带集结，准备参战。原驻防驻马店的第一旅冯钦哉部移防至舞阳下澧河，党组织决定利用该旅地下党基础较好等条件，发动兵变。

6月，中共中央长江局特派员白玉文到南阳具体领导兵变。白玉文向南阳中心县委和杨虎城部中共地下党军委传达了长江局发动兵变的指示，研究制定了兵变方案。南阳中心县委就如何策应兵变向各县作了安排部署。7月下旬，由于在杨部冯旅开展工作过急，走漏了风声。为此，前敌委员会决定提前于7月29日夜12时行动，并通报南阳中心县委。暴动当天，恰值旅长冯钦哉因事离开部队去南阳，在前委统一指挥下，先把手枪连、密查队拉出，随之控制了卫队营，连同自动接受共产党宣传影响的士兵，兵变队伍共700多人。黎明前，部队按预定路线出发，天明时，到达叶县与方城交界的望夫石山南，对部队整编。宣布成立中国工农红军第九军，司令员张焕民，政治委员孙永康，副司令员刘煊、姚丹郕，政治部主任王某，白玉文以中央特派员身份随军行动。之后，一路南行，准备先攻打赊店镇，再取南阳。

赊店镇兵变指挥部在接应红九军联络中遭遇不测，敌人获知红九军欲攻打赊店，遂加强了赊店镇的戒备。红九军组织火力攻击赊店未能奏效，又不见城内策应人员，随即撤出战斗，向南转移。中午，到赊店东南王六庄休整。这时，冯钦哉旅一个团尾追而至，在王六庄发生激战。夜幕降临时，红九军军部召开紧急会议，决定兵分两路，突出重围后进入桐柏山区。突围中，红九军伤亡严重，姚丹郕带少数战士突围转移到唐河县境。张焕民、白玉文、刘煊突围后向东南急进，不料在泌阳县双庙附近遭遇焦尊吾地方民团的截击，张焕民、白玉文、刘煊被捕，押解至泌阳政府监狱。

中共泌阳县委闻讯立即组织营救。研究制定两个营救方案，一是重金收买当局，由毕永泰负责疏导运作；二是武装劫狱或押解途中劫人。县委组织党团员五六十人到县城集结，又到驻马店运回手榴弹一箱。已安排县警察局的几位共产党员作内应，劫狱后出西门。为确保劫狱成功，县委在城西野外西瓜地召开会议，商定深夜行动。

泌阳国民党当局知道事关重大，一方面调集各乡民团团丁守城，城墙上三步一岗五步一哨，夜间灯火不熄，岗哨不断；一方面向南阳和开封省府其上峰报告情况。得到上峰立即就地处决的密令，遂将张焕民、白玉文、刘煊3位同志杀害于泌阳城南河畔。泌阳县委营救行动未能奏效，张焕民等同志牺牲之后，县委派陈岱组织人把烈士们掩埋。国民党当局的残暴，激起人们极大的义愤。红九军领导英勇无畏的革命精神，对泌阳共产党人和广大群众产生很大影响。

七、建立赤卫队

1930年夏，李立三等在“左”倾冒险错误思想主导下，制定了以武汉为中心的全国中心城市起义和集中全国红军攻打中心城市的冒险计划，要求将各级党、团、工会组织合并为武装起义的各级行动委员会，幻想“会师武汉”“饮马长江”，一举取得全国胜利。

根据中央指示，南阳中心县委于7月中旬派魏世骅到泌阳任县委书记。8月成立泌阳县行动委员会，刘黎阁为书记。同时成立泌阳县军事委员会，王立堂任书记。经过县委加紧工作，先后在全县农村组建起20多支武装，命名为“赤卫队”，每队人数十至数十人不等，武器装备不一，少数枪支，多为大刀、红缨枪，赤卫队总队长刘黎阁。

八、康庄炸会

1930年秋，泌阳县赊湾西北楝树庄祖师庙起会，赊湾寨工局派人到会维持秩序。因陈香斋对起会的情况比较了解，经和刘黎阁商议，决定炸会夺枪武装队伍。刘黎阁、陈香斋商定了方案，实行3人盯一个扛枪的团丁，两人作掩护，1人夺枪。正会这天晚上，刘黎阁、王立堂、陈香斋、王立堂带短枪2支，和20多位赤卫队员各带棍棒，陆续进入戏场。戏场里有几个民团团丁，身挎枪支巡回镇会。赤卫队员寻机靠近团丁，一个团丁身旁有三五个队员。在戏台上紧锣密鼓、观众全神贯注演员武打的时候，台下突然一声大喝，一个团丁应声倒下。眨眼间，队员们挥舞棍棒向身边团丁打去，会场“炸会”。赤卫队员缴了团丁枪支，趁乱撤离。这次炸会行动迅速，进展顺利，共缴获长短枪4支。这是泌阳县党组织领导下的第一次武装行动，是一次武装暴动的预演，为全县开展武装暴动提供了经验，大大鼓舞了民众的革命士气。

此后，党组织迅速发展到240余人，农民协会100多人。

九、策应红26师

1930年10月，鄂北和豫西南党组织正式合并，建立了中共鄂豫边区特别委员会，同时设立鄂豫边区革命委员会、鄂豫边区革命军事委员会，鄂豫边区的革命斗争进入一个新的时期。

在鄂豫边特委领导下，各县党组织得到了较快发展，赤卫队、农会、妇女解放委员会、少年先锋队等各种群众组织不断发展壮大，初步进行了武装暴动、打土豪分田地和匪运兵运等工作。在襄枣宜苏区形成之后，鄂豫边特委第一个重大决定就是调红26师北上，开辟唐河、泌阳、桐柏新苏区，建立万人之师，东向京汉铁路扩大，使鄂豫边和鄂豫皖根据地连成一片。特委指示唐、桐、泌3县地下党组织迅速行动，做好策应红军北上的准备工作。11月下旬，红26师自枣阳县西北的郑岗誓师北征，师长张香山、政委贾布根率部沿途攻克地主恶霸反动武装的寨围子。30日，攻克唐河县城，建立唐河县苏维埃政府，准备乘胜东进泌阳。中共南阳中心县委派杨牛到泌阳，传达中心县委关于迎接红军的指示，并协同泌阳县委举行武装暴动。泌阳县委即派胡邦立到唐河与红军洽谈进军时间、路线、攻城方位等。胡邦立从唐河返回后，泌阳县军委、泌阳县行动委员会，立即在城西关焦二木匠家召开扩大会议，研究暴动的具体问题，商定刘世耀率200余人枪的武装住进县城，分散

1930年12月5日晚，泌阳县委在城北土窑开会研究策应红26师解放泌阳

在乡里的武器弹药运进城内；各乡党员、赤卫队员分别带领武装青年600多人隐蔽驻扎县城外附近各村，及时接应红军；与党组织有联系的马德义、贾林汉两支绿林武装千余人，迂回在赊湾、双庙一线，配合攻城，大家情绪高昂，准备武装暴动。

12月5日，红26师从唐河出发，向泌阳进军。当晚，中共泌阳县委在城北窑上再次开会讨论暴动事宜，与会人员尚未到齐，突遭国民党泌阳县民团袭击，县委委员陈香斋脱险，县委委员王立堂、胡邦立、蔡玉钦被捕。国民党反动当局风声鹤唳，草木皆兵，在没有任何证据情况下，以莫须有的罪名，将3名同志杀害在北城墙内（现寺后道北边）。

就在这天夜里，红26师自唐河东进至毕店镇。6日晚，在红军主力攻打孔庄寨时，留守毕店的红军遭遇毕店镇民团头子王德方纠集的地主武装突然袭击，因对敌情不明，仓促应战分路突围后，连夜撤至南山，返回鄂北。

红26师的南征北战和地方革命形势的发展，震惊了国民党反动当局。红军离开后，当局对共产党人和进步群众疯狂搜捕，县委书记魏世骅逃离泌阳，县委委员毕子久被捕入狱，陈香斋、高子扬离开泌阳。泌阳再次陷入白色恐怖，党的活动处于停滞状态。

十、组织学潮

1930年年底，陈香斋奉上级组织之命代理泌阳县委书记，恢复泌阳县委，刘长法、刘黎阁、吕秀甫、高子扬为委员。其时，师范学校新任校长贾希臣以整顿校风为由，开除许多进步学生。县委和师范学校地下党便组织学生到县政府抗议，反对当局撤换师范学校进步校长吴平轩和贾希臣任师范学校校长，“学潮”持续一个春天，赶走了反动校长贾希臣，接回了被开除的学生。

在得知泌阳因接应红26师而被枪杀的王立堂等同志大义凛然，没有泄露一点党的秘密的情况后，县委利用“学潮”筹集经费，组织烈士家属王立堂继母赴开封向国民党省党部和省政府告状，并由在省城任职的王友梅周旋，控诉泌阳县长赵承钦私设公堂，错杀无辜；后备团团长张波亭目无法规，草菅人命；县党部书记李季高诬陷良民，错杀好人；教育局长李逊吾助纣为虐，加害教师。被害人家属递上诉状以后，未见动静。县委迅即组织中小学师生罢课游行，张贴标语，散发传单，强烈要求惩办杀人凶手，并严正声明，不惩治杀害王立堂的凶手决不罢休。民怨沸腾，学潮迭起，省政府不得不将赵承钦、张波亭、李逊吾关进开封监狱，受到惩罚。李季高得到消息后逃之夭夭。

此次斗争的胜利，泌阳共产党人增长了与敌斗争的智慧，坚定了同反动派斗争到底的决心。

十一、唐桐泌游击队

1931年1月，红26师在毕店镇失利后，唐河、桐柏、泌阳等县的部分党员，迅速转入桐柏山区安棚一带，以王德廷、陈省吾、吕秀甫、张耀旭等为骨干，组织一支武装，名"唐桐泌游击队"。游击队筹粮筹款，支援红军，活动在唐桐泌和随县、枣阳边界。队伍从十几人很快发展到30多人，先后镇压了反动保长黄小个和平氏镇团防局头子张子臣，深得群众拥护。不久，泌阳党组织及高店西老刘店村党员石连奎串联附近地方武装几十人，开赴襄枣宜苏区参加红军。

为支援襄枣宜苏区的武装斗争，各县党组织积极动员青年到苏区参加红军，并调一部分干部去做骨干。边区特委还派有瓦解争取反动武装经验的同志到竿子内部工作，如陈香斋到随县、枣阳一带做匪首吴老幺、马西有的统战工作，使其与红军一直保持较好的关系。刘黎阁利用和竿首仲敬修（绰号仲老慢）的关系，进行共产党为劳苦大众谋幸福的宣传教育，仲敬修及下属表示听从县委指挥，打富济贫，为革命立功。仲敬修还对部下说"要跟刘黎阁一起干共产党"。

十二、配合苏区反"围剿"斗争

1931年，国民党军队接连对鄂豫边区发动三次反革命"围剿"，襄枣宜苏区大部失陷。后在红3军支援帮助下，襄枣宜苏区得到恢复，又开辟了均房苏区。

1932年1月，鄂豫边区第一次党代表大会在耿集附近的河垱口举行。参加大会的有苏区各县区党的代表，还有南阳、唐河、泌阳、桐柏等白区县党的代表。大会召开的第二天，国民党军队开始对苏区第四次"围剿"，会议被冲散。2月2日，边区特委在新街召开紧急会议，决定改鄂豫边特委为鄂豫边临时省委。

2月5日，临时省委派张旺午回泌阳任县委书记。张旺午回泌阳后，同陈香斋、吕秀甫、高子扬、侯太俊等人取得联系，很快恢复了县委，陈香斋、吕秀甫、高子扬、刘长法、吕宝、周青、席之堂、薛家群为委员。恢复原来3个区，又发展建立羊册、象河等6个党支部，党员60多人。

6月，由于受"左"倾错误的影响，鄂豫边区第四次反"围剿"失败，均房和襄枣宜苏区先后丧失。7月初，临时省委几位主要负责人在新野县上凤鸣村召开会议，再次改组了临时省委，初步总结苏区丧失的教训，迅速调整策略，认为唐河、桐柏、泌阳等县，长期介于鄂豫皖和襄枣宜苏区之间，受苏维埃和红军的影响最深，应立即发动游击战争，一方面坚持斗争，扰乱敌人，保障旧苏区；一方面斗争中心向东部桐柏山区转移，建立新苏区。是年秋，中共鄂豫边省委指示各县开展抢粮斗争。泌阳、唐河、确山等县通过进行抢粮斗争，发展了党的组织，锻炼了群众，为苏区的建立打下了良好的基础。省委决定张星江、张旺午负责在唐桐泌一带组织游击武装。7月中旬，泌阳县成立了武装小组，周青任组长（周青，四川人，红军干部，曾是共产党领导下的上海打狗队成员，受上级指派到襄枣宜苏区，转调至泌阳专搞武装斗争）。

8月，泌阳县委获悉国民党泌阳县党部书记长梁仰正准备去开封请示如何消灭泌阳共产党组织事宜，便打探出梁的行程，派陈香斋、吕秀甫、刘长法等率武装小组，预先在驻泌公路二铺至张铺梁所经道路上设伏。上午9点左右，梁仰正与随从顺路走过来，发现有人向他靠近，觉得不妙，急忙向东边山坡飞奔，梁的随从掏出枪边射击边跑。梁跑得快，子弹飞得更快，一阵枪响，击中梁仰正。武装小组在梁仰正尸体贴上字条，打出地方豪绅王友梅的旗号，既除了敌视共产党的梁仰正，狠狠打击了反动统治势力，振奋了人心，又分化了敌人，加剧了当局与地方势力的矛盾。

十三、抢粮斗争

农村武装斗争的开展，促进了党的组织建设。1932年秋，全县共有党员120人，分属4个区委：中共城区区委，史星岑、樊书庆、杨协恭、刘汉杰先后任书记；城东区委，书记高子扬；沙河店区委，书记许衍午；

赊湾区委，书记陈香斋。另有县委直属党支部25个：孙楼支部，书记陈香斋；城东区支部，书记高子扬；五里河支部，书记房老四；赊湾支部，书记吕秀甫；泌阳师范支部，书记杨协恭；老刘店支部，书记吕秀甫、石连奎；侯庄支部，书记侯太俊；高庄支部，书记王稳；马陡沟支部，书记刘士兴；沙河店支部，书记韩幼谋；东赵岗支部，书记许衍午；崔楼支部，书记陈德书；宋庄支部，书记王鼎三；少拜寺支部，书记先为蔡玉钦，后薛家群；七里岗支部，书记席之堂；羊册支部，书记先后有李毓奇、景天增、郭彦章、陶瑜；桃园支部，书记王鼎三；官庄支部，书记王鼎三；石头河支部，书记刘世耀；王店支部，书记高宗耀；邓庄铺支部，书记高明安；朱庄支部，书记王振全；象河支部，书记不详；牛沟支部，书记不详；饶良朱集支部，书记刘黎阁。

入冬后，许多农户断炊，苦不堪言。地主与粮商囤积居奇，哄抬粮价，居民怨声载道。在此情况下，鄂豫边临时省委指示泌阳县委："加紧领导灾民斗争，组织灾民斗争委员会，领导当地及西北各县逃荒的灾民向国民党政府及各种反动机关要求衣、食、住，同时组织他们吃大户，作分粮抢粮斗争。"接到上级指示，县委迅速组织力量，分工负责，领导贫苦农民吃大户，抢粮分粮，共度灾荒。城西乡吕秀甫、陈香斋、薛家群、吕宝负责；城北乡陶耀久（陶瑜）、丁运章、李书均负责；城东乡高子扬、侯太俊负责；城南乡席之堂负责；县武装小组组长周青统一组织协调指挥各乡行动。

城东乡打响了抢粮斗争第一枪，拉开了抢粮济民的序幕。县委书记张旺午、委员高子扬和支部书记侯太俊同党员刘世耀、王有三、马长富、苏天广等多次商量，周密计划。行动的晚上，组织王岗、张楼、王庄、石头河、王店、馆驿等村群众300多人，拿着布袋，摸黑拥向王店西南大菜园。将大家分成三队，一队由刘世耀率领，到孙庄抢地主岳明善的粮；另两队分别由张旺午、高子扬、马长富、苏天广带领，其中的一队到王店以北的昌庄，持枪进院，打开地主的粮仓，装满口袋后即消失在黑夜里。

此次抢粮斗争抢得小麦4000多斤，震动了社会，鼓舞了群众。

不久，武装小组长周青等人来到羊册，召集羊册支部书记陶耀久和丁运章、李书钧等参加小组会议，部署羊册周边的抢粮斗争。用泌阳东部抢粮的经验宣传发动群众，贫苦农民们抢粮的激情高昂。农历十一月初五夜，中共羊册支部书记陶耀久、李书均等人带土造火铳，率党员丁运章、高彦森、郭永周、郭朝周、王明海，集合贫苦群众数十人，手持斧头、大刀及红缨枪，腰缠布袋，到羊册街南小侯庄地主赵举芳家抢粮。群众撞开赵家的大门，一拥而入，赵家人吓得龟缩一处。抢粮群众撤离时，还将写好的“打土豪、分田地”“拥护工农红军”等标语贴在墙上，震慑地主老财。周青等人还用夜聚明散的办法，先后在泌阳县城周围和唐河大河屯一带，发动群众抢粮数十次，每次参加人数少则数十人，多则二三百人，并以“红军政治部”的名义张贴标语，扩大影响。临时省委委员张星江还编出歌谣传唱：“大户粮食堆成山，穷人饿得实难堪，饿死冻死也是死，大家起来分粮食。”

贫苦农民抢粮斗争的烈火迅速在唐、桐、泌3县燃烧，泌阳北乡羊册后湖、郭集、官庄的东山，城南盘古山下的大磨、陈庄、席庄、安庙，西乡的楝树庄、后楼、李庄、薛庄、金庄，东乡的李庄、岳庄、高庄、张庄、曹岗，唐河的东南乡毕店、马振扶，东北乡源潭等，都开展了抢粮斗争，对苏区的恢复和发展起到一定作用。

此起彼伏的抢粮斗争使当局惊恐不已，加紧了对革命力量的搜捕，地主武装也加强了防范。农历十月二十六日夜，县委委员吕秀甫组织群众到赊湾西北楝树庄抢大地主王汉鑫的粮仓，遭到地主武装伏击，武装小组掩护群众撤离。吕秀甫在接应途中，被赊湾寨工局王四麻子武装逮捕，押到赊湾寨。王四麻子对吕秀甫软硬兼施，吊打非刑，灌辣椒水、坐老虎凳，但吕秀甫坚贞不屈，守口如瓶。敌人恼羞成怒，假意押送县城，将吕秀甫枪杀在赊湾东八里沟。

十四、张湾窑惨案

12月22日夜，县委委员、武装小组组长周青率县委委员薛家群、吕宝和刘毛等，带6支枪在城西南抢粮后，在赊湾街西南张湾村北窑上歇息。因刘毛叛变告密，唐河涧岭店民团头子王子龙率部突然袭击。激战中，周青、吕宝当场牺牲，薛家群、薛邦典被捕，押送开封监狱。薛家群在狱中受尽酷

赊湾张湾北土窑——周青等同志牺牲处

刑，宁死不屈，最终被敌人杀害。

而后，泌阳师范梁玉合被捕叛变，出卖同志，共产党员及进步群众50多人被捕，组织决定暂时停止抢粮斗争。县委张旺午、陈香斋、高子扬或隐蔽，或离开泌阳。

抢粮斗争历时四五个月，赈济了穷人，打击了土豪，唤醒了民众，牵制了敌人，为之后这里成为桐柏山革命根据地奠定了良好基础。但是，由于抢粮斗争持续时间过长，暴露了组织，斗争目标仅限于抢粮济民，忽视了组织发展、武装斗争和开辟苏区，在地方反动势力疯狂反扑时，没有足够力量予以制衡，致使数名县委委员牺牲，不少党员和进步群众被捕，党组织遭到破坏，斗争再次转入低潮。

第三节　中共鄂豫边临时工委建立，落实中央指示信

1933年6月，由于原中共南阳中心县委委员王星阶叛变，鄂豫边临时省委书记宋良猷、组织部长郝久亭等相继被捕，鄂豫边区临时省委和南阳中心县委组织同时遭受极大破坏，不仅恢复苏区的斗争受到严重影响，而且边区党组织也失去了领导人和与党中央的联系，各县党组织处境非常危险，边区的各项工作再次遭遇严重危机。

在原鄂豫边区临时省委失去领导人和与党中央失去联系的危急关头，原鄂豫边区临时省委委员张星江和仝中玉、张旺午等同志，怀着对无产阶级革命事业的坚定信念和对党的无限忠诚，不怕牺牲，不怕艰难困苦，在逆境中挺身而出，果断决定分头同各县党组织取得联系，召开鄂豫边区各县党的代表会议，成立党的领导机构，继续领导边区的革命斗争。1933年7月初，鄂豫边区部分县的代表到新野参加会议，从新野上凤鸣村辗转去南阳的路上，他们边走边议地开完了这次会议。会议主要讨论了临时省委遭受破坏的经过及教训，研究了今后的各项工作任务，决定成立中共鄂豫边临时工作委员会，履行鄂豫边临时省委的职责，领导边区人民进行艰苦的斗争。会议推举张星江为书记、仝中玉为组织部长、张旺午为宣传部长。会议通过了《鄂豫边区各县代表会议决议案大纲》，就如何整顿组织、发展组织及加强秘密工作等问题作了明确规定。之后，临时工委派张旺午等同志开始设法寻找上级党组织。张旺午根据泌阳县共产党员陈德修提供的泌阳东部山区“光蛋会”线索，通过确山地下联络站负责人徐中和找到河南工委委员王国华，与中共河南工委取得了联系，继而与上海中央局接上关系。鄂豫边临时工委将边区斗争形势和组织状况向中央局作了汇报，经中央局批准，中共鄂豫边临时工作委员会改为中共鄂豫边工作委员会。8月，张星江在桐柏平氏镇南的邓河村召开唐、桐、泌党员代表会议，决定撤销中共唐河县委，成立唐桐泌中心县委，以加强党的领导。同时，决定集中力量在3县交界地区发展党组织和革命武装。

1934年1月，中共鄂豫边工委书记张星江和河南工委委员王国华，代表两地组织到江西瑞金中央苏区列席中共临时中央召开的六届五中全会，接着参加中华苏维埃第二次全国代表大会，并当选为大会主席团成员。会议期间，毛泽东和朱德分别接见了王国华、张星江，对开展鄂豫边区的革命武装斗争作了重要的指示，毛泽东题写了“党不离枪”四个字送给王国华。朱德告诉他们：“要把游击队拉到山区去，拉到‘三不管’的地方，去生根发芽！”这为后来开展桐柏山区的游击战争指明了方向。会后，王国华留在中央苏区参加白区工作训练班学习，张星江由瑞金到达上海，向中央局汇报了鄂豫边区的斗争情况，接受了上海中央局发出的《中央给鄂豫边工作委员会的指示信》。4月初，张星江返回鄂豫边区。

4月20日，鄂豫边工委召开扩大会议，传达了党的六届五中全会精神和中央指示信。中央指示信首先肯定了鄂豫边工委不屈不挠的革命精神，指出“去年5月鄂豫边省委遭受破坏后，你们自动召集各县代表开会，成立工作委员会，积极地恢复各县组织与工作。当此时期，你们虽然与中央断绝了关系，但你们仍是艰苦地工作着，这种自动的工作精神与积极性，是值得我们称赞的”，并作出以下指示：

（一）党的组织上健全扩大是十分重要的，现在必须继续扩大党的组织，吸收大批的工人、雇农、贫民入党。但是党同时必须加紧群众工作，要坚决地、正确地领导鄂豫边群众冲破白色恐怖的压迫，起来斗争。要组织广大的工农群众在党的周围，使每个党的支部成为领导群众斗争与团结广大群众的组织，党才能健全扩大，所以恢复组织应该一点不放松机会地去领导群众斗争，应当把恢复健全党的组织与领导群众斗争密切联系起来，同时进行。

（二）应当抓住几个中心区域，如唐河、泌阳、镇平、新野等地，去很好地布置群众斗争。首先去了解这些地方群众最迫切的要求是什么。把群众最迫切的要求抓住，在党的区与支部中详细讨论，讨论领导群众斗争的方法，把支部同志完全动员起来，深入到群众中去，作广泛的宣传鼓动，用一切事实与方法来说明只有起来反对豪绅地主才有出路，使群众有信心与决心在党的领导下起来作分粮、抢粮、抗捐、抗税的斗争。

为了准备与组织群众武装反抗国民党地方武装压迫，当发动群众分粮、抢粮时，应把斗争中大批的积极分子组织成纠察队（其他名义也可以），用现有的各种武器把他们武装起来，使他们在斗争中生长成为游击队，在群众斗争开展的条件下，党要坚决地领导群众发动游击战争。

（三）你们过去对于城市工作还没开始，中央希望你们把开辟城市工作提到各地党的组织中，讨论具体的办法出来，努力建立党在南阳、泌阳、镇平、新野、方城这些城市的工作。

（四）鄂北旧苏区的工作，直到现在还未恢复，中央要求你们立即注意起来，用最大的努力去恢复鄂北苏区。

指示信还就党的组织和领导问题提出了具体要求："一、召集各县积极分子会议，成立新的工委来领导鄂豫边党的工作；二、加强工委的集体领导；三、巩固党的组织，加强秘密工作；四、必须将团的组织与党的支部分开，加强对团的支部与青年工作的领导。"（《中央给鄂豫边工作委员会的指示信》1934年3月16日）

中央的指示信对于指导鄂豫边区党的工作具有重要的作用。经会议讨论，作出工委扩大会议决议案，规定了当时的政治任务："一、武装拥护苏联；二、拥护苏区和红军；三、发动反帝反国民党的斗争；四、反对保甲运动；五、反对苛捐杂税。"会议根据中央的指示，选举张星江为工委书记，张旺午为组织部长，仝中玉为宣传部长，方德鑫、李成林、李金山、朱凤昌等人为委员，郭同昌为宣传鼓动干事，朱凤昌、陈德修为组织干事，并成立了团工委，方德鑫任书记。接着，常委会重点讨论执行中央指示的具体办法，明确了各项工作任务："一、健全上下组织，严密上下级关系；二、集体指导工作；三、提拔干部，训练党员；四、建立中心工作区，以唐河、泌阳、镇平、南召为中心县；五、注意城市工作，发动工人、学生、士兵斗争；六、密切联系群众，打击'左、右倾'的不正确倾向；七、党团划分；八、领导群众的日常斗争。"（《鄂豫边工作委员会报告》1934年9月27日）

5月，鄂豫边工委派组织部长张旺午等人到上海向中央局汇报工作，其他工委领导分头巡视各县，检查贯彻执行中央指示和工委扩大会议精神情况，具体指导工作。其间，首先加强了中心工作区的领导，整顿和健全各县党的组织。工委撤销唐桐泌中心县委，建立了唐河县委。6月，泌阳东部山区恢复建立农村支部4个，党员30人，支部直接受鄂豫边工委领导。7月，建立了泌阳特支，高子扬任书记。8月，中共鄂豫边工委书记张星江亲临泌阳指导，恢复中共泌阳县委，恢复和建立宋洼、羊册、邓庄铺、侯庄、沙河店等11个支部，党员100余人。接着，工委在桐柏平氏镇开办了短期培训班，"调各县积极的工农分子接受训练"，先后对唐河、桐柏、泌阳、镇平、邓县的负责同志进行培训，提高了这些干部的政治水平及工作能力。

夏末，工委在桐柏山太白顶召开各县代表会议，决定建立和扩大武装力量，发动游击战争，并提出创建游击根据地的设想，确定了鄂豫边区革命斗争的发展方向。会后，仝中玉赴上海向中央局汇报了工委的各项工作，写下《鄂豫边工作委员会工作报告——工委对各地工作的政治指导，鄂豫边政治形势》，其中着重汇报了工委在确（山）、泌（阳）、桐（柏）、信（阳）交界地区开辟游击根据地的计划。中央局听取汇报后，同意工委的意见。自此，鄂豫边工委工作转入发动游击战争的准备。

第四节　省委书记作向导，箪食壶浆迎红军

1934年10月，中国工农红军第五次反围剿失败，中央红军撤离江西革命根据地，进行长征。之后，鄂豫皖红25军在军长程子华、政委吴焕先、副军长徐海东的率领下，高举“中国工农红军北上抗日第二先遣队”的旗帜，于11月16日由信阳罗山县何家冲出发，向西实行战略转移，开始长征。17日，越过平汉路，进入桐柏山区。国民党当局得悉红25军西进后，即命驻在南阳、泌阳、方城一带的国民党第四十军庞炳勋部进行围追堵截。19日，红25军进至桐柏月河、金桥镇，与桐柏保安队、民团交火。庞炳勋接到报告后，即命令方城部下向赊旗店集结，并电令桐柏、泌阳、唐河各县团队固守城寨。20日，红25军进抵桐柏西鸿仪河一带，庞炳勋即令其骑五师星夜追赶。当红25军进入桐柏山区时，鄂豫边工委书记张星江和交通员韩本清主动与军首长联系，并亲自带路；建议军首长避敌追堵，从山区走，先往东北，再转西北。为隐蔽北上意图，迷惑敌人，红25军西进至枣阳城北，佯攻枣阳。22日，突然回头迅速向东。23日，在桐柏县西歇马岭一带击溃敌第二支队的“追剿”，在张星江、韩本清带领下，红25军绕道平氏，下午，从桐柏县安棚镇栗园村出桐柏县境，进入泌阳县南部山区。部队沿陈茨园、大张湾、梨树洼、肖湾、井岸、邱湾一带古道经高店乡响水坡，从褚湾、枣子营、卧牛山一带向北，入夜时分到达陈庄乡（今盘古乡）二郎庙。部队稍事停顿，

在街上买了油盐等日用品，由地方党组织派的陶焕彬等进步青年带路，分散在寺沟、柳树沟、小刘冲、段洼、四道沟一带夜宿。24日早晨，经由盘古乡、羊角河、盆窑、韩沟、耿岗、安子沟进入马谷田镇境，沿凤凰山北麓，经黄楝沟、衙门店、罗店、陈庄、大余庄、河南和罗桥村进入高邑乡地界，过油坊庄、余台、瓦房庄向东北方向胡栗冲一带进发。然后，从铜峰北麓经小西沟、邓庄铺、焦竹园、泰山庙、羊进冲、楼房岭、桃园、台山河、羊毛沟，进入王店镇团山、尖山、土门一带。沿贾楼乡肖庄、马家沟、陡岸古道，经付庄乡、竹林、东下河、暴沟、黄赵庄、龙王庙、阎老庄，由春水镇娘娘庙、大许沟、邵岗、铁帽徐村，经双山寨东麓进入象河乡地界。经李木林、古台、霍庄、邢庄、宋田，25日傍晚由秦房村进入方城、舞阳县境内。26日，在方城县独树镇北七里岗与国民党驻防的四十军所部进行了一场恶战。后穿过许（昌）南（阳）公路，进入伏牛山，并继续西进到达陕南，在那里创建了鄂豫陕革命根据地。

红25军长征途经鄂豫边区，前后历时8天，所经村庄涂刷标语，宣传群众，惩除恶霸，撒播了革命火种。在泌阳境内时红军从无扰民，纪律严明，秋毫无犯，用“三字经”“四言诗”和“顺口溜儿”的形式鼓动群众，宣传抗日，如：“老乡老乡，不要惊慌。我军所向，抗日北上。借路通过，不进村庄。奉劝乡亲，勿加阻挡……”“红军红军，炎黄子孙。北上抗日，意志坚贞。出发宣言，宗旨在先：收复失地，还我河山！”

在工委书记张星江指导下，地下党组织群众为部队筹备粮草，群众送饭、送茶、捐鞋补衣。红军的一些伤病员，也由地方党组织妥善安置在进步群众家中休养，给红25军以很大的帮助。正如红军战士议论的，进入泌阳就像进了苏区，带路的向导是山里通，对山沟河岔都很熟悉，部队一路畅通无阻，没卡过壳，没打一枪，没伤一人。到泌阳八里岗，韩本清返回。张星江一直将红25军部队带到豫陕边界的卢氏县才返回，使红25军顺利完成了长征途经豫西南的战略转移任务。此后，鄂豫边工委同红25军建立了密切的联系，而且还接受了红25军同鄂豫皖苏区留守部队之间的联络任务，工委曾几次派人去陕南。在鄂豫边工委斗争极端困难的时候，鄂豫边工委组织部部长张旺午亲赴陕南，同红25军联系成立地方游击队、开展武装斗争，并带去红28军给红25军的信件，带回红25军对鄂豫边区关于游击战争的指示和经费等。红25军对鄂豫边区工作上的指示和经济上的支持，有力地推动了边区的各项工作。

第五节　成立中共鄂豫边省委，创建革命根据地

1934年12月，中共河南代理省委书记张国诚等被捕叛变，豫南、豫西等地党组织和郑州河南省委接头处相继遭到破坏，河南党组织的整个工作陷入瘫痪状态。1935年2月，原河南工委委员王国华从中央白区工作训练班学习结业、经在长胜县工作实践后回到豫南。5月，在豫南特委联络站徐中和家，王国华和鄂豫边工委派来寻找上级党组织关系的张旺午巧遇，两人交谈了与党中央失去联系后各地的情况，后又冒着危险到漯河，想通过一家牛行的老联络点去找周骏鸣，再找党中央的关系，得到的却是周骏鸣被捕的消息。在找不到上级党组织的情况下，鄂豫边和豫南两地党组织加强了横向联系。

5月中旬，鄂豫皖红28军越过平汉路游击于桐柏山区的新集、歇马岭、鸿仪河、竹园、程湾等地，准备西进同红25军会师陕南。28日，红军到达泌阳五道岭。29日，红28军进抵泌阳王店，高敬亭从俘虏口中得知前面有敌军堵截，于是动摇了去陕南找红25军的念头，经开会讨论，决定返回鄂豫皖坚持斗争。6月1日，在桐柏程湾棺材沟一带与敌军激战，歼敌600多人。由于敌人继续增兵阻截，红28军遂经新集、花山向武胜关西50里之小河市转进。9日晨从东篁店南20里越过平汉铁路，返回鄂豫皖。红28军在桐柏程湾白莲洼等村，留下19名伤员。张星江和当地党组织多次看望伤员，送药疗伤。20多天后，多数伤员伤愈归队，有8名重伤员仍在白莲洼村养伤。

7月13日，鄂豫边工委为了学习鄂豫皖红军游击战的经验，在白莲洼召开唐河、泌阳、新野三县县委和桐柏县特支参加的联席会议，研究筹建游击队、开展游击战等问题。在此养伤的红28军8名伤病员也参加了会议。因会议时间过长，目标过大，被敌察觉。7月15日拂晓会议结束时，会场突遭桐柏县第五区民团包围，工委领导张星江、仝中玉等4人突围脱险，唐（河）、泌（阳）、新（野）三县县委书记等5人及6名红军伤病员被捕，红

军连长遭到敌人杀害。张星江、仝中玉脱险后，在双河镇遇到了去陕南红25军联系回来的张旺午，他们当即商定由张星江到唐泌交界处活动，仝中玉到新野活动，张旺午到泌阳东山一带活动。张旺午回到泌阳后，利用泌阳东部山区和确山相邻的便利，又见王国华谈了鄂豫边工委近况，并约王国华一起到唐河见张星江。王国华与张星江在“二苏”代表大会期间已经相识，都有相聚共商两地党组织发展大计的意愿，经张旺午一提，王国华当即决定随张旺午到唐河，面见张星江商议两地党组织合并发展事宜。

在唐河毕店张心一村，王国华与张星江相会，并进行了长时间的叙谈。他们分析了红军主力长征后南方各省革命根据地的政治形势和斗争任务。王国华传达了陈云在中央苏区举办的白区干部训练班结业时的讲话：“你们回去以后，要扩大游击队，牵制敌人，打击敌人，创建根据地。”张星江说：“鄂豫边区的同志去陕南时，红25军的领导也要求和支持我们开展游击战争，创立根据地。”他们交谈了两地的工作情况，深感党组织接连遭受破坏，现在力量薄弱，这种分散、各自为战的状态很不适应革命斗争的需要。为此，他们初步协商了两地党组织的合并问题。这次会谈，确定了两地党组织新的斗争任务，为加强党的统一领导奠定了思想基础。

7月下旬，张星江等人在唐河县毕店召开会议商定成立中共鄂豫边省委。会议选举张星江任省委书记，仝中玉任组织部部长，王国华任宣传部部长。接着，张星江、王国华、张旺午等从毕店至泌阳东部王店张楼，边走边具体商谈两地党组织合并后的工作，决定把省委机关设在群众基础较好的张楼村马长富家的后院东屋，并对省委领导的管辖地进行了分工，张星江负责唐河、桐柏；王国华负责确山、信阳、正阳、汝南；仝中玉负责新野、镇平；张旺午负责泌阳。9月，原河南省委军委书记周骏鸣回到豫南与王国华等人到泌阳张楼会见张星江，由张星江主持在马长富家高粱地召开会议。会议根据朱德同志“到‘三不管’的地方生根发芽”的指示，确定在确山、泌阳、桐柏、信阳4县接合部的桐柏山区迅速恢复党的组织，开展游击战争，创建桐柏山革命游击根据地，以配合红军主力长征和南方各游击区的斗争。省委根据周骏鸣提议，决定派周骏鸣到信阳吴家尖山一带开辟工作。为了贯彻新的工作方针，省委领导分散活动，切实加强唐河、泌阳、桐柏、南召、邓县、新野、南阳、新蔡、信阳、确山、汝南、正阳、镇平、内乡、淅川、方城、遂平、舞阳、叶县等各县工作的指导，并定期召开碰头会议，集中讨论和解决遇到的问题，形成了一套新的工作方法。

此后，在鄂豫边省委领导下，党组织深入发动群众，加紧开展工作，确山焦老庄、瓦岗、孤山冲，泌阳侯庄、高庄、磨道沟、后营，信阳吴家尖山、小石岭，桐柏榨楼等地党组织得到迅速恢复和发展，使确、泌、桐、信四县边界的秘密联络点连接起来，发动游击战争的条件已经成熟。

“中共鄂豫边省委的建立，为鄂豫边区革命斗争的发展以及创建桐柏山革命根据地奠定了组织基础和群众基础。鄂豫边省委是领导鄂豫边人民进行革命斗争的坚强的领导核心，省委始终把建立和发展桐柏山革命根据地当做实现党的领导权和基本任务来抓，并结合当地革命斗争的实践，制定了一系列行之有效的路线、方针和政策，引导和带领鄂豫边人民开展武装斗争，创建了桐柏山革命根据地。”（《中国共产党泌阳县历史·第一卷　1919.5—1949.9》）

第六节　鄂豫边红军游击队，游击战中求发展

一、鄂豫边红军游击队诞生

1935年秋，周骏鸣在吴家尖山组织扁担会，发展党组织，为成立革命武装打下坚实基础。11月，鄂豫边省委在信阳吴家尖山吴仁甫家召开会议，着重研究尽快发展党的组织、建立群众工作基点和准备组建红军游击队等问题。会议认为在当时情况下，由大规模的群众暴动来组织革命武装的可能性很小，必须打破常规，“转变做法，以直接组织游击队为中心任务，将主要力量放在布置游击战争这一工作上”（仝中玉《谈谈鄂豫边党过去的工作》1938年）。会议统一了认识，明确了方向，通过了组织红军游击队的决定，并积极进行具体的准备。

1936年1月4日晚，张星江、周骏鸣等人分头来到小石岭村汪心泰家，张星江宣布即日起成立鄂豫边区红军游击队，周骏鸣任队长，王国平任副队长，张星江兼任指导员，队员有汪心泰、康春、吴恒山、老汪共7人，周骏

信阳吴家尖山红军游击队诞生地旧址

鸣借来1支七九步枪，吴仁甫借来1支八音手枪，汪心泰借了5银圆买了1支撅把子和3支枪，鄂豫边红军游击队胜利诞生了。鄂豫边区有了一支属于自己的武装队伍，这支队伍在鄂豫边省委的直接领导下，拉开了桐柏山区革命游击战争的序幕。

当晚，鄂豫边红军游击队根据平时掌握的情况，立即行动，处决了无恶不作的小石岭寨保长汪心乐，为民除了一害，并缴获1支长枪、20发子弹。游击队旗开得胜，打响了鄂豫边区革命游击战争的第一枪。

二、红军游击队的发展

1月15日，张星江、周骏鸣在桐柏榨楼村召开游击队员会，讨论制定游击队的行动方针政策。会议决定，游击队必须秘密行动，隐蔽发展，不贴标语，不散传单，昼伏夜出；为保存自己，迷惑敌人，采用“推磨”游击战术，打一枪换一个地方；实行“打坏货，拉土豪”的政策；紧紧依靠人民群众，按照群众意愿，由群众摸底子、通情报、做向导、找坏货；“多交朋友，少树敌人”，扩大团结对象，孤立和打击最反动的、群众最痛恨的土豪劣绅。

1月17日（腊月二十三），游击队在信阳县宋冲一带活动，时近年关，天又下起大雪。罗楼村民周三等人找到游击队驻地，诉说罗楼保长张兆龙年关逼债，致使穷人雪上加霜、无法过年的情况，恳求游击队除掉这个“二阎王”。张星江、周骏鸣当即商定，让来的人员先回去一个做好准备，周三留下带路，里应外合，奇袭罗楼。晚饭后，游击队冒雪来到罗楼寨门前，周三走上前去拍了三下巴掌，打更的李老二听见暗号，随即打开寨门，游击队员迅速进寨，包围了炮楼。村里事先安排的两个内应寻机打开了炮楼门。周骏鸣、王国平、牛德胜、朱凤昌扑进炮楼，周骏鸣一枪打死了张兆龙。王国平、牛德胜飞快上楼，收缴了保丁的3支长枪。张兆龙的妹夫吓得跪地求饶，被游击队罚了1000银圆。与此同时，张星江带领群众打开保长的粮仓，把粮食分给了穷苦百姓。乡亲们手捧分到的粮食，激动地说："咱今年能过个好年啦！"

离开罗楼，游击队连夜转移到确山石滚河、陈冲一带。1月23日，腊月最后一天，周骏鸣回到焦老庄，与周庆鸣商量，准备趁除夕守岁的机会，再打几个坏货。焦老庄党组织积极支持游击队的战斗，派熟悉情况的党员带路。晚上，游击队顶风踏雪直奔瓦岗大桥洼，张星江、牛德胜等人缴获3支步枪，周骏鸣枪毙了谌广才和他老婆；游击队没收了谌家过年的食物后，火速撤离，赶到狼尾巴山党员柯龙家过了除夕。第二天夜晚，游击队兵分三路，又到何大庙处死了保长何国祥父子。

"打坏货"的接连胜利，锻炼了游击队员，扩大了党的影响，鼓舞了鄂豫边区群众。在各级党组织的支持下，各县区党员和积极分子踊跃参加游击队。2月底，红军游击队发展到30多人，长短枪10多支，编为3个班，2个长枪班，1个炊事班。省委为加强对游击队的领导，在部队中发展党的组织，开展政治思想工作，成立党支部和战士委员会，张星江兼支部书记，牛德胜任战士委员会主席。党指挥枪，官兵平等，这为红军游击队的成长壮大和开辟鄂豫边革命根据地奠定了坚实基础。

为扩大队伍，张星江找到拥有千余人的农民武装头领李合，商谈收编事宜。李合愿意归附红军，只是军需不支，一时不便。李合答应随时帮红军的忙，待时机成熟即率众归队。

三、红军游击队所作的主要斗争

（一）杜庄受挫

3月7日，红军游击队在确山老乐山东边的杜庄宿营时，突然遭到遂平县保安团的包围。突围时，副队长王国平、队员柯龙牺牲，张旺午、吴仁甫、孙昌等9人被俘。张旺午、吴仁甫被押往开封监狱，关押一年多才被释放。孙昌、吴狗等7位确山籍队员被送进确山监狱，党组织多方营救无效，全部被敌惨杀。

杜庄受挫，是鄂豫边红军游击队诞生后的第一次严重损失。张星江、周骏鸣随即召开会议，检讨了放松警惕的错误，处分了放哨失职的同志，要求全体队员化悲痛为力量，坚持斗争。王国华、邓一非也立即赶到游击队住处，共同研究了振作士气、扩大队伍的问题。省委及时调泌阳县委委员陈香斋到红军游击队任副队长，并指示各县地方党组织动员青年参军。不到20天，游击队又充实到30多人，20多支枪，并积极准备进行一场更大的战斗。

（二）平氏夺枪

3月18日，鄂豫边省委在桐柏县郭竹园开会，决定趁平氏孤峰山庙会起戏时“浑水摸鱼”，夺取土豪劣绅和民团的枪支，武装游击队。张星江在会上要求，发动唐、桐、泌三县地方党员群众和农民武装，配合游击队行动。经反复研究，省委制定了游击队庙会夺枪的战斗方案和撤离的行动路线。会后，张星江到唐河、桐柏动员群众，王国华等到泌阳张楼，与侯太俊、王广宇、马长富一起在侯庄、王庄一带挑选人员作战斗准备。

3月25日夜，张星江、周骏鸣带领游击队员从泌阳大磨出发，急行军至平氏镇外，宿营在小东庄。命令陈香斋带一个长枪班埋伏在孤峰山南，以掩护接应夺枪后撤离庙会的队伍，并让牛德胜带几个队员潜入平氏街，了解敌人的兵力部署。第二天，张星江、周骏鸣带手枪队员改扮成赶会的群众进入庙会。王国华率领在泌阳东部侯庄、王庄、张楼、官驿、靳庄等村挑选的36名党员和进步群众，扮作赶会的香客赶往平氏。桐柏、唐河地方党组织也选拔数十名党员、群众赶赴会场。

平氏镇是桐柏县西部的一个大镇，南为山区，北有大沙河，距唐、桐、泌三县县城都是近百里路程，地理位置相对偏僻。一年一度的平氏庙会上，3台大戏对唱，日杂山货齐全，四乡八保赶会的、烧香的人山人海，十分热闹。镇上驻有地方民团的两个保安连，还有附近土豪劣绅，带着保镖，背枪挎盒子，威风十足。

按事先安排，参加夺枪的人拿木棍做武器，行动时每人围条毛巾当标志。27日上午，张星江、王国华在祖师庙大殿前，根据牛德胜侦察的情况，商定了具体行动方案：游击队员重点收拾京货铺，夺枪群众对付逛会的民团，鸣枪为号，统一行动。下午4点多钟，夺枪群众各自选定目标，一个个背枪的团丁后面都跟个掂棍的群众。张星江、周骏鸣、牛德胜盯上了马白喜京货铺里的3支驳壳枪，3人制造混乱，趁机夺枪；游击队员和夺枪群众也挥动手中木棍，朝自己所盯目标打去。一见这阵势，赶会的百姓向四面八方炸开了，会场上一片混乱，很多货摊挤倒了，演员穿着戏装夹在人群里跑起来。混乱之际，撤退的哨音响了，游击队员和各县夺枪群众随四散的人群顺利地撤出庙会，与陈香斋的长枪班会合。这次战斗，夺得长枪5支、短枪4支，各县群众也获得了不少战利品。

游击队向南撤出庙会后，在程湾南与敌追兵对击一阵。天黑以后，敌保安团不敢再追而撤退，游击队指战员回头顺着山涧河沟往北绕过平氏，深一脚浅一脚连夜向泌阳大磨村行进。第二天天明时分，行至姬岭寨附近的牛庄。大家又累又饿，便在该村旁一个树林里宿营休整。一直到午后2点多，敌人追过来了，大约有一营国民党正规军。队员们有点慌神，只听周骏鸣大呵一声："老胡（香斋），你带大队冲出去，我和牛德胜、老汪、朱凤昌掩护你们撤退。"张星江说："我也留下和你们一起战斗。"于是，张星江和周骏鸣、牛德胜、老汪、朱凤昌5个人边打边撤。陈香斋率队到姬岭寨时，又遭到土顽分子王玉贤部凭寨阻击，截住了去路。张星江、周骏鸣迅速赶到，与陈香斋一起观察地形情况。周骏鸣说："老胡你带队员往山上打，压制敌人火力，发起冲锋，一定要冲过去，如果不拼命冲过去，游击队就有全部被俘的危险。"陈香斋果断地指着对面的山头，喊道："同志们，冲过去，决不能让敌人抓活的。"他举枪打了一排子弹，趁敌人趴在地上不敢抬头的时候，与队员们一起冲出重围。队伍刚冲过去，后边敌人的大队追兵又赶到了。这时，张星江、周骏鸣等人还处在包围中，冲出包围的同志们已无力回援。此时，张星江大腿中弹，伤势严重，牛德胜跑上前用胳膊架着他往前走。张星江感到自己不行了，说："把子弹给我留下，我掩护大家突围，快！”大家哪里肯依，争着要陪张星江留下来阻击敌人。正当大家架起张星江边打边往外突围时，一颗子弹打中张星江的头部，张星江壮烈牺牲。目睹张星江的牺牲，大伙一下子红眼了，呐喊着要和敌人拼命。周骏鸣很想把张星江身上的挎包和枪带走，可是敌人已经近在眼前，子弹乱飞。突然，周骏鸣腿部中弹，坐在地上手持一把长枪和一把短枪，向敌人射击。队员牛德胜、老汪、朱凤昌都是神枪手，打得敌人不敢露头，只能缩在山坡下。暮色渐渐降临，周骏鸣吩咐两个队员瞄准山上的民团射击，自己和牛德胜向后面的国民党军队射击，引起国民党军队和山上民团相互射击起来，周骏鸣趁机带着队员们从一侧冲了出去，翻过山岭时，正碰上马长富带着几个队员前来接应，两支队伍汇合一处，大家找来一扇门板，抬着周骏鸣在黑夜里摸索着向大磨村走去。

这次战斗中，张星江牺牲，周骏鸣、牛德胜负伤，游击队暂由陈香斋带领。游击队进驻泌阳大磨后，陈香斋与王国华商量，迅速写信给在新野工作的仝中玉，要他火速赶到泌阳。仝中玉回到泌阳后，与王国华一起见了在张楼马长富家养伤的周骏鸣。仝中玉、王国华、周骏鸣、陈香斋在张楼召开鄂豫边省委临时会议，推举仝中玉接任省委书记。会议认真总结了平氏夺枪的经验教训，认为这次行动虽作了一定部署，夺取了武器、震慑了敌人、振奋了人民，但由于远离根据地中心区域长途奔袭，脱离了群众，造成了鄂豫边省委书记张星江同志牺牲的重大损失。大家还冷静分析了游击队队员的思想状况，仝中玉随即到游击队，做深入细致的政治思想工作，稳定了游击队队员的情绪。

（三）化整为零，抗击“清乡计划”

平氏夺枪后，国民党军政当局从张星江衣袋里搜出省委文件，发现共产党红军游击队的情况，十分震惊。5月，豫南“剿共”指挥部发布《豫南清乡计划》，调驻防豫南的新五师两个营、河南省保安十团两个大队，向以泌阳为中心区域的桐柏山红军游击队活动区大举进攻。敌人采用“梳子”战术，在红军游击区内日夜“搜剿”，妄图彻底消灭游击队。

红军游击队在深山老林中与敌人周旋，处境极其险恶。在此情况下，仝中玉通知王国华、周骏鸣在泌阳铜山沟召开紧急会议，研究应对敌人“围剿”的办法。周骏鸣向省委建议将游击队化整为零，摆脱“围剿”之后再集中行动。省委一致同意周骏鸣的建议，决定将游击队分为三班，仝中玉带一班在泌阳东区一带活动，邓一非带一班到信阳吴家尖山一带活动，周骏鸣带一班到确山西北一带活动。游击队分开行动以后，目标小，便于隐蔽，灵活机动地坚持开展武装斗争。

由于仝中玉带领的一班人处在根据地中心区，受到敌人疯狂追击，仝中玉考虑到与其在敌人重围之中待毙，不如跳到敌人搜“剿”圈子之外发展，遂与王国华商议带朱凤昌、闫文甫等人转移到有相当群众基础的唐河、新野一带活动。邓一非带人到信阳吴家尖山后，因人地生疏、粮款难筹，而致生活困难，队员四散，邓一非一人回到周骏鸣班。周骏鸣在确山西北一带地方党组织的支持下，主动出击，还做了驻扎确山县城国民党部队的军运工作，争取到一个班12人参加红军游击队。不久，周骏鸣班的活动范围扩大到泌阳。一天，游击队在泌阳铜山南麓休息，周骏鸣在山头瞭望，发现敌军正向游击队休息的地方进发，遂以手巾招呼众队员抢占山头，甩掉了敌人，绕到敌人后边宿营，确保安全。还有一次，游击队正在泌阳王店西南河边芭茅丛中休息，国民党部队的一个团从王店开过来。当先头部队接近游击队时，有的队员主张乘其不备猛冲过去，打他个措手不及。周骏鸣果断地制止了盲目行动，指出：敌情不明，敌众我寡，拂晓遭遇，地形不利，硬打必然吃亏。结果，游击队员藏在芭茅丛中，避免了一场与强敌的遭遇战。

（四）集零为整，击垮土豪恶霸

8月，“围剿”桐柏山区红军游击队的敌军因处处扑空，徒劳无功而撤走。王国华、周骏鸣带领游击队重返泌阳。仝中玉、牛德胜等也从唐河回泌阳与周骏鸣会合，继续开展打坏货、拉土豪的斗争。

一天，盘古山西麓出山王村地下党王法林汇报说，该村寨主有枪有钱，仝中玉当即与周骏鸣商量，决定攻打出山王寨。游击队从张楼出发，经河套、桃园、过大磨河，行程60多里，傍晚隐蔽在盘古山北麓的梁湾。初更的时候，游击队越沟爬坡，接近出山王村。只见寨门紧闭，守寨家丁提灯放哨，一时不能下手。大家盘算一阵后，就拿一块石头砸向寨门。岗哨从寨楼上走下来，开门看是什么响动。战士们猛扑上去，捉住了哨丁。仝中玉命令对方带路，顺利捉住寨主。寨主吓得浑身打颤，按照仝中玉的吩咐，缴出村上5支枪和一些金银首饰。出师告捷，为防出岔子，游击队撤离时，将寨主和守寨家丁带出村子很远才放回。

不久，游击队根据泌阳城西南八门庄一带群众的要求，决定攻打八门庄围寨。八门庄是泌阳、桐柏交界处的一个村寨，寨主李天修有钱有势，豢养有守寨打手，拥有10多支长枪，又新买一支手提花眼冲锋枪。围寨南北寨门上有门楼，四面有炮楼相呼应，寨子里外有三道围墙：第一道是刺树，稠密无孔，枝叶交错；第二道是铁丝网，网上挂有牛铃铛；第三道是宽数丈的寨濠和土围墙，围墙宽数尺，高丈余。围寨防守甚严，夜间轮班巡逻打更。寨濠里放养有数百只鹅和鸭子，一有动静，鹅鸭齐叫，寨内打更的就会立即到寨墙上察看。

当月中旬，连下几场大雨，该村东寨墙淋塌，刺寨和铁丝网也遭到损坏。地方党组织和红军游击队作了周密的战斗部署，决定夜袭八门庄。22日晚饭后，游击队把队伍分成3组，每组带一个梯子，由李天修的一个佃户带路，从东墙豁口接近围寨。计划周骏鸣负责南门，从南往北打；牛德胜带人控制炮楼。大家从豁口处悄悄地钻过铁丝网往里拖梯子时，碰响了铁网上的牛铃铛，守寨人听到铃声，把枪栓拉得哗哗响，大声喊：“谁？不说就开枪

高店八门庄围寨旧址

了。”正在这紧张时刻，寨内有几头猪受惊吓乱跑乱叫，守寨人误认为是猪碰到铁丝网，便不再吆喝。牛德胜带领队员乘机迅速上了寨墙，后续队伍也跟着顺利进入寨内，把东炮楼的敌人堵在里边，缴了他们的枪。周骏鸣队长带人又冲上寨墙中间一个炮楼，并很快包围了李天修的宅院。正准备往院内冲，只见李天修手提冲锋枪从屋内窜出来，对着游击队就要扫射，他的枪还没打响，周骏鸣一枪送了他的命。牛德胜跑上去缴了他的枪，冲进院内，没收了他的枪支财物，很快撤出战斗。

这次战斗共缴获长枪8支，驳壳枪和手提冲锋枪各1支。红军游击队集零为整后的两次战斗的胜利，震慑了泌阳、桐柏两县交界处的土豪恶霸，大长了红军游击队的声威，鼓舞了游击根据地广大人民群众和红军的游击队的士气。在严峻的反“围剿”斗争中，游击队不但没有被消灭，而且又发展到30多人，30多支枪。

第七节　义和寨会议举行，根据地得到大发展

1936年10月，鄂豫边省委从田永录那里获悉在北平工作的中共党员徐子荣回到家乡确山县傅楼，即派游击队秘书李子健去见徐子荣，提出与上级党组织联系的要求。经徐子荣介绍，到北平沙滩北椅子胡同大学公寓，找到徐子荣的同学李锐，与北方局接上关系。李子健向中共北方局刘子久等汇报了鄂豫边地区革命形势和与上级党组织失去联系后鄂豫边省委的工作情况。北方局对鄂豫边区的工作给予高度评价，认为鄂豫边省委所执行的方针、政策基本上是正确的，与党中央是一致的。北方局对鄂豫边今后的工作作了指示，并让李子健带回了中共中央《为抗日救国告全体同胞书》（即“八一宣言”）。

与党中央取得联系后，鄂豫边省委认真学习了党中央“八一宣言”和北方局的指示，了解了全国革命形势，斗争的大方向更为明确。但是，在讨论过程中，不少同志提出了具体问题，如与国民党当局讲统一战线，他们却仍然要打我们。不打坏货、拉土豪，就没有办法解决生活问题等。这些具体问题如何解决，还得向北方局汇报请示清楚。

省委经过反复讨论，决定再次派李子健到北方局，进一步反映鄂豫边区工作情况。在天津宁园，北方局书记刘少奇接见了李子健。刘少奇指示，要广泛地把统战工作开展起来，上层的要搞，下层的也要搞。“对土豪可以提出‘一致抗日，有钱出钱，有力出力，有人出人’的口号。”刘少奇非常关心鄂豫边区的宣传和文化学习，特意让李子健带回1部留声机和3支派克牌金笔。

12月下旬，中共鄂豫边省委在泌阳马谷田境内义和寨召开扩大会议，着重解决根据地党的建设、组织群众防匪抗日自卫和扩大游击队等问题。会议决定对省委和游击队进行组织调整，由王国华任省委书记、周骏鸣任组织部长、邓一非任宣传部长、仝中玉任游击队政治指导员、陈香斋任游击队长、李子健任游击队秘书。会议期间，李子健从天津归来，传达了北方局和刘少奇的重要指示。省委根据北方局的指示，决定加强游击战争的群众工作和统战工作，建立农民抗日自卫会和自卫队。同时，加强瓦解争取反动武装，推动革命形势快速发展。

义和寨会议是中共鄂豫边省委贯彻落实北方局指示的一次重要会议，会议为桐柏山革命游击根据地的巩固和发展奠定了基础。义和寨会议后，在省委的正确领导下，边区党的建设、群众工作、统一战线工作等蓬勃发展。

义和寨会议遗址

1937年1月，省委在泌阳官驿村设立文印室，翻印党的文件和宣传品，用以指导边区各级党的工作，并用王庄王广宇家的油坊建立了鄂豫边红军游击队造枪厂（对外称炮厂），为红军游击队修造枪械。省委把设在王庄、侯庄的省委机关扩大后，致力于各县党组织的整顿和发展，恢复了唐河、泌阳县委和新野中心区委组织。郭同昌任泌阳县委书记，王广宇、樊中甫（新野人）任县委委员。同时，建立了泌阳邓庄、官庄、高邑、王店四个区委和肖湾、李庄、石门、陈沟、羊册等五个直属县委的党支部。在省委和各县、区委直接领导下，各县、区积极发展党员，纷纷建立抗敌自卫会和联庄社。泌阳东部山区吴祥春建立了第一个联庄社。接着，泌阳高邑的王广宇、苏天广，高邑南的张国兴，县城东的刘世耀，城北桃园的徐老七，小丁庄的丁占先，城南二郎庙的申占元，城西张庄的张国安等联庄社和自卫会相继建立。之后，确山、桐柏、信阳边界地区自卫会、农民联庄社也都建立起来。这就使以泌阳东区为中心区域的泌、确、桐、信四县接合部的游击根据地连成一片。王国华、周骏鸣、邓一非、姜宗仁等往往一天要跑几个村寨去做工作，在孤山冲、铜山沟、邓庄铺、西王楼、大李庄、高邑等地的自卫会，还组织了人和枪数量不等的抗敌防匪自卫队。比较有名气的自卫队长有牛德胜、吴明义、吴祥春、苏天广、徐中学、高明安、熊国顺等。

自卫会和自卫队在鄂豫边区的游击战争中发挥了很大作用，主要表现在：领导人民抗捐抗税；打击消灭土匪，维护地方治安，保护根据地人民生命财产安全；配合红军游击队作战；在物资供应方面是红军游击队的可靠后防；是红军游击队可靠的兵源。自卫队经常选优秀的自卫队员参加红军游击队，使部队建设得到保证。自卫会和联庄社有章程、有制度，为游击队筹粮筹款，送枪送人，他们实际上是共产党领导下的基层苏维埃政权。这种基层政权形式，使党在这块白色恐怖的氛围中开辟的红色根据地得以巩固和发展，这是鄂豫边省委处于特殊情况下开辟的根据地，是党组织在政权建设中的一个创举。

与此同时，仝中玉、陈香斋、李子健等按照省委部署，以泌阳县高邑、王店、铜山、冷水铺、前城、大李河、马谷田，确山县石磙河、瓦岗，桐柏县回龙，信阳县吴家尖山区域为根据地中心区，贯彻“有钱出钱，有力出力”的方针，四面出击，打汉奸，打反动豪绅（也叫“捉经济案”）。

3月初，确山县北张楼的大地主兼资本家张庆臣办纸烟公司，邀亲朋好友前去祝贺。鄂豫边红军游击队得知消息，队长陈香斋扮作驻马店乐丰银行送贺礼的客人，率游击队到张庆臣家。见面寒暄时，张庆臣发现来人势头不对，欲越墙逃跑，陈香斋抬手一枪，打断了他的左腿。游击队员迅速占领了他的炮楼，缴获了全部枪支，还得款1000元。接着，游击队又打开一个地主的庄园和一个土豪的围寨，共缴获长短枪10余支，得款3000多元，扩大了游击队的武装，解决了游击队发展经费问题，大大鼓舞了士气民心。

省委在整顿和发展地方党组织、发动群众、扩大游击队的过程中，按照北方局关于“克服关门主义、冒险主义，开展广泛的抗日民族统一战线”的指示，与当地政府和开明绅士建立统一战线，使那些同情革命的国民党地方联保主任、保甲长向共产党靠拢，减少革命的阻力。如争取、团结了确山三区区长何振刚、瓦岗绅士刘世彦、泌阳冷水铺（1956年划归确山县）联保主任王国信等，并把表现较好的泌阳邓庄铺联保主任李耀堂吸收入党。从确山到泌阳张楼的交通线上，联络站都设在这些区长、联保主任及开明绅士家里，保证了交通联络畅通无阻。同时，还让泌阳高邑小陈庄陈子爵（中共党员）利用伪职身份打入国民党地方政权，掌控了泌阳一个民团中队。省委还制定一套对付地方“竿子”的政策和策略，向他们宣传共产党的政治主张，要求他们不能杀害无辜百姓，团结一致抗日，在与国民党反动派和土豪劣绅的斗争中，与游击队和平相处。此外，非游击区的统战工作也有很大进展，省委通过陈继尧、魏秀亭在叶县开办的“四方商店”向叶县国民党民团司令崔冠卿等多次做工作，使其幡然省悟。崔冠卿多次请省委派人帮助其组织抗日救亡团体和民间武装。

这一时期，鄂豫边省委领导的豫西南、豫南各县和舞阳、叶县等县党组织得到很快发展，泌阳县当时有党员100多名。地方各级党组织积极挑选党员和进步青年参加游击队，使游击队迅速扩大。如新野县先后选送了张文歧、杨克明、范国章、樊虎臣、侯清顺、谭建林等；泌阳县先后选送了赵峰、陈继芳、王新国、张国兴等；确山、信阳、叶县先后选送了文敏生（原籍山西）、杨盛奎、毛世昌、冯景禹、田永录、涂来安、张卡子、徐德芳等；唐河、桐柏先后选送了赵明镜、邢殿卿、王清玉、王本志、刘河顺等。南阳宛属工委组织部长张明河，在工委被敌重兵“围剿”、队伍受挫的情况下，根据北方局指示，带李秉初、王勋（黎立坚）、李春元等人来鄂豫边参加游击队。至此，红军游击队已发展到100多人，有手枪50支，长枪100多支，编为3个分队、1个手枪队、1个少年先锋队，以泌阳东部山区省委所在地为中心，以泌阳县白云山、铜山、盘古山，确山县乐山，桐柏县天目山，信阳县吴家尖山为活动区域，建立了纵横百余里的鄂豫边游击区（又称桐柏山革命根据地），以其独特的组织形式、战略地位以及历史功绩载入中国革命的史册。

4月，省委接到北方局来信，要求派人去北方局汇报工作。为全面了解新的形势，直接得到党中央的指示，省委决定派组织部长周骏鸣、宣传部长邓一非赴北平。在向北方局汇报后，邓一非返回泌阳，周骏鸣转赴延安，以当面向党中央汇报工作，具体解决鄂豫边游击战争中的方针、政策问题。

第八节　第一次统战，与东北军达成秘密协议

西安事变以后，蒋介石仍继续对南方各省革命根据地进行“清剿”。1937年5月，蒋介石、何应钦亲自督战，发动30万大军对鄂豫皖、鄂豫边红军游击队进行全面“清剿”。当时调东北军一二九师进驻泌阳，师部驻扎县城，其精锐部队王理环团驻扎王店、高邑、马谷田一带，对鄂豫边省委和红军游击队形成“围剿”之势。

鄂豫边省委根据党中央制定的统战政策，具体分析了一二九师的处境：一二九师是参加“西安事变”的主力部队，师长周福成是张学良的老部下，同共产党建立过统战关系。该师官兵绝大部分是东北人，对日军占领东北有深仇大恨。这次“清剿”红军游击队，蒋介石也是意在排斥异己、借刀杀人。省委一致认为，有同一二九师建立统战关系的必要与可能。因而，省委一边将红军游击队转移到桐柏龙窝一带深山隐蔽，一边派仝中玉、李子健去王店与该师联络参谋田作舟和团长王理环谈判。双方代表在共产党抗日民族

统一战线的旗帜下，在共同抗日的基本原则下，最终在高邑“藏眉寺”（今高邑街南侧高台地，粮管所院）顺利达成秘密协议：

一、东北军不断向红军游击队提供军事情况，共同对付国民党河南省及地方顽固势力的进攻。

二、任何一方受到袭击，对方有协助反击的义务。

三、必要时，东北军支援红军枪支弹药。

四、东北军不侵犯游击区群众利益，有保护群众生命财产安全的义务。

五、红军游击队不封山，山货、柴草、粮、菜、肉、蛋在集镇上公买公卖，以解决东北军部分给养供给困难。

这个协议的达成，缓和了红军游击区的紧张局势，粉碎了蒋介石利用东北军消灭豫南红军游击队的阴谋。此后，田作舟和王理环团长的代表都经常到鄂豫边省委驻地张楼、王庄，有时还带些上等的烟酒给王国华、仝中玉、周骏鸣。东北军的士兵对游击队在城镇散发革命传单、书写标语等，从不干涉。游击队不封山，皮货、药材、山珍等均在集市自由交易。

不久，红军游击队与一二九师的统战情况被泌阳县土豪劣绅探知，很快报告河南绥靖公署主任刘峙。刘峙恼羞成怒，申斥一二九师“放弃职守”，责令其立即进攻红军游击队，“违者撤职，严惩不贷”。王理环团长紧急通知红军游击队拉进深山，地方工作人员更要行动谨慎。王国华接信当天即安排省委机关人员随游击队转移深山。第二天，王理环团的吕伟绩营撕毁协议，突然袭击省委，破坏了鄂豫边省委机关和官驿省委文印室，逮捕了省委宣传部长邓一非，区委书记姜宗仁、高大娃及省委文印室负责人乔全义，工作人员董锡之、刘荣业等人。中共泌阳县委得知情况突变，立即投入营救工作。经中共党员王海忠医生和平原海出面担保，乔全义、姜宗仁等人被释放，邓一非、高大娃被押往国民党开封监狱。一个月后，一二九师奉命撤离泌阳，鄂豫边省委和红军游击队才又回到泌阳东山区一带，敌人企图在一个月内消灭游击队的阴谋全部破产。

6月中旬，游击队在泌阳邓庄铺南山沟活动。据群众报告说，邓庄铺的联保主任王廷杰带领反动保丁下乡催粮逼款，快到冯庄了。王廷杰是一个死心塌地与人民为敌的反动联保主任，他依仗邓庄铺围寨坚固，又有几十支枪的武装，向村民拉丁派款，横行乡里，还用镢头打死为红军游击队带路的贫民吴倔头，公然叫嚣："谁和红军走得近，这就是下场！"红军游击队决定趁此机会围歼王廷杰，打开邓庄铺围寨。游击队长陈香斋率周国林等十几名队员，埋伏在离冯庄不远的高粱地里，准备在王廷杰经过时，一举将其击毙。谁知王廷杰从黄庄突然转向丁楼。陈香斋率队追到丁楼，撵上了王廷杰的人，举枪把一个团丁打了个嘴啃泥。王廷杰见状撒腿就跑，游击队边追边打，一直撵到邓庄铺南坡上。这时，邓庄铺守寨的十几条枪一齐向游击队猛烈开火。陈香斋忙命令大家撤退，刚走几步，陈香斋小腹中弹负伤。队员们扶他到冯庄，向群众借了一副门板，抬至大靳庄竹园旁一间磨屋里，李子健飞奔县城去请王海忠医生。因伤势过重，流血过多，未等医生赶到，陈香斋同志就牺牲了。陈香斋临终前向省委写了遗书："转告全体同志，我是不行了，希望你们继续努力奋斗，中国共产党万岁！"陈香斋是早期泌阳党组织的领导人之一，也是鄂豫边革命根据地创始人之一，在长期革命斗争中，表现出英勇顽强的精神，有出色的组织才能，与境内不少竿首有交情，多次动员一些竿首投奔红军游击队，被大家誉为"改造'土匪'的专家"，是红军游击队的好队长。他是鄂豫边游击区红军游击队牺牲的团级以上的领导，是游击队一个很大的损失。

第三章 全民族抗日战争时期

第一节 碾盘沟会议，开辟抗日新局面

1937年4月，转赴延安汇报工作的鄂豫边省委组织部长周骏鸣向中央递交了《关于组织游击队的经过及活动情形的报告》。5月2日至14日和5月17日至6月10日，苏区党代表会议和中共白区工作会议在延安召开。周骏鸣代表鄂豫边省委参加了会议，聆听了毛泽东关于《中国共产党在抗日战争时期的任务》和刘少奇关于《白区的党和群众工作》的报告，朱德总司令亲切接见了周骏鸣，听取了关于鄂豫边区党和军队坚持斗争情况的汇报，指示周骏鸣："你们要猛烈地扩大，扩大到消灭不了你们时，他们就会同你们谈判。"之后，周骏鸣又详细地向中央书记处和受中央委托正在筹建中共河南省委的朱理治作了汇报。根据鄂豫边的实际情况，朱理治制定了鄂豫边红军斗争和发展的策略方针，得到毛泽东的赞同和批准。

7月，周骏鸣从延安回到泌阳，带回了毛泽东主席的关怀，带回了朱德总司令接见周骏鸣时要求鄂豫边要猛烈地扩大的指示，带回了中央书记处根据毛主席关于《中国共产党在抗日时期的任务》的论述对鄂豫边工作所作的明确指示。中央还安排原红四方面军第六军团政治部组织部长胡龙奎为中央代表和北方局指派的刘子厚（化名马致远）到鄂豫边区，加强党组织和军队的领导，帮助鄂豫边区打通与鄂豫皖红28军的联系，改变鄂豫边红军游击队孤军作战的局面。

当时，七七事变的消息已通过各个渠道传遍豫南偏僻的山区，全国抗战高潮正在兴起。在抗战爆发的新形势下，鄂豫边省委热切盼望直接得到党中央的指示，周骏鸣、胡龙奎回泌阳后，中共鄂豫边省委立即在泌阳县碾盘沟召开了省委扩大会议。会上，胡龙奎、周骏鸣传达了中央领导和中央对鄂豫

边区工作的指示，并进行了认真讨论。大家一致认为，中央的指示符合鄂豫边区实际，“只有发展壮大自己的力量，才能促进鄂豫边区抗日统一战线的形成”（刘子厚《关于河南工作的回忆》1984年10月）。要实现这一任务，就必须在斗争方式上根据中央新的政策加以改变。一要从争取、瓦解当地土匪的斗争中，宣传抗日主张，扩大抗日队伍；二要与当地政府和开明士绅建立统战关系，争取合法的、独立自主的存在；三要保持高度的警惕性和原则性，既灵活又要独立自主。会议作出如下决议：

（一）调整省委领导机构，会议决定仝中玉任省委书记，胡龙奎任组织部长，邓一非任宣传部长（8月增补刘子厚任统战部长），王国华、周骏鸣分别任游击队指导员、队长。

（二）坚持抗日民族统一战线，公开打出抗日旗帜，大力扩大武装，全面地开展对豪绅地主和国民党地方政府的统战工作。地方党组织要广泛组织农民自卫队，加强抗日宣传，动员青少年参军。对那些有罪恶的豪绅地主、资本家，只要愿意抗日一律既往不咎，建立广泛的抗日民族统一战线，求得合法存在。

（三）努力打通与鄂豫皖红军的联系，相互支援，并肩战斗，创造边区斗争的新局面。

会议还提出了“广泛发动群众，有钱出钱，有力出力，有枪出枪，抗日救国，人人有责”的政治宣传口号。

碾盘沟会议是鄂豫边区革命斗争史上一个历史转折性的会议。它统一了边区省委和红军游击队的思想，明确了斗争方向，为游击根据地的巩固和发展，实现党中央在新的历史时期内提出的方针、路线、政策，开创这一地区抗战新局面，奠定了组织和思想基础。

会议以后，边区省委和红军游击队迅速开展工作，一方面积极联系红28军，争取支援；一方面深入山区各乡镇，广泛发动群众，宣传抗日政策，积极开展统战工作，筹集军款，添置军械，扩大抗日武装。

向富豪筹款，是一项复杂的斗争。对于开明绅士，晓以民族大义，讲明抗日救国道理，取得其支持。如邀请信阳邢集士绅宁学志到游击队驻地，向他讲述共产党的统一战线政策和团结抗日的一贯主张，宁学志很受感动，回家后立刻送了1000银圆资助游击队。他逢人便讲："鄂豫边游击队是仁义之师，不可不助。"后来他又把侄子宁淮（新中国成立后曾任北京军区空军副司令）送来参加游击队。

也有一些地方土顽诬蔑共产党抗战政策，甚至公开向游击队进攻。如泌阳邓庄铺联保主任王廷杰，狂妄地用镢头砸死曾为红军带过路、多次掩护红军战士的革命群众吴倔头，还威胁群众说是"杀鸡给猴看"。对此，边区省委采取"以斗争求发展"的方针，对顽固分子实行"先礼后兵"的政策，继续使用"打坏货"的办法，组织群众有针对性地与之斗争。

第二节　红28军的支援，省委进驻焦竹园

一、奇袭蔡冲

1937年8月，省委派张明河、杨嘉思到鄂豫皖边区寻找红28军，在信阳九里关与红28军244团1营取得联系。8月23日，王国华、周骏鸣率部与红28军244团1营会师，并与1营营长杨克志、政委曹玉福共同制订了攻打信阳蔡冲的作战方案。蔡冲位于信阳县西北部，该寨三面是高墙，一面是水塘。寨主蔡祖功在寨上建3个炮楼，墙上架设了铁丝网。他自养武装20多人枪，日夜站岗放哨，守卫森严。他依仗地势险要，又有武装防卫，长期与红军游击队为敌。红军游击队曾向蔡宣传抗日、筹集经费，但遭到拒绝。红军游击队与红28军1营会合后第二天，便从泌阳大磨出发，冒雨急行军一天一夜，8月24日下午抵达蔡冲。远望蔡冲寨吊桥高吊，寨门紧闭，看起来不能强攻。红1营与游击队立即制定了智取方案。红1营利用全副国民党军服装冒充国民党部队，周骏鸣、王国华带部分游击队战士扮作土匪。游击队包围蔡冲寨写信向寨主要枪、要粮，喊着绿林黑话，并向寨上打枪。寨主以为是土匪来袭寨，正要迎击，忽听远处枪声大作，扮成国民党部队的红1营追击"土匪"而来。"兵""匪"在蔡冲寨前对"打"起来。寨主见状，赶紧呐喊助阵，游击队立即撤回北山。蔡祖功一看，慌忙大开寨门，迎接红1营的部队。红

1营进寨以后，杨克志登上炮楼，集合号一吹，游击队迅速从山上返回。这时，蔡祖功冷不防被部队的战士捆了起来。他急忙说：“嗨，弟兄们，不要误会。”话音没落，只见刚才被“兵”打跑的“匪”开进寨里。大家一见，说说笑笑，蔡祖功才知道上了当，连声说道：“佩服，佩服！”红军游击队领导向蔡祖功讲了团结抗日、一致对外的道理，给他松了绑，从他床下和猪圈里起出银圆和元宝，收缴了蔡祖功的全部武装，共获长短枪20余支，子弹3000多发，4000多块银元和大量粮食等。月底，红28军1营奉命返回鄂豫皖根据地。

二、巧取邓庄铺

9月上旬，红28军244团特务营和手枪2分队奉政委高敬亭之命，在军部秘书胡继亭和营长林维先率领下，再次来到鄂豫边区，继续协助鄂豫边红军游击队消灭和瓦解顽固据点，同时还带来2000银圆作为鄂豫边红军游击队扩军经费。17日拂晓，红28军部队和边区红军游击队300多人，从铜山北郭沟出发，经老龙腰逼近邓庄铺。

邓庄铺位于泌阳东部山区，是泌确古道上的一个有名的驿铺，地处红军游击队中心活动区域。国民党泌阳当局特别注意加强邓庄联保处的力量，由反共顽固分子王廷杰当联保主任。其围寨为水、土、刺3道，炮楼7座，几十个保丁日夜把守。红军游击队曾两次进攻，均未攻克。原游击队长陈香斋就牺牲在这里。这次红军部队接近邓庄铺后，立即在寨子东边的高地布防接应，事先伪装成东北军的100多名红军战士各挎一长一短两支枪，由缸窑保长王恩录带路，直抵邓庄铺南寨门，以“国军”在此用饭为名，骗得守门保丁徐光富慌忙传话打开寨门，迎接“国军”进寨。红军趁机而入，迅速占领了炮楼，收缴了所有保丁的枪械。出寨后，红军游击队历数联保主任王廷杰罪行，后将其处死，为因给红军带路而牺牲的吴倔头报了仇，为民除了大害。

19日，红28军特务营和游击队从邓庄铺出发，乘胜向西南方向出击，高邑国民党区政府及乡丁闻风而逃。第二天，部队向南奔袭马谷田，摧毁了国民党马谷田区党部及其反动武装寨工局。王国华还在马谷田西北桃园里召开群众大会，宣传共产党抗日主张和统一战线政策。午饭后，部队转移过程中，镇压了罪恶多端、民愤极大的谭大少。

红28军部队在确、泌边界屯驻半个多月，到10月初才返回鄂豫皖边区。鄂豫边红军游击队乘胜到泌阳东北大小尖山、老虎山一带开展工作，还拔掉了大梨园等围寨。大梨园寨主吴恒礼是个老顽固，对红军宣传抗日非常抵触。王国华派人送信争取他资助游击队，他拒不接受，而且狂妄地回信说："请贵部割下人头千个，头来钱往，公平交易。"为打击其嚣张气焰，红军游击队扮成地方保安团，直奔该寨，活捉了吴恒礼，对其进行了严肃教育，警告他不能当民族败类，要改恶从善、爱国抗日。吴恒礼看到共产党人诚心抗日，没有加害他的意思，当即拿出千元大洋给红军游击队做经费。此事在当地引起了强烈反响，顽固势力逐步分化，一些士绅地主转变了态度，尽力支持红军游击队抗日工作。

红军的节节胜利唤起了民众，武装了自己。红军所到之处，广大群众热烈欢迎，纷纷向游击队捐衣捐物，许多青壮年积极要求参加红军，一些土匪武装也要求收编。到月底，红军游击队已发展到400多人。根据形势需要，泌阳县委派县委组织部长樊中甫在高邑下陈洼办起青年入伍接待站，并办起青年入伍培训班。下陈洼地方士绅赵某出资立伙，招待参军和送亲者，先后两批向独立团送来百余名青年。

红28军的支援，对鄂豫边区红军游击队的发展和边区抗战新局面的开创起了关键性的作用。两支部队相互配合，进行示威性游击进军，在根据地显示了红军的力量，震慑了顽固势力，鼓舞了人民群众。更重要的是几个顽固据点的拔除，使信、确、桐、泌4县百余里根据地中心区连成一片，鄂豫边革命游击根据地得到了快速发展，为豫南抗日武装力量的壮大和群众抗日救亡运动深入发展创造了有利条件。

三、进驻焦竹园邓庄铺

在令人鼓舞的革命形势下，中共鄂豫边省委和红军游击队由相对隐蔽的状态转向公开状态，10月初，鄂豫边省委和红军游击队领导机关进驻焦竹园、邓庄铺，并公开亮旗。

焦竹园位于邓庄铺北1公里，该村有明代邵姓兵部侍郎的老宅院，清代转由焦姓居住，为东西相邻两个三进院。鄂豫边省委及红军游击队入住时，

焦竹园
鄂豫边省委
驻地旧址

东院瓦房15间，楼房3间，为省委机关。仝中玉住东院堂屋，胡龙奎、邓一飞、刘子厚、林恺、李炳之等分别住东西屋和楼房；西院瓦房31间，楼房2间，为游击队指战员住房。王国华住西院堂屋东间，周骏鸣住西间（有时住邓庄铺），文敏生、李子健、牛德胜、张明河、冯景禹等住西院东西屋。西前院东屋南头3间为伙屋（厨房）。女兵和部分机关人员住三进院的群房。部队分住在邓庄铺，在邓庄铺办有造枪厂（址在今村民高如山家），为部队修理和制造枪支。

其时，以省委机关所在地焦竹园、邓庄铺为中心，广泛开展抗日宣传工作；组织和开办农民识字班、妇女识字班、儿童识字班等。

随着鄂豫边区根据地声威的扩大，开封、洛阳、南阳、襄樊等城市的进步青年纷至沓来，积极要求参军参战。边区各县党组织也选送大批积极分子参军，使部队得到迅猛发展。如内乡县的王善甫、杜光甫；新野县的朱文斌、李朝松、宗国斌；泌阳的张万合、宋振宇、彭家稼；南阳、唐河、确山的张云庭、杨寒、鞠明式、柳明山等。豫西特委也选送王凤歧、刘仁和、李冰、张尚义、刘勃、朱富荣、宋炳南等到这里参军。中共河南省委也先后派刘铁华、李炳之、樊西曼（淑俊）、唐觉民（孟萍）、王典训、高维进、胡炜、刘烨、李辉、魏烽等来这里工作和学习。开封北仓女中有教师、学生30多人来到这里。

思想进步的知识青年的到来，使鄂豫边区文化生活增添了活力。特别是孟萍、樊西曼、高维进、曾兰、张剑钊等女同志到边区后，负责编写宣传材料，办妇女识字班和儿童团。她们还自编并油印了识字课本。课本中有“中国共产党”“打日本”“不做亡国奴”和“柴米油盐菜”等内容，教识字的同时进行抗日宣传和政治教育。她们还教唱革命歌曲，组织晚会，演话剧。教唱的歌有《永做自由人》《工农商学兵》《走，朋友》等；演的话剧有《放下你的鞭子》《卖花生》等。

政治宣传活动极大地鼓舞了边区广大群众抗日救国的热情，焦竹园周围村庄的群众白天生产劳动，晚上学文化。白天少年儿童和妇女主动站岗放哨，晚上站岗由部队轮班，规定有口令。省委机关和部队活动听军号。焦竹园上空红旗猎猎，歌声嘹亮，出现政治热情高涨、生动活泼的气象。

以焦竹园为腹心的桐柏山革命游击根据地是在襄枣宜和均房革命苏区遭到严重破坏而丧失，斗争中心向东转移后，从1935年起逐渐形成的。整个区域辖唐河、桐柏、泌阳、确山、信阳、新野、方城、南召、邓县、内乡、镇平、淅川、南阳、叶县、舞阳、汝南、正阳、遂平、西平、上蔡等20余县，与湖北随县、枣阳也有联系，南连江汉平原，北接汝洛，东临京汉铁路，西通川陕，鄂豫边革命根据地是南方鄂、豫、皖、湘、赣、浙、闽、粤8省15块革命游击根据地中最北边的一块，地处鄂豫皖和鄂豫陕两个革命根据地之间，战略位置极为重要。在共产党的领导下，鄂豫边人民胜利地坚持了三年游击战争，这块经过十年浴血奋战、由无数革命先烈的鲜血凝成的红色基地，为牵制敌人和配合各革命根据地的斗争、策应红军长征作出了重要贡献。鄂豫边区的革命斗争，在中国革命的历史上写下了光辉的篇章。鄂豫边区的人民，为中国人民的解放事业立下了不朽的功勋。

第三节　三次谈判，游击队改编新四军

一、豫南人民抗日军独立团成立

1937年10月中旬，省委在泌阳王店召开会议，分析了当时的形势和面临的任务，根据党中央《关于南方各游击区域工作》的指示："在与国民党没有谈判成功时，我们的一切武装可以自动改变番号，用抗日义勇军、抗日游击队的名义，根据党的新政策进行独立的活动，继续开展统一战线工作，以灵活的游击行动，去发动和组织人民，建立党的秘密组织，捉杀汉奸，扩大党的新政策的影响。"结合鄂豫边区实际，作出以下决定：

（一）将红军游击队改编为"豫南人民抗日军独立团"，公开打出旗帜，开展武装抗日的发动工作。边区省委机关设在焦竹园、邓庄铺，以便加强对各地党和群众的联系与工作的指导。

（二）加强与扩大宣传工作，从政治上压倒国民党当局的欺骗宣传，揭露与打击其假抗日、真反共的阴谋。做好统战工作，争取更多的人参加抗日，解决部队的物资供应问题。

（三）放手发动群众，扩大农民自卫队，号召青壮年参军参战，扩大抗日武装。

（四）做好瓦解争取反动武装。通过宣传抗日主张，争取与瓦解土匪队伍，促其成为抗日武装力量，稳定社会秩序，保护人民利益。

会议后，红军游击队进行了整编，周骏鸣任独立团团长，王国华任政委兼政训处主任，冯景禹任副团长，文敏生任政训处副主任。下辖2个营、1个手枪队和1个少先队。一营副营长张文歧，政委张明河；二营副营长王斌吾；一连连长张文歧（兼，后毛世昌）；二连连长杨盛奎（后祝平安）；三连连长范国兰（后范国章）；五连连长李德福（后李贵山）；六连连长刘世耀、吕笑吾。手枪队队长赵明镜，少先队队长涂来安。为加强部队政治思想工作，政训处下设组织科、宣传科、民运科。组织科长王斌吾，宣传科长牛德胜，民运科长姜宗仁。在连队设俱乐部，组织政治、文化学习。

接着，对部队进行整训。独立团战士多系农民、青年学生和部分争取过来的竿众，政治觉悟较低，军事素质较差。经过军事操练和游击战术教育、革命理论及革命纪律教育，指战员的政治水平和政策观念得到很大提高，增强了部队的组织纪律性。部队还统一着装，结束了多年来军容不整的状况。

二、豫南人民抗日军独立团的早期主要活动

（一）攻打贾楼

10月下旬，豫南人民抗日军独立团兵分两路在桐柏山区纵横驰骋。周骏鸣带主力到信阳、桐柏边界扩军；王国华带一部在确山、泌阳一带继续宣传群众，打击顽固势力。泌阳贾楼联保主任王太华鱼肉乡里，民愤很大，群众纷纷要求除掉他。一天夜里，王国华、冯景禹率领二连到贾楼寨下，手枪队员搭人梯爬上围墙进入寨内，干掉了寨门楼上的敌人，打开寨门，二连顺利进寨。天亮时，王太华带领十多人退入围寨中间的炮楼进行顽抗。王国华组织人抬来罐炮朝着炮楼猛轰，王太华还是不投降。在此情况下，二连战士便展开政治攻势，向他们喊话："我们是抗日的队伍，只要你们放下武器，参加抗日，保家卫国，我们可以谈判。"中午时分，王国华又把王太华及保丁的家属找来，动员他们上前喊话，迫使王太华缴枪投降。此后，王国华率二连又攻克泌阳王寨联保处和关家园围寨，共缴获长短枪30多支及部分物资。清除了焦竹园、邓庄铺外围与共产党为敌的国民党据点，扩大了根据地的中心区域。

（二）侯庄老虎石接兵站

与独立团整编的同时，曾与红军游击队有联系的大竿队伍朱六排长、安克祥、段永祥部，驻扎在泌阳高邑一带。经王国华、侯太俊联系，原在该部做瓦解争取反动武装的刘世耀从该部选出80多人枪，在高邑侯庄村东老虎石处集结，参加抗日独立团，被编为第六连。到10月底，独立团扩大到600多人，全团辖6个连和1个通讯排、1个手枪队、1个少先队、1个宣传队。边区各地还组织了地方自卫会、自卫队及青年救国会、学生自治会、抗敌救援会等抗日救亡团体，仅游击中心区域武装自卫队员就达3000多人。此时，一些地方实力派、民团也同边区建立了统战关系。焦竹园周围的联保主任及保长

大都是共产党的同情者。泌阳冷水铺等几个民团的团长由共产党员担任，整个边区的抗日斗争进入一个新的历史阶段。

三、独立团合法改编

（一）三次谈判

为了抗日斗争的需要和争取合法存在，鄂豫边省委和独立团先后派文敏生、张明河、刘子厚等人同国民党河南省第九行政专署专员武旭如和信阳、确山、泌阳、桐柏、罗山5县县长进行谈判。第一次谈判地点是武旭如定的，在信阳县邢集。武旭如集结5县保安团和国民党鲍刚部队一个团，约3000人，妄图以和谈为名对独立团进行武装“清剿”。边区省委和独立团负责人根据党中央关于南方各游击区“红军游击队在保存和巩固革命武装、保证党的绝对领导的原则下，可以与当地国民党进行谈判……但对于国民党军的任何挑衅和进攻必须进行坚决自卫”的指示，分析认为，虽然这次与国民党地方政府谈不出什么结果，但为了国家民族利益的大局，还要同他们谈。通过谈判，可以宣传党的抗日民族统一战线政策，还可揭露其“假和谈、真反共”的阴谋。省委决定，游击队主要领导人暂不出面，派政训处副主任文敏生为代表；把部队拉到信桐交界的天目山，和国民党部队保持一定距离；提出把谈判地点定在我方便于进退、群众基础好的红军诞生地吴家尖山镇。

当武旭如发现独立团主力转移，只派文敏生带几位战士参加谈判时，十分恼火。一见文敏生，即盛气凌人地说：“现在已经抗日了，你们应该接受改编，由我们指挥。”

文敏生回应说：“我们的部队是要改编，但为的是抗日，改编是有条件的。请问贵方对抗日有何打算？谈判为什么带这么多部队？”问得武旭如无言以对。

“你们现在有多少人？”一个县长问道。

“你先回答我的问题，我再告诉你。”文敏生说。

“你们独立团咋编制的？”另一个县长问。

文敏生坦然一笑，说：“这是我们的机密。”

就这样，双方进行了3个小时的争论。最后，文敏生理直气壮地指出：“如果你们真心实意地合作抗日，一切问题都可以谈。如果你们另有一套打算，那你们肯定什么也得不到。”

初次接触，武旭如摸不清独立团的虚实，不敢妄动，谈判草草结束。

10月下旬，武旭如带领原班人马，开到确山县竹沟镇，指名要团长周骏鸣来谈。边区省委决定派二营政委张明河为代表前去谈判。

武旭如见谈判代表不是周骏鸣，大发脾气，甚至放言说：“不谈了，从明天起，3天全部消灭你们就是了！”

面对武旭如的骄横，张明河针锋相对地说：“你们是消灭不了中国工农红军的。如果你们能消灭我们，还要三番两次找我们谈什么判？”

武旭如说：“你敢去开封见刘峙吗？”张明河说：“当然敢去！”

武虽然恼怒，但又无别的办法。饭后，武旭如问及独立团的人、枪数目及活动范围，张明河说：“独立团部队活动在确山、信阳、桐柏、泌阳4县境内，其中以焦竹园、邓庄铺、高邑、王店、尖山及其周围地区为中心。”

武旭如说：“你所说的尖山在信阳，由我关照他们，其他几处都在泌阳境，我这就给泌阳贾禄云县长写封信，你们持信和贾县长谈，说这是临时协议，以后部队再不能出击了。”张明河说：“独立团一定遵守临时协议，只要贵军不向我们进攻，我团决不会出击。”

这次谈判仍没有什么结果。后来，从确山县长那里得知，武旭如想借周骏鸣来谈判之时扣留他，以此逼独立团缴械。武旭如的阴谋又一次破产了。

11月初，国民党当局确山、信阳、罗山县的3个县长出面，第三次与独立团谈判，地点在信阳县蔡冲北边的芦庄。中共鄂豫边省委统战部长刘子厚作为代表参加谈判。刘子厚指责几位县长说：“日军正向我们大举进攻，全国都在抗战，你们不去抗日，反而来攻击我们，这像什么话？”3个县长表示过去是奉命进攻独立团，不得已而为之。同时表示，独立团改编问题地方政府没有权力解决，可以写信介绍你们去开封找刘峙谈。最后双方达成如下协议：

一、独立团改编问题由独立团派代表到开封同国民党河南省政府谈判解决。

二、在独立团代表去开封谈判期间，独立团暂驻泌阳以东的邓庄铺、王店、马谷田至信阳西北之尖山一带，国民党地方民团不再向独立团进攻。

三、独立团的供给由周围的信阳、罗山、确山、泌阳、桐柏等县国民党政府解决。

谈判之后，确山县政府送给独立团500块大洋暂作军费，泌阳县政府送给一部分粮食。

不久，刘子厚、张明河以共产党人的公开身份到开封谈判，见到国民党河南省主席刘峙。时值刘峙在保定对日作战失利刚撤到开封，被国人讥讽为“飞将军”（指一接触日军就仓皇后撤的将军），受到各阶层人士的谴责和国民党内部的攻击，无暇顾及其他。他对谈判一事表示欢迎，并批交原国民党二十六路军司令张钫具体办理。

同刘峙会谈后，刘子厚秘密向中共河南省委书记朱理治汇报了情况，朱理治对鄂豫边省委的谈判策略表示支持。同时告诉刘子厚，党中央已在武汉设立了八路军办事处，党中央副主席周恩来也在武汉。于是，刘子厚、张明河二人商量由刘子厚留开封谈判，张明河回焦竹园向边区省委汇报，想办法尽快与在武汉的周恩来直接取得联系。

与张钫的谈判进行得很顺利，独立团以“独立自主，听编不听调；不更换部队干部；保证独立团所需给养”为条件，与张钫达成协议，建立统战关系。张钫当即送给独立团1000套军装、3000块大洋和其他物资，还派其少将参谋孟某护送到焦竹园邓庄铺。中共鄂豫边省委和独立团热情招待了孟参谋，并召开千人大会，庆贺统战工作的胜利和装备的更新。

11月中旬，泌阳县委组织部长樊中甫在高邑下陈洼与地方实力派统战成功，合办青年抗日集训转运站，一批批青年被送往独立团在高邑镇设的接兵站。11月底，河南省委宣传部长刘子久到焦竹园了解党的组织发展、统战工作情况。12月初，河南省委派组织部长林恺到焦竹园、邓庄铺，宣布中央决定：鄂豫边省委改为豫南特委，隶属河南省委，仝中玉任特委书记，王国华任副书记，胡龙奎任组织部长，刘子厚任统战部长，李子健任宣传部长，周骏鸣任军事部长，文敏生任群工部长，李炳之任秘书长，林恺代表省委参加特委的领导工作。

在全国统一战线形势的影响下，一些被国民党当局羁押的我党的干部得到营救，张旺午、邓一飞等同志获释出狱，立即投入抗日工作。同时，下层统战工作也取得了一些成果。

（二）竹沟暴动

在与国民党当局谈判的同时，鄂豫边省委和独立团领导决定举行竹沟暴动。蔡冲、贾楼等顽固据点的铲除，鄂豫边革命斗争形势发生巨大变化，抗日革命热潮席卷边区村村寨寨。但是，盘踞在竹沟的联保主任徐景贤，顽固不化，与共产党对抗，对发展抗日力量威胁很大，要扩大鄂豫边抗日根据地必须铲除这个顽敌，拔掉这个反动据点。

竹沟又称沟竹，地处确山、泌阳、遂平、信阳、桐柏五县结合部，是确山至泌阳古道上的一个戎镇，隶属信阳确山县，过其西岗即为泌阳县境。明代于此修筑围寨，三面环山，一面临水，丘陵起伏，群峰列屏，是屯兵的关隘要地。这里可以进退于信阳、南阳两地，回旋于确、泌、遂、信、桐五县山岭之间，能打能藏，是开展游击战争，建立战略立足点的理想之地。

省委把竹沟暴动的任务交给了独立团团长周骏鸣的同族兄弟周庆鸣，周庆鸣联系竹沟进步青年，制定了暴动方案，到邓庄铺向边区党委和独立团领导作了汇报。周骏鸣与他们详细分析了暴动各个细节，还抽调两只驳壳枪交给周庆鸣。王国华派秘书王勋（黎立坚）到竹沟西北的狮子口尖山组织自卫队武装，配合周庆鸣行动。周庆鸣等在宣传组织群众的同时，进行分化瓦解敌人，争取了徐景贤的护兵等人。经过周密准备，原定农历十一月初一暴动，因有情况变化，提前在农历十月二十七日。当天竹沟逢集，暴动人员约徐景贤贴身保镖吸大烟，寻机将其砸死，击毙了保长陆子堂。徐景贤听到枪声，从家里出来钻进人群溜掉。暴动指挥部发动群众，布置警戒，组织搜查，终于在一家顶棚上捉到徐景贤，押至东门外枪决。暴动取得胜利。

之后，边区省委派姜宗仁到竹沟，领导周庆鸣的队伍开展防匪自卫，打开了竹沟镇周围的抗日局面，为后来省委和部队迁驻竹沟奠定了坚实的基础。

（三）周恩来宣布独立团改编

1937年12月中旬，张明河及同行人员谭建林到达七里坪，见到红28军军长高敬亭和先期来此的特委组织部长胡龙奎，汇报了特委意见，让胡龙奎回鄂豫边区，并讲道要去武汉向周恩来副主席汇报请示工作。此时，高敬亭军长已接到去武汉研究部队改编的会议通知，张明河便与高敬亭一起到武汉。在武汉，张明河代表鄂豫边区参加了南方八省游击根据地负责人汇报会，向周恩来、博古、叶剑英等领导人汇报了鄂豫边区武装发展和同国民党谈判的情况。周恩来详细询问了鄂豫边独立团每个团、营干部的情况，当即批准给独立团一部电台。当时，共产党主动提出与国民党实行合作，把红军主力改编为八路军，大江南北的游击队统一整编为国民革命军新编第4军，叶挺为军长，项英为副军长，张云逸为参谋长，周子昆为副参谋长，袁国平为政治部主任，邓子恢为副主任。“中央革命军事委员会副主席周恩来代表中央宣布，江北鄂豫皖、鄂豫边两支红军编为新四军第4支队，由高敬亭任支队司令。豫南人民抗日军独立团为该支队第8团队，周骏鸣任团长。”（《南方三年游击战争·鄂豫边游击区》，解放军出版社1994年版，第264、520页）。

周恩来还让张明河就独立团的改编事宜向项英具体汇报。项英对独立团改编后的供给、通信、干部补充作了说明，项英交代说：“你团与军部通报后，一切需要，军部照发。”张明河随即派谭建林回焦竹园让部队作接应准备，并把喜讯告诉边区党委和独立团的同志们。

第二天，叶挺军长等新四军首长与各游击队的代表共议抗战大计。叶挺军长还让高敬亭、张明河乘车观赏了武汉城市风光，以示对这两个地区指战员的特别关怀。

同时，周恩来将独立团改编情况电告张钫，解释了独立团不能接受其改编的原因，宣布独立团与张钫达成的协议无效，并取得了张钫的谅解。

第四节　邓焦保卫战，军民合力战顽敌

国民党地方政府本来想以谈判为名收编独立团，由于中共鄂豫边省委运用正确的方针政策，独立团不但没有被吃掉，反而在斗争中迅速发展壮大，并取得合法地位。以泌阳豪绅王友梅为首的地方顽固势力坐不住了。王友梅亲自出马找到豫西南13县联防主任别廷芳，密谋偷袭焦竹园、邓庄铺，不让独立团在南阳区域内活动。别廷芳令其部下吴定远带领一个加强团到泌阳，

王友梅令泌阳联防队百余人作后备队，并令其亲信焦竹园地霸焦彬父子作内应，于1938年1月7日发动突然袭击。

这时，王国华、周骏鸣率独立团主力到桐柏、信阳边界剿匪扩军，留守焦竹园、邓庄铺的只有一个新编第六连和少年先锋排，以及一些机关人员和部分刚从洛阳、开封等地投奔革命的青年学生。全部工作由独立团副团长冯景禹负责。冯副团长原系西北军军官，有较丰富的军事常识。在主力团外出之时，他十分警惕各种动向，谨防意外事变。当驻焦宅的女战士反映焦彬父子反常举动后，随即将焦彬父子及其贴身随从陈小相抓来审讯，审讯中陈小相供出王友梅与别廷芳武装袭击邓庄铺、焦竹园的计划。冯景禹立即布置应敌，并向王国华、周骏鸣报信，请求主力部队回援。

1月7日，冯副团长率6连和少年先锋排布防在焦竹园西台山一带，准备迎击吴定远团，但当天敌人没有行动。8日中午时分，吴定远率部1300余人，在泌阳民团地方武装100多人引导下，从西南、西北、正西分三路朝焦竹园、邓庄铺包抄过来。埋伏在台山的六连首先与来犯之敌交火，阻击敌人前进。冯景禹见敌人来势凶猛，遂命令邓庄铺的部队撤到焦竹园，并组织机关人员、青年学生和群众向焦竹园东山撤退。敌人占领邓庄铺后，即集中兵力向焦竹园进攻。

焦竹园东、北都是高山，易守难攻。独立团留守部队占据有利地势，顽强作战，多次打退敌人进攻。当地群众和自卫队也积极配合，用土炮、土枪等进行反击，以喊杀声助威。顽军见独立团布阵有方，杀声震天，以为留守部队兵力雄厚，不敢贸然前进。第二天，王国华率部分主力部队回师焦竹园，在四周群山上布阵，待机歼敌。同时，号召群众坚壁清野，断绝敌人的给养。此时，独立团佯作撤退，诱敌进山。顽军果然上当，兵分两路追击。北路之敌在鸡窝山与吴祥春率领的邓庄铺自卫队交火，自卫队边打边退，到门山脚下，苏文振、陶德和自卫队左右对敌发起攻击，吴祥春队遂转退为进，顽敌三面挨打，即向台山方向败退，又遭埋伏在台山的谭老木自卫队痛击。这时独立团主力赶到，有意放开一面让其逃回邓庄铺。东路之敌也受到独立团二连的迎头痛击。1月11日，周骏鸣团长率部返回，合围邓庄铺。这时，张明河带着周恩来副主席和叶挺军长关于将豫南人民抗日独立团改编为新四军第四支队第八团队的命令和长江局派往八团的朱茂绪、贺德斌、褚学忠等10余名红军团营干部以及配发的电台、款项和其他军用器材，从武汉回到焦竹园，立即投入战斗。

吴定远见漫山遍野都是独立团的部队，知败局已定。独立团从抗日大局出发，向敌展开政治攻势，高喊："大敌当前，枪口对外，团结抗日，共赴国难。"战士们还高唱："抗日对外，一致向前，我们是铁的队伍，我们是铁的心，为了中华民族，永作自由人！"喊话声和歌声此起彼伏，惊天动地，把定远团的士气一下子瓦解了。定远团的士兵大都是宛西各县征派出来的，家有妻儿老小，眼看陷入绝境，定远团士兵怨声一片，一蹶不振。当晚，独立团闪开一条路，敌人掠走张钫给独立团的部分军装和物资，逃回泌阳县城。

邓庄铺、焦竹园保卫战，是三年游击战争中鄂豫边军民同国民党部队规模最大的一次战斗，是对独立团和农民自卫队等共产党领导的革命武装力量的一次检验。本次战斗的胜利，保卫了鄂豫边省委和根据地广大人民群众，写下了鄂豫边革命斗争光辉的一页。

部队在粉碎定远团的军事进攻后，休整了两天，并作了特委及部队改编和进驻确山竹沟的一切准备。这时，涧岭店黄锡吾聚集唐泌边境一带要求参加革命部队的500多名青年，经唐东党组织与豫南特委联系，决定11日在泌阳铁佛寺集结，然后开赴焦竹园。不料消息泄露，被泌阳民团包围，黄锡吾被杀害，队伍被冲散。

第五节　迁驻竹沟，"小延安"的桥头堡

一、进驻竹沟

1938年1月13日，鄂豫边区特委和部队进驻竹沟镇，在竹沟举行了隆重集会，正式宣布豫南人民抗日军独立团改编为新四军第四支队第八团队。团长周骏鸣，政委胡龙奎，参谋长朱茂绪，政治部主任王斌吾。部队编为两个营（也叫大队）和团直手枪连、通讯排。改编后的第八团队一切行动直接归长江局参谋处指挥。

党中央非常重视鄂豫边区这块红色基地在中原地区抗战中的战略地位，作为南方八省位于中原的红色革命根据地，鄂豫边区“南连江汉平原，北接汝洛，东临京汉铁路，西通川陕，扼鄂豫川陕四省要冲，具有极其重要的战略地位”（《鄂豫边区革命史》）。为加强对鄂豫边区的领导，在鄂豫边地区特委和部队进驻竹沟的同时，中共中央遂撤销八路军驻山西临汾的办事处，命办事处少将参谋处长彭雪枫任河南省委军事部长，到竹沟主持边区全面工作。

1月中旬，彭雪枫带张震、李木生、朱绍清、祝世凤、熊梦飞等30多名红军干部先后到达竹沟后，立即协助特委对部队进行了整编，把上级调来的一批团营红军干部充实加强到八团队。整编后，周骏鸣任团长，王国华任政委，朱茂绪任参谋长，谢有才（后徐祥亨）任政治部主任。下设参谋处、政治处、副官处、军需处、卫生处、电台等部门和3个营、1个特务连。一营营长贺德斌，教导员张明河；二营营长朱绍清，教导员王敬群；三营营长朱国华，教导员祝世凤；特务连连长褚学忠。周庆鸣领导的竹沟农民自卫队和牛德胜领导的泌阳高邑农民自卫队共100多人，编入第一、二营。为了系统学习马列主义的基本理论和党中央的方针、政策，提高部队对抗战形势和任务的认识，增强部队的军政素质，根据长江局和新四军军部指示，由周骏鸣带领八团在信阳邢集进行思想和军事上的全面整训。

边区抗战形势的发展，受到毛泽东的关怀和重视。1938年3月6日，毛泽东针对彭雪枫关于进一步发展抗战形势和为中央准备新的后方的报告，致电彭雪枫：“一、观察甚当。目前根据地仍应坚持陕甘边，但准备转移时最好鄂豫皖边，望以大力发展该区工作。二、干部可以从抗大、陕公毕业生中酌派一部给你们，并望从豫南各县优秀青年中挑选最好的40名送抗大学习。……”（《彭雪枫将军在竹沟》，河南人民出版社1987年版）3月中旬，河南省委根据毛主席的指示和长江局要求，在竹沟留守处开办军政教导大队，按照延安抗日军政大学的办法，积极为边区乃至华中各地抗日武装培训各级军政干部。

二、收编安段团

安可祥、段永祥是活动在随州、桐柏、泌阳一带山区的两个竿首，均系桐柏县人，农民出身，因受不了国民党政府和军阀土著的压迫，揭竿而起，其部下多为当地贫苦农民。因安、段武装与红军游击队长期和平共处，所以一直保持联系。红军游击队改编为豫南人民抗日军独立团时，根据中央关于“从消灭与争取当地土匪的斗争中，来扩大游击队的武装”的指示精神，王国华曾派人到泌阳高邑争取安、段和另一竿首朱六排长参加抗日，他们表示“要搞3个团的力量，再来归顺‘王老汉’”，当时送给独立团130支枪和13匹战马。

1938年2月，安、段、朱3人果然将部队扩充到3个团的兵力，从湖北随州到泌阳县途中，朱团被国民党部队打散。彭雪枫、王国华得到消息，立刻派唐东区委书记刘中兴等人前去接洽。安、段两团到邓庄铺后，彭雪枫、王国华派原做过瓦解争取反动武装的周国林和邓庄铺联保主任、中共地下党负责人李耀堂与其二人谈判，提出收编的条件：愿意抗日的留下，不愿留下的一律回家，路远的发给路费；枪支、马匹全部交出，接受新四军编制。安可祥、段永祥全部接受收编条件，遂把武装开到泌阳冷水铺（今属确山）、酒店一带，安、段二人到竹沟见王国华。王国华称赞他们深明大义，欢迎他们参加新四军，将其武装编为八团第四、第五大队（营），并从竹沟派去9名连队政治指导员。

由于经费困难，安、段团收编后，竹沟一时发不出粮饷。安、段部队中个别惯匪恶习难改，在驻地抢劫、骚扰百姓，有的甚至倒卖枪支、马匹，影响很坏。为了彻底将其改造，使之真正成为人民的军队，彭雪枫、王国华请示中央长江局和河南省委，经批准，决定采取果断措施，由周骏鸣在邢集整编安团，彭雪枫在竹沟亲自指挥整编段团。

在邢集进行安团整编，因八团主力在，进行得比较顺利。在竹沟人枪有限条件下，整编段团采用了智取的方法。彭雪枫以开欢迎会的名义，邀请段团全体官兵吃饭。欢迎会一结束，彭雪枫请段团连以上的干部到关帝庙会餐。段永祥腰里插着两支张着机头的20响驳壳枪，随身带一帮佩带短枪的保镖。彭雪枫神情自若地把段永祥让到里屋入席，举杯敬酒时，机智的警卫员程朝先猛然上去下掉段永祥的双枪，外屋的手枪班也解除了他的保镖的武装。同时，张震请段团士兵到学校吃饭，枪支集中架在操场上，人员空手进屋入席。这样，六七百人的枪支悉数收缴。彭雪枫马上对段团全体官兵集体讲话，说明缴枪的原因，历数段团一些人的扰民行为，宣布党的政策，讲团结抗日、保家卫国的光荣职责，讲日军残杀我同胞的罪行。彭雪枫说："今天解除你们随身武器，别无他意。现在你们接受了共产党的领导，但不懂得共产党军队的规矩。共产党的军队执行'三大纪律、八项注意'，而你们当中一些人却做出对不起人民的事情，扰乱人民生产生活。我们都有父母兄弟姐妹，日军大敌当前，我们没有抗日立功，却祸害自己的百姓，对得起谁呢？从今天起，坐下来学习共产党的政策，学习人民军队为人民的道理。如果谁吃不了这个苦，今天敬酒一杯，发给路费，欢送回乡！"一席话，使段永祥及士兵们心里石头落了地，一个个热泪盈眶。

安、段团整编后，近800人，编为两个营，充实到八团的二、三营。营、连干部配备了老红军和临汾学兵队毕业生，又组织了骑兵连、手枪连。八团队伍迅速壮大到1500多人，成为新四军支队中人数最多的团队。之后，八团队全部集中到邢集整训。3月底，根据中央军委命令，在邢集誓师东征，开赴皖东敌后抗日，创建了淮南敌后抗日根据地。

三、设立八团留守处

在八团队奉命东征之后，为了保存和发展鄂豫边区这块来之不易的革命根据地，使它在抗日民族解放战争中发挥更大的作用；也为了使在前方与日军浴血奋战的八团有个可靠的后方，新四军军部在竹沟设立八团队留守处，王国华任留守处主任，张震任参谋长，岳夏任秘书长，彭雪枫负责全面工作。留守处设立不久，周恩来特意让长期在鄂豫边区工作的王国华到长江局，亲自听取汇报。周恩来对鄂豫边区工作给予充分肯定，指出：鄂豫边区在中原的战略地位非同一般，并指示河南省委加强鄂豫边根据地的建设和后方工作。中共河南省委按照长江局的指示，先后送仝中玉、刘子厚、李子健等特委领导到长江局分批集中学习，提高政治理论水平。同时，把王盛荣、娄光琦等充实到特委工作。领导力量的加强，有力推动了边区抗日救亡运动的发展。在党的领导下，各县区的妇救会、农救会、青救会、儿童团、自卫会等纷纷建立。

3月下旬，中共泌阳县委书记郭同昌赴延安学习，豫南特委调高子扬任县委书记，组织部长冯景禹，宣传部长杨协恭，另调侯太俊任竹沟侦查队队长兼做竹沟以西地方工作。

5月底，中共河南省委由开封迁驻竹沟，省委书记朱理治和彭雪枫、陈少敏等在这里办教导队、党训班、青训班，还办报纸等，具体领导河南抗日救亡运动。11月，以刘少奇为书记的中共中央中原局进驻竹沟，继续扩大武装，教导队和党训班更加兴旺，竹沟成为中原地区抗日游击的指挥中心和抗日的可靠后方。前线要人给人，要枪给枪，竹沟一度成为中原抗战的支撑点，走出了新四军二师、四师、五师指战员和抗日干部4800多人，被誉为“小延安”。

中共泌阳县委在河南省委和中原局领导下，县内各乡陆续向竹沟输送大批党员、优秀青年参军，并向竹沟筹集粮食数十车，仅高邑陈子爵、侯定祥就向竹沟送粮5车。泌阳焦竹园邓庄铺成为竹沟新四军兵员和粮秣集聚地，作为中原抗日根据地核心区域的重要组成部分，起到了“桥头堡”的作用，继而演进为“小延安”竹沟的重要屏障和可靠后方，为保障中原抗战的物资供给作出了巨大贡献。

第六节　第二次统战，开办青年战时工作团

一、对国民党68军的统战

5月，徐州失守后，河南省委由开封迁驻竹沟，省委朱理治、陈少敏、危拱之、谢邦治等先后到竹沟工作，进一步加强了这一地区的领导力量。省委把发动敌后游击战争作为党的中心任务，以信阳尖山、桐柏北山、泌阳东山、确山竹沟一带为发动游击战争的中心带，建立根据地。

为了保障竹沟的安全，中共河南省委统战委员会主任、军事部长彭雪枫指示泌阳县委做好当地驻军国民党68军的统战工作，以降低对竹沟的威胁。泌阳县委和官庄、羊册党支部，组织群众到68军慰劳，密切军民关系。通过68军中地下党崔贡琛、李晓白等，在军中发展党员，建立组织。彭雪枫、刘贯一等还利用与68军中中上层军官同学朋友关系，交流对局势看法，叙旧情、拉关系，达成一致抗日共识，军长刘汝明许诺决不与新四军为敌，并愿

意给予弹药支援。

二、泌阳青年战时工作团

彭雪枫又亲自写信给泌阳实力派人物王友梅，让刘子厚持信到泌阳做王友梅的工作，争取他一致抗日。王友梅是河南省参议员、南阳党务专员、唐桐泌联防司令，在地方影响很大。刘子厚到泌阳后，听说王友梅去唐河拜会回乡探亲的北京大学教授冯友兰，便去冯友兰家与王友梅相见。随后和王友梅一起回泌阳，在王友梅家住四五天。经王友梅侄儿、侄女从中帮助，终于说服王友梅，达成共同抗日、互不摩擦等协议。王友梅当即下令让吴定远团在邓庄铺抢掠的军装等物资悉数归还，并向竹沟捐了一批粮食和枪支。

6月，在王友梅资助下，在泌阳官庄镇小学开办了“泌阳青年战时工作团”，王友梅任名誉校长，张广武（炳耀）任教育长，晁松亭任教务主任，韩恒谦任副主任，彭雪枫派周志坚、张中铎、王恩久、夏农台、方毅等任教官。泌阳县委、各区委支部及县师范学校“学生读书会”400多名青年学生参加学习，编为3个中队，9个分队。课程与竹沟教导队一样，有游击战术、政治工作、民运工作、步兵操练等。上午学习理论，下午军事训练，晚上小组讨论。主要教材有《抗日民主统一战线》《抗日民主政权纲领》《群众运动》《民运工作》等，刘贯一等同志专程来讲了统战工作和抗日救亡。为加强党的领导，泌阳县委宣传部长杨协恭和官庄区委书记沈新民到官庄，通过从竹沟短训后到工作团的共产党党员苏凤章，先后发展了刘惠川、张广增、牛佑甫、刘汉玉等30多名青年入党，并建立了党支部，苏凤章任支部书记。学员生活、学习、训练条件十分艰苦，但学员精神饱满，学习劲头十足。工作团训练结业后，一部分团员去竹沟参加抗日工作，一部分留地方坚持斗争，都成了抗日工作的骨干力量。

三、孙石自卫队参加新四军

孙石原名孙继遂。出生于泌阳牛蹄（现板桥水库淹没区）孙老庄一个地主家庭，抗日战争全面爆发后，在开封上学的他回到家乡，与其兄孙远功谋划组织抗日自卫团。1938年春，兄弟二人通过串联，方圆数村孙姓族人以及亲戚朋友佃户等青壮年纷纷响应。牛蹄南屈湾村屈树仁带屈家50多人枪，角子山一带王兴荣带40多人枪，沙河店崔伦侦率“红枪会”30多人枪，上下曹、狮子庄、桃花店数村青壮年踊跃来到孙老庄，参加抗日自卫团。孙远功曾任建国军师长，北伐失败后回乡从医。1933年任牛蹄区长时，营救过做地下工作的王国华，并结为朋友。得知牛蹄抗日自卫团成立，时任竹沟新四军八团留守处主任的王国华和省委刘贯一、李应泉，即翻山越岭到场祝贺。泌阳县委遵照竹沟的安排，选派一些地方党员参加自卫团。

当时，共产党倡导的抗日民族统一战线虽已形成，但国民党地方反动势力、泌阳民团头子张虎臣仇视革命，害怕共产党组织的人民抗日武装。张虎臣勾结南阳民团司令别廷芳地方武装2000多人，前来围攻孙老庄孙继遂自卫团。孙继遂率团奋勇还击，激战一天，趁夜间下雨突围到白云山。民团进村后，疯狂抢劫，还烧毁民房200多间。

孙继遂率自卫团在白云山休整时，与竹沟新四军取得联系和支持，留守处派四五百人，分两路主动出击张虎臣反动据点。团山一战，毙敌一个保长，伤敌一个中队长，其他抱头鼠窜。接着，袭击老君庙、棋盘岭据点和南板桥乡公所。协助自卫团重创国民党新五师一部，俘敌百余人，缴获步枪80多支，机枪6挺，子弹数千发和军用物资等。

自卫团在竹沟新四军和中共泌阳县委支持下，不断发展壮大。张虎臣如坐针毡，惶恐不安，又贿赂国民党40军军长庞炳勋，派一个营兵力，助张围击自卫团。孙继遂率部与敌周旋于白云山、春水、桃花店、羊册、郭集一带，突破敌人合围。之后，又转战两个多月，供给陷入困境，他深刻认识到共产党才是抗日救国的中流砥柱。9月底，孙继遂带领200多人枪向竹沟靠近，驻扎在距竹沟5公里的黄庄，亲去竹沟向八团留守处请求收编。彭雪枫热情接待了他，并派李应泉、胡仁、李林、杨子芳、张旺午到黄庄接收自卫团，改编为新四军豫南抗日挺进大队第一中队，孙继遂任中队长，胡林任指导员。孙继遂为表示自己参加革命的决心如石头一样坚硬，即改名孙石。不久，这支队伍奉命开赴抗日前线。

四、泌阳抗日救亡宣传

1938年春，开封沦陷后，在开封师范学校任教的吕佛庭（泌阳著名画家，教授，解放前定居台湾）回泌阳家乡，被任命为县民众教育馆馆长。在党的统一战线感召下，吕佛庭以画笔做武器，编写绘制抗日救国壁报，进行抗日宣传。他还成立“怒吼话剧团”，在河南大学教授马可、姚肇平协助下，排演了《放下你的鞭子》《张家店》《当敌人来的时候》等剧目，走上街头演出，宣传抗日。同时，泌阳县委与马可教授和县教育局长联系，让马可教授培训教师，教唱《义勇军进行曲》《大刀进行曲》《打回东北去》《流亡三部曲》等，还编一些歌谣，在群众中传唱。如“小日本，大坏蛋，奸淫烧杀他都干。民遭殃，国受难，拿起刀枪对着干。小日本，太猖狂，占我河山抢我粮，一起拿出枪和炮，定叫鬼子见阎王”。从开封北仓女中来泌阳焦竹园参加革命的女学生高维进、曾兰、孟萍、樊西曼、张剑钊等，也积极参与学习和教唱革命歌曲，抗日救亡宣传教育深入人心。

五、冯玉祥巡视泌阳作抗日演讲

1938年夏初，国民党中央军事委员会副委员长冯玉祥将军来泌阳视察国防工事。6月上旬的一天，冯玉祥在张公干、赵力均、周茂凡等官员和卫兵护卫下，从驻马店来到沙河店，住在福音堂。当晚就有很多人争相一睹冯大帅风采。第二天上午，地方政府安排冯将军在沙河店小学发表演讲。冯将军步入会场时，频频向欢呼鼓掌的群众和学生致意，走到土台子上面的方桌前，自我介绍后，讲了国内外形势、日军侵略背景和在华的暴行，用“眉毛失火到眼前”形容中国人民抗日救国的紧迫性。会场上的人越来越多，人多得没地方站了，就有的爬上学校院墙、有的攀到树上来听。冯将军激情高昂，讲了两个钟头，号召全体民众“团结一致，共同抗日，誓死把日军赶出中国去”！

之后，冯玉祥一行一路往西，视察牛蹄、春水、象河关等处战备，并随时作出指示。晚上住象河小学校，校长冯俊斋陪同。回乡青年学生张沛霖，因其胞兄张宣武曾在冯部从军供职，常说起冯将军的事迹，对冯十分敬佩。听说冯将军来到象河，就拿着《冯玉祥抗战诗歌集》请冯玉祥签字留念，被其警卫婉言劝回。第二天一早，小学校长通知张，让张邀集几个青年来见冯将军。冯将军态度和蔼，亲切地同他们交谈。从中日战争的性质，一直讲到如何团结抗战，还举了山东聊城范筑先专员毁家纾难、组织民众英勇抗战的实例，激发青年抗战报国的热情。听者深受感动，当场表示要为抗战献出一切。张沛霖拿出一本诗集请冯玉祥签字，他提笔写道：“要对得过祖先，要对得过父母，要对得过自己。这一生为人，只有拼命抗日，才是最光明的一条大道。”

接着，冯将军应邀到象河东街广场演讲。广场有一座坐北朝南的戏楼，周围墙上和树上贴了很多标语，广场内外像赶会一样挤满了群众。冯将军热情招呼几位上年纪的长者坐到前边来，然后发表了奋起抗战的讲话。他言词激动，听者无不动容。会场群情激愤，呼声震天：“坚决打倒日本帝国主义！”“团结一致，枪口对外，驱逐日军，雪我国耻！”冯将军最后说：“不论是军队、政府和老百姓，也不论是‘红枪会’‘黄枪会’‘绿枪会’，都要组织起来，同心抗日，一定要把日本鬼子赶出中国去。最后的胜利是属于我们的！”会议一结束，就有数十名青年要求参军抗日，一直到晚上，还有许多老人领着孩子要求当兵，冯将军安排人员一一接待。一个月后，张沛霖等一批青年投奔陕北延安参加了八路军。

冯玉祥在泌阳的几天里，引起极大轰动。中共泌阳县委积极利用冯将军的影响，广泛宣传国共合作的大好形势，特别对冯将军演讲中的经典语句大加宣扬，在适当场合做抗日鼓动。在竹沟地委指导下，泌阳县委筹办了“泌阳县商民抗日救国分会”“妇女抗日救国分会”。由东北军地下党李晓白倡议组织教师、学生、进步绅士等成立了话剧团、“泌阳抗敌后援会”。这些民众团体在抗日战争中发挥一定作用。泌阳商会捐款1.3亿元，上缴国民政府购买飞机打日本。

六、刘少奇指导泌阳县委做好抗日工作

在国共合作的大好形势下，泌阳县委不断建立健全党组织、发展新党员。1938年，县东北乡4个区两个特支4个分区尤为活跃。中共邓庄铺区委，书记乔全义、王国信；中共高邑区委，书记王广宇；中共官庄区委，书记沈新民；中共羊册区委，书记苏凤章；中共象河特支，书记刘运成；中共春水特支，书记王席卿；张庄分区党委，书记刘振合；高邑分区党委，书记王广宇；王店分区党委，书记孙文耀；罗沙坡分区党委，书记王同才，共有党员200多人。

11月，中共中央决定成立以刘少奇为书记的中原局，长江以北的河南、

泌阳城西关饭铺旧址

安徽、湖北、江苏地区党的工作统归中原局领导，机关设在竹沟。李先念等先期到达竹沟，立即召开会议，传达党的六届六中全会精神，实施中原局关于撤销河南、湖北省委的决定，建立豫鄂边区党委。朱理治兼书记，向明任副书记，李先念任军事部长，陈少敏任组织部长，王阑西任宣传部长，王国华任群工部长，危拱之任妇女部长，谢邦治任青年部长，郭启卜任秘书长，王盛荣、杨学诚、陶铸为委员。豫南特委改为竹沟地委，张旺午任地委书记，辖泌阳、桐柏、确山、信阳、遂平、汝南、新蔡、上蔡、唐河、正阳、竹沟等11个县委。组建了豫鄂独立游击大队，于1939年1月开赴武汉外围投入抗日战场。

1939年1月28日，刘少奇（化名胡服）由渑池经南阳、唐河至泌阳，住在县城西关一家饭店。当晚，泌阳县委书记高子扬向刘少奇汇报了泌阳县在竹沟边区党委领导下群众抗日救亡情况，对国民党68军和地方绅士王友梅的统战情况，当听到王友梅从仇视共产党到拥护共产党统一战线，向竹沟支援粮草、枪支弹药，出资与共产党合办青年战时工作团时，刘少奇兴奋地说："雪枫、子厚做得好，泌阳县委做得好。在民族统一战线中潜伏着一支逆流，国民党反动派、顽固派害怕群众拥护共产党抗日，他们压制抗日救亡运动。你们离竹沟近，是中原抗日根据地中心区和大后方，做好统战尤为重要。你们开展活动一定要注意策略和隐蔽，保存实力。”

第二天，泌阳县委安排土牛车送刘少奇一行，中午到高邑街。高邑附近曾是鄂豫边省委机关驻地，党组织及群众热情迎接，中共党员陈子爵在街上荣华饭店设席招待。下午，竹沟派刘世耀带几十人武装，到高邑接着刘少奇等同志顺利抵达竹沟。

在刘少奇的直接领导下，鄂豫边区党组织开展抗日宣传及群众工作，党的统战工作出现新的局面。边区党委同国民党第一战区、第五战区等都建立了统战关系。以竹沟为中心的鄂豫边区迅速成为中国共产党在中原地区发展的重要基地和战略支撑点，竹沟被称为“小延安”。其间，泌阳先后向竹沟输送党员、进步青年300多人，抗战时期参加新四军800多人。

七、白云山县委扩大会议

1939年9月，刘少奇去延安参加会议之后，经洛阳、叶县、舞阳、泌阳象河关、板桥，翻越白云山回到竹沟，召开边区党委及地、县委负责人会议，传达党中央指示精神。根据当时形势和竹沟周围情况，国民党顽固派有进攻竹沟的可能，要求竹沟党政军机关和部队要保持高度警惕。鉴于中原地区各抗日组织已经发展壮大，竹沟作为战略基点的历史使命已基本完成，中原局逐步撤离，把指挥中心移向苏皖和鄂豫边敌后。

9月下旬，中共泌阳县委书记李辉在白云山南大尖山主持召开有区委负责人参加的县委扩大会议。传达上级党的指示：国民党反动派反共高潮就要到来，要在政治上、思想上、组织上做好应对准备；要保守党的秘密，暂停发展，严防党的组织遭到破坏。10月，李辉在白云山东麓再次召开县委扩大会议，强调泌阳将有沦陷的可能，要整顿组织，大力发展武装，随时准备展开游击战争。会议通报了新四军干部席之堂回泌阳老家开展工作时被县团队杀害的情况。各级党组织要有敏锐警觉，密切注视敌顽动态，做好隐蔽斗争。

八、史沫特莱采访泌阳抗日情况

1939年深秋，美国著名记者、进步作家史沫特莱专程由上海来泌阳采访人民抗日救国英勇事迹。当时，日军占领信阳，国民党当局集结了孙连仲第二集团军十几个师的兵力，发动了信阳争夺战。日军从汉口调来大批援军，战斗进行两个多月。战斗中，泌阳人民组织担架400多副，担架上铺有棉被，从前方到泌阳设的后方医院200多里路程，沿途设茶水、稀饭站，以解伤员饥渴。民众积极支援前线，捐款捐鞋袜，为抗战部队做向导、探情报、运转军用物资，得到国民党中央前线督战参谋团和68军官兵的盛赞。作家王平凌在泌阳写出《泌阳之捷》，宣扬泌阳民众抗击日军的英勇事迹。国际友人斯诺担任编辑的上海英文报刊《米勒氏评论周报》，曾刊载泌阳人民支援抗日的消息。史沫特莱女士获悉信息，即偕同华语翻译方练白（上海人）经敌占区到信阳，觅了两头骡子和一向导，骑行到泌阳县城，晚上住在福音堂。次日，由国民党县政府县长陈沂主持，在城南河坡搭台召开欢迎大会，县城市民、机关职员、县国民兵团、学校学生共5000多人参加。上午九时，陈沂陪同史沫特莱女士登上主席台，会场响起热烈的掌声。陈沂简单介绍并致欢迎词后，遂邀请史沫特莱女士发表演讲。史沫特莱介绍了世界反法西斯斗争情况，又介绍了抗日战争的成果，对抗日充满了信心和希望，与会的人受到很大鼓舞。接着，她分别采访了县长和一些民众团体，其不畏艰险、热情友好的态度以及同情抗战的演说，给泌阳民众留下了深刻的印象。

九、在白色恐怖下坚持抗日斗争

1939年11月，国民党反动派下达武力除掉竹沟新四军八团留守处的命令。11日，国民党少将参议耿明轩奉第31集团军总司令汤恩伯命令，纠集确山、泌阳、信阳3县常备队1800余人，进攻竹沟八团留守处。

泌阳常备队集结的情况，引起中共泌阳县委重视，立即派王楼党支部书记王国华（于当夜战斗中牺牲）去竹沟报告。竹沟留守处领导一边组织军民防范，一边派人侦察敌情。第二天拂晓，国民党顽军分三路进攻竹沟镇。刘子久、王国华、危拱之、张旺午等省地领导组织八团留守处武装、伤病员和部分新入伍的战士奋力还击，东门失守，顽军冲进镇内。警卫营长刘世耀率战士冲上街头，打退敌军。因敌我力量悬殊，敌军攻占大部街道，省地领导和留守处人员陷入危难境地。

此时，进攻西门的泌阳民团大队长徐中学、中队长段长显、陈子爵、侯定祥、王同富、侯太广等地下共产党员设法与省地委领导取得联系，商定夜间从西门突围。是夜，雨下个不停，徐中学令民团向后撤一段距离，各中队交换岗位做进攻准备，镇内党政军人员趁机突围。待突围人员撤出后，徐中学方命令向镇内攻击。从东门攻入寨内的敌顽军，将不便转移的新四军伤员和家属共计200余人悉数杀害，造成了骇人听闻的“竹沟惨案”。

此时，中共泌阳县委部署在泌阳常备队的中共党员发挥了重要作用，为掩护留守处人员转移作出特别的贡献，减少了党和部队的损失。

竹沟惨案发生后，国民党在竹沟设立确、泌、桐、信4县联防办事处，大肆捕杀共产党人和新四军战士、抗日军人家属及爱国人士。泌阳县党部书记长张虎臣派晁彬武参加四县联防办事处，焦云甫参加国民党68军军警稽查处，积极配合反共行动。别廷芳派重兵驻防泌阳，推行“保甲制”“连坐法”，施行大清乡、大屠杀。掩护竹沟新四军突围的徐中学，被敌怀疑，遭到活埋。张虎臣一次杀害新四军战士陈天增、陈天有等19人，又残杀新四军营长李桂山一家3口。

面对敌人的血腥屠杀，河南省委采取隐蔽斗争策略，决定撤销竹沟地委，成立汝南地委、舞阳地委。泌阳隶属舞阳地委。1940年5月，中共泌阳县委书记李辉、委员马立言、王广宇先后去延安，邢西岭任泌阳县委书记，委员沈新民、苏凤章。县委辖4个区委、10多个支部，250名党员。全部党员转入地下活动，实行单线联系，各支部间不发生横向关系。7月21日，邢西岭书记在铜山寺沟村向高邑、邓庄区委传达了中央“隐蔽精干、长期埋伏、积蓄力量、等待时机”的方针，随后到羊册支部传达中央精神，要求未暴露身份的党员，尽可能打入国民党合法团体秘密工作。

1940年秋，泌阳白色恐怖加剧。县委书记邢西岭随原竹沟地委书记张旺午去延安，县委宣传部长、兼官羊区委书记苏凤章代理县委书记。此时，隐蔽在地方的党员干部抓住一切时机，打入县内各级政府及团体，以合法身份掩护进行活动，一些乡保陆续被共产党人掌控，并利用合法权利及地方武装惩处汉奸，袭击敌人。

1941年春，苏凤章被泌阳当局通缉转移到陕西，高子扬接任县委书记。高子扬因在湖北广水一带打游击未到职。1942年春，中共确泌工委成立，蔡运生任书记，后侯太俊接任。1943年冬，原高邑区委书记王广宇从延安回到泌阳。此时，泌阳党组织遭到严重破坏，几乎没有活动。在鄂豫边区组织部长陈少敏过问下，让王广宇做党组织恢复工作。不久，中共泌阳县委恢复，隶属豫鄂区党委，高子扬任书记。下辖邓庄区委，书记赵世芳；高邑区委，书记赵世芳；官羊区委，书记禹明典；象河区委，书记刘运成。在做好隐蔽、积蓄力量基础上，积极开展抗日斗争。

第七节　日军残暴屠戮，军民奋起抗击

一、日军暴行

1939年5月3日上午，日军出动飞机12架，轰炸泌阳县城和赊湾，投“子母弹”、燃烧弹等40多枚，炸毁房屋2160多间，炸死炸伤居民42人。东关民房全部烧毁，西关房屋烧毁过半。11日下午，4架日机再次轰炸城关，投弹30多枚，炸毁房屋60余间，炸死炸伤居民21人。12日上午，日军16架飞机沿途轰炸沙河店、牛蹄、龙王庙、官庄、羊册、城关、赊湾等集镇，投弹120多枚，炸毁房屋1950多间，炸死炸伤居民43人。日机轰炸过的村庄浓烟滚滚，尸骨遍地，惨不忍睹。

1940年5月，日军从信阳、驻马店、舞阳三路进犯泌阳，所过之处，残暴地实行烧光、杀光、抢光的“三光”政策。牛蹄街两个赶集的中年男子被日军抓住绑在树上做练刺刀的活靶子，轮番刺死；牛蹄北韩岭村一驼背老人被日军抓住，拉到村南一水沟强迫其横趴在水沟当“垫桥”，故意在老人背上使劲跺，致使老人骨断身亡。灭绝人性的日本兵，抓到妇女即轮奸，而后剖腹或刺刀扎死，六七十岁的老妪和六七岁的幼女也不能幸免。

1941年2月初，日军进入象河关，对居民大肆屠杀，杀死百余人。街上开饭馆的李平义被日军，用铁钩子钩住锁骨挂在门上，刺死后又扔到火中焚烧。回民马国双目失明，被残杀后，日军马队还在其尸体上乱踏，致成肉浆。李志忠的妻子被日军用绳捆住跪在地上，后被活活烧死。

当时，国民党68军的78名伤员在象河街养伤，被日军全部枪杀，尸体堆在一块儿，泼上煤油焚烧。这一天，象河和附近村庄5户被杀绝，四五百户房子被烧成废墟，时称“象河惨案”。

1944年，日军占领沙河店、牛蹄后，即在占领区内网络汉奸、拼凑“维持会”、皇协军300余人，强迫农民拆房、伐树，修碉堡、挖寨壕，为其修筑工事。在沙河店、牛蹄修两个围寨、7座碉堡、4座岗楼和许多壕沟。沙河店周围许多村庄房屋被烧毁，先后有3000多农民做过日军的苦役，稍有不顺，就会遭到毒打。寒冬腊月维持会让居民下水捕鱼供日本鬼子食用，鬼子还强迫各村送“花姑娘”供其蹂躏。

据国民党中央宣传部新闻处调查统计，日军几次轰炸和进犯泌阳，焚毁房屋数万间，使数万人无家可归。

二、民众全力支援抗战

1939年冬，国民党政府部署夺回被日军占领的信阳，并派最高国防委员窦大有为首的高级参谋团进驻泌阳，就近指挥。68军军长刘汝明亲自指挥战前演练，在驻地羊册古城南河滩构筑信阳模拟工事，实战演习，请窦大有、孙连仲、宋希濂现场观摩指导。演练后即投入战场，与日军激战两个多月。

这次战役中，中共泌阳县委代理书记苏凤章从抗战大局出发，组织各区委深入各自区域群众中，宣传抗日，奋力支前。在时任国民党县长陈沂带领下，泌阳组织千余名青壮年农民，安排400多副担架，奔波于泌阳至信阳200多里山路上运送伤员。担架上备两双棉被，一铺一盖，沿途设有开水、稀饭站，还派数名医生随担架队及时为伤员包扎。高邑、官羊、邓庄等区，做了5000多件御寒棉坎夹和15000双布鞋送到前线。68军军长刘汝明等非常感激，国民党前线督战参谋团将泌阳支前情况电报重庆，行政院通令嘉奖。抗战胜利后，国民政府授陈沂“抗战胜利勋章”1枚。

三、军民同仇敌忾齐抗日

1940年5月，日军发起“宜昌战役”，从信阳出动万余人兵分三路西犯。其第三师团俣雄人率步兵第六联队和石本支队由明港向西，3日，进至泌阳冷水、马谷田一带。当时，驻防泌阳的国民党68军、85军及92军正换防位，未及抵御。4日，敌军近抵泌阳城郊。紧迫之际，国民政府代县长袁景闳（字畅亭）以“守土有责”勉励近从，调集县自卫团和一、五两区民众自卫团，从容布防，严阵以待。

5日，日军经城南古路沟村向县城进犯，袁景闳麾众与战。阻击战进行一阵，日军人多，武器精良，自卫团抵挡吃力。为免使城内民众遭殃，袁代县长指挥民团绕城撤离，敌寇穷追不舍。至赊湾北牛庄，遭遇从泌阳二铺过来的一股日军夹击，袁景闳和10余名战士弹尽无援，壮烈牺牲。

日军折回县城后，烧杀奸淫，坏事做尽，百姓陷入水深火热。

8日，日军撤离泌阳。县政府组织大家掩埋10多位烈士，并举行追悼大会，深切悼念。袁景闳烈士安葬于城南苗圃园中，竖碑铭志。还建“忠义亭”1座，国民党省政府批准对遗属从优抚恤。

1941年1月，日军投入5个师团10万人、飞机百余架，沿平汉路两侧，发起豫南战役，国民党军投入28个师30余万人抵御日军。

日军占领舞阳后，即南下侵泌阳。驻防泌阳的国民党68军军长刘汝明奉命率部向象河、桃花店一带集结，以抵御舞阳南犯之敌。泌阳县长陈沂和县自卫团副团长王炎升率百余名警察及600多人枪星夜前往参战。军民协力修筑工事，截断可资敌利用的桥梁公路。羊册、官庄、象河各党支部党员刘运成、刘惠川、刘金川、陶瑜，隐蔽身份，积极参与，并组织群众挖战壕，修工事，成立担架队。

此时，日军一个步兵大队自县东绕城北上。军长刘汝明获悉情况，即令由城南大磨开赴象河的一个团在二铺北的张铺阻击。当日军进入张铺山峡口时，隐蔽在东西两座山头的战士立即开火，敌队被截为两段，首尾不能相顾。经数十分钟激战，打死打伤敌人200多人，残敌仓皇逃命。该团迅速打扫战场，连夜奔向象河关。

1月25日（农历腊月二十九），南路日军占领泌阳。在县城及周围大肆抢掠、烧杀，强奸妇女，居民过年不得安宁，纷纷出逃避难。在县城的日军祸害十多天，欲召集居民组织“维持会”，但县城无一人出来当汉奸。

2月3日拂晓，自舞阳来犯之日军，出动飞机四五十架，对68军在象河、春水一带防线狂轰滥炸，向境内推进至桃花店。桃花店四周皆山，唯有一条东西向山路。刘汝明军长将指挥部设于南山坡下有一座庙内，所部隐蔽于南北山密林中。中午时分，日军开始向68军阵地发起攻击。上边飞机轰炸，下边大炮轰击，石土飞扬，一片火海。步兵机枪扫射，气势汹汹。守军不畏强敌，沉着应战，奋力阻击，激战到下午4时左右，敌终未前进一步。当晚，日军遁去。

2月5日，日军重整队伍，经黄山路经口，突入华山脚下。先用大炮轰击华山顶，华山庙顶砖塔一角被击毁，接着，敌寇分两路从山脚蚁俯而上，向山顶猛攻。华山守军一个连待敌接近山顶时，一声令下，轻重机枪、步枪手榴弹一齐如雨而下，日军和伪军转眼死伤数人，仓惶滚下山坡。但敌寇不甘失败，连续数次进攻，都被守军击退。最后，日军将其死者尸体收集一起，泼上煤油点火焚烧，伤重不能行走的，亦投入火中烧死。丢弃许多物品，向南溃退。国民党守军一位排长和数名战士殉国。战后，羊册群众打扫战场时，将日军遗弃的武器、弹药和高腰马靴、护身符、太阳旗等等，作为战利品交给当地守军保存。同日下午，日军车队十多辆汽车由唐河向东经过泌阳城南仓房庄，其中一辆汽车损坏修理。第一区民众自卫团连长王希谦发现后，立即报告给区团长仲敬修（老慢），仲迅即集合邻村数百人枪，向日军发起攻击。日军背靠汽车胡乱射击一阵，半夜时分，窜上汽车仓皇逃离。

1944年4月，饱受日军铁蹄践踏蹂躏的河南，再次遭到日军扫荡，国民党军队抵挡不住日军的进攻，损兵20余万，失城38座。5月，中共中央向华中局、鄂豫边区等发出指示，要求组织抗日游击队等人民武装，展开游击战争。7月，日军占领泌阳沙河店。沙河店、牛蹄被日军侵占后，强迫各家各户挂日本“膏药旗”，拼凑“维持会”，推行以华治华政策，沙河店街奸商兰文明和地霸崔雅阁被委任为沙河店正副维持会长，68军一个退伍排长为警察局长，兵痞张冠勋、李子亮任命为伪自卫团正副团长，拼凑伪军100余人；地霸王龙甫、王四驴被委任为牛蹄维持正副会长，恶霸张虎臣的走狗王钦堂和孙河村联保主任孙占魁分别为牛蹄东西两个自卫团正副团长，伪军150余人。这些汉奸助纣为虐，为虎作伥，对日军百般献媚，对同胞百姓残酷迫害。

8月，新四军独立一团自方城独树出发，奔袭沙河店日伪皇协军（自卫团），击毙伪团长张冠勋等7人。又乘胜出击，捣毁沙河店伪警察局，毙敌10余人。10月16日，新四军黄霖司令员率河南挺进兵团主力进入泌阳白云山一带开展游击战争，向敌顽和日军发起攻击。先后进行了南板桥、沙河店、团山等数次小型战斗，在牛蹄去沙河店的路上，伏击日军运输车辆，炸毁日军军车3辆，缴获枪械200多支和药品5万件。

这时，确、泌、桐3县交界地区成立确泌桐县党政军领导机构，县长孙石，行政委员会主席何振刚，组建了确泌桐武装总队，政委杨玉璞，总队队长周庆鸣（后高章亭、霍俊亭）。10月下旬，中共泌阳县委恢复重建，书记杨安平，委员王安民、王广宇、李志平、杨安平。辖5个区委，焦竹园区委，书记王广宇；老虎张区委，书记侯太俊；冷水区委，书记王国信；大磨黄岗区委，书记侯太俊；官羊区委，书记刘惠川。

11月初，日军115师团将司令部从郾城移至沙河店，遂派其27大队侵犯牛蹄街，驻守牛蹄的国民党55军某团一个排与日军激烈交战。一些群众冒着枪林弹雨给抗日战士送饭、送茶，呐喊助威。战斗持续到下午5时许，毙日军10多人，日军出动两辆坦克夹攻，该排被迫撤退。

11月下旬，泌阳县爱国民主县政府在铜山竖石岗村成立，县长高子扬，副县长王国信，财政科长王广宇、薛鲁继任。

1945年2月，中共豫南地委、专署和军分区在确山县孤山冲成立。2月11日，日伪军300余人从沙河店出发，对角子山一带扫荡。角子山游击队领导人一位是1932年曾任中共沙河店支部书记的韩幼谋，一位是国民党牛蹄乡乡长马子方。二人得信后，立即派人与有统战关系的嵖岈山游击队取得联系，还动员附近村庄的10余名猎手协同作战。角子山上下构筑工事，分层设防。为迷惑敌人，在山路崎岖险要处，隐蔽安放多个铁桶（洋桶），内置鞭炮，待敌临近时点燃炸响助威。游击队居高临下，迎击敌人。当天，大雪纷飞，寒风刺骨，滴水成冰。敌兵在进入狭窄绝崖处时，风大雪深冰滑，无法攀登，就偎挤一起避寒。游击队员趁机猛推山上石头，石头纷纷滚下砸向敌人。紧接着，瞄准敌人开枪射击。敌人乱作一团，扔下数具尸体败退下去。之后，日军又组织几次冲锋，均未奏效，最终日军丧失斗志，狼狈撤军。

四、坚持反顽斗争

3月，豫南军分区参谋长周庆鸣率部在马谷田一带击溃国民党豫鄂游击司令曹文斌纠集的泌阳保安团张成久、关汝松部和国民党55军一个营共2000余众，毙敌200余人，缴获枪械200余支、手榴弹600多枚。顺势拔掉高邑敌伪据点，缴获粮食百万斤。4月，河南挺进兵团在泌阳铜山沟成立泌阳武装总队。总队长王安民，指挥长霍俊亭，政委杨安平，参谋长刘世耀，总队4个团，王安民团、侯太俊团、吴长兰团、霍俊亭团，集中或分区域活动，配合军分区部队，在确山任店等地，打击顽敌，歼敌一个团，俘伪官兵800余人，巩固和发展解放区。之后，武装总队发展到千余人枪，编入新四军五师。

五、庆祝抗战胜利

1945年8月15日，日本宣布无条件投降的消息传到泌阳，全县人民奔走相告，欢欣鼓舞。县城社会各界人士纷纷走上街头，集会游行，敲锣打鼓，载歌载舞，喜庆胜利。沙河店、牛蹄方圆数十里的百姓更是激动。庆贺之际，奋起捣毁日军豢养的皇协军、维持会办事场所，扒掉日军寨垣、碉堡、炮楼、寨壕等工事，铲除日军涂在墙上 的“东亚共荣”等标语。国民政府县长晁伟清到沙河店理政抚民时，发动群众检举出汉奸百余名，以罪轻重，或就地枪决，或逮捕判刑，或交群众管制。汉奸走狗猖獗一时，遗臭万年，得到应有处罚，民众拍手称快。

第四章　全国解放战争时期

第一节　内战火起，泌阳县委受重创

抗战胜利后，国民党反动集团急忙调兵遣将抢夺胜利果实。同时，玩弄两面派手法，一方面迫于全国人民渴望和平的压力，与共产党进行和平谈判；一方面出于反共独裁的野心，密令其军队向共产党所辖解放区进攻。中共豫南地委要求各县维护大局，高度警惕，严防敌犯，坚决保卫胜利果实。

1945年11月，张难任泌阳县委书记，张子明任县民主县长。泌阳县委、县民主政府一手抓党的建设，一手抓武装发展。12月，县武装总队王安民团、侯太俊团、吴长兰团，3个团由600多人发展到1000多人。在邓庄铺整训后，合编为一个团，大部编入新五师。

1946年2月，中共泌阳县委书记张难调离，李建安接任县委书记兼县长。他率武装人员及干部200多人，从嵖岈山过象河关、黄山，经羊册到官庄，积极动员青年入伍，县武装总队扩大至300人枪。4月，官羊游击区政委刘惠川在春水、羊册、牛蹄、贾楼一带山区迂回作战，打击了国民党孙元良部122师和泌阳保安团势力，完成了征粮、筹款任务。

6月26日，蒋介石公然撕毁停战协议和政协会议决议，发动全面内战。中共中央指示中原军区部队作战略转移，李先念、郑位三、王震等率中原局、中原军区机关和二纵3个团为北路，王树声、张体学、罗厚福率所部为西路，黄霖率中原军区部队一部为东路，随即开始“中原突围”。

泌阳武装总队随五师突围，牛德胜、宁淮部队三分之一留在桐柏地区坚持斗争。7月12日，黄霖率部到达泌阳羊册，夺取了敌人的粮库，解决了部队给养。随军突围的原四专属专员张旺午、原县委书记张难、李建安分别接见羊册中心支部负责人李书均、郭刚等人，作了“保留地方实力，不出头露面，等八路军回来时，出来找党”的指示。部队临走时给中心支部留下十几支枪和几百发子弹。

五师突围后，成立中共豫鄂工委，张波任书记，宁淮任副书记，胡友录任组织部长，侯太俊、吴厚民、牛德胜等任委员。中共泌阳县委改属豫鄂工委，侯太俊代理泌阳县委书记兼淮北游击支队政委，率30多名游击队员坚持地方斗争。8月，淮北游击支队遭唐、桐、泌3县地方武装联合“围剿”，侯太俊率部与之周旋。由于叛徒告密，在泌阳铜山北黄茅岭被敌包围。侯太俊和欧阳灿如为掩护战友，和敌人展开激烈枪战，终因寡不敌众，弹药耗尽被捕，后在转押南阳途中的朱集街南，与欧阳灿如同时惨遭活埋。

泌阳县委受重创，泌阳党组织又一次失去组织领导，党的同志在艰苦情况下坚持隐蔽斗争。直到1947年冬，人民解放军实施战略反攻挺进中原时，才同上级党组织取得联系。

1947年春，江南游击支队张才千与李仁林部会师，响应党中央“迎接中国革命新高潮”的号召，按照“发展豫南，迎接主力南下”的作战方针，组成解放军中原游击纵队。5月中旬，李仁林、陈少敏率部在鄂西北转战数日，然后经唐河湖阳、马振扶、毕店，于29日中午抵达泌阳县程店街。部队用饭时，突然一阵枪响，在村东河边执勤的一个班长中弹牺牲。

原来，泌阳保安团于前一日得悉解放军过境泌阳，该保安团500余人在副团长涂富亭带领下，在程店东九门岗设伏阻截。九门岗村有东西两个土围寨，团丁一部分守护围寨，一部分在村外岗岭处埋伏。

面对这个情况，李仁林立即派一部分战士隔河与敌对峙，命二营急行军迂回到九门岗村南，调一个排在九门岗东二里远的三座屋村树立旗帜。待三座屋旗帜竖起后，九门岗村南的主力部队突然猛攻。敌人一看三座屋解放军旗帜飘扬，认为是解放军主力。敌急忙把村西力量撤回抵抗，妄图守住寨子，龟缩不出。解放军采用政治攻势，向寨内敌人喊话劝其缴械投降，敌依然顽抗。李仁林部四支队长王定烈命令部队用迫击炮猛轰围寨。敌人一窝蜂似的从炮弹炸开的豁口处向北面的泌阳城方向逃窜。寨北面不远处是冈峦沟壕，逃到这里的敌人立刻遭到两侧岗岭上解放军的伏击，死伤200余人，涂富亭以下400余人被俘。

第二节　泌阳解放，民主政权建立

1947年6月30日，刘邓大军奉中央军委命令，突破黄河防线，在鲁西南歼敌4个师、9个半旅共6.5万人。8月7日，挥师南下，击溃国民党军队的围追堵截，于27日强渡淮河，跃进大别山。陈赓、谢富治奉命率晋冀鲁豫野战军太岳部队组成陈谢兵团，于8月下旬挺进豫西南，打通平顶山、方城、泌阳、桐柏一线，策应配合刘邓大军在大别山展开。晋冀鲁豫中央局和军区部队主力及中原军区部队，依次组成晋冀鲁豫野战军5个纵队，其第十纵队作为刘邓大军的后援部队，肩负护送大批南下干部和大量粮秣弹药等贵重物资，于10月29日抵达大别山，与刘邓大军胜利会师。

11月18日，陈谢兵团第四纵第十一旅两个团，由羊册中心支部同志做向导进军泌阳。国民党泌阳民团闻风而逃，泌阳首次获得解放。23日，成立泌北县委、泌北县爱国人民政府，隶属豫陕鄂七地委，李福荣任县工委书记，文峰任县长，王金成任委员。同时成立县武装大队，王金成任大队长，李福荣任政委。泌北县下辖泌阳县的羊册、象河和方城县的小史店、下洼，舞阳县的宋集5个区委、区政府。岳明庭任羊册区委书记，张广增任区长；赵伯朋任象河区区长；刘汉瑜任下洼区区长。

12月3日，十纵全体指战员和分配到桐柏区的千余名南下干部，经3昼夜与敌激战，突破重围，进入桐柏区。13日，在湖北应山浆溪店召开会议，成立中共桐柏区委员会、桐柏区行政公署和桐柏军区，并成立3个地委、专署和军分区，泌阳属二地委、二专署、二分区。17日，二分区部队从桐柏、毛集向北，经邓庄铺向西急行军30里，到达王店，并于此宣布成立中共泌阳县委，书记肖英，副书记王琳兼组织部长，秘书孙正善，社会部长李星。成立爱国民主县政府，县长常青；成立县武装指挥部，常青任指挥长，姚增绪任副指挥长，肖英任政委，王琳任副政委，军分区派给泌阳武装部队一个营。19日再克泌阳，县委县政府随部队进入泌阳县城，发布安民告示，宣布有关政策，会见各界代表，召开第一次县委扩大会议，研究决定了泌阳6个区设置和任职名单。梅林区委书记毕荆北，副书记韩静德，区长魏含辉；春水区委书记王润生，区长赵伯朋；马谷田区委书记李谦，副书记姚美玉，区长刘顺祥；王店区委书记李星，区长霍彩霞；大磨区委书记韩玉峰，区长栗文明、赵祥庆；牛蹄区委书记赵合义，区长贾先庚。

1948年1月5日，二地委决定泌阳县分设泌东、泌西二县，泌东县为原设的中共泌阳县委政府和武装指挥机构，辖沙河店、春水、牛蹄、王店、梅林、马谷田6个区。泌西县县委书记史雷峰，副书记陶玉章；县长成建华，副县长孙克华，组织部长李朝光，宣传部长王杞桓；成建华任武装指挥部指挥长，史雷峰任政委。辖饶良、羊册、官庄、双庙、大磨5个区。大磨区委书记韩玉峰，接任赵祥庆，区长栗文明，接任范林中；双庙区委书记王瑞山，区长李臣冉；饶良区委书记王杞桓，区长赵祥庆；官庄区委书记成建华，区长吴可见；羊册区委书记李荣，区长刘汉瑜。6月，隶属豫陕鄂七地委的泌北县政体奉命撤销，遂平县由豫陕鄂七地委转属桐柏二地委。至此，泌东、泌西二县的党政军建制全都建立，因处于战时状态，机构设置简单，主要有财政、公安，驻地经常转移。所辖各区均建立乡、村行政和民兵组织，巩固解放区的各项工作普遍开展起来。

1948年6月，桐柏区党委总结半年来地方政权建设的经验，发出《关于政权工作的指示》，明确政权建设指导思想和具体任务。一是政府工作基本内容是群众工作和统战工作，即发动群众，组织群众，建立农会，进行土改。同时，要争取进步的中、小资产阶级和开明士绅的支持。二是建立健全基层民主政权，在控制区，要建立以基本群众为主体的民主政权；在游击区，则以建立两面政权为宜，必要时可以暂时利用旧保甲人员。三是统一政权体制，专署以下设立县、区、乡（小区）、村4级政权。四是各级党委派出一部分坚强干部做骨干，大批干部依靠办训练班进行培训和群众推荐、选举产生。五是政府工作是做好财经、生产、战勤、教育和优抚工作，努力完成各项经费的筹集。对部队常住区和交通要道，确定专人负责。六是对内强调一元化领导，对外强调民主，两种领导方法适当结合，以贯彻党和政府各项政策。

根据区党委《各级地方党政民编制草案》，县委配备正、副书记各1人，下设组织部、宣传部、民运部、武装部和秘书室，配备干部13人、勤杂人员16人。县政府配备正、副县长各1人，下设秘书科、总务股、民政科、司法科、财粮科、银行工商办事处和公安局，配备干部49人，勤杂人员15人。区委配正副书记、组织宣传、农会主席、武装委员各1人，勤杂2人；区（镇）公所配正副区长、民政、文教、财粮、公安助理和仓库主任各1人，勤杂2人。乡配正副乡长、农会主席、武装队长、财粮各1人。

行政区划及乡村组织规定，县以下设区和乡，每县设8至10个区，每区设8至10个乡，每乡人口2000至5000人，方圆不超过10华里。乡下为自然村，5至10个自然村为一个编村，设村长，为不脱产干部。乡、村干部由人民群众代表大会选举产生。

行署关于《政府工作人员应守纪律》有6条规定，说话和气，不许打骂人；廉洁奉公，不许假公济私和贪占；不经批准不准摊派；在农民家吃饭，要如数付费，不得额外索取招待；严禁无偿派差；不许贪污腐败。

第三节　拉锯战斗，消灭国民党残余势力

一、“土顽”垂死挣扎

泌阳解放以后，国民党泌阳政府及民团要员仓惶逃离县城，或逃亡外地，或潜伏于东、北部深山。国民党泌阳县长兼民团司令薛子正，曾任新安县长，凶悍奸诈，执掌泌阳县长后，大肆宣扬共产党解放军来了地主子弟都活不成，煽动地主富豪子弟纷纷投向县民团，几百人的团队很快发展到4000多人，另有收编的方小才匪众和羊册民团陶允升独立营，合计5000余人，分为张虎臣、张成久、关汝松3个团，薛子正自封旅长，以其乌合之众公然对抗共产党新政权，杀害革命干部。

1947年12月，薛子正团队突袭中共马谷田区委，副书记姚美玉牺牲。农历大年初一，薛匪窜到饶良西王新庄，捕杀村干部王国鼎。不久，又杀害小董庄区干部董长德。

1948年2月3日，薛匪一部趁机踅进泌阳县城，与大磨区区长栗文明等十多名干部遭遇，栗文明区长等数名干部壮烈牺牲。二分区王海山司令员闻报，率部直奔县城，分兵两路，在县城东北岗和西北毕沟村南与敌交火。双

方激战多时，敌伤亡20余人，解放军50多位战士牺牲。薛子正怕解放军部队增援，率部向马谷田方向逃窜。2月6日，薛子正匪徒又枪杀马谷田区委书记李谦和民兵多人。2月13日，双庙区政府突遭薛子正团队围攻，突围时，区长李臣冉不幸中弹受重伤被捕。薛匪令人用条筐抬至泰山庙油坊村南扔在野地。李区长最后被地霸打死。2月底，薛子正匪团袭击邓庄铺区委，一次活埋乡村农会干部10多人，残忍铡死焦竹园“穷人头”张老大。3月初，王海山率部攻击盘踞在铜山南麓的薛匪，从晚上9点激战到第二天黎明，薛子正请来桐柏县团队，敌我双方兵力悬殊，解放军战士数十人牺牲。待解放军增援部队赶到时，薛匪逃窜至条山一带。月底，薛子正团队偷袭官庄区政府，区长张凤来率领大家撤离，通讯员小焦为掩护河北来的干部高景亭，与高的妻子秦妮被捕，二人遭受严刑拷打，坚贞不屈，敌人残忍地将二人杀害。4月初，薛子正团队围击牛蹄区政府，区干部数人伤亡。羊进冲、柳河两个乡，被残杀、活埋的村长、积极分子、军属等达60多名。截至1948年4月，先后被薛子正团队杀害的农会代表、民兵和干部，共有147人。

同时，全县大小股匪百余起，大股匪能有8000多人，一般股匪则数百人到三五千人不等，少则三五十人。知名土匪有方小才、彭老黑、杨清、王振华、杨德山、老昏王、姜不辣、四瓣蒜、安糨糊、褚廷柱、王国成、夏金才、陶国荣、崔二蛋等。土匪趁机作乱，打家劫舍，祸害百姓。薛子正更是气焰嚣张，极大影响了新政权的巩固和发展。二地委和泌东、泌西县委高度重视，多次召开乡村干部会议，要求加强政治宣传，时刻保持警惕，依靠群众，团结一切可以团结的力量，孤立和打击少数反动分子。地委多次加派武装力量，泌东、泌西地方武装积极配合，组织对竿匪各个围歼，小股土匪很快销声匿迹。3月初至4月中，在马谷田—大磨、铜山—板桥和春水—象河关几处，相继击溃安糨糊、彭长安、老昏王等大股土匪数起，震慑了土匪和反动民团，保护了人民生命财产。

二、土地改革

在清剿土匪的同时，党和政府按照中共中央制定的《中国土地法大纲》，在泌阳新区进行土地改革。根据桐柏区党委和二地委二专署的指示，争取春耕前平分土地。县委政府立即组织土改工作队（组），深入农村宣传发动，召开群众会、诉苦会、贫雇农民代表会等，书写墙体标语“土地还家，合理合法”“跟着共产党，翻身求解放”，营造土改氛围。通过访贫问苦，调查摸底，掌握各阶层情况，由农会组织参与划分阶级成分。结合打土豪、分浮财（指粮食、金钱、衣物等）和老解放区的办法，对土地进行平均分配：一是“中间不动两头平”，填平补齐，抽肥补瘦。按照划定的成分，地主富农多余的土地分补给贫下中农，中农保持原有土地不动。二是把村上所有土地全部集中，而后按人口平均分配。

最初，由桐柏二地委在泌东县梅林区开展了土改试点，泌东县委也在王店做了试点，但由于参加土地改革的干部存在急躁情绪，群众发动不充分，思想上有顾虑；照搬河北老解放区冀南县土改的做法，忽视了党的政策和策略，致使一些地方出现对大、中、小地主和富农不分罪恶大小和剥削程度，一律予以打击；把土地彻底打乱再分，严重侵害中农利益；实行地主分坏田、贫农分好田，分佃户耕牛和农具；划阶级成分宁上勿下，把富农、中农划为地主，凡有佣工者即视为富农，扩大了打击面；农民怕变天，分得的土地不敢要，要了的不敢种，白天分的浮财晚上再给地主老财送回去；一些干部埋怨群众落后，自定政策为群众壮胆，对地主扫地出门；一些干部急于求成，走马点火，轰轰烈烈，出现了乱捉、乱打、乱杀、乱提、乱起枪等“左”的问题。群众虽然渴望获得解放和得到赖以生存的土地，分到没收的粮食衣物，觉得解决了衣食之需，深深感谢共产党的救命之恩。但薛子正武装势力还没有消灭，土匪猖獗，地主及反动势力乘机制造谣言，恐吓群众，千方百计破坏土改。一些贫雇农则怕地主反攻倒算，分到的土地不敢耕种，致使一些土地荒芜。泌阳处于敌我拉锯战中心区，土改过早、过急、过“左”，给敌人造谣煽动藉以口实，导致反动势力更加猖狂，影响了土改工作顺利开展。

1948年3月2日，桐柏区党委在唐河湖阳镇召开各地委和县委书记联席会，贯彻中央、中原局各地党组织要结合土改运动，开展“三查”（查阶级、查思想、查作风）、“三整”（整顿组织、整顿思想、整顿作风）的整党运动的指示。会议期间，接到中共中央《新解放区土地改革要点》，会议根据中央精神，提出了新区土改的基本方针。4月，泌东县委在王店小马庄召开扩大会议，贯彻湖阳会议精神，分析形势，总结经验教训，制定了4项措施：一是坚定地依靠贫雇农，团结中农，消灭地主和剥削制度；二是放手发动群众，使90%以上的农民参加土改运动，提高农民阶级觉悟和参加运动的自觉性；三是教育群众在运动中掌握政策；四是土地改革有计划有步骤地进行。之后，纠正了乱捉乱打乱杀现象。

三、泌阳民团的灭亡

共产党在桐柏山区建立政权进行土地改革的革命行动，成为蒋介石集团的心腹大患，国民党中央政府任命张轸、王凌云、康泽分别为第五、第十三、第十五绥靖区司令，在信阳、南阳、襄阳对桐柏解放区构成犄角之势；二地委所辖的泌东、泌西县以至确山信阳一带成为敌我双方拉锯战的主要区域，战火不断。薛子正所率泌阳民团趁机袭扰，成为国民党部队的帮凶。这种情况下，泌东、泌西县委机关驻地便不能固定，泌东县曾驻贾楼曾沟，泌西县曾驻羊册古城、小贾楼。一方面组织民兵防范和寻机打击敌人，另一方面利用敌情过后的间隙，维护生产，巩固政权。

为了扭转被动局面，地委和分区制定了剿灭地方团队和清理土匪的计划。以游击战的形式，避开强敌，捕捉战机，消灭敌人有生力量。军区副司令员孔庆德特别指示，要发扬艰苦奋斗的作风，发动群众，了解和掌握敌人的行军路线、地形地物及活动规律，灵活机动，勇猛出击。

1948年4月11日（农历三月初三），军区侦得泌阳民团向南阳靠拢，欲投靠王凌云得以收编。遂命令28旅在民团去南阳途中寻机歼灭之。该旅部署兵分两路，84团在唐泌交界处的少拜寺周围罗庄、周庄、刘岗等村设伏，待敌入瓮；82团和83团在大河屯以西的傅湾布阵，既可截击向南阳逃窜的薛匪，又可阻击唐河、南阳援敌。

其时，泌阳民团为三个团一个大队。司令薛子正已去信阳，委任张成久为代司令，关汝松的三团因在确山，未及随行。一、三团和羊册陶允升大队携儿带妻约2000多人，10日夜宿泰山庙，11日凌晨即行，7点多民团尖兵班窜入少拜寺，与我侦查部队照面，双方立刻交火。为围歼民团，解放军侦查人员主动撤至街外。民团遂进入街内，修筑工事，布置夏玉峰（绰号狗剩）、王骡子、白相辰守西门，吕德舟守北门，邱寿光守东南门，且电报发至南阳，请求王凌云接应，妄图死守以待援军。

8点多，我84团首长一声令下，少拜寺河东我军立即截断匪团队退路，西北周庄的解放军战士开始向匪团队猛烈开火。敌人慌忙把守寨门，与解放军对击。我军利用沟坎地形，迅速逼近围寨，匪团队守西门的一杨姓秃头，赤膊端起机枪猛扫过来，一时攻击受阻。下午两点多，二分区贺亦然政委和28旅旅长杨秀昆率部队赶来，调整部署，用迫击炮炸开围寨，从西北方向发起总攻。民团招架不住，顺街向南逃窜。街南到温凉河是一片开阔地，正好进入二分区部队伏击圈。战士们一阵猛打，敌人丢下数百具尸体，顺河向西南逃去。行至傅湾，又被我截击部队狠揍一顿，侥幸不死的几十人逃往南阳，王凌云见状，只有无奈哀叹。

少拜寺一战，成为泌阳民团的末日，民团一、二团和陶允升大队死伤1000多人，被俘200多人。击毙敌三团团长王之元，活捉代司令、一团团长张成久（受伤严重，后吞金自杀）。关汝松闻知民团大势已去，便南到信阳投靠张珍。后，关汝松团随张轸在湖北贺胜桥起义。狡猾的薛子正得知情况后，自知罪孽深重，与恶魔张虎臣、国民党县党部书记长焦松岩一起逃亡到四川，隐名埋姓，扮作山货商，赶马车往来于山中。一次，薛被路岗盘查出随身携带的泌阳县长印鉴，即被捕。张虎臣也被查出，这个杀人魔王，供出自己杀害共产党人和民兵干部有500多人的事实，在万县被枪决。薛子正被押回泌阳，经人民公审后枪决在县城南河滩。

第四节　纠正急性土改，全力支援解放战争

一、苗庄寺会议

1948年5月初，刘伯承、邓小平与陈再道从驻马店经沙河店、牛蹄、贾楼、官庄，进驻泰山庙乡的苗庄寺村。在这里听取桐柏区二地委书记、专员兼二分区政委王国华，二地委副书记杨青，二专署副专员焦景尧、二分区副政委贺亦然，泌西县双庙区委书记王瑞山、饶良区委书记孙克华、官庄区委书记张凤来等人，关于新区土改和政策执行情况的汇报。邓小平听完汇报后指出：“在执行新区政策上，存在‘左’和乱，土改要暂时停下来，要缩小

泰山庙镇苗庄寺会议旧址

打击面。要研究妥善办法，迅速纠正‘左’的偏向。”他要求大家学习贯彻毛泽东《在绥晋干部会议上的讲话》，把握好政策，解决好一些紧急问题。

苗庄寺会议后，二地委对土改工作作了新的部署，对已经分得土地的贫下中农，要稳定下来，种好土地；正在进行土改的地方，暂时停下来，学习政策，联系实际做好各阶层思想工作，扎扎实实，稳步推进；对前期侵犯中农利益和“左”的倾向，要求开展新区政策教育和纪律检查整顿。坚决制止了土改中“左”和“乱”的做法，把一部分土地改为减租减息，很快缓解了各阶级、阶层的紧张关系，社会秩序趋于安定。

邓小平对桐柏区工作的指导，纠正了急进的错误，改进了工作方法，提高了党的威信，密切了党和群众的关系，团结了大多数，促进了新政权的巩固和新区各项工作的健康发展。

二、支援宛东战役

1948年5月下旬，中原野战军司令员刘伯承、政治委员邓小平根据中共中央军委的指示，为牵制位于豫中临颍地区的国民党军整编第十八军，使其无暇东顾，以利于华东野战军第一兵团由濮阳地区南渡黄河作战，决定发起宛东战役。5月29日—6月2日，以所部第一、第二、第六纵队组成东集团，一部佯攻确山，主力集结于确山以西，引诱整编第十八军南下，并准备迎歼由南阳（简称宛）东援的国民党军张轸兵团；以位于内乡等地的第二、第四纵队和华东野战军第十纵队、桐柏军区部队主力、豫西军区第七军分区部队组成西集团，准备协同东集团在赊旗、唐河以东地区合击张轸兵团；另，华东野战军第三、第八纵队和中原野战军第九纵队一部组成阻击部队，在郾城、漯河地区阻击整编第十八军，以保障东西两集团围歼张轸兵团。25日，东集团一部进占驻马店，27日佯攻确山。整编第十八军果然南下，阻击部队将其阻于漯河地区。张轸兵团整编第十、第二十、第五十八师以密集队形由南阳东援。西集团第四纵队于28日夜将其阻于赊旗镇以南埠口地区。东集团主力遂兼程西进，参加围歼。西集团连续9次击退张轸兵团的进攻。张轸见势不利，乘东集团尚未赶到，西退之路尚未完全被截断之机，于31日在整编第九师接应下，突然调头向南阳撤退。西集团当即进行追击，将其整编第五十八师师部及第一八三旅大部、整编第十师一部包围在南阳以东马刘营地区。张轸兵团全力回援，遭西集团第四纵队阻击，被迫退返南阳。6月3日，西集团对马刘营地区守军发起攻击，将其全歼。其间，阻击部队始终将整编第十八军阻于漯河以南地区，保障了东、西集团的作战。此役共歼国民党军1.2万余人，给了张轸兵团以沉重打击，策应了华东野战军第一兵团南渡黄河作战，并使南阳之敌更加孤立。

宛东战役期间，泌东、泌西县委县政府一面做好地方政权巩固，一面发动群众和组织民兵支援前线。各区乡都组织了担架队，奔赴饶良西兴隆镇一带战场，去时送给养，回时抬伤员。妇女日夜赶做鞋袜，送往前线。各乡群众积极捐献粮食和草料，仅羊册、下洼两个区就向部队送粮26万斤。

三、援淮海战役，兴支前运动

1948年12月，中共桐柏区二地委下达了“要保证供给以及一切战勤工作为着整个战争的胜利”的通知，全力支援“淮海战役”。泌阳县成立了支前司令部，县长姚增绪任司令员，副县长孙克华任副司令员，县委书记史雷峰任政委，副书记王琳任副政委。各区乡都成立了相应的组织机构。17日，二专署支前司令部在泌阳城文庙召开各县支前科长、区乡支前助理参加的支前扩大会议，具体支前项目粮草、布匹、鞋袜、油盐、担架、挑夫、口袋、电线、公路、桥梁等，都做了安排，研讨了办法，明确了任务，制定了落实措施。当月

泌阳群众踊跃支前

筹集粮食100万斤，银元26 000块，布6500匹，鞋30 000双，袜36 000双。

1949年2月，二地委通知修复京汉铁路需要枕木，泌阳县短时间伐树木50 000棵，于10日前送往西平、遂平。

3月，泌阳支前司令部率群众对驻南路泌阳境150华里路段包括桥梁在内全部维修。5月28日，泌阳支前司令部组织牛车1000余辆，于6月3日至6日，将30万斤小米集中到唐河县政府。为支援大军过境，沿驻南公路泌阳段依次设立沙河店、牛蹄、竹林、贾楼、张铺、二铺、城关、赊湾等粮草供应站8处，距各供应站15里内，群众腾出一半的房屋，为过境大军准备。还完成了电线、电杆、柴草、担架、挑夫、油盐等物资准备。全县共筹粮450万斤，布2万匹，鞋袜6万余双。6月21日，泌阳支前司令部奉命撤销，保留支前科。支前工作转为常态化。

第五节　剿匪反霸，清除余孽

一、油篓沟惨案

泌阳民团被击溃以后，境内一些土匪和反动武装窜至遂平、舞阳、桐柏、方城等山区地带，或与国民党反动军队相联系，或与域外民团相勾结，趁泌阳一带拉锯战动荡不安之机和人民政权尚未巩固之时，作垂死挣扎，袭扰新政权，祸害人民。如，王店张白洼村共有67户人家，一次被土匪拉走42头牛、驴，抢走粮食80多车。

1948年农历九月，国民党11师驻守象河关。当地民团和反动势力借国民党部队之势狐假虎威，派捐派粮，抓丁拉夫，逮捕杀害共产党人和进步群众，闹得乌烟瘴气。象河关、碾刘及沙河刘的农会主席先后被敌人杀害，葛庄农会主席吴占元1家5口惨遭敌人活埋。到处腥风血雨，阴霾密布。为了保存党的力量，党组织决定活动在春水、象河的区乡干部和武装力量暂避锋芒，撤往方城北山隐蔽。9月15日下午，王瑞普带领春水区中队部分人员，铁帽徐村农会徐殿德带领几十个民兵，牛蹄区中队二十几个战士，霍庄农会吴彦庆带领一些人员，共200多人，在象河西油篓沟集结，准备在此暂时隐蔽，然后分批翻山去方城。

油篓沟是一个东西向的小峡谷，因形似油篓而得名。西头是个山坡，东头是进出口，南北两面是陡壁，平时很少有人到这里，是一个很隐蔽的地方。但一下子集中200多人，吃饭就是困难。而且，此处虽然隐蔽，却不利于防守，万一被敌人发现后果不堪设想。黄昏后，王瑞普和徐殿德带领一百八九十人先行撤离。

当时，混入春水霍庄农会负责民兵工作的乔彦德，早被白色恐怖吓破了胆，已带领几个民兵投靠了国民党泌阳县驻象河的团队，叛变了革命。他一看这么多人聚集一起，认为是个邀功请赏的好机会，便谎称他在山下冢坡村存放有几箱子弹，让安排8个民兵跟他一块去取。到了冢坡，乔彦德假意殷勤招待，一面安排晚饭，一面和驻象河关民团徐殿宇取得联系，随同乔彦德的民兵还在吃饭，突遭徐殿宇民团数十人包围，全部被捕，押至羊圈沟打死5个，在杨竹竿园打死3个。紧接着，叛徒乔彦德引领徐殿宇及团丁，从霍庄经龙潭占领油篓沟南坡，乔彦德又带人占了北坡，并派人把住出口，形成南北夹击之势。

面对民团的围击，沟内的几十人中有一部分没有枪支，有枪的同志边还击边突围，在夜色掩护下，翻过西山突围出去。吴彦庆、郭老八、李万才、胡泉有、余青云、张建功、王广占、何公法、吴彦军等同志牺牲，孙德长、刘炳武、崔老汉、李培增、吴兴照、吴建勋等8位同志被捕。被捕同志受尽酷刑，没有一人向敌人透露农会秘密，没有一人屈膝投降，表现了革命者的坚强意志和不屈精神。后来，吴兴照、吴建勋叔侄乘敌喝酒庆功时逃脱，其余同志全部被枪杀在象河街南河。

二、清剿土匪

1949年4月，为巩固人民当家作主的新政权，武装部队与公、检、法机关对境内土匪进行了全面清剿。5月14日，中南军区58军党委与南阳地委联合作出决定，把泌阳南部山区作为剿匪重点，以174师结合桐柏、唐河、泌阳3县成立桐唐泌工委，174师政委贺亦然兼工委书记。7月14日桐唐泌工委改为桐泌工委，书记贺亦然，何济林、刘始明、蒲通修和桐泌工委书记、唐河一位县委委员为成员，统一指挥唐、桐、泌交界地区剿匪事宜。区县工委制定了对待土匪的宽严政策，制造舆论氛围，广泛宣传“首恶必办，胁从不问，立功受奖”，书写布告张贴城乡各地。充分发动群众，配合174师和桐柏区部队的武装围剿。各区乡民兵配合解放军，采取分散驻剿方式，深入山区，对土匪穷追猛打。147师师长何

桐泌工委
组织剿匪反霸

济林、政委贺亦然亲自挂帅，统一指挥。桐柏区副政委赵紫阳在二分区副政委杨青陪同下，到泌阳王店、大磨区具体指导。二分区党委提出要求，把对敌斗争作为全党的中心任务，从实际出发，根据不同地区不同条件采取不同方法，依靠政策，依靠群众，争取多数，孤立敌人，内外配合，不留死角等，还总结出十条对敌斗争方法。二分区组建了由副司令员田心任工委书记的南山工委。桐泌工委针对泌阳南部和东部匪情严重的情况，整顿、巩固和发展壮大地方民兵武装，县乡武装编成多个游击分队，与部队联合行动。南山由王琳负责，大磨由贾先庚、丁一岩负责，邓庄由刘顺祥负责，牛蹄由肖碧田负责。至10月底已取得了初战胜利，共毙匪首7人，活捉匪首9人，俘虏匪众1600余人，缴获长枪590支，子弹1万余发。这时，区、县党工委全民动员，上下齐心，积极组织开展政治攻势，大讲全国革命胜利形势，大讲土匪的危害，大讲剿匪政策，大讲剿匪的决心，发动群众严密布控，制订剿匪公约，追捕查挖散匪，做好匪属教育，分化瓦解土匪，使土匪无处藏身。到1950年8月，境内土匪或剿灭，或自首，或弃暗投明，基本被肃清。共捕获匪首51人，击毙匪首7人、匪众950人，俘匪众1900余人，清匪窝113个，匪众自首1151人，收缴匪众长短枪1120支，子弹81 000发。

各地在剿匪的同时，区县党工委还开展了声势浩大的反霸斗争。主要反那些在地方有一定势力，反对人民政权，与人民为敌，有通匪、窝匪行为的恶霸地主。在反霸斗争中工委注意做到五点：一是群众要求扣押恶霸地主时，要支持，同时教育群众对恶霸地主、抗属地主、开明地主、守法地主、没有劳动能力的孤寡地主要区别对待；二是富农愿参加对恶霸斗争的要支持，对其献田、献物及房产不拒绝，一般在斗争后期处理；三是富裕中农要求参加斗争的要欢迎，采取保护政策，其献田献物不接收；四是恶霸地主的狗腿子，要使其参加对恶霸地主的斗争，使其在斗争中提高觉悟，同恶霸地主划清界限，交代同恶霸地主勾结的问题；五是对有血债的恶霸地主，经群众批斗后，要经县政府、公安局审查批准后再作处理。由于采取了这些措施，反霸斗争比较顺利，全县共斗争恶霸地主142人，打击了他们的气焰，树立了农民的优势。

第六节　稳定社会秩序，庆祝新中国成立

一、稳定社会

1949年年初，国民党反动政府趁居民春荒，通过一些渠道向解放区抛出大量货币，引起物价上涨，棉花、布匹、食盐上涨100%，给民主政府和广大劳动群众生产生活及工商业者的经营造成很大冲击。泌东、泌西县委县政府按照区党委和二地委指示，及时组织群众生产自救，还出台政策鼓励农民开荒种地，多打粮食。如靠勤劳多产粮食者，多余部分不出公粮；积极开荒种地，给予奖励；提倡植树造林，种茶养蚕；提倡家庭养殖和纺花织布，发展家庭副业等。对工商业者团结扶助，保护其财产与合法经营不受侵犯，坚决与投机垄断的奸商作斗争，民主政府还拿出一定的粮食等物品，平抑物价，保持市场稳定和逐步繁荣。

麦熟时节，为防止国民党匪特煽动破坏麦收，县民主政府号召干部群众保卫麦收，警惕匪特偷抢麦子。县政府又调来大批秋季粮种，指导农民抢收抢种，全县的麦收顺利，秋作物得到及时播种。大灾之年群众生活有了保障，人民政府威信越来越高，许多贫民感动地说："要是往年，一半以上农户得逃荒要饭，现在的政府好呀！共产党、解放军，和咱穷人心连心呐！"

1949年年底，全县总人口43万人，共产党员266人。社会总产值2756万元，国民收入1654万元，工农业总产值20万元，粮食总产量95 230吨，棉花总产400吨，油料总产2225吨，大牲畜存栏7万头，社会商品零售总额450万元。

二、庆祝中华人民共和国成立

1949年4月20日，国民党当局拒绝在《国内和平协定》上签字。21日，毛泽东主席、朱德总司令发布《向全国进军的命令》，号召全体军民"奋勇前进，坚决、彻底、干净、全部地歼灭中国境内一切敢于抵抗的国民党反动派，解放全国人民，保卫中国领土主权的独立与完整"。之后，在人民群众的全力支援下，人民解放军和各地游击队密切配合，百万雄师过大江，直捣

南京国民党反动派老巢。

10月1日，于北京隆重举行开国大典。毛泽东主席向全世界庄严宣告：中华人民共和国成立了！中国人民站起来了！

新中国诞生的喜讯传来，泌阳城乡广大人民群众一片欢呼。县委政府和各机关单位、各人民团体、学校、社会各界，刷标语，扎彩门，挂彩旗，人们喜气洋洋，走上街头，舞狮子，玩龙灯，踩高跷，扭秧歌，比过年还热闹。

第五章　基本完成社会主义改造时期

第一节　巩固新政权，走向新社会

一、发展党组织

1949年1月，泌东、泌西合并为泌阳县，恢复中共泌阳县委、泌阳县爱国民主政府。县委内设秘书室、组织部、宣传部，史雷峰任县委书记，王琳任副书记，李朝光任组织部长，王杞桓任宣传部长。全县设9区和两个镇。大磨区委，驻地陈庄，书记贾先庚；马谷田区委，驻马谷田街，书记卢香亭；王店区委，驻王店街，书记韩静德；牛蹄区委，驻牛蹄街，书记赵合义；春水区委，驻春水街，书记卫含辉；羊册区委，驻羊册街，书记李荣；饶良区委，驻饶良街，书记吴可见；官庄区委，驻官庄街，书记毕荆北，连长岭；双庙区委，驻冯庄，书记何文轩；城关镇委，驻城关镇，书记吕辉；沙河店镇委，驻沙河店街，书记刘清勤。3月15日，桐柏区及其下属的二地委建制撤销，泌阳县归属南阳专区，隶属中原临时人民政府。5月10日，撤销中原临时人民政府，成立河南省人民政府，南阳专区属之。同月，县、区委组织始对外公开。

1950年5月，县委指示建立基层党组织，在双庙区后楼乡和县公安局进行建立党支部试点，而后全面铺开，很短时间内，各乡村和县直各单位均建立了党委或党支部。1951年，县委秘书室改为办公室，增设县纪律检查委员会，作为对党员进行纪律教育和遵纪守法监督部门。8月，中共泌阳县第一次代表大会召开，会议主要对由土改转向互助合作、走发展生产道路，以及继续深入开展抗美援朝和增产节约运动等，做了具体安排部署。

1952年8月，县委制定《关于整党建党修正计划》，要求在“三反”运动过程中，结合单位实际，对整风、土改、民主运动所暴露查处的问题，按照共产党员8条标准，对党员进行登记，清除各类混入党内的坏分子。11月，县委增设统一战线工作部。

1953年12月，县委发出加强组织发展的指示，经过认真培养，从在剿匪反霸、土地改革、抗美援朝“三反”“五反”等运动涌现出的先进分子中，严格按照党员标准，慎重发展了1883名新党员。

1954年2月，全县第二次党代表会议召开，贯彻党在过渡时期的总路线总任务，明确农村工作方针、任务和方法。县委设农村工作部。5月，第三次党代表会议召开，传达贯彻中共七届四中全会精神，着重解决党内团结、互助合作及农业生产问题。10月，第四次党代表会议召开，传达省第七次党代表会议和地委第四次党代表会议精神，部署执行第一个五年计划等。是年底，全县11个区委，1个总支，213个支部，其中农村支部179个，共有党员2149名。1955年，县委设财政贸易工作部。6月，全县党的第五次代表大会召开，传达省委第八次党代会精神。通过党的历次代表大会召开，使党的路线方针和政策得到贯彻落实，全体党员明确了目标，坚定了信心，有力推动了全县各项建设事业的发展。1956年，全县设十里铺、王店、焦竹园、二铺、马谷田、高邑、板桥、石板冲、沙河店、春水、象河、龙王庙、官庄、前寨、泰山庙、羊册、郭集、古城、饶良、朱集、窦观、赊湾、陈岗、程店、陈庄、城关镇共25个中心乡党委、1个镇党委，有党员4482人。

二、各界人民代表会议

新中国成立后，为保障人民享受当家作主和参政议政的权利，根据《中国人民政治协商会议共同纲领》的规定，各级人民政府成立时召开各界人民代表会议。1950年1月31日，泌阳县首届各界人民代表座谈会在县城召开，出席代表278人，会议主要讨论和部署了剿匪反霸、减租减息、民主建政和准备土改等工作，选举产生了泌阳县第一届各界人民代表会议常务委员会，史雷锋为主任，姚增绪当选县长，孙克华为副县长。

6月18—21日，泌阳县第二届各界人民代表会议召开，出席代表340人，史雷锋代表上届常委会作《关于半年来的工作报告》，县长姚增绪作《政府工作报告》，重点讨论了全面实行土改的方法步骤，并作出了相应决议。

12月14—20日，泌阳县第三届各界人民代表会议召开，出席代表343人，上届常委会主任史雷锋传常委会主任史雷锋传达贯彻了党中央作出的“抗美援朝，保家卫国”的战略决策，学习了《中华人民共和国土地改革法》，并作出开展镇压反革命、抗美援朝和全面进行土地改革的决定和决议。

1951年6月24日，泌阳县第四届各界人民代表会议召开，出席代表360人，县长姚增绪作《政府工作报告》，讨论了进一步开展抗美援朝镇压反革命及圆满结束土改等项工作，本次会议选举姚增绪为第四届各界人民代表会议常委会负责人。

12月12—17日，泌阳县第五届各界人民代表会议召开。出席代表331人，上届常委会负责人姚增绪作《半年来的工作报告》，代县长姚天骥作《政府工作报告》，作出了《关于土改结束后转向生产的决议》，选举姚天骥为县长。

1952年7月6—10日，召开了泌阳县第六届各界人民代表会议，出席代表250人；会议听取了县长姚天骥所作的《政府工作报告》，作出了“关于进一步开展爱国增产节约运动的决议”和开展“三反”“五反”等决议，选举郑维祥为六届常委会负责人。

1952年10月10—15日，召开了泌阳县第七届各界人民代表会议，出席代表250人，主要讨论和部署了农业互助合作问题。

在三年国民经济恢复时期，各界人民代表会议的主要议题和内容，是贯彻中央的路线、方针、政策和省、地委重要指示精神，结合当地实际作出落实的具体措施和相关决议。在中共泌阳县委的领导下，各界人民代表会议紧密团结全县各界人民群众，凝聚积极力量，参政议政，在巩固新生人民政权的群众基础上，为全县国民经济的恢复，开展各项政治运动，推进各项社会事业的发展作出了重要贡献。

1954年，我国第一部宪法颁布。原各级各界人民代表会议改为人民代表大会行使职权，但无常设机构。人民代表大会选举产生各级人民委员会（政府），并委托县政府秘书室处理人民代表大会闭幕后的一切事宜。

三、建立人民政府

1949年年初，社会局势渐趋稳定，原分设的泌东、泌西民主县政府在官庄合并为泌阳爱国民主县政府，县长姚增绪，副县长孙克华。4月，政府迁至泌阳县城。10月1日，县委县政府在县城组织5000人集会，热烈庆祝中华人民共和国成立。会上，县长姚增绪宣布泌阳爱国民主政府即日改称泌阳县人民政府，先后设立有秘书处、支前科、民政科、教育科、合作科、县仓库、交通站、工商科、税务局、邮政局。全县9区2镇，即大磨区、马谷田区、王店区、牛蹄区、羊册区、官庄区、饶良区、双庙区、春水区和城关、沙河店镇。区（镇）下辖197个乡，均称人民政府。1950年，增设实业科、司法科、财经委员会，县仓库改称粮食局，撤销支前科、合作科。1951年，教育科改称文教科，实业科分设为农林科和建勤科，增设卫生科、人事科，司法科改成县人民法院。1953年增设梅林区；县秘书处改称秘书室，建勤科改称建设科。1954年成立计划委员会，增设手工业管理科和计划统计科，撤销沙河店镇归属牛蹄区。1955年，增设农工部、财贸部，农林科分设为农业科和林业科，县纪检会改为监察委员会，年底撤销梅林区，城关镇改为区。1956年3月，撤销牛蹄区改为板桥区。5月，撤区为乡，全县设25个中心乡，中心乡和镇均设乡长、副乡长、秘书、民政、财粮、文教、公安、会计各1人。

人民政权的逐步巩固，为人民当家作主提供了可靠保障。

四、建立人民政法机关

1948年2月，泌东、泌西两县均设立公安局，各配局长1人，下设公安队、秘书股、调研股、执行股、侦察股。1949年1月，两县公安局合并为泌阳县公安局，内设秘书股、调研股、执行股、治安队、看守所、下设城关、沙河店两个派出所。此时，县长兼司法科长，代县政府行使国家审判权，处理有关刑事案件。1951年，镇反运动开始，县人民法院成立后，院长由县长兼任，另配副院长1人，内设办公室、刑事、民事庭，下设9个区分庭，分庭庭长由区长兼任。1952年，公安局增设治安股、劳改股，执行股改为审讯股。1953年，县法院各区分庭撤销，县设巡回法庭。公安局设政治股，配政治协理员。1954年6月，泌阳县成立人民检察署，配干部2人。1955年1月，检察署更名为泌阳县人民检察院，配正副检察长各1人，检察员8人，其他干警10人。不久，县审判委员会成立，由县长兼任审判委员会主任，公安、法院、检察院主要领导为委员。是年，公安队改称人民武装警察队。随着《法院组织法》公布，全县设4个（包括县法庭1个）临时法庭，每个庭公管2～3个区的民事和刑事案件。1956年8月，检察院内设秘书、侦察、审判、监督4个组。未几，撤监督组与侦察组合并。政法机关是人民政权的柱石，县公、检、法机构的陆续建立和完善，使案件的协调处理机制日益完备，公、检、法分工负责，互相配合，互相制约，震慑和打击违法犯罪，为全县居民营造了安定和谐氛围。

五、成立人民武装

1949年1月，泌东、泌西两县合并成立泌阳县武装指挥部，在泌阳、舞阳、遂平3县交界处设泌、遂武装指挥部（不久撤销）。6月，奉中南军区指示，撤销泌阳武装指挥部，建立泌阳县武装大队（称县大队）。姚增绪任大队长，史雷峰任政委。在与国民党军队及民团的拉锯战和剿匪斗争中，县大队协同正规部队作战，支援前线，维护社会治安、保卫人民政权，做出重要贡献。1950年，泌阳县委成立泌阳县人民武装委员会，原县武装大队改为人民武装支队，各区成立人民武装委员会和武装大队，乡建中队，基层建立分队或小队，其成员均系各村组织的民兵。1951年，县人民武装支队改建为泌阳县兵役局，1956年，改称中国人民解放军泌阳县人民武装部。1958年，始建立民兵基干团，县直单位和各区乡基层均建立民兵组织，根据人员多少设营、连、排。18～45岁政治进步、历史清楚、身体健壮的男性公民均编入民兵组织。民兵经过集中思想教育和军事训练等，在稳定社会、生产劳动及区域重大活动中，发挥了重要作用。

六、建立群团组织

（一）农会组织

1949年10月，泌阳县农民协会成立。至1950年春，建立起10个区农会，197个乡农会和2600多个村级农会，共发展农会会员14.2万人。各级农会在组织农民开展剿匪反霸、减租减息、建立基层政权及进行土改等运动中，均发挥了重要作用。随着基层政权的逐步健全，1953年后农会组织逐渐消失。

（二）工会组织

1935年，全县1388家个体手工业者，属县商务会管理。一些行业为规范或扩大经营业务自发民间结社，如木业组成“鲁班会”，铁业组成“老君会”，理发业组成“罗祖会”等。日寇入侵后，社会动荡，店铺、手工作坊大多关闭停业。1949年春，个体手工从业人员减少至480人。市场经济十分萧条。

1949年10月，中共泌阳县委指派李振德在城关、沙河店两镇着手筹建工人组织，先后在邮电、建筑、搬运、学校、理发和复成烟厂等行业建立14个基层工会，发展会员220人。1950年8月，成立泌阳县总工会筹备委员会，各区、镇亦相继建立基层工会组织。至1953年上半年，全县建立基层工会52个，会员发展到1562人。是年7月1日，泌阳县召开第一次工会会员代表大会，正式成立泌阳县总工会，李振德任工会主席。

之后，县总工会围绕党的中心工作，动员全县工会会员和职工开展劳动竞赛和增产节约运动。还举办工人夜校或文化补习班，组织工人学习文化技术知识，提合理化建议，钻研和革新技术，大大提高了生产效率，为恢复和发展国民经济做出了较大贡献。在以实际行动支援抗美援朝斗争的过程中，有380名会员捐款52万元（折合新人民币52元）。

（三）共青团组织

1928年，中共泌阳县委建立时已成立中国共产主义青年团泌阳县委员会，孙怀远任团县委书记，时有团员20余人，主要活动在城关。1930年年底，团县委遭国民党当局破坏，此后活动停止。

1949年春，泌阳县委决定成立青年团泌阳县工作委员会筹备组，县委书记史雷峰兼组长。1950年3月26日，成立“中国新民主主义青年团泌阳县委员会”。1951年，全县团员2700余名。3月26—29日，召开首届团员代表大会，代表110人，正式选举产生中国新民主主义青年团泌阳县委员会（简称团县委），中共泌阳县委副书记郑维祥当选为团县委书记，刘元颖为副书记。团县委内设办公室和组织、宣传、学校工作3个部。全县9区2镇均建立了团委，乡建团支部，村建团小组。1957年5月，更名为中国共产主义青年团泌阳县委员会。

团县委围绕党的中心工作，发动广大团员和青年，积极参加抗美援朝和剿匪反霸、土改等各项政治运动，在运动中得到锻炼和培养。广大团员踊跃参军奔赴抗美援朝前线，羊册区团员张桂芳（女）不顾个人安危检举图谋暴乱的反革命分子的行为，成为青年团员先进性的代表。1955年10月—1956年2月，团县委组织1500多名青少年，组成396个造林队，投入“绿化河山，改造大自然”的植树造林活动，造林24 635亩，育苗3593亩，为泌阳的林业生产跨入全省先进行列发挥了重要作用。

（四）县妇女联合会

1950年年初，泌阳县委决定成立泌阳县民主妇女联合会。3月8—9日，泌阳县第一次妇女代表大会召开，正式成立泌阳县民主妇女联合会。黎岩当选为主任。尔后，各区、乡相继建立妇女组织。至8月，全县发展妇女会员30 638人。县妇联围绕党的中心工作，积极发动全县广大妇女开展各项工作活动。1952年县妇联宣传贯彻《中华人民共和国婚姻法》，并配合县委县政府开展“婚姻法宣传月”活动。在抗美援朝运动中，全县有5万妇女捐款41 821元。妇女们为翻身解放欢欣鼓舞，在政治生产运动中充分发挥了“半边天”作用。1953年5月，全县第二届妇女代表大会召开，樊亚军当选县妇联主任。1958年，“泌阳县民主妇女联合会”易名为“泌阳县妇女联合会”（简称县妇联）。内设办公室、宣传部、维护妇女儿童合法权益部和少年儿童工作部。

（五）县工商业联合会

解放前，泌阳县商会协调和管理城镇工商业活动。按行业分设有杂货、京货、药业、粮业、染业、酒业、银业、木业等8个同业公会，商会设会长1人，多由知名行业老板担任，其办公经费由各同业公会捐助，国民党当局不作干预。

1947年，泌阳解放后，政府命令保护工商业。1952年，为团结工商界人士恢复和发展工商市场，成立泌阳县工商业联合会筹备委员会，取代旧商会职能。1953年年底，首次召开工商业者代表大会，正式成立泌阳县工商业联合会（简称工商联），正、副主任均由私营商业推举代表充任，主任郭东洲。国家只在工商联配秘书1人，其余工作人员由工商联自定。

在县委、县政府领导下，县工商联团结全县工商业者，积极贯彻党在过渡时期总路线，适时组织会众学习、宣传党的方针、政策，在对资本主义工商业的社会主义改造、繁荣发展工商市场方面发挥了重要作用。

第二节　实行土地改革，恢复发展生产

一、减租减息

1949年8月，在剿匪斗争进行的同时，县委按照上级反霸减租减息的政策，领导群众开展了反霸减租减息运动。运动充分依靠贫雇农、团结中农、联合一切可能联合的社会力量，集中力量打击地主恶霸，清算、没收匪首恶霸的土地财产，分给无地或少地的农民。按照河南省委提出的“不得侵犯中农，不得侵犯工商业，不得乱打乱杀，不挖底财，不动浮财，不扫地出门”的反霸减租政策，建立农民协会组织，领导群众对地主恶霸的政治罪恶和经济剥削等情况进行查算说理斗争，集中力量打击顽固不法地主。然后，实行“二五”减租，取消押金。凡已收押金，一律退回，保护租佃权。农民欠地主、富农之旧债，按本利分半清还；如系多年债款，利倍本时，停息还本；利二倍于本，本息停付。旧债清偿后，抵押债务的土地交还农民。

经过广泛宣传政策和说理斗争，地主阶级内部开始分化瓦解。一些开明地主积极配合政府减租减息。牛蹄区的地主孙远功（曾任建国军师长，与鄂豫边革命根据地创始人王国华有联系），主动向党和政府表决心，拥护党的政策，立即实行“双减”。也有少数顽固分子，不配合甚至反抗“双减”。官庄区恶霸地主黑七少抵抗“双减”，全区农会联合起来对他进行说理斗争，迫使其低头认罪，实行了“二五”减租。王店区夏楼乡恶霸地主王国弼畏罪外逃，躲避群众斗争和减租，农会没收了他的土地财产，分给无地或少地的农民。

在双减运动中，区、乡、村农会组织普遍建立起来，农会会员达142 000人。先后发展党员52人，团员410人，妇联会员30 638人，民兵18 900人。群众斗倒恶霸142人，减租560万公斤粮食。这批生产、生活资料，分给了贫雇农，基本上解决了贫苦农民的生活问题，广大贫雇农民得到

实惠，新生的人民政权得到进一步巩固。

二、土地改革

1950年6月28日，中央人民政府委员会第八次会议讨论并通过了《中华人民共和国土地改革法》，30日公布实施。8月，泌阳县开始宣传贯彻《土地法》，根据党中央“依靠贫农、雇农、团结中农、中立富农，有步骤、有分别地消灭封建剥削制度，发展农业生产”的大政方针，县委确定分批进行，稳步推进。10月，第一批在官庄区28个乡内进行土地改革试点，对地主、富农阶级的土地财产实行没收、征收，分给无地或少地的贫雇农。第二批扩展到双庙、饶良、大磨区。11月25日，泌阳县土地改革委员会成立，县委书记史雷峰任主任委员，下设办公室，负责日常工作。12月，全县土改运动全面展开。

为扎扎实实搞好土改工作，中共泌阳县委于1951年2月13日印发《目前土改运动中的几个问题》，纠正“和平分田”思想和“急性土改”倾向。放手发动群众，认真吸取急性土改的经验教训，县土改委员会从各区和县直各单位抽调30多位得力干部，组成工作队深入各区，检查指导和帮助后进乡村开展工作。广大干部发扬艰苦奋斗、密切联系群众的革命精神和优良作风，与贫苦农民搞“三同”，深入最困难的贫雇农家访贫问苦，扎根串连。在土改进入征收、没收阶段后，各区、乡按照中共河南省委提出的“中间不动两头平”的原则，积极保护中农的利益，土地远近、好坏兼顾，由乡搭配到村，由村分配到户；其他财产由乡村农会协商分配给无地、少地的贫雇农，填平补缺。县委特别注意掌握政策，制定得力措施和方法，对群众总的要求是：该要的坚决要，不该要的坚决不要。具体为“五要”和“五不要”，即：要土地、要牲畜、要农具、要粮食、要房屋；不要挖底财、不要动浮财、不要乱打乱押、不要动工商业、不要动中农。对地主富农的要求是：该要的坚决不让，不该要的就主动明让，具体为“五要”“五不准”，即：要守法、要交出土地财产、要报实疏散的物资、要低头认罪、要积极生产；不准抵抗，不准破坏，不准隐瞒，不准造谣，不准外逃。对土改干部提出四条纪律：不准贪污斗争果实，不准包庇地主富农，不准违背政策，不准违犯群众纪律。对土改的总体要求是：农民团结互让，干部大公无私，有利生产生活，方法民主协议，分配公平合理，干部群众满意。在县委领导下，全县人民经过宣传政策、发动群众、划分阶级、征没收土地、分配果实等阶段，于1951年10月基本完成土改任务：共划定地主成分6839户，富农3265户，中农20715户，贫农53 369户，其他17 176户；没收恶霸地主土地58 000亩，房屋8580间。无地少地农民共分得土地48.2万亩，房屋3.05万余间，大牲畜4525头，农具404万余件，粮食3446吨。12月开始对全县土改工作进行复查，解决了遗留问题和不平衡问题，于1952年11月全部结束。

土改运动的开展，摧垮了封建土地所有制，实现了农民耕者有其田，消灭了阶级压迫和剥削，增强了农民依靠土地生存和抵御自然灾害的能力，推动了社会的进步和发展。

三、发展工商业

新中国成立前夕，全县私营工业和个体手工业378家，年产值29万元，全部工业总产值只占工农业产值的0.9%。1938年前全县33个集镇有4000多家商店，从业人员5000多人，到1949年全县商业门店仅1380家，均属小商小贩，流动资金仅17万元（新币），从业1510人，市场十分萧条。

解放后，党和政府明令保护工商业，1949年1月成立了中国农民银行泌阳办事处，发行第一套人民币，废除了在市面流通的各种旧货币，稳定了金融市场，平抑了物价，制止了通货膨胀和物价爆涨，工商业得到迅速发展。到1952年全县私营和个体手工业作坊发展到535家，年总产值75万元，占工农业总产值的2.4%，全县个体商户发展到4847户，从业8469人，流动资金44.86万元。工商业增长势头良好。

1950年8月，根据中央人民政府颁布的《中华人民共和国合作社法（草案）》，泌阳县政府设立了合作事业指导科。10月初，县委成立了合作总社筹备委员会，由时任县委组织部长毕荆北兼任主任，副部长卢秀亭任副主任，筹委会与合作联合社合署办公。供销社属政府主办的集体所有制商业经济组织，农民自愿入股，自我服务，获利分红。县筹委会于10月底派人在城关镇、沙河店镇两地搞试点，先建起了两个基层供销社。1951年各区相继建立基层供销社，全县发展社员7221人，吸纳股金5136元，农村带有社会主义性质的集体商业网点和体制初步形成。1952年10月召开了第一次供销社社员代表大会，正式成立泌阳县供销社联合社，下设推销经理部、供应经理部、生产资料经济部、驻马店中转站和10个基层供销社，其主要任务是发展社员，组建农村基层网点，积极开展购销业务，搞活商品流通，努力为农业生产和人民生活服务。

四、统购统销

农业是生产粮食的重要部门，粮食是关系国计民生的重要方面。泌阳县在解放初期市场紊乱，一些私人粮行乘机抢购、套购粮食，囤积居奇，哄抬粮价，粮食供应十分紧张。

1950年秋，县政府采取5条措施：一是争取上级支持和协调，从外省调入粮食，大量投放市场，压缩私人粮行经营空间，稳定市场粮价；二是对私人粮行征税、限量交易；三是利用守法粮商为国家代购代销，付给手续费；四是对私人粮商实行限价交易，不得超过国家牌价的5%；五是把懂经营、会管理、懂政策的粮商过渡到粮食单位。从1949年到1952年，全县共征购粮食4900万公斤，投放市场1800万公斤，稳定了粮食市场，保证了城乡人民生活基本需要。

1953年10月，中共中央通过《关于实行粮食的计划收购与计划供应的决议》，严禁私商经营粮食。11月15日又作出《关于全国实行计划收购油料的决定》，随后又对棉花和棉布实行了计划收购和供应。

粮食的计划收购和销售，称为统购统销。泌阳县把统购统销列为中心工作，成立了以县委书记、县长为正副主任的粮食统购统销委员会，下设办公室，先后下发了13个粮食统购统销文件，制订了粮食收购工作方案，严控粮油市场，取消了私人粮行、粮栈。按照国家“多余多卖，少余少卖、不余不卖、缺粮供应”的政策规定，落实统购统销任务。统购面一般控制在50%～60%，统购粮食占余粮的80%，按此标准层层发动，分配任务自报公议，并对把余粮全部卖给国家的双庙区王道平农业互助组给予表彰，有效调动了农民卖粮积极性。到1954年4月，全县共完成统购粮任务2715万公斤，超额完成了上级下达的指标。

自1953年11月下旬始，对城镇市民和机关团体职工开始实行粮油计划供应，一般每人每月定量供应面粉15公斤；农村扣除种子、饲料，年人均不足

140公斤给予统销。当年全县统购粮食27 150吨，统销21 395吨。1954年全县调拨统购统销粮5500吨，支援国家工矿区和外地灾区灾民。

1955年，中央为完善统购统销制度，决定以农业生产单位核算，实行粮食定产、定购、定销的“三定”政策，3年不变，增产不增购。如果国家需要增购，其数量不得超过增产部分的40%；受灾减产时，根据灾情减购、免购或统购。当年，全县粮食总产为126 520吨，粮食定购任务24 680吨，油料定购任务865吨均全部完成。10月，河南省人委制订市镇居民粮食供应办法实施细则，分等定量供应，节约归己。口粮供应等级为27种，从特重体力劳动职工到儿童，供应标准每月30公斤到7公斤不等，食油供应标准为250克和200克。粮食方面的这种计划经济模式一直延续到20世纪80年代。

五、修建板桥水库

1951年，毛泽东发出“一定要把淮河修好”的号召。泌阳县境北部的汝河是淮河的主要支流，1951年4月，国家决定在县境东北部汝河上游修建板桥水库，这是新中国成立后淮河流域首批修建的三大水库之一。水库由河南省治淮委员会指挥部组织施工，南阳、信阳两专区的泌阳、遂平、确山、方城、唐河、南阳、新野7个县共2.79万民工参加。

库区全部在泌阳境，80多个村庄和1个镇2600余户16 000余人需要迁移

修建板桥水库

安置。在开展土改、镇压反革命、抗美援朝等中心工作的同时，县委县政府深入宣传，广泛发动和依靠群众，按时把库区移民妥善安置在全县各区。

全县出动民工4000余人，副县长姚天骥任总队长、县委副书记郑维祥任政委、县人民武装支队张风来任副政委，各区建立大队，大队长由副区长担任。施工实行军事化管理，开展劳动比赛，大家手提肩挑，争先恐后，共完成土砂石总工程量的1/5，居各县之首。1951年7月，水库建设工地评选500余名劳动模范，泌阳民工占100余名，位居各县第一。泌阳饶良区朱集乡特等劳模王廷秀，受到水利部长傅作义和中央人民政府委员邵力子的接见，并于10月1日赴京参加国庆观礼，幸福地见到毛泽东主席。

1952年6月，板桥水库主体竣工蓄水。共完成土砂石方242.56万立方米，砌石方1.14万立方米，混凝土方4.394万立方米。水库坝高21.5米，长1700米，顶宽8米。防洪库容2.02亿立方，最大库存2.44亿立方，水库的修建，有效保持了水土，使水害变为水利。据统计，1949年全县粮食总产只有95230吨，到1952年增加到127295吨，棉花总产由1949年的400吨，增加到1952年的600吨，大牲畜也发展到近10万头。

第三节　清除旧俗恶习，树立社会新风

一、扫除文盲

解放前，广大劳动人民不仅政治经济受压迫和剥削，而且饱受世代没文化的痛苦，因此文化翻身是解放后广大农民的迫切希望。在党和政府重视下，1949年冬在全县各区乡开办农民识字班，被人们称为“冬学”。识字班以能者为师，或请当地学校教师任教，每天晚上一村或邻村学员聚集一起，教习汉字。有的教师还结合生产生活编写通俗易懂的识字课本，提高学习兴趣。冬学属义务教学，学员为农会干部和青年农民，既学文化知识，还讲党的政策，成了培训基层干部和积极分子的重要阵地。社会上把办不办冬学视为一乡或一村工作开展好坏的标志之一，一个家庭有没有人参加学习，成为识别家庭进步或落后的条件之一。人们怀着渴望和进步要求参加冬学，形成群众性的文化学习热潮。当年冬学识字班达到370余处，学员19 500余人。

扫盲运动

1951年冬，冬学识字班发展到505处，学员48 000人。县政府文教科派城关一小校长李季村带数名教师利用寒假推广“祁建华速成识字法”。经试验，40天能使农民掌握2000～3000个常用汉字，能看懂一些文件和报纸。1952年5月10日《河南日报》头版刊登《泌阳马庄农民热烈欢迎速成识字法》，5月17日《人民日报》予以转载，在全国引起反响。7月1日，李季村出席中南局召开的推广速成识字法教学经验交流会，交流经验。这年秋，县委专门成立扫盲办公室，并将全县识字班转为“常年民校”或农民夜校，掀起农民识字高潮。1955年县委、县政府适应农业合作化高潮到来的新要求，提出对群众进行社会主义远景教育的计划，培训了1000名扫盲教师，加速了扫盲步伐。全县共办民校或夜校1497处，学员58 800人，1961人达到国家规定的脱盲标准。年底，全县农民入学人数达79 705人，占扫盲对象的59.4%，经验收大部分达到国家规定的脱盲标准。

二、实施婚姻法

1950年，《中华人民共和国婚姻法》（简称《婚姻法》）颁布，规定彻底废除一夫多妻、童养媳等封建婚姻制度，废止包办买卖婚姻，禁止近亲结婚，寡妇可以再婚，夫妻婚后感情不和可自由离婚。提倡男女双方自由恋爱和男到女家落户、晚婚晚育、优生优育，移风易俗，婚事简办，树立新风尚。

1952年，县妇女联合会牵头，印发《婚姻法讲话》1700份、《告全县姐妹书》4000份向广大农村妇女宣传《婚姻法》。1953年3月，成立泌阳县宣传婚姻法委员会，县长田德芳为主任委员，利用一切宣传工具和宣传形式，开展“婚姻法宣传活动月”，大规模进行婚姻法宣传。县宣传婚姻法委员会利用各种场所培训宣传骨干1200余人，分别到区乡集镇街头宣传。县委书记郑维祥在双庙区万人大会上做宣传婚姻法报告。《婚姻法》宣传贯彻，成了当时社会的舆论中心，达到了家喻户晓，人人皆知。同时，县政府专门设立3个婚姻法庭，巡回审理婚姻案件。对严重违反婚姻法、残害妇女的犯罪分子，经公审判处极刑2人（春水区王兴福、羊册区杨广录），判处徒刑1人，杜绝了虐待、残害妇女现象。

宣传活动中，县委还提出“五要”“五不准”要求。“五要”：一要家庭和睦，二要尊婆爱媳，三要夫妻互助、互爱、权利平等，四要保护妇女、儿童权益，五要努力生产、建立民主家庭。“五不准”：不准有童养媳，不准包办、买卖婚姻，不准打骂迫害妇女，不准干涉婚姻自由，不准限制妇女参加社会活动。是年“五一”劳动节期间，春水区50对男女青年申请自愿结婚，区委征得他们同意，特在贾楼街召开了5000多人的群众大会，为他们举行了集体婚礼。这些青年上午结婚，回家后，下午就参加田间劳动，受到群众好评，社会影响很好。年底，全县共有5390对青年自由恋爱结婚，涌现出11678户和睦幸福的家庭。

三、扫除社会恶习

（一）清理社会毒瘤

1952年春，县人民政府发布禁烟禁毒通告，由公安、民政、武装等有关部门组成“禁烟禁毒委员会”，开展声势浩大的宣传，严厉查禁吸毒、贩毒、赌博和娼妓。

毒、赌、妓是旧社会的三大毒瘤，破财伤身害命，危害极大。各区乡广泛宣传，发动群众检举揭发，对吸毒贩毒赌博者和娼妓进行登记，讲清毒赌娼对社会和个人的危害，指令他们戒毒、戒赌和从良，如不悔改，一经发现轻者批评教育，重者给予处罚。同时，进行深入调查，挖出贩卖毒品的

11人，吸食毒品者51人，惩处顽固烟毒犯4人，登记悔过43人。查封烟馆26家，缉获鸦片、海洛因70两，烧毁制毒工具13件，销毁烟具176件。彻底取缔妓院和卖淫窝点，帮助沦为娼妓妇女改邪归正，从事正当职业。没收赌徒赌具，责令其订立约法，不准再赌。只许以麻将、扑克娱乐，不许赌博或变相赌博。通过几年威猛整治，毒、赌、娼等恶习陋习得到根除，嫖娼卖淫者无形，吸食毒品者绝迹，社会秩序井然，人民安居乐业。

（二）取缔反动会道门

1949年春，经县公安部门调查摸底，泌阳县有“庙道”“一贯通”“跪香道”“同善道”“铁冠罩”“八卦道”“东方道”“三花堂”“圣母军道”“同心道”“老母道”等会道门10多种。有大、中、小道首719人，道众20465人，其中流传广、影响大的有“庙道”2347人，“跪香道”1746人。这些会道门首要分子在解放前就同国民党官吏、豪绅相勾结，好逸恶劳，丧德败俗，奸淫妇女，敲诈钱财，无恶不作。新中国成立后，他们不思悔改，继续采用封建迷信手段散布谣言，招摇撞骗，抵制人民政府政令。

1953年春，泌阳县委、县政府首先对“庙道”“一贯通”和“圣母军道”进行了取缔和打击。按照打击首要分子，争取瓦解中、小道首，宣传教育道徒退道、登记悔过，既往不咎的政策，对怙恶不悛大道首23人，中道首104人，小道首153人区别不同情况依法进行惩处；对认罪态度好的中小道首宽大处理334人；会众退道2666人，余者自动脱会。“一贯道”“圣母军道”等被清除。4月，县公安局设立取缔反动会道门办公室。在城关、羊册、沙河店，马谷田等区设立反动会道门头子悔过登记处。在“坦白从宽、抗拒从严”“打击少数、争取多数”的政策感召下，有260人中、小道首登记悔过，1300余名道徒宣布退道。

1953年年底，全县反动会道门基本肃清。

第四节　抗美援朝

1950年6月，美国悍然发动侵朝战争，妄图以朝鲜作为跳板，把战火引向中国，把新生的人民政权扼杀在摇篮中。党中央和毛主席审时度势，及时作出“抗美援朝，保家卫国”的战略决策。10月25日，中国人民志愿军跨过鸭绿江，与朝鲜人民一道抗击美国侵略者。

泌阳人民积极响应党中央的号召，开展了声势浩大的抗美援朝运动。全县从各机关和学校抽调干部教师2000余人做宣传员，经短期培训，深入各区、乡进行宣传；各区、乡组织党团员和青年骨干16 000余人，包村包户进行大宣传，大教育。11月19日至23日，县委召开1500人参加的干部扩大会议，制订购买飞机大炮支援抗美援朝的计划。全县人民的爱国热情高涨，37万名群众自发组织游行示威，控诉美帝国主义罪恶行径，31万人参加了保卫和平签名活动。到11月底，共捐献23.8万元（折新币），购买“泌阳号”战斗机1架，大炮1门。

1951年6月，泌阳县第四届各界人民代表会议和8月召开的泌阳县首届党代会，又作出走互助合作道路，发展生产，继续深入开展抗美援朝运动的安排，要求继续深入地宣传抗美援朝的重要意义，使之达到家喻户晓，人人皆之。广大青年积极报名参军参战，勇赴抗美援朝前线。全县共有6000余名青年报名参军，其中有1427名妇女动员自己的儿子或丈夫参加志愿军，有1200名青年被批准赴朝作战。为了支援前线作战，城关镇有3名妇女把珍藏多年未戴的首饰卖掉捐钱出来，不少农村老太太还把卖鸡蛋积攒的钱也捐出来。全县妇女为志愿军战士做军鞋11 582双，慰问袋8769件。全县人民给前线志愿军写慰问信67 400封。实行互助合作后，全县积极开展拥军优属活动，对缺乏劳力的685户军属的7830亩地实行工票代耕；对无劳力的1764户军属的21 088亩地实行包耕，并经常为军属挑水，扫地，洗衣，解决生活中的后顾之忧。1951年中秋节，仅城关、王店、牛蹄，春水4区群众就给军属送月饼1478斤，梨7335斤，饼干5474盒，军属纷纷写信勉励前线亲人奋勇杀敌，立功受奖。

入朝参战的泌阳儿女没有辜负家乡亲人的期盼，他们在朝鲜战场浴血奋战，先后有100名位战士立功受奖，有85名指战员为国捐躯，用鲜血和生命谱写了中朝友谊的壮丽篇章，为泌阳人民争得了荣誉。

第五节　开展社会主义改造，农工商步入合作化道路

一、农业社会主义改造

1951年10月，全县第七届各界人民代表大会做出决议，落实中共中央《关于农业生产互助合作的决议（草案）》，对农业进行社会主义改造，将分散经营的个体农民组织起来，通过走互助合作道路，进而实现生产资料由半社会主义性质的集体所有制转变为完全的社会主义性质的公有制。

第一阶段，走互助合作道路办好互助组。引导农民按自愿互利的原则发展不同类型的互助组。1952年秋，县委分别在双庙区的后楼和马谷田区的罗桥办起了王道平和朱国荣两个农业互助组，到1953年夏，两个互助组收成分别增产二成和四成，收入增加了23%和48%，而没有参加互助合作的官庄泰山庙乡出现贫农卖地，富裕中农买地的两极分化现象。广大农民从现实中认识了农业互助合作的优越性，于是互助合作组织很快在全县发展起来。

第二阶段，有步骤地把互助组办成农业初级社。1953年2月15日，中共中央作出《关于农业生产互助合作的决议》，全国各地普遍开办了初期农业合作社。秋，在顺利实现第一阶段目标后，泌阳县在王道平、朱国荣两个互助组基础上试办农业合作社点，而后逐步铺开，年后两个合作社点转为初级农业社。由此进入农业社会主义改造第二阶段，全县已建互助组7456个，初级社7个，参加农户占全县总户数的39.22%，发展十分迅速，马谷田朱国荣的初级农业社原来只有19户90人，1954年就发展到42户250多人，成为当时最好的典型。但随着农业互助合作的发展，也出现一些偏差，主要是有些地方违背自愿互利原则急躁冒进，强迫入社、编组，耕牛农具一律作价纳入等现象，县委及时召开会议，研究措施，稳定了群众情绪，到1955年秋，全县初级农业社已发展到2398个，入社户数99 504户，占总农户的87.3%。初级社实行农户地入股，统一经营，收益按劳动力和土地比例分成，牲畜、农具及其他生产资料入社以后折价，分期偿还的办法；使初级社有了一定的公共积累和较大的生产能力，有的开始购买农业机械，可以有效地扩大再生产，这年农业机械总动力885匹力，耕作开始实行机械作业，加快了农业发展速度。

第三阶段，成立高级社。1955年10月4日至11日，党的七届六中全会通过了《关于农业合作社问题的决议》，加速了农业合作社高潮的到来。

11月，泌阳县召开三级干部会议，传达七届六中全会决议，通过学习讨论，提高了认识，批判了右倾保守思想，坚定了实现农业合作社、走社会主义道路的决心。接着，县委举办了有1829人参加的建立高级社骨干培训班。12月，县委召开党的积极分子大会，1358人参加，确定了初级社转高级社的方针、政策、方法、步骤，掀起农业合作化运动高潮。

1956年3月，县委印发《对已建或将建成的高级社组织转向正规生产的几点意见》，经几个月组建，原有的初级社扩大升级为57个高级社，入社农户29 157户。年底，全县高级社增加到307个，入社农户12.1万户，占总农户的96%，基本完成了对农业的社会义改造任务。农业进入高级社阶段，内部实行统一领导，分级管理的办法，按照自然村落、居住远近、种植连片等条件，划分若干生产队作为直接组织生产的单位，耕畜和农具固定给生产队使用，实行生产“三包（包工、包产、包成本）一奖罚（增产奖、减产罚）”责任制，实现了生产资料个体所有制向集体所有制的过渡这样一项极其深刻的历史性变革。

二、手工业的社会主义改造

新中国成立后，县委遵照党中央“发展生产、繁荣经济”的总方针。对全县手工业采取多种扶持措施，实行加工订货，统购包销、减免税收，优质优价配备原料等办法，使手工业得到迅速恢复和发展。到1952年，全县手工业发展到917家，从业1550人。但存在资金薄弱、设备差、技术低、发展难；有的不法商贩互相勾结，哄抬物价，偷工减料，偷税漏税等问题，严重妨碍国民经济的恢复和发展。对手工业的社会主义改造势在必行。

1953年1月，在国民经济恢复工作即将结束时，党中央按照毛主席的建议，提出了过渡时期的总路线和总任务，这就是要在一个相当长的时期内，基本实现国家工业化和对农业手工业资本主义工商业的社会主义改造。11月至12月，党中央召开全国手工业生产合作会议，确定了对手工业进行社会主义改造应当采取积极领导、稳定前进的方针，泌阳县在对农业实行社会主义改造的同时开始组织手工业者像农民那样走互助合作道路。中央会议以后，县委、县政府首先在城关、沙河店、羊册三地手工业比较集中的地方搞了试点，加强了领导，从原料、资金、加工定货包销等方面对手工业进行扶持，鼓励他们按照中央提出的“积极发展、稳定前进、支援农业生产”的方针，加快走互助合作道路。1954年县政府成立了手工业管理科，专抓手工业互助合作。当年全县手工业按行业组建互助组18个，52户64人，城关率先建立了1个铁业生产合作社，社员34人。同时，建立手工业生产供销合作社1个，负责采购原料推销产品，进行有领导、有计划的集体经营，逐步克服手工业场资本主义倾向，发展和增强社会主义因素。1955年县委按照中央“勤俭办社”和“民主办社”的要求，积极引导广大手工业者加入手工业合作社，极大地调动了手工业者办社的积极性和生产热情。城关原成立的铁业生产合作社转为铁工厂，建起了13座烘炉，从业人员150人。这年夏，全县手工业合作社发展到9个，从业520人。

1955年12月21日至28日，第五次全国手工业生产合作会议制定了手工业社会主义改造的全面规划。1956年1月，中共泌阳县委召开干部扩大会议，学习对全县私营工商业和手工业改造情况进行了讨论，成立了以县委副书记刘琳任组长的对私营工商业和手工业改造领导小组，实行统一组织领导，统一安排部署，并抽调20余名干部分赴各区协助开展和指导改造工作。是年底，全县手工业生产合作社发展到39个，原来的手工业生产小组都转成手工业生产合作社，从业1550人，占当时手工业从业人员的100%，全县对手工业的社会主义改造基本完成。

三、工商业的社会主义改造

解放后，泌阳县工商业经过3年经济恢复，初步得到发展。较大的商号有“利民”“大同”“大众联营”“福又增”等，其他大部分为散居集镇和乡村中的小商小贩，资薄利微，经营艰难，发展缓慢。

对资本主义工商业的社会主义改造，是实现党在过渡时期总路线、总任务的重要步骤，其目的就是像农业合作社那样，把工商业者组织起来，走互助合作道路，然后通过国家资本主义和平赎买的形式过渡为社会主义性质的集体经济和国营经济。1951年的农业社会主义改造及随后实行的粮食统购统销，取消粮油自由市场，所有粮油交易及其他农副产品统由国营，合作商店经营，切断了城乡资本主义联络的渠道。这些使广大工商业者认识组织起来开展互助合作的重要性和必要性，同时也为对资本主义工商业进行改造创造了有利条件。

1952年，全县私营工商户4787家，从业8469人，流动资金44.86万元，年销售额453万元。

1953年7月，县委部署对工商业的社会主义改造，第一步，把集镇和农村的散居商户组织起来走互助合作道路，在党和政府领导下开展各种形式的经销，代购代销办合作商店；第二步，把合作商业办成公私合营商业；第三步，采取和平赎买政策，把公私合营经营过渡为国营企业。其时，有小商小贩3375户，从业人员4150人。先在城关和沙河店两镇搞试点，工作的重点是动员小商小贩走互助合作道路，取得经验后在全县全面铺开。按照工作分工，国营商业部门负责城关、羊册、饶良、沙河店等大集镇，供销社负责农村和一般集镇的改造工作。县委认真贯彻执行中央对私营工商业要“利用、限制、改造”的方针，对私营工商业进货、贷款、税收以及失业人员安排都作了适当调整。到1954年冬，全县私营商业参加国家资本主义初级形式的批购有119户，代国家经销有87户，积极接受社会主义改造。

1955年4月28日，县委发出《对全县市场安排和私营商业改造的方案（草案）》，强调贯彻中央提出的“统筹兼顾，全面安排，积极改造”的方针，对前段改造工作中好的私营商业进行鼓励，对观望动摇的予以争取，着重对私营零货商进行通盘安排和改造，使其逐步纳入互助合作道路。全县已接受改造的更加积极的经营，持观望动摇态度的则积极申请批购、经销或加工订货，有抵触态度的迅速改变了立场，表示愿意接受改造。

1956年1月初和3月初，县委又分别召开扩大会议，学习中央关于资本主义工商业改造问题的指示和陈云同志关于对私营工商业改造六点意见及省、地委对私改造会议精神，认真研究了全县对私改造工作出现的新情况、新问题，制订了新的措施，加快了全县对私改造的步伐。3月，全县个体商业参加公私合营的有2361户，8月，有272个公私合营商店过渡为国营企业。年底，组成商业单位113个，从业911人。参加公私合营一部分；有300户把商业资本交给国家，国家则按照政策，给予合理折价，付给对方报酬。在弃商务农人员中，对有文化、懂政策、会经营的年轻人，量才录用210人，分别担任公私合营商店的经理或副经理。

对私营工商业的社会主义改造完成后，国营商业和集体合作商业作为商业的重要组成部分，在全县经济中占主导地位。据当年统计，国营商业商品零售额占比34.4%，供销全作商业占比43.9%，公私合营占比21.4%，在国家计划经济体制下，形成了国合两大经济体。之后，国合商业认真贯彻执行国家“发展经济，保障供给”的总方针，在活跃城乡市场，方便群众生产、生活方面发挥了重要作用。

在开展“三业”社会主义改造的同时，县委县政府十分重视其他各项社会事业的发展。其间，1954年建起了用于照明的小火力发电厂；整修拓宽了南驻公路泌阳境82.5公里长的路段，改建了五里河、观音堂公路桥，新修了泌阳至桐柏王集的简便公路；成立了县邮电局、拓宽了邮路，开通了电报业务；发展教育、文化、卫生事业，学校达到343所，幼儿园1所；建立了文化馆、俱乐部、新华书店、剧院，拥有了3个专业剧团和1个曲艺队，农村业余剧团20余个；建起了县人民医院和中医院，区卫生院2所，乡镇卫生所72个；国家在泌阳办了国营板桥机耕农场和林场；县成立了国营马庄农场，开展农业科研，对农、林、牧业的发展发挥了示范带动作用。

1956年，全县社会总产值由1949年的2756元增加到4648万元，其中工业总产值由1949年的20万元增加到250万元，农业总产值由1949年的2100万元增加到3325万元；国民收入由1949年的1964万元增加到2789万元；林地面积由1949年的22.5万亩、覆盖率7.9%，发展到42.7万亩、覆盖率12.7%；大牲畜发展到10万头，农畜家禽养殖36万只。呈现出经济较快发展，社会安定祥和，市场稳定繁荣的景象，也标志着第一个五年计划顺利完成，泌阳开始进入社会主义建设新时期。

第六章 开始全面建设社会主义时期

第一节 全面建设的良好开局

一、第一届全县人民代表大会

1954年7月2日至7日，泌阳县第一届人民代表大会在县城召开。应出席代表396人，实到会319人。共产党员代表145人，团员代表57人，工人代表9人，农民代表259人，妇女代表49人，少数民族代表3人，革命知识分子代表12人，民主人士17人。代表是按照人民代表大会制度，经宣传发动、选民登记、民主选举产生。

大会是在全县深入贯彻党在过渡时期总路线和广泛宣传《中华人民共和国宪法（草案）》的热潮中召开的。会议主要议题是，听取和审议县第七次各届人民代表大会以来的工作报告、县人民政府工作报告和《关于全县农业互助合作化的报告》，学习宪法草案，选举出席省人民代表大会代表。

会议认为，在县委领导下，全县农业生产建设、互助合作运动、粮食统购统销、物资供应收购、民政优抚和文教卫生事业都取得很大成绩。今冬明春，要深入开展以互助合作为中心的生产运动，组织起来的农户达到全县农户的70%，粮食增产13.5%，为社会主义建设积累资金，为发展工业化创造条件，为提高人民物质文化生活水平奠定基础。

会议选举出第一届人民委员会委员23人，选举孙兆盛为县长，兼任人民法院院长。选举王国华等4人为出席省人民代表大会代表。会议对784件代表提案进行了认真处理，会议取得圆满成功。会议对农民互助合作和实行粮食统购统销等各项事业起到重大推动作用。

二、中共泌阳县第一次代表大会

1956年5月27日—6月2日，中共泌阳县第一次代表大会在县城召开。

出席会议正式代表397人，列席代表22人，代表全县4482名党员。会议议题是：贯彻中国共产党七届四中全会决议；县委关于党的建设工作的报告、监察工作的报告；选举产生中共泌阳县第一届委员会和出席省党代会代表。

大会总结了新中国成立以来七年间全县党的建设、政权建设、三业改造和工农业生产、教育文化、交通运输等方面取得的成绩，对加强党的领导，保证社会主义改造和社会主义建设的顺利进行，提出了新的要求。

大会经充分发扬民主、反复酝酿，选举产生了由19名县委委员和3名候补委员组成的中共泌阳县第一届委员会，王济民、刘琳、孙兆盛、朱文江、柳忠田为县委常务委员。王济民为书记。大会选举县委监察委员会委员9人，刘琳兼任监委书记。大会选举王国华、王济民等7人为出席省党代会代表。这次大会的召开，对全县胜利实现向社会主义过渡和提前完成第一个五年计划的主要指标，起到了关键作用。

三、精简机构，发展生产

1956年9月15—27日，中国共产党第八次全国代表大会在北京召开，标志着我国全面建设社会主义的开始。11月5日，泌阳县委制定《关于深入学习八大文件的计划（草案）》，建立了学习委员会，组织县委委员、各中心乡党支部书记向广大群众宣讲，在全县范围内掀起了学习贯彻“八大”精神的热潮。在“八大”精神鼓舞下，全县干部群众以生产为中心，意气风发，斗志昂扬，使工农业和各项事业都有了较快发展。

1957年2月初，县委遵照省、地委“紧缩上层机构，充实下层组织”的指示，从县直各机关抽调302名干部充实基层，分别担任区、乡社领导职务，取消中心乡制，建立8区1镇。任命8位县委委员分别担任8个区的区委书记，27名区级干部和267名一般干部分别担任区、乡、社领导职务，加强了对农村工作的领导。

2月27日，毛泽东发表了《关于正确处理人民内部矛盾的问题》的重要讲话，提出在人民内部要在政治上实行“团结—批评—团结”，在与民主党派关系上实行“长期共存，互相监督”；在科学文化上实行“百花齐放，百家争鸣”；在经济工作中实行全国城乡各阶层统筹安排和“兼顾国家利益，集体利益和个人利益”等一系列正确方针。县委多次召开扩大会议、宣传教育会议、农村支部教员培训班等，认真学习毛主席《关于正确处理人民内部矛盾的问题》，抽调县区乡千余名干部分别到各农业社开展工作，并组织3万人的宣传队伍，进行了声势浩大的宣传和学习讨论，运用毛主席《关于正确处理人民内部矛盾的问题》解决了许多实际问题。

9月，按照中共中央《关于整风运动的指示》，布署开展以正确处理人民内部矛盾为主题，以反对官僚主义，宗派主义和主观主义为内容的整风运动，旨在加强党的领导，密切党和人民群众的联系，更好地调动一切积极因素建设社会主义。县委成立了以第一书记李富昌任组长，县委第二书记王济民，副书记孙兆盛，刘琳、杨凌阶为成员的10人领导小组，下设办公室。制定了《关于在全县范围内开展整风运动的初步方案》，并在县直干部大会上作了动员和传达。泌阳县的整风运动，将全县各级机关、团体、工交、财贸、文卫、工商等单位分三批进行，每批时间为1个半月左右，分学习文件、思想检查、鸣放辩论、整改4个阶段。由县委整风领导小组统一领导，县以下区（镇）在党委统一领导下以块为主进行整风。9月底至11月初，第一批在县直机关各部门和中学、县属厂矿开展。县委按照“先党内后党外，先领导后一般”的要求，首先在县委领导班子内部进行了整风。12月，第二批在全县各小学校教职工中进行。翌年春，第三批在基层财贸、工交、文卫等单位职工中进行。3批共参加5031人，其中国家干部2229人，学校教师1452人，工商界1350人。全县在整风运动中共贴出大字报922万张，提意见6795万条。根据群众在整风中提出的意见，县委经过认真研究，重点在4个方面进行了整改：一是统一领导，分工负责。二是压缩机构，下放干部。贯彻执行党中央整风中要“大胆地改，坚决地改，彻底地改”的精神，县委经过认真研究，决定实行精简压缩上层机构，充实加强基层。16个县直单位，共精简干部290人。下放到基层255人，其中县级4人，区级44人，一般干部207人。三是修改制度，堵塞漏洞。整风中提出浪费方面的意见24 747条，涉及金额5 406 136元。县委发动大家查原因、找危害、算大账，树立勤俭节约观念，整改了一些不合理的规章制度，堵塞了造成浪费的漏洞。四是坚持组织原则，管好用好干部。县委根据整风提出的意见，对干部的选拔使用坚持德才兼备、任人唯贤；对犯错误干部的处理坚持一视同仁、不分地域亲疏；解决了“知识分子入党难”的问题。

11月30日，县委召开会议，针对农业合作化后出现的社员增加生产、增加收入的要求与农业社经营管理水平落后的矛盾，社员民主办社的要求与社干部作风不民主、财务不公开、不能贯彻民主办社方针政策的矛盾等，根据省、地委部署，传达了民主整顿农业社的方案。提出对全县农业社进行全面整顿，以夯实农业基础。通过这次民主整社，达到了如下目的：一是调整了社、队规模。对规模过大，社员居住分散，领导力量不强，内部严重不团结的社，适当划小，将全县279个高级社调整为306个，生产队规模也作了调整。二是调整了经济关系，开展多种经营，允许社员拥有一定的生产资料和家庭副业，以增加农民收入。三是健全管理机制，实行民主办社。对后进社领导班子进行了调整，定期向社员公布账目，接受群众监督，实行财务公开。四是对少数闹退社的社员做了深入细致的思想政治工作，使他们认清形势，放下思想包袱。五是密切了干群关系，调动了办社积极性，促进了生产发展。据1957年底统计，全县工农业总产值达到4699万元，比上年度增长31.4%。其中农业总产值4509万元，比上年度增长35.6%；工业总产值190万元，比1955年增长7.6%。粮食总产143 385吨，棉花总产905吨，油料总产4670吨，大牲畜存栏8万头，全县财政收入146万元，比上年度增长128.1%。教育事业发展迅速，小学由1956年208所发展到335所，在校学生52778人；中学7所，学生由1956年2188人增加到3184人。

第二节　经济曲折发展，管理体制调整

一、大跃进

1958年5月，毛泽东主席在党的八届二次会议上提出了“鼓足干劲，力争上游，多快好省地建设社会主义”的总路线，会议还讨论和通过了《关于在农村建立人民公社问题的决议》，决定在农村普遍建立人民公社。毛泽东在会上讲话强调要破除迷信，解放思路，发扬敢想、敢说、敢作的创造精神，会后在全国各条战线上迅速掀起“大跃进”的浪潮。

面对全国新形势，泌阳县在全县工业、农业等14个方面都定了规划指

标。尔后，这些规划指标一改再改，一再拔高，成为不切实际的计划。全县大跃进是从兴修水利、大搞农田基本建设开始的。由于当年风调雨顺和人们的努力苦干，粮食产量确有增长。但一些人的思想已脱离了实事求是的轨道，跟风、说假话、搞浮夸。1958年，上报粮食总产达2.6亿公斤，超实际产量16.8倍。县委看到赶风头所取得的“成绩”，头脑更加发热，高指标、浮夸风、强迫命令之风自上而下由局部到全局发展起来。“人有多大胆，地有多高产”，是当时浮夸风在农业生产方面的表现，《泌阳报》不予核实，即用套红特号标题加以报道。各类虚报造成了粮食丰收的假象，促使领导层作出高征购的错误决策，导致了1959年农村缺粮的严重后果。

在农业大跃进的引导下，工业的大跃进也迅速跟进。1958年9月，省地委下达泌阳3.2万吨钢铁生产任务，为确保完成任务，全县迅速掀起以炼钢为中心的“大跃进”。泌阳虽有铁矿，但没有钢铁企业，在不具备物质和技术基础的情况下，单靠群众中焕发的社会主义劳动热情，提出“大建小高炉”“向荒山要宝”“向河沙要铁”“不要国家一分钱，遍地建设工厂，大炼钢铁”的口号。9月中旬，全县出动14万人分赴山区采矿石，到河道淘铁沙，风餐露宿。10月初在城关、春水、官庄、马谷田、王店等区土法建钢铁厂7座，小炼钢铁炉938个。为迎接省、地委钢铁慰问团的到来，县委召开管理区党委第一书记会议，提出大战3天，产铁5000吨的任务，口号是“大干苦干超禹县，争取全国当状元”“坚决突破十月关，保证钢铁卫星飞上天”。后来武汉钢铁厂前来收购，大部分质量不合格，来人摇头叹息而去。

“大跃进”对农业和林业造成了一定的损失，但也为泌阳的地方工业奠定了基础。先后建起了机械制造、水泥等小型工厂，有的管理区也办起了铁工厂、修造厂。1958年到1960年，由于广大干群的拼命苦干，水利和公路等基础设施有较大进步。先后兴修了华山、石门、三山、火石山、霍庄等中小型水库17座，其他水利设施100多处。整修了许泌路、泌郭路、泌毛路、泌程路等10条，全长266公里，为农业和交通运输业奠定了基础，农民生产生活条件得到很大改善。

二、人民公社化运动

1958年8月，党中央作出《关于在农村建立人民公社的决议》，16日，泌阳县在未经试点工作情况下，宣布将全县25个中心乡合并为10乡1镇，接着又用7天时间将全县279个高级农业合作社以乡镇为单位合并成11个人民公社，实现人民公社化。9月29日，宣布全县设1个公社，名“铜山人民公社”，下辖11个管理区，实行工农兵学商五位一体，政社合一。铜山人民公社设党委会、管委会和监察委员会。原县委书记任公社党委书记，县长任社长或管委会主任，监委会由一位副书记兼任。成立后的人民公社在生产管理上实行农林牧副渔统一经营，生产资料全部公有化、经济上实行统一计划、统一政策、统一制度、收支包干；取消家庭炉社，以生产队为单位办集体食堂，社员吃饭、就医、养老及其子女入托、入学不要钱，统由公社包下。劳动管理实行突击式的大兵团作战，组织军事化、行动战斗化、生活集体化。水利工程、修公路、修大方田或大型建设，集中人力数百或成千上万，食宿工地，昼夜连干。为显示人民公社的“一大二公”优越性，把集体企业、公私合营商业都上升为全民所有制。当时有种说法叫作“除了人是自己的，其余一切都是公家的”。经济上搞“一平二调”，穷队、富队一律拉平，队与队之间物资、财产可无偿调拨。

轰轰烈烈的人民公社化运动搞了一两个月，虽然取得不少成绩，但也暴露出许多问题：由于受生产水平的限制，人民公社的经济基础仍然薄弱，实行的供给制难以维持；吃饭排长队，干活大呼隆，不仅给群众带来许多不便，而且不能调动农民的生产积极性；急于求成，想一步跨入共产主义，结果违背经济社会发展规律，事与愿违。

三、人民公社的初步整顿

大跃进和人民公社化所反映出的“高指标”“浮夸风”“强迫命令”“一大二公”“一平二调”等问题，在社会上造成不良影响，干部群众多有批评和议论，上级党组织也已发现工作中存在的问题。1958年11月，毛泽东在郑州主持召开中央工作会议即第一次郑州会议，就提出纠正“左”倾错误，指出要划清全民所有制和集体所有制、社会主义和共产主义的界限，人民公社要发展商品经济，尊重价值规律，反对平均主义，不能剥夺农民利益。党的八届六中全会作出了《关于人民公社的若干问题的决议》，省委《关于今冬明春整顿巩固和提高人民公社的方案》，强调人民公社要实行“统一领导、分级管理”，要求公社对大队实行定产量、定措施、定投资、定劳力和超产奖励的“四定一奖”责任制；生产大队对生产队实行“五定”（定任务、定质量、定时间、定劳力、定领导）、“六到田”（产量指标到田、措施到田、劳动到田、投资到田、技术到田、责任到田）。

1959年1月，县委召开扩大会议贯彻省委方案，并由县委书记、副书记带队，抽调109名干部到基层，按照上级要求对人民公社展开整顿。3月13日至20日，县委召开3098人的4级干部会议，传达贯彻中央政治局扩大会议（第二次郑州会议）精神和省委《关于人民公社的管理体制和若干政策规定》，作出《关于在人民公社中加强生产责任制问题的规定》，决定取消一县一社，所属的10个管理区改为10个人民公社。克服“一平二调”倾向，实行三级所有、队为基础的体制。按照中央“统一领导，队为基础；分级管理，权力下放；三级核算，各计盈亏”的精神，对人民公社建立分层责任制，以生产队为基层单位和包产单位，任务到队，管理到组，措施到田，责任到人，检查验收，赏罚分明，促进生产。全县10个人民公社共办起92个为农业生产和生活服务的加工厂，有223个大队办起了敬老院、幼儿园、托儿所；对生产队食堂也进行了整顿，生活有所改善，在一定程度上解除了群众的后顾之忧，生产积极性又振作起来。

4月29日，毛泽东亲自撰写的《党内通讯》，给全国省、地、县、公社、大队、小队六级干部写了一封信，谈了有关农业生产的六个问题。指出：在包产问题上，生产队一定要落实，根本不要管上级规定的那一套指标，只管现实可能性；在密植问题上，要因地制宜，不可太稀，也不可太密，要由生产队商量决定，不要由上面下死硬的密植命令；在粮食问题上，十年内切不可讲任何大话和唱高调，要把收割、保管、吃用三件事抓得很紧很紧，要有储备粮，年年储一点，逐年增多；在播种面积问题上，目前几年应实行广种薄收和少种多收相结合的方针，少种、高产、多收的计划是一个远景计划；关于农业机械化，要四年以内小解决，七年以内中解决，十年以内大解决；关于讲真话问题，一定要讲真话，不要讲假话，包产能包多少，就是多少，收获多少，就讲多少。爱讲假话的人，一害人民，二害自己，有许多假话是上面压出来的，上面“一吹二压三许愿”，使下面很难办。

毛主席指示传达到生产队以后，极大地调动了农民群众生产热情，各公社实行“三包一奖”时，亩产核定基本符合实际。

四、生产自救渡灾荒

1960年夏，全县又遭受严重干旱。各地因灾害出现公共食堂粮食短缺。针对这种情况，党中央发出《关于调运粮食的紧急指示》，并出台了一系列行之有效、顺应民心民意的政策措施。

在省、地委领导下，泌阳县委带领全县广大干部群众，大力开展生产自救共渡难关。推行农业“三包一奖”生产责任制，调动农民生产积极性。根据省委《关于人民公社管理体制的若干规定》，县委作出了《关于在人民公社中加强生产责任制问题的规定》，在全县推行“三包一奖”生产责任制。这个责任制要求以生产队为基层单位和包产单位，做到任务到队、管理到组、责任到人。生产队试行“五定到户”（即定面积、定产量、定时间、定劳力、定工分）的田间管理责任制。羊册公社率先实行“三包一奖”，开始定粮食亩产指标为680斤，大队干部普遍认为指标定得太高，最后定为280斤，超者奖励。在秋季百日无雨情况下，社员挑水抗旱保苗，加强田间管理，秋后大部分生产队超过公社所定的指标，年终结算时，全公社335个生产队有193个获奖，85个不奖不罚，使广大群众初步尝到了责任制的好处。当年全县虽然旱灾严重，但秋后仍然获得好收成，全县粮食总产达16 720万公斤，亩产165公斤。群众反映说：“分层包干管理就是好，只要能增产，有利巩固集体，促进生产，不管咋着干都是好办法。”

11月3日，党中央发出《关于农村人民公社当前政策问题的紧急指示信》（即十二条），规定：人民公社实行三级所有，队（大队）为基础，至少七年不变；彻底纠正“一平二调”的错误；允许社员经营少量的自留地和家庭副业；从各方面节约劳动力，加强农业生产第一线；认真实行劳逸结合，整风整社等。11月15日又发出《彻底纠正“五风”问题》的指示，要求各地“必须在几个月内下决心纠正十分错误的共产风、浮夸风、强迫命令风、干部特殊化风和对生产瞎指挥风，而以纠正共产风为重点，带动其他四项歪风的纠正”。泌阳县根据省、地委部署，抽出大批干部深入农村进行了宣讲贯彻中央“十二条”，并对具体内容进行全面落实。由于时间要求紧迫，按文件要求把“十二条”中的整风整社和反五风结合在一起进行“民主革命补课”。

与民主革命补课同时，县委于11月4日至9日召开由县、区、社3级书记参加的会议，传达了中央和省地委关于生产救灾的指示，在查清全县受灾面积66.7万亩的基础上，提出了具体的生产自救规划和措施。首先是开展“八好党员”“六好干部”评选活动，发挥党员、干部在生产救灾中的先锋模范作用。陈庄公社董冲大队党支部书记寇国庆一贯模范贯彻执行党的方针政策，坚持原则，实事求是，踏实为人民服务，使这个大队未发生死人、外流、土地荒芜现象，被县委树为典型，并发出了向寇国庆优良作风学习的决定，推动了全县生产自救工作。其次，从各区、社、县直单位抽出人员到农村，帮助落实生产救灾措施，共抽调3700余人，其中医务工作者400余人，帮助农民开展防病治病。全县先后组织47 400名劳力，到山区打猎、挖药材、采野果、烧木炭、拾柴；在平原地带河塘捕鱼、割草、条编、秋复收等，冬春共拾柴8万公斤，挖药材11.5万公斤，采山果2万公斤，割草518万公斤，烧炭38万公斤，折价382万元。许多妇女也行动起来，采集野菜野果7250公斤、干菜762万公斤作代食品，并从事家畜禽养殖，广开了自救门路，增强了抗灾能力。最后，全面执行调整国民经济“八字”方针，贯彻落实《农业六十条》。

第三节　贯彻落实“八字方针”，社会经济稳步发展

一、人民公社管理体制的调整

1961年1月，党的八届九中全会提出了国民经济“调整、巩固、充实、提高”的八字方针，调整了发展速度。3月下旬，党中央在广州工作会议上讨论制定了《农村人民公社工作条例草案》（简称《农业六十条》）。这个条例是在总结人民公社3年多的经验和贯彻“十二条”基础上制定的。它对于纠正社、队规模较大，公社对下级管理太多太死，民主制度和经营管理制

度不健全等方面的问题，都作了比较系统的规定。

4月底，县委召开三级干部会议，传达贯彻《农业六十条》和省三级干部会议精神，会后迅速调整农村管理体制，大力恢复农业生产。将原来的人民公社改为10区1镇、区下辖74个人民公社。实行“三级所有、队为基础”体制；解散公共食堂，实行休养生息劳逸结合；把大队、生产队划小、公社以下的232个大队划为539个；大队以下的2696个生产队划为4671个。大队一般200户左右，生产队30户左右。将基本核算单位下放到生产队，保证生产队有土地种植权、生产措施权、组织安排劳力权和收益分配权，对社员实行按劳分配。

恢复自留地，实行借地，鼓励社员开荒，允许社员经营少量家庭副业。原分配给社员的自留地一律恢复；借地一般3~5年不变，收入定产部分顶口粮，既不是包产到户，也不属分田单干，借地坚持自愿原则。全县4893个生产队，122 149户，有借地生产队4810个，共借地149 049亩，占总耕地的8.1%，人均借地0.29亩。由于鼓励开荒，全县增加耕地面积71 822亩。与此同时，还对农业实行“五奖励”，即牲畜繁殖发展奖、粮食超产奖、劳动模范奖、集体开荒奖、团结大干奖。

6月，按照中央、省委关于退赔规定，纠正“一平二调”错误，对1958年以来平调社员的粮、款、物合计2457.8万元，按照“先个人、后集体，先吃住、后其他”的原则给予退赔。全县退赔1002.1万元，占应退赔数的40.7%；退赔自留地10 123亩，房65 762间，大牲畜1868头，猪羊73 817只，中小农具47 780件。国家还拨出1554万元扶持特重灾队，解决群众生活、疾病治疗、种子和牲畜饲料等问题，减免了征购任务。

对反右派、反右倾和民主革命补课中受错误处理的干部甄别平反。右派摘帽，恢复名誉和职务；“反右倾”斗争中错误处理的党员干部全部平反；“民主补课”运动中被批斗、撤职、集训的人，一律平反。稳定了社会秩序，促进了团结。

调整教、科、文、卫事业，使之与经济工作相协调。取消了大跃进中盲目实行“四集中”合并为89所小学的做法，本着面向农村、面向山区办学及方便群众的原则，调整为302所；初中10所减为4所，高中只保留县城1所，并按教育部制定的《小学四十条》和《中学五十条》恢复了以教学为主的正常教育秩序。按照中央《关于当前文学艺术工作若干问题的意见》和《关于自然科学当前工作的十九条意见》，进一步贯彻落实"百花齐放、百家争鸣"的方针，将县办3个剧团裁2留1，对裁减演职员作了妥善安置。将大跃进中所设78个下属中心卫生院合并为44个卫生所，恢复集体所有制性质，自负盈亏。

7月，县委发出《关于十项财政纪律规定》，加强财务管理。恢复基层供销社、手工业和集市贸易；大力压缩社会集团购买力，严控机关、团体、企事业单位非生产性开支，大力贯彻"勤俭建国、厉行节约"的方针。当年全县财政总支出压缩到921.3万元，比上年度减少26.3%。与此同时将供销社和手工业的手工业产品进行清仓核资，把长期积压商品投放市场，促进货币回笼；对某些商品实行高价，增加盈利。为了恢复和活跃集市贸易，将供销社从第二商业局中分列出来，恢复其集体商业性质。取消手工业合作工厂的组织形式，恢复县手工业合作联社，归县手工业管理局。清理机关财产，冻结全县撤销机构的财产、设备和资金，减少会议开支，严禁计划外建设项目。牢固树立大办农业、大办粮食思想。要求商业、供销部门积极组织各种商品肥料，农药和农机具，坚持地方货源为主、争取外援为辅原则，围绕农业办工业，为农业提供财力和物资支持。

1962年，进一步贯彻"八字"方针，按照《商业四十条》《手工业三十五条》要求，调整工业与农业、城市与乡村的关系，缩短战线，精简机构。面向基层，加强农业第一线，巩固农业基础地位，调整区、社领导机构。从县直选拔100名年轻干部到区、社担任领导职务；10个区委中有8个由县委书记、常委、委员担任书记；119名原区委领导下放到公社担任书记。全县地方国营的16个工业企业缩减为两个，县属集体工业企业保留5个，精简职工1284人，板桥林场和县直工业部门在大跃进时招收的1233名工人一律返回农村。年底，全县精简职工、压缩城镇人口8677人。1962年，又清理1958年以来从农村招收的职工8000多人，增强了农业第一线力量。全县精简职工、压缩城镇人口，增加了农业劳动力17 102人。

二、进行社会主义教育运动

1963年2月，中央召开工作会议，会议制定了《关于目前农村工作若干问题的决定（草案）》（即《前十条》）；2月20日，中央把《前十条》作为正式文件下发，在农村开展社会主义教育运动。

1963年5月下旬，泌阳县对《前十条》进行贯彻。县委以区为单位，召开区、社、大队、生产队干部共21 000余人参加的4级干部会，学习文件，发动与会人员大揭大查社会上出现的各种“黑风”。9月中央又制定了《关于农村社会主义教育运动中一些具体政策的规定（草案）》（简称《后十条》），对前段一些“左”的做法进行部分纠正。《后十条》强调团结干部和群众的重要性，并规定了一些正确的或基本正确的政策。县委即召开扩大会议，与《前十条》一道共同学习。强调了“要团结95%以上群众和干部”的原则。

1965年1月14日，中央政治局召开的全国工作会议制定了《农村社会主义教育运动中目前提出的一些问题》（简称《二十三条》），是农村社会主义教育运动的遵循。

在进行社会主义教育的同时，开展“四清”运动。7月，泌阳县划归新设立的驻马店地区，对“四清”（清政治、清经济、清组织、清思想）运动重新部署，分五步开展。第一步，从组织生产安排群众生活入手，原原本本地学习宣传“两个十条”和《二十三条》。结合忆苦思甜，讲村史、家史，进行阶级教育。第二步，在党员干部中开展以比对敌斗争、比依靠贫下中农、比经济手续、比参加集体劳动、比民主作风为中心，以“四清”为重点的活动，调动干部党员积极性。第三步，贯彻执行党在农村的政策，处理公私关系，搞好集体生产，巩固和发展集体经济。第四步，清理阶级队伍，组织对敌斗争。第五步，进行思想组织和制度建设，结合处理遗留问题。“四清运动”中，全县共有7637人不同程度存在“四不清”问题。处理后退赔现金99万余元，粮食4.5万余公斤，对错误严重的321人分别给予双开除、撤职、降薪、留党察看、警告处分。“四清”运动涉及全县机关和农村，对解决干部作风，特别是农村干部的作风和社、队经营管理等方面起到一定的作用。“四清” 运动至“文化大革命”开始才终止。

三、“农业学大寨”运动

1963年毛泽东发出了“工业学大庆、农业学大寨、全国学人民解放军”的指示，1964年2月10日的《人民日报》发表社论，号召全国人民学习大寨人自力更生，不怕困难，战天斗地的革命精神。此后在全国农村兴起了“农业学大寨”运动。

泌阳农业学大寨从开展农田水利基本建设、改变山区面貌开始。1966年9月至1969年5月，全县集中各公社数万劳力，历时三年完成了大型水利工程宋家场水库（今铜山湖）建设。1973年的2月9日，全县召开3226人参加的三级干部农业学大寨会议，交流了学大寨的经验，随后各公社分别组织有关人员赴大寨进行了实地参观学习。1973年11月，县委发出《泌阳县1973年至1975年以粮为纲全面发展规划要点》，把泌阳县“农业学大寨”运动推向一个新阶段，开展了规模化的治山治岗、绿化造林、小流域治理工作。1973年冬，立新公社组织贾楼、玉皇庙、邱庄3个大队民工，奋战一个冬春在双山脚下填沟造田300余亩。分片到立新公社刘庄大队参加劳动的副县长陈方玉，创造了山岗造林经验，几年间与群众一起植树造林4000亩，开挖

泌阳县小流域治理

山间沟渠5000条，修塘堰坝7座，实现了小雨不下山，大雨不冲田。时任县委常委、黄山口乡党委副书记的宋定兴，学习大寨人战天斗地精神，誓让荒山变绿。1977年春，他带领400人的专业队，在50天内采石3000方，垒田埂20 000余米，造林7万亩，使昔日荒山披上了绿装。

“75·8”特大洪灾后，泌阳县农业学大寨掀起了高潮。县委把学大寨与生产救灾、重建家园工作紧密结合起来，于当年的11月2日召开常委扩大会议，研究了建设“大寨县”问题，适逢昔阳县委常委、县革委会副主任高秀保来泌慰问灾区，特邀其在会上作了经验介绍。1976年秋，根据中共驻马店地委的统一部署，县委又组织全县各公社数万劳力，赴汝南朱湖镇疏浚该段汝河河道，历时半年。1977年1月，县委召开了由县、公社、大队、生产队干部共7000多人参加的“农业学大寨”会议，会上传达贯彻了全国第二次农业学大寨会议精神，详细制定了创建大寨县的规划，交流了农业学大寨、抗洪抢险、生产自救、重建家园的经验，坚定了与会人员创建大寨县的信心和决心。1978年2月14日，县委召开由各部委负责人、各公社党委书记参加的建设大寨县会议，查找了有利条件和不利因素，解决了怎么创的问题，并一致认为要把揭批“四人帮”和“创大寨县”有机结合起来，以批判为动力促进创“大寨县”的开展。会后掀起创大寨县高潮。1977年冬至1978年春，全县组织战线达500里长的治山、治岗、建大寨田、水利建设、绿化荒山的大会战，共治理荒山148座，造大寨田14万亩，修水渠70余公里，修公路1100公里，造林13万亩。

第四节　抓革命、促生产，经济建设事业成绩显著

1966年8月至1976年10月，是“文化大革命”时期。其间，先后进行了破“四旧”立“四新”、成立红卫兵组织、串联宣传、清理阶级队伍、贫宣队工宣队进驻各单位、干部知青下放农村、批林批孔、“一打三反”、批邓反击右倾翻案风等运动。在毛主席“抓革命，促生产，促工作，促战备”一系列号召鼓舞下，县域经济取得一定成绩。

一、山水田林路治理

山区以治山治岗、治理水土流失为主，绿化荒山，实行大地园林化。山岗地造大寨田，即阶梯造田，宜林则林，宜种则种。全县推广副县长陈方玉在立新公社刘庄大队的造林经验，“下雨是通知，一人一公尺”，“水平线，绕山转，2尺深，2尺宽，里边挖，外边垫，床面做成3尺半”，荒山得到绿化，成为国家薪炭林基地县，河南省林业生产先进县。丘陵平原以改造低洼易涝、治理上浸地为主，全县各公社均利用冬春季节，选定一两个大队进行深翻土地或小流域治理大会战。1969年，建成大型水库——宋家场水库，库容1.33亿立方米，并配套建成干渠两条，长达95.35公里。相继规划复建和新建口门、王庄、褚湾、金沟、曾沟、万花沟等小一二型水库40多座，整修塘堰坝工程1300多处，打机电井1200多眼，建机灌站60多处，修引河渠300多条。治理水土流失面积1000多平方公里，治理上浸易涝地30多万亩。农村道路畅通，一些村庄整修大方田，农业生产条件得到很大改善。1970年，陈庄公社席庄大队陶焕庆以棉花营养钵火炕育苗栽植方法，创造了亩产百斤皮棉的佳绩，赴京参加全国棉花会议，受到周恩来总理的接见。1973年，社会生产总值14 756万元，国民收入8859万元，农业总产值9734万元，粮食总产183 380吨，棉花总产4500吨，大牲畜存栏11万头。

二、工业发展

全县工业在手工业结社联合的基础上起步，逐步形成以国营工业为主导，集体、个体及联合体等多种形式并存的格局，工业门类主要有电力、机械、采矿、石油、纺织、食品、建材、印刷、医药等。1965年，全民工业企业10个，县属集体企业21个。1970年后，新建或扩建缫丝厂、郭集酒厂、化肥厂、制药厂、工艺绣品厂等，从手工操作逐步转向机械化生产，不断研发新产品，产品质量和效益显著提高。

三、社会事业进步

党和政府重视人民教育。1965年，全县各级各类学校525所，适龄儿童入学率达90%以上。“文革”中，县教育局提出“上高中不出公社，上初中不出大队，上小学不出村”的口号，把小学一律下放到大队来办，还在246所小学附设了初中班，入学率迅速提高到95%以上。在党的“预防为主，防治结合”的卫生工作方针指引下，县社两级医院普遍建立，医疗设备不断充实改进，卫生防疫部门经常深入城乡，开展爱国卫生运动和防病灭病工作，多少年来一直危害人们身体健康、威胁人类生命的地方甲状腺肿、血丝虫病等地方病，以及天花、霍乱、疟疾等传染病，被彻底消灭。人均寿命由建国前的32岁提高到68岁。

第五节　特大水灾，泌阳得到八方支援

1975年8月，泌阳县遭遇历史罕见的特大暴雨袭击。5日至8日，乌云翻滚，电闪雷鸣，大雨倾盆。全县平均降雨量987.2毫米，县境东北部板桥水库上下游雨量为1125.7毫米，林庄站降雨量达1631.1毫米，遍地积水，沟满河平，平地一片汪洋。时全县有8座大中型水库告急，板桥水库和宋家场水库尤为严峻。板桥水库设计水位117.94米，超设计水位2.5米，库容达7亿立方米。8日零时40分，一声炸雷，大坝原河槽段轰然决口。决口宽200多米，7亿多立方米库水奔腾而下，浪头十几丈高，沿河村庄被吞没，房舍荡然无存。板桥街一棵3人合抱的大槐树，被连根拔起，冲到下游一百多里。沙河店棉花库打包楼十几米高的棉花垛被冲得无影无踪。沙河店油库十几吨的大油罐被洪水冲出70多公里，翻过京广铁路，坠入宿鸭湖。洪水涌向遂平与同

“75·8”洪水当年的板桥水库大坝决口处（摄于1975年8月）

时垮坝的石漫滩库水汇合，对遂平、上蔡、汝南、平舆、新蔡等县造成严重灾害。

水库大坝决口之前，县委第一书记朱永朝对下游的板桥、沙河店、老河3个公社果断下令，火速组织群众撤离。板桥公社在当地驻军帮助下，不到两个小时即有万余人被转移至安全地带。沙河店、老河两地的各级干部则逐村逐户动员群众转移，仅留少数人守护国家和集体财产。

在宋家场水库，8月6日的暴雨使大坝面临冲垮的危险。面对危情，县委和各级党组织带领全县群众，积极投入抗洪抢险斗争，表现出了大无畏的英雄气概。水库防汛指挥部命令抢险队700余人对重点部位加固，并构筑两道防线。此时抢险队抗洪器材和饮食均已用完，县防总急调马谷田公社抢险队1000余人携麻袋1000条、面粉3000斤跑步增援，并迅速构筑了第三道防线。尽管如此，依然阻挡不住迅速上涨的水位，8月7日水位升至188.06米，当日23时水位升至189.13米，如果水痊达到190.15米，会漫坝决口，将直接威胁县城安全，后果不堪设想。危急关头，县防总再组织抢险队2000人跑步到位，一边防止洪水漫坝，一边做好炸坝准备。

县城紧靠泌阳河，宋家场水库处在上游，且中途有马谷田河、甜水河等河流汇入，若水库垮坝，洪水将淹没整个城区。8月6日晚，泌阳河平堤水位达137.17米，并有几处破堤。7日，河水已流入护城河。县防总和城关镇党委在组织机关干部群众培堤堵口失败后，即迅速组织力量，动用一切交通运输工具拉人载物，向安全地带转移。所幸上游宋家场水库的水位在7日23时后趋于稳定，炸坝计划未实施，县城也没有发生大灾难。

板桥水库特大洪灾降临时，广大党员干部群众爱国家、爱集体、舍生忘死、团结互助的可贵精神得到了充分体现，谱写了一曲曲感人肺腑的壮歌。沙河店公社常庄大队党支部副书记崔先德，在洪水到来时一边指挥抢救群众，一边抢救集体财产，拉出了10头生产队的耕牛，而自己的妻子却因没等到救援而被洪水吞噬了生命。公社知青、农场会计刘效顺在洪水到来时，调动场内拖拉机，帮助公社医院中30多名病号脱险；当发现洪水中有一名妇女拉着两个孩子在挣扎时，毫不犹豫将自身携带的用于保命的充气轮胎给了他们，他自己却被洪水卷走。公社粮管所职工陈明增，在洪水到来时带病坚守岗位，把千余元公款用塑料薄膜包裹缠在腰间，他被洪水冲到上蔡县境，中途还救出了个儿童，洪水消退后他回到沙河店，将公款如数交给了国家。棉花厂党支部书记孙福寿，兽医站会计韩吉瑞（女）、司药詹新歌（女），食品站党支部书记宋全士、职工姜国林、詹平禄、崔正周，老河供销社副主任张信有、门市经理岳文彩、职工吴清山等均因抢救群众、守护国家财产而牺牲。

驻防泌阳的人民解放军和县人民武装部指战员，在抗洪抢险中立下了不朽功勋。他们协助地方不仅在暴雨和洪水中疏散、抢救了大批群众，而且在道路不通、通信中断、板桥水库溃坝、泌阳与外界联系中断的危急关头，及时利用部队电台及时向上级报告险情，使险区群众及时转移并得到外界救援，减少了损失。

“75·8”特大洪水给泌阳人民带来了沉重的灾难和巨大的损失。据当时按实情分类统计，毁灭性灾害有板桥、沙河店2个公社，涉及21个大队、512个生产队、14 209户、72 984人，毁田125 829亩。特别灾害有老河、付庄、春水、下碑寺、大路庄5个公社，涉及43个大队、666个生产队、20 302户、99 887人，受灾农田214 298亩。重灾3个公社，轻灾9个公社。全县累计受灾农作物118万亩，占秋播面积的91.3%，其中绝收125 830亩，减产八成以上的214 300亩。全县大牲畜死亡4312头；倒塌房屋19万间；损失粮食3517万斤；人员死亡947人，受伤1529人，发病10万人次；冲坏拖拉机88台，各种机器2047部；冲走各种农具13万余件；社员家具12万件；损失成材树木1969万棵；冲毁各种建筑物14 409处；商品和其他物资损失1300万元，垮塌失事水库7座。

“75·8”洪灾引起全国甚至世界关注。在板桥水库溃坝失事的第二天，国务院副总理李先念飞抵灾区，视察灾情并下达救灾指示。8月11日，中共中央发电慰问；12日，水电部部长钱正英乘机亲临板桥水库决口处视察；15日，以中共中央政治局委员、国务院副总理纪登奎为团长的中央慰问团和中共河南省委、武汉军区慰问团，抵达驻马店并召开慰问大会。各兄弟省市相继发来慰问电，并派出医疗队，还运来了救灾物资。会后，泌阳人民在省地县委的领导下，在各级工作队、医疗队、解放军官兵的帮助下，有条不紊地展开了艰苦的救灾工作。中央调集陆海空三军，搜寻和救护洪水中的群众，空投食品、维护地方秩序和抢救保护国家财产。不少战士不留姓名，以“人民子弟兵”的名义，发来慰问信并捐出积攒的粮票和零钱。全国各地采取了飞机空投、汽车运输、人拉肩挑等办法，运来了各行各业、各界捐助的粮食、衣被、药品、生活用品和生产资料。泌阳县委组织全县机关、团体和各界干部群众开展自救，为重灾区赶制食品、捐赠衣物。据统计，截至1975年年底，全国各地运抵泌阳灾区的主要救灾物资有100余种，其中粮食2785万斤，生活用煤7144吨，柴油2780吨，布匹53万米，棉花12万斤，各种拖拉机296台，犁耙164部，播种机15台，电机组1套，推土机20台，柴油机196台，人力车7636辆，木材3892立方米，胶皮电线3万米，棉衣22 008套，小件农具34 452件，物资折款总计3 173 052万元，另有内蒙古军区、兰州军区、广州军区无偿捐赠军马817匹。

全国各地和社会各界对灾区的慰问和无私援助，极大地激励和坚定了泌阳人民战胜灾害、恢复生产、重建家园的信心和决心。县委通过调查分析，结合历史和现状，对泌阳灾后重建绘制了“一年站稳脚跟、二年有所变化、三年恢复元气”“南修铁路北治山、西部治岗东造田”的治理蓝图。围绕这一蓝图，到1978年先后建成了明（港）—泌（阳）窄轨铁路，组织以治山治岗为主要内容的“四个百里会战”，水土保持治理面积686平方公里，绿化荒山荒坡5万亩；在板桥库区治滩造地、开荒种粮，在下游改沙造田。修复了板桥水库上下游冲毁的全部桥涵、公路并通车；对全县管辖的70余座大、中、小型水库全部进行了除险加固；水毁村庄全部建成了红瓦红砖新村。全县化工、石油、矿业、缫丝等5小工业得到很大的发展，工业企业总数由原来的57个达到99个，总产值由1975年的1731万元提高到2697万元。粮食总产33 324万斤，油料总产648万斤，完成粮食征购1亿公斤，油料上千万斤，实现了县委制定的“三年恢复元气”的目标。

第七章　改革开放和社会主义现代化建设新时期

第一节　实行土地承包责任制，调动农民生产积极性

一、贯彻党的十一届三中全会精神

1978年12月18日—22日，党的十一届三中全会在北京召开。会议作出了把全党工作重点转移到以经济建设为中心的社会主义现代化建设上来的战略决策。这是党的历史上的一次重大转折。

1979年1月，县委召开常委扩大会议，各公社党委书记、县直各局委负责同志共70人参加，历时20天。会议传达了党的十一届三中全会公报和省委扩大会议精神，认真学习文件，统一思想认识。2月13—28日，县委根据地委部署安排召开全县三级干部会议，到会干部1805人。与会人员围绕全党工作重点转移这个中心问题认真讨论，一致认为，十一届三中全会果断决定党和国家工作重点转移，代表了党心民意，顺应历史、顺乎国情，表示衷心拥护，坚决贯彻执行。为了尽快实现工作重点转移，会议提出了鼓舞人心的任务目标和保障实施“转移”的几个必须：必须把多年主要抓政治运动的精力转移到抓经济建设上来；必须围绕 “转移”做艰苦细致的政治工作；必须改变党政不分状况；必须戒除官僚主义、强迫命令作风，坚持多做深入实际、深入群众的调查指导工作。这次会议是泌阳发展史上的重大转折会、动员会，重点明确，思想统一，极大地鼓舞了全县人民团结一致向前看的斗志，增强了实现工作重点转移的决心和信心，为全面加快工农业发展打牢了基础。

8月22—28日，县委又召开了1543人参加的农业工作会议。会议贯彻落实中共中央关于农业发展的两个文件和省委农业会议精神，交流了在抗洪救灾、重建家园以及发展农业生产方面的经验，表彰了40多个先进单位和个

人，并制定了符合县情实际的发展规划和措施。

二、推行农业联产承包责任制

1980年，中央《关于进一步加强和完善农业生产责任制的几个问题的通知》下达后，县委按照省委会议精神，迅速发出了《关于贯彻落实中央75号文件进一步完善提高农业生产责任制的意见》，对推行联产承包责任制的各项管理做出了具体规定，要求贯彻中央《关于进一步加强和完善农业生产责任制的几个问题的通知》不走样，积极引导逐步完善，普遍推行，确保全面落实。当年，全县联产承包户达到总户数的93.7%。

1982年2月10—16日，泌阳县1981年度先进集体和劳动模范代表大会召开。出席先进集体代表317人，模范个人代表496人，及县、社、大队干部共1500人。会议学习传达了中央1号文件精神，总结了几年来关于国民经济调整，尤其农业通过调整发展的成就与问题，按照省委农村工作会议精神结合泌阳老区实际，研究制定出以粮为主、全面发展大农业经济的规划。确定在抓好粮、棉、油主要农产品生产的基础上，充分开发利用全县山区、半山区资源优势，大力发展林业；充分利用丘陵地区饲草丰富资源，大力发展畜牧业养殖业；充分利用本地资源特产、大力发展社队企业；鼓励支持农民八仙过海各显神通，利用资源优势，依据家庭、个人特长，发展多种经营。促进农、林、牧、副、渔、工、商各业齐头并进，共同发展。

由于党的政策给农民撑了腰、壮了胆、鼓了劲，农民的生产积极性、创造性空前高涨，都舍得往自己的承包地里投资投劳，实现了粮、棉、油连年丰收。不少农户通过卖棉、卖粮和养殖收入，成了当时令人羡慕的万元户、致富户。广大农民的温饱解决后，开始建新房，置买新家具、家电，农村面貌得到根本改变。1983年全县粮食总产创历史最高纪录，仅夏季就向国家交售余粮超过1亿斤，跨入全省年贡献小麦1亿斤的先进县行列。

三、社改乡，人民公社体制悄然退场

1983年1月28日至30日和2月20日至25日，县委先后召开常委扩大会议和三级干部会议，按照中央、省委指示精神，讨论研究了贯彻落实人民公社体制改革的具体任务和措施，决定将人民公社改为乡镇体制。

4月初，县委在官庄公社搞农村体制改革试点。9月28日，官庄公社由公社制改为乡建制，撤销人民公社，设立乡党委、政府和经济联合社。10月，中共中央、国务院发出《关于实行政社分开建立乡政府的通知》后，即在全县开展了社改乡工作。11月22日，县委、县政府联合发出《关于认真做好泌阳县政社分开建立乡政府的工作意见》，提出“加强领导，精心组织，依据程序，积极推进” 的方针，要求各公社党组织要认真执行《准则》和改革决定，坚守岗位，忠于职守，抓好生产，抓好各项工作；一切服从党委安排，无论调整或留任都要服从；坚持党性原则、反对派性，做好安定团结工作；严格遵守国家财务管理制度，杜绝私分钱物和挥霍浪费损坏国家集体财产。

12月，全县共建立24个乡（镇）党委、政府、经济联合社，各项工作也顺利完成了移交。不久，撤销乡经济联合社，其经济管理职能由乡政府所属的站、所、办履行，原公社下辖的生产大队改为村民委员会，生产小队由村民组取代。

四、供销社，服务农村经济方式转变

（一）延长土地承包期

1984年1月，县委根据中共中央下发的《关于1984年农村工作的通知》精神，决定将土地承包期延长15年以上，并做到坚持土地公有制，农户承包经营政策长期不变；坚持大稳定、小调整，保持承包土地相对稳定；坚持保护耕地，鼓励农户对农业的投入；坚持田、林、山、水全面落实承包。同时发放了《土地承包使用证》，对荒山、荒坡、沟塘、水面等，与农户签订了承包经营合同。

1984年5月4日，县委召开有1076人参加的3级干部会。县委书记刘玉轩在会上作了《进一步贯彻落实〔1984〕1号文件，疏通渠道、发展农村商品生产、加快泌阳县经济建设的步伐》的报告。重点落实农村、农业改革4个方面的问题：一是各级党组织必须进一步转变思想观念，要放手抓商品经济生产，力求有一个大的突破。二是调整农业种植上的粮经作物的比例，在提高单产、稳定总产基础上，适当减少种粮食面积，扩大经济作物种植，尽快让农民实现增收。三是重点抓好成本低、周期短、见效快的养殖业项目。四是抓紧各有关部门支持、服务发展商品经济的改革。会议要求各部门要认清形势，解放思想，围绕发展商品经济生产总方针，转变观念，热情支持和放

手培育发展商品经济生产，搞好全县农村经济配套改革。

（二）农业经济服务

1984年秋，县供销首先改革成为农民集体所有的合作商业，成为发展农村商品经济的综合服务中心；其次是放手吸纳农民群众的民间资金参与经营活动，实行保息分红；其三是改革现行工资分配制度，实行经营效益和个人工资挂钩，多劳多得；其四是扩大经营范围和服务领域，并允许自行加工的产品自行定价销售。经过改革，供销社职工认清了企业的发展方向，转变了经营观念和经营模式，齐心协力创造出了购销全面增长、企业良性发展最好时期。当年全县共销售中小农具742.8万件，其他产品销售市场也由萎缩转为扩张灵活。尤其农用化肥、农药需求量激增的情况下，供销社努力增加外采，保证供应。

12月，县信用合作社与农业银行脱钩，成立泌阳县农村信用联合社，实行独立核算，自负盈亏，发挥了民间借贷作用。一是改革原来的人事委派制为选举制、招聘制、合同制，工资分配制度也相应改革调整。二是严格权责制度，建立严格的岗位责任制，实行责、权、利结合，充分发挥个人主观积极性。三是按区域合理设站、点，扩大服务覆盖面。

1987年，县联合社有独立核算的信用社发展到24个（每个乡镇1个），信用分社、储蓄所32个，信用代办站382个。基本建成了为“三农” 提供优质金融存贷服务、安全快捷的服务网络。是年，吸纳存款4176万元，比1985年增加1732万元，其中农民存款3724万元；发放贷款3200万元，比1985年多1688万元，其中用于支持农民发展经济3102万元，支持集体企业98万元。通过农业结构调整和相关部门的配套改革，农村商品经济得到较快发展。全县大牲畜存栏20万头，生猪出栏91万头，建立乡村渔业联合社160个，养鱼专业户发展到2400户，开发利用水面4万亩，渔业收入达到1694万元。化肥购销达32 637吨，比1982年前20年的总和还多。全县农业总产值达到29 200万元，比上年增长49.7%；副业收入9697万元，比上年增长100%；农民人均纯收入398.95元，比上年增长1.2%；全县城乡居民储蓄存款余额达到7160万元，比1978年增长11.32倍。

1990年后，县农联社各基层所、站采取更加灵活便捷的服务方式，以

“诚信担保”“联户担保”为主的密集小额贷款，全力支持农民发展畜牧养殖、香菇生产及农副产品加工、蔬菜大棚等春贷秋还的“短、平、快”致富项目，为促进“三农”快速发展，助推农民致富发挥重要作用，同时也增强了自身的资金实力。

（三）取消粮食统购统销

1985年4月1日，根据党中央、国务院《关于活跃农村经济十大政策》和省委意见，废除了实施32年的粮食统购统销政策，实行合同订购政策。农民手中多余粮油产品，可以在市场上自由交易，夏秋两季全县共完成合同订购粮油8565.5万斤，创历史最好水平。是年，全县有10个乡、161个行政村的5万多户、26万人处于国家划定的贫困线以下。

1986年4月，泌阳被河南省人民政府确定为全省34个贫困县之一，指定省文化厅对口支援，每年筹措数百万元低息贷款和财政贴息贷款用于重点扶持和经济开发。1987年国家又进一步完善了粮油订购政策，把平价化肥、柴油和发放预付支农定金捆绑起来，让利于民，使农民降低了种粮成本。之后，全面放开粮油价格，各种粮、油、布票等证也完成了历史使命，正式退出人民生活的舞台。

至1989年，国家共拨付泌阳扶贫资金1030万元，共扶持贫困户17 870户，其中有8761户、39 687人解决了温饱问题。

第二节　经济体制改革，工商业迅速发展

一、企业产权改革

1983年1月22日，省政府出台《关于完善工业企业经济承包制若干问题的实行规定》，泌阳开始推行以承包制为中心内容的经营责任制。县属所有工业企业承包形式有三种：一是基数包干，超收分成、减收受罚；二是基数包干，超收归己、减收自理；三是亏损包干，减亏归己、超亏自理。凡减收超亏的企业，都要按规定扣发领导和职工的工资，不足部分由企业掌握的自留资金补偿。企业内部实行层层承包、浮动工资和计件工资制。同时，扩大企业自主权，赋予企业人事任免权，企业按规定完成国家计划的超额产品可

以自行定价销售。

1985年，县属企业在全面推行经营承包制基础上，扩大人、财、物管理上的自主权，又重点进行了四个方面的改革：一是改革干部制度。即改领导干部任命制为选举制，改干部职务终身制为任期制。二是改革分配制度。从实际出发，建立健全多种形式的经济管理责任制。经济指标、产品质量及销售等实行承包责任制，多劳多得，取消“大锅饭”。三是改革劳动人事制度。推行企业中层干部聘用制。四是改革经营管理制度。企业在生产经营、劳动定额、财务管理等各个环节都制定了完整的管理制度，使企业的各项工作都在规章制度的轨道上运行。

1987年，企业实行包死基数、确保上缴、超收多留、歉收自补的承包经营办法。为深化国有企业改革，县委组织经委、工业局、总工会、组织部参加的联合调查组，深入企业贯彻落实厂长工作条例、职代会工作条例和党组织条例。驻马店行署副专员李天敏带领有关部门负责人50多人到泌阳现场办公。在县委书记刘玉轩陪同下，分别到制药厂、工艺绣品厂、油厂、壁毯厂、棉织厂、纱厂和缫丝厂等单位调研指导。1988年起，全县企业全面推行了厂长（经理）负责制、职代会制度、企业党组的保证和监督机制。企业内部的用工机制、分配机制、管理机制等改革得到进一步深化。1990年后，对小型企业实行租赁经营，逐步下放权利，将企业推向市场。1992年，对矿山公司、修造厂、钉丝厂、石化厂、非金属材料厂、电业公司6家企业进行股份制改造。翌年，县化肥厂依法破产。

1995年，落实企业经营自主权，打破所有制，实行股份制，对经营不善、亏损严重企业实行拍卖或租赁，政府彻底甩掉包袱。

二、商业流通领域改革

1984年，县商业局对国营饮食服务公司的12家门店实行集体承包。1987年，对小型零售业、食品加工等试行租赁承包，形式为集体租赁，自主经营，独立核算，自负盈亏。采取“四定三独两转一保”的租赁办法，即定销售、定租金、定人员、定租期，独立账户、独立核算、独立纳税，家具用具作价转让、原材料原成品作价转让，国家的固定资产保本保值。工商行政管理部门也积极转变观念，不断适应和加强服务管理。是年，全县个体有证商户3823家，从业人员3886人，年零售额2366万元，占社会商品零售总额14.63%。1990年后，在企业改革的同时，调整社会商业机构，改革国营商业体制，打破国有商业一统天下、垄断经营的局面，放手发展合作商业和个体商业，恢复供销社、信用社为合作经济性质的体制。允许个人从事商业服务业，放开购销市场。允许农副产品上市交易、加工内外贸需要的产品以及长途贩运；鼓励农民和城镇居民开办作坊、旅社、书店、个体诊所等服务业。逐步扩大农副产品自由购销范围或完全放开市场，加快市场流通。敞开大门，发展农贸市场，支持各种产品服务落户经营。建立多层次工农业产品贸易中心，实行开放批发经营，公开、公平竞争经营。大部分商业公司实行经济上定额上交、层层承包、超额按比例定奖。对小型国营商业企业，采取"国家所有、集体经营，盈亏包干、超利分成"等多种承包形式，超额比例奖金和承包分成奖金全部由企业自主支配。同时，县属农机、水电、农、林、牧场和影剧院的经营管理，也实行了包干责任制。

三、计划管理体制改革

1979年前，县计划和有关部门管理的物资达47种。1984年10月，党的十二届三中全会通过《中共中央关于经济体制改革的决定》，提出"要有步骤地适当缩小指令性计划的范围，适当扩大指导性计划的范围"的要求，全县机电、农机类管理分配的计划物资开始放开经营。对主要农产品和主要工业品生产实行指导计划，对粮油实行合同订购，超出定购部分实行市场调节。1990年开始，煤炭、木材、石油、液化气等逐步放开向市场经济过渡。1998年，保留关系国民经济全局的重要项目的计划管理，其他项目全部放开走向市场，计划管理职能随之消失。

同时，对价格体制也进行了改革。县委、县政府统一领导、分级管理，充分利用市场经济杠杆，加快了价格及管理形式的转变。1988年后，经对管理体制和邮政、电信、电力、食盐、药品、煤炭、石油、自来水等商品价格的不断改革完善，价格管理形成了调、放、管相结合的灵活体制，价格形式实现了市场调节的目标。

四、财税体制改革

1983年1月，县委、县政府根据国务院《关于国营企业利改税试行办法》的通知精神，对国有企业实行利改税，企业由向政府缴纳利润改为向国家缴纳税金，税利并存。1984年，全县24个乡镇成立财政所，由过去收入足额上缴、支出足额下拨的“统收统支”体制，改为“核定收支、超支分成、节约留用、一年一定”的乡镇财政体制。财政收入由税利并存的双轨制改为全部以税代利的单轨制。全县工业企业经上级核定，电力公司为大中型企业，缴纳55%所得税，不缴调节税；制药厂、矿山公司、石油公司、砖瓦厂、印刷厂5家为小型盈利企业，按八级超额累进税率缴纳所得税，税后利润全留；缫丝厂、萤石矿为小型微利企业，按八级超额累进税率缴纳所得税，税后利润全留。商业企业中的百货公司、五交化公司、副食品公司、石油公司、物资综合公司核定为大中型企业，百货商场及商业门店为小型商业零售企业；服务公司、煤炭公司、木材公司、煤建公司为交承包费的小型微利企业。1985年起，县供销社执行集体企业财务制度。农机公司、工业供销公司核定为亏损企业，盈利全留亏损不补。榨油厂、面粉厂、副食品加工厂核定为小型粮食加工企业，按八级超额累进税率缴纳所得税，税后利润全留。通过利改税，形成了以流转税和所得税为主体，其他税种相配合的税收体系。税收体制的改革，把国家与企业的分配关系纳入了固定轨道。

1991年，全县实行县乡（镇）“分灶吃饭”的体制，划分税种，核定收支，超支不补，节约留用。乡镇财政的收入范围是烟叶产品税、乡镇企业税、个体工商户所得税及营业税、屠宰税、牲畜交易税、契税和其他。农业税、农林特产税和耕地占用税，实行县乡六四分成。乡镇支出范围是教育、医疗卫生、行政、公安、抚恤、社会救济及耕地占用税分成部分列支的农业发展基金等。1993年，进一步对乡镇财政体制改革，实行“核定收支，总额分成，超收全留，短收自补，补助递减，自求平衡”。

1994年，全面实行分税分级的财政体制，“核定收支，基数分成，增长全留，短收自补，补助递减，自求平衡”。地县共享收入包括农林特产税，地区20%，县70%；耕地占用税地区30%，县70%。工商税类调整为五大类18个税种。是年9月，根据分税制的要求，分设国家税务局和地方税务局。

在金融体制改革中，相继成立中国农业银行泌阳县支行、中国建设银行泌阳县支行、中国工商银行泌阳支行、中国人民保险公司泌阳支公司、泌阳县信用合作社联社及城市信用社，人民银行职能转化。专业银行（公司）在组织使用资金，支持农业生产和商品流通方面各显其能，为泌阳老区经济发展发挥了重要作用。

五、对外开放

随着各项改革的进一步深化，泌阳老区也以更加开放的战略姿态敞开胸怀迎迓四海宾朋，接纳八方来风，加快了开放发展步伐。

1985年后，县委县政府不断加强与泌阳籍在外工作领导、专家学者的联系。先后寄发函信500多封，向他们介绍家乡的变化，请求他们为家乡建设出计献策，提供经济信息，牵线搭桥，招商到泌阳投资发展。县委、县政府通过接待回乡探亲的侨胞和“三胞”，加强与海外侨胞和港、澳、台胞的联系与合作。同时，组织有关部门负责同志外出考察，开阔眼界、了解信息、寻找项目、捕捉商机，使全县外贸出口额迅速增长。同时，制定了《关于吸引投资和引进人才、资金、项目、信息的优惠政策》，积极营造对外开放的良好环境，吸引国内外客商来泌阳投资兴业。1992年首次引进韩国外资151.3万元，建起了“多邻石材加工厂”，结束了泌阳没有外资企业的历史。当年出口总值达到3805.4万元，创改革开放以来的最高水平。随着党的各项政策的贯彻落实和不断深化的各项体制改革，加快了泌阳改革开放的步伐，扩大了对内外的经济联系，开创了社会主义现代化建设的新局面。1992年底，全县工农业生产总值达到了83 000万元，较1982年的19 457万元增长了4.3倍。

六、乡镇企业异军突起

1985年1月25日，根据中央、省、地发展乡镇企业的一系列指示，县委、县政府联合作出了《关于加快发展乡镇企业的决定》，调整充实了乡镇企业领导小组，将原来的社队企业局更名为“乡镇企业局”。各乡镇相应加强了乡镇企业的领导和支持力度，主要领导挂帅、部门通力合作，很快出现乡镇有企业、村村有项目、户户有产品的局面。

2月12日，县委、县政府联合发文《关于全县进行以城镇为重点的经济体制改革试点》，提出8条措施：“1.扩大企业自主权，增强企业活力；2.简政放权，实行政企职责分开，减少行政干预，发挥部门协调作用；3.大力发展商品生产；4.搞活农村经济；5.敞开大门，放宽政策，实行对外开放；6.重视信息网络作用，用信息指导生产，瞄准市场，减少盲目；7.尊重知识、尊重人才，大胆启用懂经济、会管理的干部；8.加强领导，搞好服务，保证经济体制健康发展。各乡镇按照县委、县政府的要求，对企业普遍实行经营承包制。改企业干部委派任命为选举招聘；改职工原乡村调配为企业招收；改职工固定工资为浮动工资；改封闭式经营为开放式经营，焕发了全县的乡镇企业生机和活力。”

10月，县政府在县人民武装部举办了为期10天的“泌阳县首届乡镇企业产品展览”，全县24个乡镇都有产品参展，主要有皮革类、编织类、小化工类、食用菌及农产品加工类、手工抽纱工艺等。虽然各乡镇企业发展不平衡，初级产品多，但为进一步发展提供了引领和示范，营造了良好环境，激发了发展后劲。

1987年，全县已有采矿、壁毯、服装、粮油加工、农机农具修造、轻化工、抽纱工艺等集体企业87家，村办工业企业65家，个体工业企业2664家，从业人员占农村劳力的1／3以上。

同时，乡镇企业也培养出一批具有管理经验和市场经济眼光的农民企业家，王义堂是农民企业家代表之一。王义堂是城关镇牛庄人，十一届三中全会后，带头组织起一支农民建筑工程队。后来又办起纸盒纸箱厂、面粉厂及餐饮招待所综合服务公司，企业像滚雪球一样越滚越大。尔后，在集体企业改革中，他承包了县水泥厂，获县政府奖金97万元。一石激起千层浪。王义堂这一举动被省内外新闻媒体争相报道，称之为第一个“敢吃螃蟹的人”和泌阳的“蛇吞象”现象。《河南日报》也以显著版面，以《王义堂兴业富全村》为标题，详细报道了他的事迹，县电视台还拍摄了电视专题片送省台播出。在省内外影响极大，对推动全县乡镇企业发展起了很大作用。

第三节　培育市场，发展县域经济

一、实施科技兴县战略

1986年，科学技术体制改革，让科学技术机构开拓服务市场，具有自我发展的能力和为经济建设服务的活力。1987年，泌阳农村的县、乡、村、组四级农科网基本形成。全县科技人员发挥技术优势，深入田间、地头、场院，通过不同技术层次的办班培训，印发“技术明白纸”、现场咨询、田间指导等形式，帮助农民学习掌握新知识新技术，推广新经验新方法，真正使科学技术成为发展生产、增收致富的好帮手。林业的火炬松在全县丘陵山区的引种成功，马谷田镇瓢梨的品质改良和品种更新，以及大棚蔬菜的栽培管理等技术的重要突破和推广，都具有很大的社会效益和经济效益，为老区人民增收致富起到了有力的支撑作用，生动体现了科技就是生产力。

1991年9月，成立“泌阳县科技兴县”领导小组，县长赵玉兰任组长。县委县政府联合发出《关于依靠科技进步，振兴泌阳经济的意见》，确立了“科技兴县”战略思想，提出了“八五”期间的主要目标和措施。要求科技部门要紧紧围绕小麦、玉米、棉花、烟叶等重点作物推广实用技术，搞好技术培训，抓好一批示范村、示范田、示范户，提高科技在发展农业经济中的含量。同时，加速对工业企业的技术改造，大力推进企业科技进步，提高企业经济效益。1992年8月，国家林业部下达的“乔灌、草、黑松、茶树、白草混合型”“乔灌草、马尾松、紫穗槐、黄蓓草混合型”和“防护林、薪、火炬松、麻栎多用型”三种最佳造林类型课题，由县林业局科技人员率先完成，研究成果推向全国，并收入《中国科技成果大全》一书。1995年12月，县委对科技兴县领导小组进行了调整，并召开会议，对林业局等4个先进单位和15名先进科技工作者、25名农民科技星火带头人进行了表彰。1997年，县农科所研究人员李长东攻克国家“七五”期间甘薯育种科技项目，“豫薯七号”获联合国计划开发署表彰。

二、构筑社会主义市场经济体制框架

1992年10月12—18日召开的党的十四大把建立社会主义市场经济体制作为建设有中国特色社会主义的重要内容确定下来。11月26日，县委召开了县乡200多人参加的扩大会议。会议提出，凡有利于促进泌阳经济发展，有利于泌阳人民脱贫致富，有利于富民富县的所有改革都要积极实行。具体措施为：在经济管理方式上，由计划指令为主转向以市场为调节为主；全面放开粮食价格，实行市场调节；在工业企业系统全面实行公有私营，租赁经营，同时实行政企分开。在农村，鼓励农民发展个体私营经济和特色产业，培育和发展市场农业。

1993年4月10—12日，中共泌阳县第七次代表大会在县城召开，出席代表310名，代表全县19860名党员。县委书记徐群才向大会作了《团结进取，务实苦干，为加快我县政治经济和各项事业的全面发展而奋斗》报告，在总结六次党代会以来县委工作成就和经验的同时，提出了今后五年的工作任务。指导思想是，以十四大精神为指针，以经济建设为中心，以建立社会主义市场经济体制为目标，加大改革，扩大开放，创造改革发展新成就。工作思路是，抓住机遇、乘势而上，加速发展，全面振兴。提前完成“八五计划”，顺利衔接“十年规划”。5月，县委、县政府联合下发《关于正确执行农林特产税征收政策的通知》，本着实事求是的原则，对没有效益的应征作物，不得违背政策平均摊派或以罚代种、代税。在城镇，对一些亏损或微利的小型国营、集体商业门店鼓励拍卖。

1994年8月，县委、县政府结合机构改革，先后出台了《关于进一步加快党政机关和事业单位分流人员兴办经济实体步伐的意见》和《关于进一步扩大对外开放的意见》，在鼓励全民经商办企业的同时，县委、县政府还对非公有制经济的发展环境和市场体系建设进行了治理，纠正了“三乱”现象。至1994年年底，全县个体工商户达到12 563户，其中，1992年以来新发展3963户，实现个体工商税836万元。

三、完善家庭联产承包责任制，深化农村改革

1992年7月，县委县政府在春水乡进行了土地调整试点，之后，各乡镇在稳定和完善家庭联产承包责任制基础上，坚持“大稳定，小调整”原则，对地块过于零碎、不便耕作，或因人口变动需要调整的土地，进行适当调整。1993年4月，县第七次党代会后开始的农村改革，主要目标是大力发展社会主义市场农业。依据这一思路，县委、县政府先后出台了一系列深化农村改革的措施。

1994年对乡镇直属的“七所八站”实行转轨变型，改原来的行政型“二机关”为经营服务型经济实体，减少了乡级财政支出，制止了税收方面的“三乱”现象。

1995年1月，县委、县政府在王店乡召开拍卖现场会，敲响"四荒"拍卖第一锤，拍卖该乡高楼村委境内四荒1485亩，成交额37 125元。4月10日，县政府作出《关于推行土地使用制度改革的决定》，并成立领导小组，对各类建设用地实行"五统一"（统一规划、统一征用、统一开发、统一出让、统一管理）。实现了政府对土地的垄断及有效保护、合理使用。9月，县委、县政府又决定在全县范围内拍卖"六荒"。1996年初，县委县政府发布文件，规定从1995年10月1日起，延长土地承包期30年，承包期内"增人不增地，减人不减地"，同时建立土地承包经营权流转机制，从而调动了广大农民从事农业结构调整，发展市场经济的积极性。政府注意加强农业基础设施建设，经过几年奋战，全县共治理小流域面积60平方公里，改善了生态环境；新增灌溉面积15万亩，旱涝保收田3万亩，植树造林16.7万亩。改善了农业生产条件，增强了抵御自然灾害的能力。

同时，不断加强市场经济发展中的农村集镇建设，使其成为乡镇政治、经济、文化中心。积极培育和发展农村经济实体，解决农户分散经营与大市场的衔接问题。实行公司加农户、基地连农户、市场促农户的方式，逐步向农业产业化、农产区工业化、农村城镇化的方向发展。到1998年，全县已经建起食用菌、畜牧养殖、林果、矿产开发等为主的特色经济项目74个，其中，发展香菇种植专业村24个，年产香菇1.8万吨，总产值7亿多元，并承办了当年在泌阳召开的全国香菇会议。由国家农业部主持实施的"秸秆养牛示范项目"落户泌阳，年畜牧产值5.7亿元。尽管当年夏秋受灾，农业生产仍获得好收成，粮食总产达到3.98亿公斤。

四、深化经济管理体制改革

1992年，对外贸依赖省级公司下单位组织收购货源的经营形式进行改革，自营出口业务，扩大了出口供货，繁荣了市场。在简化基本建设程序的基础上，根据国家规定，废止建设项目业主责任制，实行项目法人责任制。1993年起，每年安排烤烟生产计划，其他均不再下达计划。1994年按照中央分税制要求，为稳定财政体制，县政府对乡镇财政继续实行包干，原定指标三年不变，超收部分四比六分成。此后，财政管理上先后实行了政府采购、工资统发、营建工程预决算审查、会计委派和集中核算形式的改革，提高了政府财政管理的效率。是年，县政府将关系重大国计民生的6类40种商品、27个经营单位，列为价格监审对象，采用了国家定价、企业定价、进销差价率申报和提价申报、高价备案等办法；粮油价格放开后，又实行了进销差的控制；对猪肉、鲜蛋、蔬菜实行临时限价；对计划外组织的化肥、农药、农膜实行差率控制。至1995年，针对猪肉、蔬菜、生活用煤价格涨幅过大的情况，县财政拨款333万元作为补贴，直到市场价格回落到正常水平。

1996年开始，对经营性建设项目实行招标制。是年，全县外贸出口总值达到9000万元，比上年增长24.8%，自主灵活的经营方式，使外贸企业很快摆脱了困境。

五、大力招商引资

1992年7月，县委、县政府出台了《关于对外开放、对内搞活的若干规定》和《关于吸引投资和引进人才、资金项目、信息的优惠政策》两个文件，对招商引资项目制定出了10多条优惠政策措施，以开放的姿态大力吸引外资，引进人才、项目，收到良好效果，当年引进国外资金151.3万美元。

1996年4月，泌阳县招商办公室成立，具体负责招商引资工作的组织、洽谈及项目实施的相关协调和服务。通过利用报纸、广播电视新闻媒体和印发招商指南宣传品等多种形式，向海内外宣传推介泌阳的资源和区位优势及优惠政策，进一步树立泌阳对外开放的形象，提高了泌阳的知名度和吸引力。1997年，全县累计引入资金6.2亿元，外商投资企业发展到12家，横向经济技术合作总额近10亿元。

六、实施“富民工程”

1994年，国家根据新时期经济发展的要求，结合全国的贫困状况，制定了国民经济第八个“五年计划”，提出20世纪末摆脱贫困、步入小康社会的重要措施，即“八七”扶贫攻坚计划。县委、县政府为贯彻落实扶贫攻坚计划，确保早日摘掉省级贫困县帽子，作出《关于到本世纪末解决全县贫困人口温饱问题的决定》，开展扎扎实实的扶贫活动。这次扶贫改变了过去单纯以资金和物资进行救济的传统输血式做法，实行扶贫与开发、扶贫与扶志、扶贫与富民工程相结合的方式进行。县政府成立了“扶贫开发办公室”，负责协调全县的扶贫工作，监管扶贫资金，加强督导，组织经验交流。县、乡两级派扶贫干部，实行对口扶贫，开展“联系户”活动；对扶贫工作成绩突出的干部和脱贫致富快的农户，给予表彰或奖励。

为加快泌阳老区的脱贫步伐，县委、县政府积极组织实施“富民工程”。基本指导思想是：在稳定完善家庭联产承包责任制基础上，充分挖掘本地资源，找准农村工作的着眼点和突破口，帮助农民找出一条稳定的致富路子。在具体措施上，大力发展短、平、快和以种、养、加为主要项目的个体经济和庭院经济，积极探索农业产业化、商品化、社会化和产、供、销一条龙路子，逐步推进农村城镇化的路子；组织农村贫困户和富余劳力外出务工，做好劳务输出，以“十万农民上项目，十万农民下江南”为目标，千方百计增加农民收入。

“富民工程”激发起广大农民的创业致富热情。他们发挥各自优势或饲养家畜家禽、养鱼种莲，或承包林地栽种林果，而更多的是种植香菇。当年全县菇农达到7万多户，从业30万人；同时，外出务工人员也达到10万多人。随着改革开放和经济形势的不断发展，全县的香菇种植规模逐年增大，外出务工、出国务工人员也逐年增多，已成为振兴乡村、农民致富的主要途径。泌阳实施“富民工程”做法和成效，受到了上级领导和新闻媒体的关注。富民工程的实施，提高了泌阳的经济综合实力。1999年，泌阳县在全省的排名由1996年的98位上升到84位，农民人均纯收入由1996年的428元增加到2000年的1867元，净增1334元，全县有21万人实现了脱贫。

七、加强劳务输出

1992年，泌阳已经有部分青壮年农民自行外出打工，凭着自己的才智和能力，挣到了属于自己人生的“第一桶金”。随着全国改革开放速度的加快，面对新的形势，泌阳老区人民在对自己“一亩三分地”微薄收入发展缓慢的思考中，渴望尽快寻求一条便捷的发展致富方式。同时，外面的精彩世界也吸引着广大农民，特别是青壮年农民，他们已经不甘于昔日长辈们面朝黄土背朝天的传统生活方式，而对新的城市生活十分向往。伴随着沿海经济发达地区的各种企业的扩大生产，用工日益增多，更多的农民便纷纷“孔雀东南飞”出家门，形成务工大潮。

县委、县政府对出现的农民“务工热”非常重视，大力支持。同时也加强科学管理，使之走向良好发展之路。1997年10月，县人事劳动局内设的劳动就业科升格为劳动就业局（常设副科级单位），具体负责全县社会劳动力的就业登记、资源统计、职业介绍、就业指导、培训及农民工自身权益保护等服务性业务。在县职业教育学校等职教技术培训场所，对农民工免费培训、政府补贴，以保障农民无论是外出务工还是在家创业都能学到一到两门实用技术。从1998年到2002年的5年间，全县近万名农民工经各级技术培训机构培训取得技术证书。经过培训的农民工，提高了思想素质，获得了技术知识，找到了适合自己的好工作，挣到高工资，不少家庭因而脱贫致富。

1998年，全县外出务工人员为3万多人，2000年增至11万人，遍布全国18个省（市）。尤以广州、深圳、东莞等地为多，也有个别出国务工的。2005年，外出务工人员已达21.5万人，创劳务收入5.6亿元。其中优秀青年农民康先照，分别被马来西亚和文莱两国聘为香菇种植技术顾问后，在两国间组建了跨国菇业公司，个人年收入超过600万元（折人民币），还带去了上百名泌阳技术员和务工者，促进了家乡和马、文两国间的香菇产品贸易和技术信息交流。

县委、县政府及时启动务工回归和带动工程，鼓励成功人士回报乡梓。2005年，杨家集乡郭庄村农民赵全磊开始往韩国作香菇贸易。随后，又建立国内和韩国、日本3个香菇生产基地（公司）。每年组织大量菇品出口，同时，还把在国内基地完成发菌的上百万袋香菇，通过车载冷柜运抵青岛港口，再转发韩国或日本生长栽培，其跨国技术服务队伍108人，年创产值2500万元。其中，自创产值400万元，技术员平均月工资万元以上。2006年，泰山庙镇常金安携带技术资料约随同在外务工的工友一起回家乡，筹资3000万元在县城开发区开办万锭规模的鑫琪纺织有限公司，招收安置本地300多青年农民就业，人均月收入千元以上，为家乡经济发展做出了贡献。至2009年，全县外出务工人员达到了23.5万人，总收入30亿元。更多的农民实现了由农民到工人的华丽转身，走上了增收致富的道路。

八、助力东西部合作

1996年县委、县政府提出了乡镇企业“二次创业”措施：一要在企业改制基本完成的基础上，推动乡镇企业上台阶，全面加快农村乡镇企业的工业化、城镇化进程。二要围绕实施乡镇企业示范工程，重点培植24个骨干龙头企业，组织16个企业集团，连片集中3个农副产品加工、采矿、建材行业小区。三要积极引导、集中连片发展，将原来的分散布局向集中连片开发转变，增加就业容量。四要因地制宜，组织开发好以春水、象河等乡的“泌阳青”“芝麻黑”“芝麻白”为主的花岗岩系列产品和泌阳县的砂石资源。五要继续实施“书记工程”，支持加快个体私营企业的发展着力培育支柱产业和各种名优特新产品，提高产品市场竞争力，把实施乡镇“二次创业”作为振兴泌阳经济的新起点。

在改革中崛起的乡镇企业，经过十多年的不断发展，已成为农村经济增长的支柱产业和农民脱贫致富的有效途径。工业富县已成为全县上下的共识，通过走出去、请进来的方法，拉开了招商引资的序幕。为使乡镇企业发展上规模、上档次、上效益，推进中西部合作，“借船出海、借梯上楼”也成为县委、县政府谋划未来发展的战略思想。

1997年1月，《中华人民共和国企业法》公布后，泌阳老区以强化合作，多方引资，股份为主，工贸结合，建成了规模较大、功能配套完善的乡镇企业工贸小区及专业市场20个，四级企业入驻13 580家，其中引进企业项目30个，资金5700万元，从业人员达到83 200多人，是年完成产值33.5亿元，创乡镇企业历史新高。

1998年，在驻马店召开的全国东西部合作经贸洽谈会上，泌阳与省内外共缔结友好乡镇76个，引进项目27个，引进资金4500万元。1999年到2002年，共签约合作项目297个，落实229个，签约合同金额16.18亿元，资金实际到位17.71亿元。

2005年，全县大力开展了招商引资项目建设工作。出台了招商引资的优惠政策，规划了产业集聚区建设。是年，中小企业已发展到15 500个，从业人员24.6万人，总产值22.54亿元。个体经营户11 360户，从业人员51.55万人，营业收入62.14亿元。

2006年9月，在全国民营企业东西部合作经贸洽谈会上，引进项目61个，总投资额16.5亿元，其中工业项目53个，占总数的87%。内有1000万元的项目32个，上亿元的项目4个，从项目数量、质量，到投资总量都超过历届规模。东西部合作助推了泌阳乡镇企业的发展，扩充了全县的经济总量，推动了产业化进程，加快了全县经济社会的协调发展，基本上达到了乡镇企业“二次创业”的预期目的。

第四节　优化发展环境

一、营造改革开放氛围

（一）狠抓行风建设

1990年“泌阳县纠正行业不正之风领导小组” 成立，在全县组织开展了纠正行业不正风活动。针对计划经济向市场经济转变过程中出现的一些不正之风，诸如政府部门化、部门权力化、权力利益化、利益个人化等，坚决予以清除和纠正。各有关单位特别是工作服务和群众生产生活联系紧密的工商等单位，开展自查自纠，对群众反映的市场监管不力、管理混乱等问题进行整改。县人大常委会还组织县乡人大代表对县工商局进行述职评议，提出了批评和整改建议，并以此对全县涉及服务管理的部门单位，进行了一次深刻的行风教育和作风整顿，提高了管理和服务水平。

1993年以后，全县加强对“三乱”（乱收费、乱摊派、乱设卡）的治理，按照政策取消了一批收费项目。机关单位实行“收支两条线”和“包干制”，单位则向企业、农民、个体商户发放负担明白卡，增强负担的透明度。县委、县政府还对县内重点企业实行挂牌保护制度，制止农村一些不合理的高指标和升级达标活动，对挂靠党政机关所办的经济实体予以撤销或脱钩处理，解决官商不分、以权谋私的问题。

在开展党风党纪教育、廉政建设和创建文明单位活动中，抓好党员干部自身廉洁自律，警钟长鸣、防微杜渐。县政府成立“纠风办”，作为常设机构，具体负责纠正全县各部门各行业的不正之风，不断提升干部队伍反腐倡廉、自觉遵守党纪政纪的觉悟，增强党组织的战斗堡垒作用和党员个人的先锋模范作用，有效地服务了经济建设。

（二）强化基础设施建设

1994年，在开通5000门程控电话的基础上，又完成了4个乡镇程控电话直播。1996年，投资1.23亿元使固定电话用户迅速扩大到6.6万户，移动电话发展到1.1万户。是年，新建110千伏输变电站工程竣工运营，全县输变电站7个，总供电量由1992年的5200万度，增加到1998年的6002万度，实现了村村通电。

1994年始，县委、县政府先后融、投资千万元，新建、改建了城区花园路、文明路等11条路段，硬化了路面，使城区面积由原规划（1983—2000）的6平方公里扩大到9.6平方公里。1995年，为适应农村扶贫开发和城镇化建设，加快农村交通基础建设速度，县委、县政府推行国有土地使用制度改革，对东方红大街、工农路、人民路和城区出入道路，通过土地出让方式实施了拆迁改造。融资750万元，先后开通、新建、改造了城区花园路、大桥路、古城路、文明路等11条路段。1996年，对县城总体规划进行编修，由省城市规划技术鉴定委员会专家评审通过，1998年经省政府批准实施，城市规划区面积31.5平方公里。是年，城区面积扩展到15.5平方公里。同时，对县乡道路全部进行了拓宽、整修、绿化，1995—2000年，5年间投资千万余元，对境内原有3条交通路线路面实现了升级改造，分别达到了二级或三级路标准。共投资3.4亿元新建、改建县乡公路280公里，全县农村公路总里程达到2800多公里，路网密度达到19.2%。形成了以省、国道为干线，县乡路为支线，联通全县城乡的交通网络，彻底解决了出行难问题。

（三）社会治安综合治理

1990年，各行政村建立治安联防队和义务消防队。治安联防队是群众自发性组织，轮流值勤，联合防范违法犯罪活动。

1994年，县反贪污贿赂工作局成立，惩治贪污贿赂犯罪作为对县域经济建设最重要、最直接的服务，有了组织保证。1995年3月，县委召开常委会，贯彻省、地委政法工作会议精神，对进一步搞好泌阳社会治安综合治理，建立良好社会秩序问题进行了深入研究。会议决定，要严格执行社会治安综合治理领导责任制；落实综合治理、集中整治的各项措施，适时组织集中打击和专项斗争，继续坚持严打方针，坚决打击和扫除各种丑恶现象；继续广泛深入进行普法教育，提高人民法制观念和遵法守法意识；落实有关法律法规推进依法治县。随后，县委政法工作会议，与各乡镇和县直各执法单位签订了执法责任状。9月，县召开严厉打击严重刑事、经济犯罪分子宣判大会，对14名犯罪分子依法逮铺，11名被依法判刑，其中3名被判处死刑。1996年1月，驻马店地区惩治贪污贿赂成果展览在泌阳巡展，1500多干部群众参观，收到良好的教育效果。2月，再次召开公捕、公判大会，集中、公开打击处理各种刑事犯罪分子28人。震慑了犯罪，促进了社会治安环境的好转。

为使综合治理经常化和法制化，达到社会长治久安的目的。县委、县政府坚持打、防相结合，以防为主，充分发挥群防群治的社会功能，1997年5月，建立了警民联防网络和“110”指挥中心，开通了“110”报警电话，随时接警出警。同时，采取一系列措施，加强治安组织建设，全县组建乡镇治安联防队27个，配备专职队员108人。建立基层治保会431个，帮教小组1506个。乡镇有治安室，村有治安员，街道社区、厂矿企业、学校有警务室、警务员。重点单位全部安装了电子监控器，提高了单位治安防范能力。各村民组也都建立了打更室，负责夜间治安巡逻，开展治安宣传，处置突发事件。全县推行社会治安责任制，纳入单位目标管理制，实行“一票否决制”。乡、村、组层层签订治安责任状，责任到人。局委都建立健全了治安民调室，配备了专职人员，各村委完善了“村规民约”等各种治安管理、村民自治规章制度，社会治安，综合治理，常抓不懈，务求实效，治安巡逻、治安联防、群防群治进入常态化。

同时，各级党组织认真解决群众反映的社会热点难点问题，妥善处理人民群众来信来访，消除不安定因素，维护发展了全县安定和谐的局面。1995—1997年，泌阳县连续三年被驻马店地区评为“综合治理先进县”。1997年底，全县有233个村委被命名为“村民自治示范村”。

二、“三好一帮”和“三优一带”活动

1996年1月，县委常委会认真总结和反思农村思想政治教育情况，感到，一个时期以来，集中精力抓经济，忽视放松了思想政治工作，致使一些党员干部宗旨观念淡化，部分群众政策和法制观念淡薄，社会治安混乱，

好人不香，坏人不臭，正气不扬，邪气上升，影响了党群干群关系，妨碍了农村改革的深化和农村经济的进一步发展。要想物质文明与精神文明同步发展，必须加强思想政治教育。县委制定了《泌阳县农村思想政治工作方案》，决定从1996年开始，在全县开展以建立荣辱机制为切入点，以“三好一帮”为内容的农村思想政治工作。“三好一帮”，即在全县农村开展争创“好党员”“好农民”“好农户”活动，把一些品德较差、不务正业的人定为“帮教对象”，指定党员干部对其帮助，鼓励先进，帮教落后，彻底改变农村思想政治状况。

为确保该项活动的开展，县委成立了以县委书记徐群才为组长的农村思想政治工作领导小组。各乡镇、村委也相应成立由“一把手”为组长的领导组织，加强统一领导。抽调一大批干部深入农村具体指导，把“三好一帮”活动列入各乡镇年度考核主要内容之一。

在活动过程中，主要抓了三个关键环节：一是集中群众意见，科学制定标准。好党员、好农户、好农民占本村人口比例分别为10%、5%、5%；帮教对象比例控制在1%～2%。二是广泛宣传发动，统一群众思想。通过电视节目、群众座谈及印发“明白纸”等方式，使广大群众加深了对“三好一帮”活动意义、内容的理解，掌握了评选条件、标准及方法。全县95%以上的农户参与了该项活动的评议，年满18岁的农民参与率达到了93%以上。三是规范程序、认真评选。由村组群众民主评议，对照条件，以无记名方式产生“三好一帮”人员，评选结束分别登记造册，分类归档，一年评选一次，实行动态管理。活动期间全县评出帮教对象682人，而且确有劣迹。评出“三好”人员13 909人。其中，一半以上是党员干部。

1997年5月，中央人民广播电台驻河南记者站副站长辛如记，同中央电视台记者赵建军来泌阳花园乡高辛庄村，采访以“三好一帮”为载体的农村思想政治工作情况。同年7月13日，省委精神文明办主任张德伟、省委宣传部农宣处处长刘晓明及地区文明办领导，来泌阳县深入泌水镇、花园乡了解“三好一帮”活动开展情况，对此给予了高度评价。

1999年5月，农民日报社记者张云青、季林来泌阳采访“三好一帮”活动开展情况，6月3日《农民日报》头版刊登了以《弘扬正气涤浊浪、保稳定——河南省泌阳县农村开展“三好一帮”活动纪实》为题的长篇通讯报道，引起极大反响。

在农村“三好一帮”进行的同时，党政机关、企事业单位开展了“三优一带”（评选优秀党员、优秀干部、优秀职工和帮带对象）活动。制定优秀党员8条、优秀干部6条、优秀职工5条、帮带对象8条标准，按照宣传发动、查摆问题、自查自纠、民主评议、建章立制、检查验收、会议表彰6个阶段，稳步推进。

“三好一帮”和“三优一带”思想教育活动，是泌阳县委政治思想工作的创举，对加强农民思想政治教育、推进社会风气好转和农村改革深化经济发展有较大的成效，对加强各级党政领导思想作风建设、组织观念、群众观念、廉政观念和个人工作能力有很好的促进作用。

第五节　搞好农业开发

一、调整农业结构

1996年2月，县委工作会议提出强化两个基础（农业基础地位和基础设施建设），突出三个重点（富民工程、乡镇企业和县办工业），搞好四个开发（林果业开发、畜牧业开发、矿产业开发和水资源综合开发）。县委、县政府集中财力、物力、人力，抓住以山水田林路为主的农业基础设施建设、农业结构调整和粮食基地县建设。全县小流域治理取得显著成就，河流得到整治，水库得到加固；农村“四荒”得到利用；山区或封山育林或退耕还林、还草、还牧，林地中空地全部绿化。年底，被省人民政府命名为“荒山绿化达标县”。1998年，完成了县乡路、乡村路和村村路338公里的道路绿化和10万亩农田林网的建设，农业、农村的面貌有很大改观。

与此同时，在农业基础条件比较好的沙河店镇和赊湾乡，建立了两个各1000亩以上的优质高产农业示范区，完成了5万亩旱涝保收田和20平方公里的小流域治理。配套打机井900眼、坡改梯田2万多亩。特别是狠抓了最具泌阳特色的香菇生产基地建设和畜牧基地建设，使菌业和畜牧业成为富民强县的支柱产业。1998年，种植香菇的农户已遍及全县乡村。畜牧养殖“黄改肉”为主的示范区也由原来的两个乡镇扩展为6个乡镇。

县委、县政府还特别重视科学技术在实现农业现代化中的支撑作用，强力实施“科技兴农”战略，实施“种子、植保、沃土”三大农业工程，引导农民向现代化农业和市场农业转变，逐步推进农业产业化，从根本上解决农业效益低、农民增收慢的问题。县委县政府突出扩大优质专用粮食作物种植面积，重点抓好优质小麦、玉米、小杂粮的基地建设，扩大经济作物种植面积。使粮经比例由1995年的76：24调整到2000年的64：36。在稳定粮食生产的基础上，继续按照“以菇为主，多品发展，精深加工，全年生产”的发展思路，扩大规模化基地生产。加大科研攻关力度，拉长产业链条，实现加工增值、农民增收。大力发展以牛羊为主的草食型畜牧业，着力发展黄牛改肉牛的繁育、加工企业。搞好秸秆青储变废为宝，培育基地养殖，规模化养殖。利用境内有大中小水库75座、塘堰坝2827处、可养殖面积近10万亩的条件发展水产养殖，2000年全县水产量5000多吨，获“河南省渔业生产先进县”称号。加大农副产品加工和矿产品开发力度，积极发展石材、砂石等建筑建材业。在建设好平原林网、绿色廊道工程的同时，继续抓好林业生产及山水田林路小流域综合治理，重点种植发展优质果林，发展可同步兼种的林下经济。

2003年年初，县第九次党代会和县第十一届一次人代会相继召开，会议作出了以发展为主体，以结构调整为主线，以改革开放和科技进步为动力，以提高人民生活水平为根本目的的决议，提出了强化一个基础（农业基础），推进两化进程（农业产业化和城镇化），实现三个突破（在种养业深加工上有新突破，在退耕还林和山区小流域治理上有新突破，在非公有制经济发展上有新突破），提升五大支柱（林、牧、菌、矿、烟），抓好六个重点（结构调整、东西合作、城镇建设、财源建设、旅游开发、扶贫开发）发展要求，会议为广大干群齐心协力奔小康指明了方向，坚定了全县人民加快发展的信心和决心。

二、发展特色产业

1993年泌阳县委主要领导经过反复调查论证，提出了“长抓林、短抓牧、抓着花菇当年富”的经济发展思路。县委书记徐群才要求，抓好人均三分经济田，落实每村3000至6000袋花菇种植计划，形成规模，占领市场，实现泌阳特色农业较大突破。从这年开始，县委把花菇生产作为一号富民工程，领导班子成员一不转向，二不松劲，多年如一日。一抓宣传发动，激发菇农种植积极性；二抓“龙头”企业，公司基地带农户；三抓技术，提高种植技术水平和花菇品质；四抓引导扶持，加压增责，协调服务。1994年，花菇专业技术人员研究袋料小棚立体花菇栽培技术成功。1996年3月，县成立食用菌开发办公室，具体指导全县花菇种植和研发。当年花菇种植就遍及24个乡镇、397个村、12万户，从业人员达35万人，一举成为全国花菇生产第一大县，产品俏销国内外市场。

1997年12月，县政府投资2200万元，在县城中心建起占地18 000平方米的“中国泌阳花菇市场”，在全国建立起了销售网络，全县时有花菇制种厂50家，干鲜菇产量递增到了1.8万吨，花菇产值达7亿元，占全县农产值的37.5%，人均菇业收入700元左右。全县的贫困人口由1993年的5万多户、21.7万人，下降到6200多户、2.63万人。

1998、1999年连续两年成功承办全国花菇专业会议和新技术新产品交流交易会。2002年又成功地承办了世界食用菌学术研讨会，会议总结出袋料立体种植花菇的“泌阳模式”蜚声中外，世界食用菌学会副主席张树庭来泌阳考察花菇生产时赞为“泌阳花菇，世界一绝”；世界蘑菇协会主席马克·沃克翘起拇指，连连称赞。全国食用菌协会会长孟凯赞誉“泌阳花菇甲天下”，又亲自挥毫为小乔庄题写了“中国花菇第一村”。泌阳花菇在“99昆明世博会”上荣获金奖。

泌阳花菇种植启迪了泌阳人的聪明才智，造就了一批花菇种养专家。随着泌阳花菇种植大县和花菇生产巨大经济效益影响的扩大，先后引来了全国10多个省市的10万多人来泌阳参观学习。还招来了日本、韩国、新加坡等10多个国家的“洋客商”慕名来泌阳洽谈、订货或高薪聘请泌阳花菇技术人员当顾问。1998年，全县被辽宁、河北、山东、云南等10多个省市聘走当技术员的泌阳农民就有3000多个，年薪都在6万元左右，这在当时可是较高的“身价”。农民技术员祁建勋越洋过海受聘到加拿大；刚过而立之年的青年农民康先照，分别被马来西亚、文莱两国聘为“农业发展顾问”。尔后，湖北枣阳、湖南长沙以同等的身价将农民孟庆杰和他的两个弟弟聘走。昔日泥腿子，如今“香饽饽”。随后，在泌阳县委、县政府优惠安排全国下岗职工到泌阳种植花菇创业的的措施召唤下，先后接受来自云南、湖南、四川等地的下岗职工1000多人。其中，来自辽宁省抚顺市的下岗职工周岩夫妇，被安排在“花菇第一村”——泰山庙乡小乔庄，村上菇农待他们如亲人，手把手传授技术，一年后收入达3万多元。夫妇俩还把户口和组织关系从抚顺市转来，决心在泌阳扎根定居。

花菇使泌阳经济振兴崛起，使农民走向富裕，也使昔日泌阳这个地处僻壤的贫困县一下子走向了世界！以花菇生产为主的食用菌种植量达到2亿袋，产值34亿元被定为全国生产基地县，高邑镇建设食用菌市场，形成了食用菌基地建设、科研生产、加工销售为一体的产业格局。泌阳花菇入选全国互联网地标产品50强。亦有了“泌阳花菇甲天下”的称号。

三、支柱产业效益可观

1998年1月21日，经县四大班子联席会议讨论通过的《1998年工作要点》提出“抓重点、创特色、求突破、上台阶”的工作思路。为使这一思路落到实处，促进县域特色经济尽快形成，县政府于2月24日发出《关于在全县开展特色经济村创建活动的通知》。按照基础在村、重点在乡、“龙头”在县的产业化建设原则，在全县开展特色经济村创建活动。具体目标：创建3个特色经济体，8个经济示范村，74个行政村特色经济项目，在香菇种植和畜牧养殖方面取得突破性进展。

2002年3月15日，县委、县政府召开经济工作会议，作出了以农业增效、农民增收为目标，积极推进农业产业化经营，千方百计增加农民收入的决定。第一，大力发展特色农业，依据本县自然优势，扩大种植优质小杂粮系列产品。第二，畜牧业调整，以畜牧业综合开发利用为突破口，在稳定生猪生产的同时，重点抓好以羊册、杨家集、盘古等乡镇为主的世行贷款肉牛发展项目，并以此为契机，大力发展以牛羊为主的节粮型畜禽规模养殖，逐步形成专业化、区域性化。第三，林业结构调整，充实“南梨、北枣、中部桃、全县板栗和杂果”的林业发展格局，加快全国生态示范县建设进程。第四，食用菌产业结构调整，坚持多菌品发展，实现资源的合理利用和食用菌产业的可持续发展。特别提出要提升五大支柱（林、牧、菌、矿、烟），抓好六个重点（结构调整、东西部合作、城镇建设、财源建设、旅游开发、扶贫开发）。通过全县上下的狠抓落实，加快了农业经济的发展，为农民奔小康，建设社会主义现代化农业坚定了基础。

（一）林

1996年，贾楼乡群众在石板地上开垦营造出2万亩林果，其中桃园1万亩，一举成为远近闻名的林果之乡，当年被国家林业部命名为“林业生产先进单位”。1998年，全县124万亩宜林荒山全部绿化，森林覆盖率已达32.4%，活立木蓄积量达143万立方米。2013年后，分别注册了“豫泌白云仙桃”和“白云仙桃”两个绿色无公害水果品牌。白云仙桃总产值3200万元。历史上已誉满省内外的“马谷田瓢梨”经农民不断地改造更新，已扩大到10万亩规模，年产值2500万元。同时，遍布全县的板栗、葡萄以及盘古、白云山的茶园等也形成规模栽培。

（二）牧

1986年春，泌阳县畜牧局以副局长祁兴磊为领队的科研团队，以羊册家畜改良站为基地，在极其简陋的条件下开始夏南牛品种培育。1988年，“南阳牛导入法国夏洛来牛，培育肉牛新品种”科研项目，由河南省畜牧局立项批准，泌阳县畜牧局正式承担实施。经过近十年的试验培育，先后于1994年冬季，完成了夏南牛品种培育的导入杂交和正反回交计划。于1995年春季，精心培育出含夏洛来牛血37.5%、南阳牛血62.5%的优秀个体，夏南牛品种培育开始进入横交固定和自群繁育阶段。

1997年泌阳与加拿大枫华发展有限公司合资兴建“泌阳枫华种猪扩繁公司”，年产种猪1.5万头。

1999年10月，国内14位顶级畜牧专家来到泌阳县，专门召开夏南牛培育研讨会，修订育种计划，完善技术措施。县政府聘请昝林森教授、高腾云教授和王冠立研究员为泌阳县畜牧业顾问，这为夏南牛的培育成功奠定了人才基础。

（三）矿

已探明泌阳地下蕴藏有铁、银、铜、石油、大理石等矿藏40多种。开发的有石油、大理石、花岗岩等10多种，年产值近5亿元。2005年后，形成的春水、象河石材开发集聚区，已成为河南省最大的花岗岩开采加工基地。这些矿产品的开发，促进了县域经济的发展。

（四）烟

王店、铜山、盘古、郭集、双庙等乡镇作为金铜山体质烤烟基地，种植面积稳固，资金和技术扶持力度强。2016年，烟叶总值达到316亿元，实现税收4200万元。

第六节　提高农民物质文化生活水平

一、大交通网络形成

随着泌阳经济发展，县委把城乡基础设施建设作为一项重要任务常抓不懈，到2000年，全县农村公路里程达2800多公里，路网密度达19.2%。2004年1月，国家级高速公路沪（上海）—陕（西）高速过泌阳境路段开工修建。沪陕高速泌阳段33.2公里，设上下出口1处，服务区1处，互通立交1处，总投资17.5亿元。当年5月和10月，新（蔡）—阳（泌阳）高速公路泌阳段开工、焦（作）—桐（柏）高速公路泌阳南段开工。两条高速公路泌阳境内段共39.7公里，48个标段，总投资17.1亿元。上万名建设者驻扎在路段沿线，栉风沐雨，历经寒暑，日夜奋战两年多时间，分别在2006年8月、9月、11月胜利竣工通车。同时，完成了确内路截弯取直和二级公路复修。

2005年年初，县委、县政府抓住国家把解决农民出行条件、大力发展农村公路建设的大好机遇，落实省市实施农村公路“村村通”工程的正确决策，把2005—2007年这三年，定为泌阳县农村公路发展的作为一项惠及千家万户的富民工程、小康工程和民心工程以及向农民承办的“机遇年”“攻坚年”“决战年”，连续三年，把“村村通”工程建设作为党委政府为民所办的“十件实事”之一，广泛动员、精心组织、扎实推进。凭借外部的机遇优势和内部的共识动力，泌阳老区县交通落后的局面大大改观。当年完成驻南路羊册春水段76.3公里改线。截至2007年，总投资3.4亿元，新增改建县乡公路280公里，全部为三级标准油路，基本实现每个村委通汽车。

2008年4月，作为国家高速公路网连接线的省级高速公路焦（作）—桐（柏）高速公路泌阳北段开工建设。该高速公路在驻马店市过境仅泌阳1个县，贯穿象河、春水、付庄、贾楼、高邑、马谷田6个乡镇、19个村委、87个村民组，全长44.2公里，总投资19.6亿元。泌阳相关乡镇党委政府及群众全力支持协助，经过建设者连日奋战，2010年11月30日在泌阳境铜山湖西北两公里互通立交处举行了隆重的建成通车典礼。

同时，由泌阳县城连接沪—陕、新—泌高速线的两条引线竣工通车，分别为8.8公里和12.2公里。至此，泌阳境内的3条高速公路总长达到了117公里，两条高速引线21公里、4个上下路口、3个服务区、2个互通立交桥、2条连接线，以此和境内外贯通的省、县级公路无缝衔接，形成了老区泌阳域内的交通网络，也同时形成了和省内周边城市半径1～2小时车程的交通圈。过境高速公路的建设，使泌阳里通外联的大交通网络更加通畅便捷，助推了泌阳革命老区经济的快速发展。

二、国家级生态示范县创建

1995年5月，县委、县政府专门组织力量，对全县的社会、经济和生态环境现状进行了全面调查，并邀请有关专家按照国家生态保护目标，结合泌阳经济和社会发展计划，对全县农业、工业、水利、人口、旅游、环保、教育科技及重点项目工程，进行了科学的论证和分析，在驻马店地区第一个编制出了《泌阳县国家生态示范区建设规划》。此规划明确了发展生态农业，保持可持续发展的指导思想；坚持利用区域优越自然环境，采取生物措施与工程措施相结合方针，分别在水土保持、环境治理、资源培植、退耕还林等方面秉持绿色环保理念，着力改善农业生态环境，保护和发展泌阳山清水秀的自然环境，走出一条经济社会与资源环境同步发展的路子，并因此连续获得省“红旗渠杯”奖。

1999年4月，县委、县政府根据中央提出的农业可持续发展战略的总体要求，为加快泌阳县生态农业建设步伐，成立生态农业建设工作领导小组。11月，生态农业建设工作领导小组更名为“生态示范区建设工作领导小组”，县长王学杰任组长，规划、指导、协调、监督全县生态建设，组织生态现状调查和规划编写。12月，泌阳被确定为全国生态示范区建设试点县。

之后，泌阳按照国家环保总局的要求，坚持山水田林路综合治理。加大植树造林力度，推广乔木、灌木、草皮三结合的生物工程营造方法，装点青山，美化大地。2002年，已绿化荒山124万亩，营造水保林90万亩，草场80万亩，封山育林26万亩，森林覆盖率达到30.3%，连年一直保持省林业生产先进位次。修建和改造加固大中小水库76座，塘堰坝工程1965处，修建槽沟谷坊7768座，拦洪淤地46万亩。全县境内尤其山区的水土流失得到有效控制，提高了农业抗灾能力，保持了较好的生态环境。2003年11月，国家环保总局同省环保局专家来泌阳初步审验，认为泌阳县符合国家级生态示范区标准。2004年7月，顺利通过国家验收。12月，国家环保总局批准泌阳县为“国家级生态示范县”。

至2005年，全县累计投入治理污染资金4000多万元，先后关停了污染企业21家。坚持从源头把关，实行严厉防污治污措施，责成职能部门发现一例，关停整治一例。由于对县城工业“三废”和境内所有沿河流域乡镇企业的“三废”经常性治理，以及对农村农药、化肥污染和河道污染物排放进行监测、严防严控，境内100多条河流（含季节河）的出水水质综合指标，一直保持一类优等，基本达到了“绿色无污染地区”标准。

2010年，《泌阳县林地保护利用规划（2010—2020年）》《泌阳生态县建设提升工程规划》《泌阳县林业生产2015—2020年发展规划》相继出台，县委县政府坚持生态立县战略，坚持造治并重和保护结合，统筹抓好林业生态建设、资源保护、林木管理，深化集体林权制度改革等工作。围绕森林覆盖率和森林蓄积量逐年递增目标，编制了把造林绿化、林业产业建设、林业生态工程和森林资源保护作为提升工程的重点；以木材加工，经济林及林药加工，生态旅游、林下种养为主要产业；盘古山森林公园规划完成省级规划评审，铜山湖湿地公园已获国家批准。当年，荣获“全国绿化模范县”荣誉称号。全县林地面积达到169万亩，活立木蓄积486万立方米，森林覆盖率44.8%，林业总产值13亿元。

为切实保护林业资源和林业生态环境，结合“春季严打”“绿剑行动”和“严厉打击破坏野生动物资源违法犯罪专项行动”等活动。查处涉林案件200余起，执行限额采伐制度，几年来，未超省定年采伐50 422立方米的指标；严控林地管理使用，占有林地乡镇普遍签订了目标管理责任书，严把使用林地申报关，办证面积3800亩，处理非法占用林地案50宗。

三、惠农补贴到户

2004年，中央1号文件决定给予种粮农民经济补贴，同时免除农民农业税，这标志着自古以来由农民承担上缴皇粮国税的历史的结束。中央文件发布后，泌阳县委、县政府切实抓好这项工作的部署落实，并根据省市有关文件要求，成立了“泌阳县对种粮农民直接补贴办公室”。4月24日，县政府下发了《泌阳县关于对种粮农民直接补贴实施方案的通知》（泌政发〔2004〕39号），指出：实行对种粮农民直接补贴是党和国家重视“三农”工作，调动农民积极性、稳定和发展粮食生产，保护和提高粮食综合能力、促进农民增收致富的重大举措。强调要求各乡镇政府、各有关单位要高度重视、精心组织，确保直补工作顺利进行。随后，各乡镇政府统一印制《河南省人民政府关于对种粮农民直接补贴的通告》和《对种粮农民直接补贴宣传提纲》进村入户、张贴上墙，实施政策宣传到户、清册编制到户、张榜公布到户、通知发放到户、补贴兑现到户的“五到户”措施。县财政局按照国家财政部关于实行对种粮农民直接补贴，调整粮食直补、兑现补贴资金的有关规定，采取直接抵顶农业税的办法，农民可凭户口本、身份证和《粮食补贴通知书》到所在乡镇财所抵顶应缴纳的农业税及附加，并以2002年农业税费改革计税面积为基础，全县实行统一补贴标准。当年，全县免除正税2663万元、附加税533万元，两项共3196万元。全县补贴县财政分解落实到各乡镇12 398 657.28元，比市财政核定的1239万元多出8657.28元，调整后全县的直补土地面积是127.821万亩，经核算统一补贴标准为9.70元／亩。2005年全县直补土地面积为126.068万亩，统一补贴标准为9.84元／亩，每亩比上年提高0.14元。

从2005年开始，对农民种粮的农药、化肥、良种及农用柴油等进行农资综合补贴，并且随着改革开放的不断深入和经济的逐步发展，对种粮农民的直接补贴和农资补贴标准也不断提高。至2012年，农民种粮直补达到12元／亩，农资综合补贴78.39元／亩。2015年，农资综合补贴更名为“农民耕地地力保护性补贴”（含种粮直补），当年为109.16元／亩。

实行农业免税和耕地地力补贴，是党中央、国务院为广大农民带来的划时代福祉，体现了新时期党中央领导集体让改革开放成果更多惠及百姓的美好意愿。同时，也极大鼓舞保护了农民种粮的积极性，在维护国家粮食安全的同时，逐步实现了增收致富。

四、群众文化生活丰富

2001年，国家拨付专项资金40余万元，购置了县图书馆基本设施，提升了服务能力。同时，拨付农村文化专项建设资金268万元，稳步推进农村书屋工程建设。2002年，投资68万元，为40个“农家书屋”添置了图书、音像、报刊资料。实施“乡镇综合文化站工程”，集书报阅读、宣传教育、文艺演出、科普教育为一体，明确职责，完善管理，促进达标升级。2003年，争取中央和地方建设资金180万元，对贾楼乡双山电视塔和供电系统进行升级改造，为优质播放电视节目提供了保证，全年发展广播电视村村通1000余户，完成了王店、铜山、盘古、马谷田、杨家集有线电视由模拟信号升数字信号的改制工作，在杨家集镇架设光缆15公里，使乡镇群众能够收到115套清晰的数字电视节目。在城区新架光缆20公里，增加了10处光接点，及时处理突发线路故障800余次，提升有线电视服务水平，满足了群众的个性化需求，增加了群众满意度。

2008年，积极争取上级免费开放补助资金，对县文化馆、图书馆、鄂豫边革命纪念馆和乡镇（街道办）文化站、农家书屋、文化信息共享基层服务点、社区文化活动室等，在完善必要软硬件设施基础上，及时拨付免费开放活动经费，构筑县、乡、村三级公共文化服务免费开放网络体系，公共文化服务的能力和水平明显提升。

2010年后，县文化宣传单位通过广场舞、交谊舞比赛，带动城乡居民在各个文化场所掀起舞美健身热潮。清晨日出，公共活动场所太极拳、舞剑、健美操，全是朝气蓬勃的健身运动；夜幕降临，城乡文化广场，霓虹闪烁，音乐、歌唱、集体舞，文化活动精彩纷呈；更有节日期间，民间非物质文化遗产王店大装，付庄提偶戏，官庄、春水、羊册舞狮舞龙，泰山、郭集、马谷田高跷旱船，巡回展演喜庆祥和。丰富多彩的群众文化娱乐活动，是百姓安居乐业的写真，是居民幸福生活的反映。

第八章 进入中国特色社会主义新时代

第一节 实施乡村振兴战略，加快新农村建设步伐

一、发展新型农业经营主体

2012年11月，中共中央国务院下发《关于加快发展现代化农业，进一步增强农村发展活力的若干意见》，指出为全面建设成小康社会，必须固本强基，始终把解决好农业、农村、农民问题作为全党工作的重中之重。县委县政府按照省市安排部署，稳中求进，改革创新，不断开拓农业现代化的新局面。

2015年，按照上级“扶持发展新型农业经营主体”的要求，全县发展农民专业合作社913个，家庭农场325家，培育形成省、市级农业产业化龙头企业32家，省级农业化集群3个，流转土地40万亩。全县建立基本农田保护制度，控制农村建设用地，在全省首家实现规划证、土地证、房权证办理网上审批制度，完成了农村经营承包土地确权发证。随着农业产业化和互联网的发展，大多合作社实行了订单农业。坚持稳定发展粮食生产、优化结构、主攻单产的思路，种植面积稳定在191万亩左右，总产在90万吨左右，成为全省粮食生产的核心区。

据2017年统计，全县登记在册的新型农业经营主体1762家，其中专业合作社1179家，家庭农场583家。经营主体中，种植专业1438家，畜牧养殖88家，水产养殖48家，农机及其他188家。香菇种植30多万人，日交易额400多万元，成为全国最大的香菇交易集散地，正在全力打造占地360亩投资15亿元的食用菌产业园。

深入开展“红旗渠精神杯”活动。对10座中小型水库进行除险加固，新增有效灌溉面积7万亩；小流域治理27平方公里，控制了水土流失；完成水

利工程建设总投资近5亿元；小型农田水利重点县建设通过省市两级验收，连续12次夺取河南省红旗渠精神杯。

二、实现农机现代化

2014年以来，党中央提出了“四化同步”的战略。全县农机事业紧跟现代农业发展的潮流，积极探索服务农业的新方法、新途径。积极发展农机作业、维修、租赁等社会化服务，推进大田作物生产全程机械化，发展农机合作社服务组织。

（一）农机培训

以农机管理站和农机校为依托，每年夏、秋两季举办农机年学习培训班，学习农业机械的操作规程，农业管理法律法规、学习农业机械的基本原理和维修技术，连年培训农机手7000余人次，使他们熟练掌握了现代农业机械不断更新换代后的使用技术，提高了农业机械的耕作效率和质量。

（二）技术装备

坚持两条腿走路方针、搞好农业技术装备的推广使用。一方面，依托县属农业机械管理销售，另一方面发挥民营销售网点的作用。同时，把国家对购买农机实行补贴的政策和农机功效的宣传贯穿农机推广使用的全过程，极大提高了农民购买农机的积极性。年均农机销售量 2000多台（套），发放农机补贴1650万元。

（三）农业服务

探索农业机械服务体系建设新路子，开展农机作业，维修租赁等社会化服务。组织和发展农机专业合作社，拓展服务模式，发挥郭集镇李奎益民农机专业合作社和杨家集镇张韬农机专业合作社的引领作用。2017年，全县共有农机专业合作社150余家，拥有机耕、播种、收割、秸杆打捆、化肥深施等新型农机装备总动力143.97万千瓦。小麦实现机收98%以上，机械化免耕播种面积42.39万亩，土地深松面积17万亩，机械植保148.29万亩，花生、玉米等农作物从种到收基本实现机械化。在发挥自身组织体系作用的同时，夏秋农忙时节，县农机局到外地联系，签订引机作业合同，分批编队到泌阳参加机收会战。

三、泌阳名片——夏南牛

党的十八大以来，泌阳县围绕农业供给侧结构性改革，把畜牧业作为全县经济发展的重点产业，注意发挥夏南牛的优势，不断扩大产业规模，提升种群品质，培育龙头企业，发展产业集群，形成了集种质资源生产、技术研发，良种繁育，标准化规模养殖，屠宰加工为一体的全链条产业，全力打造中国肉牛第一品牌——夏南牛。

（一）政府主导

夏南牛产业被列入全省25个重大发展专项，市、县两级党委和政府都十分重视，出台了《关于进一步加快发展夏南牛产业的意见》，并制定了夏南牛产业“十三五”发展规划。一是加强组织领导。县委成立了由县委书记任政委、县长任指挥长的夏南牛产业开发指挥部，下设夏南牛产业化开发办公室和产业规划组、技术研发组、产业发展组、龙头企业服务组、品牌创建组五个专业工作组，定期召开联席会议，研究安排部署夏南牛产业发展工作，及时协调解决夏南牛产业发展中的困难和问题。成立夏南牛产业园建设领导小组，强力推进夏南牛产业化发展进程，打造夏南牛知名品牌。二是突出规划引领。围绕“立足泌阳，辐射全国，放眼全球”的原则，县委制定了夏南牛产业“十三五”发展规划，构建“总部在泌阳，基地在全球，产品销全球”，集种群扩繁、规模养殖、科研、活牛屠宰、产品加工、电子及期货交易、商贸物流为一体，全产业链同步推进、协调发展，产值超过百亿的国内最大的肉牛产业化集群，进而建成国内最大的牛肉产品中央厨房和商贸物流中心。三是加大奖励力度。把推进夏南牛产业发展作为“一把手工程”列入重要议事日程，建立完善政府主导、乡镇负责、部门联动的发展体系，举全县之力做大做强夏南牛产业。凡乡镇、局委引进、扶持新建年存栏100头以上的夏南牛养殖企业，按工业项目对待，其固定资产投资可抵顶招商引资任务；新建存栏1万头以上的夏南牛养殖企业，享受县委、县政府招商引资税收优惠政策；固定资产投资达到规定的夏南牛养殖企业，享受县委、县政府招商引资优惠政策和奖励政策；固定资产投资超过1亿元的项目，县政府采取一事一议的办法在土地租用、基础设施建设方面给予支持。

（二）政策支持

认真贯彻落实上级“粮改饲”、扩群增量、夏南牛冻精补贴、肉牛能繁母牛、犊牛保险等政策要求，除此之外，县财政每年还拿出专项资金用于夏南牛纯种繁育场建设、高档肉牛研发、龙头企业扶持以及向县内龙头企业销售夏南牛养殖户的补贴。2013—2015年，市财政局、市畜牧局每年注资15万元用于夏南牛冻精补贴，其中3万元用于冷配示范站补贴；100万元支持夏南牛纯种繁育场建设。县财政每年投入4000万元专项资金用于能繁母牛补贴；规模养殖厂以奖代补，按照省政府《关于支持肉牛奶牛产业发展的若干意见》，对获得肉牛、奶牛“驰名商标”的企业给予50万元的奖励；市委市政府对夏南牛母牛存栏5头以上场户，每头给予200元奖补，调动了群众养殖夏南牛的积极性。

2016年后，结合正在开展的脱贫攻坚工作，充分发挥金融杠杆作用，解决夏南牛龙头企业资金不足问题。一方面，县财政对与建档立卡贫困户签订帮扶协议的夏南牛企业给予小额贷款贴息支持，即每户建档立卡贫困户将财政贴息贷款5万元投入合作企业，合作企业用于发展夏南牛产业并担保承还。另一方面，对讲诚信、有爱心、带贫效果明显的夏南牛企业、新型农业专业合作社，每带动扶持一户贫困户，且贫困户每年受益达到3000元以上，县财政为其提供5万元产业扶贫贴息，直至全县脱贫摘帽。以上贴息政策的实施，为夏南牛企业的发展拓宽了资金来源，并有力助推了贫困户脱贫增收，取得双赢效果。

（三）集群培育

县委县政府按照发展百亿级夏南牛产业集群的目标，一是培育龙头企业。在项目争取、货款需求，土地供给等招商引资政策上予以倾斜，引进市级以上龙头企业4家，使其迅速扩张规模，做大做强。二是拉长产业链条。中恒集团在泌阳投资45亿元开发夏南牛产业，建成了两个存栏2万头的亚洲单体最大肉牛规模养殖场、年产能30万吨的有机肥厂、夏南牛工程技术研发中心、年分割15万头肉牛生产线和牛血加工项目。同时，经省检验检疫局批准，注册成立了河南玺吉进出口贸易公司，从国外进口活牛和冷鲜肉直接通过海关进入泌阳，每年可为河南省贡献关税和增值税10亿元。三是建设专业园区。在产业集聚区投资30亿元规划建设了占地800亩夏南牛产业园，澳牛屠宰线项目、牛血深加工项目、3万吨冷库和牛肉深加工项目已建成投产。2019年预计产值80亿元，上缴税收超过亿元。

（四）科研开发

2007年以来，泌阳县夏南牛科研发团队共取得重要科研成果4项，其中国家科技进步二等奖1项，省部级一等奖2项、三等奖1项；获得专利10项；制定了《夏南牛》国家标准，于2013年6月1日由国家质检总局颁布实施；实现了去势育肥公牛的屠宰试验目标，21月龄可以生产出优质西餐红肉，30月龄可以生产出A3级以上标准的雪花牛肉。2018年，对30头饲养24个月的夏南牛阉牛进行了屠宰实验，再次验证夏南牛高档牛肉的生产性能，数据正在研究分析中。规划建设了占地40亩、总投资10亿元的研发平台，集院士工作站、博士后流动站、夏南牛技术研发、产品开发、活畜电子交易、产品期货交易为一体的高规格、高起点、高标准的工程研发中心。投资5000万元建设夏南牛原种繁育基地，现存栏规模设计能力达到3000头，其中种公牛70头，源种母牛1200头；高档肥牛1800头。已先后向全国提供夏南牛种公牛246头，母牛15万头，架子牛80多万头，遍及除新疆、西藏、台湾、澳门以外的省区，得到了当地政府、行业、生产者的充分肯定。

（五）品牌建设

创新宣传方式，加大宣传力度，着力实现夏南牛由中国第一肉牛品种到第一肉牛品牌的转变。2013年召开了以“宣传、推介、发展”为主题的夏南牛产业发展模式研讨会，举办了夏南牛肉品尝推介和中国泌阳第三届夏南牛展示比赛大会，来自全国各地的部委领导、业界精英、企业代表及50多家新闻媒体参加了会议。2015年，在郑州举办了中国肉牛（夏南牛）发展战略研讨会。2016年，在郑州举办了中国夏南牛产业链升级研讨会暨恒都夏南牛产品品鉴会，并开展夏南牛产业专场推介招商活动，提高了夏南牛产业的知名度。中央电视台、河南电视台、驻马店电视台、《农民日报》、《经济日报》、《中国畜牧报》、《河南日报》、《大河报》、《驻马店日报》以及《大河网》等媒体，对夏南牛进行广泛报道。县财政投资2000万元，与华铁传媒、永达传媒成功签约“夏南牛号”高铁列车内全冠名广告宣传项目合作协议，对夏南牛和恒都牛肉品牌进行多角度、全方位宣传。30组“夏南牛号”高铁经京广线，京沪线，沪广线，覆盖了包括长三角、珠三角以及西南地区在内的大半个中国，对夏南牛品种和河南恒都牛肉品牌起到很好的宣传作用，收到良好的宣传效果。2017年，全县夏南牛存栏35.9万头，规模化养殖比重占51%，有存栏100头以上规模养殖场183个，实现产值100亿元。2018年，全县夏南牛存栏38.54万头，规模化养殖比重51%；建成存栏100头以上的规模养殖场189个，产值突破150亿元。

四、电子商务进农村

2014年，县委政府组织开展“电子商务进农村综合示范县”的申报创建工作。按照商务部及《河南省电子商务进农村综合示范工作方案》要求，成立了由县长张树营任组长，主管副县长任副组长，商务、财政、规划、土地、工商、工信、教育等职能部门和19个乡镇（街道）主要负责人为成员的电子商务进农村综合示范工作领导小组，负责研究电子商务进农村重大事项，统筹各项工作；建立了由商务部门牵头，多部门参与的工作协调机制，组织人员对全县经济发展情况、产业基础情况、电商发展基础情况和物流快递业发展情况进行基础调研。在此基础上，先后制定并印发了《泌阳县电子商务进农村综合示范工作实施方案》《泌阳县促进电子商务发展扶持办法》《泌阳县电子商务进农村综合示范工作培训计划》等配套文件，为电商发展提供政策支撑。

2015年5月，泌阳县成功申报国家级电子商务进农村综合示范县。通过开展电子商务进农村综合示范工作，全面启动农村电子商务服务体系、物流配送体系、电商培训和品牌培育推广及溯源体系建设，不断改善农村电子商务发展环境，扩大电子商务在农村应用范围，电子商务在农村地区普及应用水平得到了极大提高。按照政府引导、市场运作、公益为主的原则，通过公开竞选的方式，确定联通集成有限公司河南省分公司作为电子商务县乡村三级服务体系建设承办企业，南阳汇融物流有限公司作为物流体系建设承办企业，县中等职业技术学校作为电商培训和电商宣传项目的承办单位。

之后，县委县政府先后出台了《泌阳县大力发展开放型经济的意见》《泌阳县鼓励出口创汇奖励办法》，对外贸企业家提供融资担保；在项目规划、用地、用电、用水等方面优先考虑和安排，按标准对出口创汇企业给予奖励；利用河南省通关一体化政策，主动与南阳等海关联系，保证进出口通道畅通；建立外贸经营备案制度，搞好跟踪服务，使企业业务营销与机关职能部门零接触。通过实施上述措施，全县办理外贸经营备案登记企业25家，有进出口业绩企业13家，通过商务部流通城乡市场监管达标示范工程验收。为了拓展国际市场，县委政府组织外贸企业参加了东盟（曼谷）中国进出口商品博览会、荷兰国香菇节、中国新技术新产品菌需物资博览会和中国特色农产品博览会等大型贸易交流活动；带领外贸企业赴俄罗斯、韩国等地参加项目签约和考察，争取发展扶持资金280万元，激发了企业创品牌、创名牌积极性。河南恒都食品公司，依据泌阳夏南牛产业开展牛肉制品的生产和出口，销往香港和中东地区；按照国家自贸协议，泌阳成为澳牛和日本牛入豫的承接地，创建了国家质检总局批准的两个冰鲜牛肉进口许可证。亿健、泌花、宝盛等食品行业生产的食用菌类产品在国际上均有良好的口碑，获“国家级出口食用菌及农产品质量示范区”称号，年实现出口贸易104万美元。

2016年2月，开工建设泌阳电子商务运营服务中心项目，总投资1600万元，办公面积4100平方米，当年12月建成并投入使用。建设项目内容包括泌阳农特产品展示中心、农产品研发中心、摄影包装推广中心、电商培育中心、企业孵化基地、电商人才培训基地等功能区域，所有办公设施齐全，实现拎包入住。

2017年，仓储物流配送中心建设完工并投入使用。该项目占地50亩，总投资1300万元，项目园区入驻第三方物流企业34家。有效整合包括“四通一达”在内的13家快递企业农村网货资源。同时，承办企业在全县19个乡镇建设了物流配送中转站，充分利用已建成的260个乡村电子商务服务站点实现代收代发功能，完成县城与农村之间的网货配送。

商务中心依托县中等职业技术学校，采取不同形式广泛开展各类电商培训。先后邀请省电商协会、阿里巴巴驻马店产业带运营团队、杭州一扇门电商培训机构、驻马店电商协会专家等授课。分别针对驻村第一书记、残疾人、留守妇女、返乡青年、退伍军人、商贸流通企业从业人员、涉农组织负责人等人群开展专题培训。并开创了送课下乡、送课进村等培训模式，广泛开展电商扶贫专题培训。累计开展电商培训127期，培训人员9800多人次。已经对全县19个乡镇3个街道办事处、村以上党员干部、驻村第一书记、帮扶责任人轮训一遍，对102个建档立卡贫困村中有意愿从事电商的贫困户轮训一遍。

同时，中心运营团队开发了“盘古农商网”多功能服务平台。有实现与政府机构网上政务平台对接，方便农民在家门口就可以办理各项申报、查询、政策咨询的政务功能；有为农民网上购物包括农资、农药、日常生活品、电器、家具等提供服务，为农特产品进城以及本地知名产品网上推广销售提供服务的商务功能；有为农民提供各种代缴代扣、代卖代收、充值、订票、家政、网络创业、技术培训服务功能等。承办企业还研究开发了“盘古溯源”农产品质量安全追溯及电商诚信监管平台。盘古溯源采用先进的微信、淘宝双体扫码技术，结合防伪、溯源、数据、营销等多重功能，让每一件农产品都有唯一的身份证，此项技术应用，为全县打造闻名全国的泌阳网络销售地标品牌，实现农特产品走出去奠定了坚实基础。先后培育出“小涛土特产”“金满农场”“春燕特产”“甜水河”“胡小鱼”等淘宝商铺农特产品品牌，全县年网销售额500万元以上的淘宝商铺20多个。重点在网销平台上推广了恒都牛肉、悦生合食用油、亿健香菇脆片等深加工农产品和泌阳花菇、泌阳驴肉、马谷田瓢梨、白云仙桃、张湾萝卜、郭集粉条、白家烧鸡等本地特色农副产品。其中，恒都牛肉制品年网销额超4亿元，悦生合食用油、亿健香菇脆片年网销额近亿元，其他农副产品网销额也逐年攀升。有效整合了万村千乡市场工程、村邮站、供销社现有农家超市等资源，进行升级改造。全县统一风格门匾装修，配备了电脑、显示器、工作台、桌椅、收发货架等硬件设施。对站点负责人进行专项培训，提高业务技能水平。各站点完全具备网络代购、仓储配送、在线支付、增值培训、技术指导等电子商务便民服务功能。

2018年，河南省网络扶贫工作现场会在泌阳召开，泌阳“电商企业+合作社+农户”的发展模式和电商扶贫的经验得到省有关领导充分肯定，也被多家媒体报道转载。

2019年5月，县域电商公共品牌“泌阳优选”，通过了国家商标局注册认证。全县经省级认定备案电子商务企业32家，新增淘宝网店549个，建设乡级服务站16个，村级服务点244个，已辐射19个乡镇的3条线路全部投入运营，初步解决农村物流“最后一公里”和“最初一公里”问题，累计实现电子商务交易额41.6亿元。

五、乡村建设美丽靓化

（一）小集镇建设

随着乡村经济的繁荣发展，各乡镇党委、政府都十分重视村镇建设，全面做好村镇的规划设计。在不断拆迁改造老镇的同时逐步扩大镇建规模，拉大集镇的框架。

2012年后，春水、羊册、官庄、马谷田几个较大集镇街道拓宽拉长，迅速膨胀。付庄、杨家集、王店、泰山庙、贾楼等乡镇都先后按照现代村镇的新标准规划扩建新建了街道，同时完成了街道的环境整治，完善了基础设施。突出不同村镇的文化特色和建筑特色，建立了不同的专业集贸市场。规范了街道门店经营活动，取缔了马路市场，配备了环卫保洁人员，购置了卫生环保、垃圾清扫清运车辆，街道都实现了绿化美化亮化。同时，进一步完善提高了村镇的现代化服务功能，合理布局卫生、学校、养老及镇民文化休闲娱乐场地。增强了村镇的综合功能和人口承载能力。同时出台优惠政策措施，鼓励支持村民到村镇新社区购房入驻或小微创业及发展第三产业。

（二）乡村建设

农民富裕起来后，盖起的瓦房又开始了新一轮的翻修整修，大都是以盖楼房平房为主。居住面积、居住环境都有了新变化。各级党委、政府不断加强对乡村建设的科学管理，严格执行基本粮田保护红线，加强农村建房用地执法，制止乱占耕地和非农用地建房。做好古镇的古街、古巷和古建筑的保护，做好传统古村落的保护，做好传统文化的弘扬和传承。2016年后，伴随着脱贫攻坚工作的开展，各个乡镇都积极组织开展文明村镇创建活动。建立健全村规民约，整治村容村貌，集中清理垃圾污染，进行改厕建厕的“厕所革命”，完善公共卫生设施；建立完善村级文化大院、图书室及休闲娱乐场地；保护传承诸如舞狮、旱船、高跷、民乐、民歌、民谣等村级传统民俗文化。同时，开展以弘扬中华传统美德为主的教育活动，广泛开展以尊老敬贤，尊老爱幼，孝敬老人，带头致富，邻里和睦，尊德守礼、移风易俗、诚信友善和培养良好家教、家风、家训等内容的文明家庭、文明村民创建活动，全面提高村民文化科学知识及文明素质。

在乡村建设过程中，各乡镇还通过建立专业合作社和“能人”实体经济等多种形式，壮大繁荣村级集体经济、增加村民收入，村民共同致富奔小康，营造了良好的社会秩序和温馨和谐的生活环境。组织村民积极开展绿化美化村庄环境及庭院居室活动，真正使村民能望得见山，看得见水，记得住乡愁。2018年年底，全县19个乡镇中，创建省级文明乡镇1个、文明村1个；市级文明乡镇8个、文明村8个；创建县级文明乡镇9个，文明村78个。

第二节　完善基础设施，提升城市化水平

一、泌水河畔崛起一座新城

（一）发展之城

2013年，泌阳县委、县政府以创建工作为载体，坚持“一河两岸、跨河发展”和“东进南拓北控西延”的城区发展基本思路，实施了“一桥两路三水四环五开发”重点建设工程，拉大城市框架，完善城市功能。

2016年，县委县政府强力推进铜山湖旅游区、城乡一体化示范区、商务中心区、老城区、产业集聚区、现代物流园区和梁河园林生态开发带、泌水河生态景观开发带“六大功能区、两大开发带”建设。实施道路、绿化、环境、文化、教育、卫生、社区建设工程，提高城市承载能力。不断推进城市精细化管理，完善了城市基础设施，加快了产业集聚区建设，促进了产城融合、产城互动。

2018年，县城区规划面积扩大到60平方公里，建成区面积已达到30平方公里，比“十五”末扩大了2倍；县城常住人口达到28.8万人，比“十五”末增加了15万人；全县城镇化率40.1%，比“十五”末提高了20个百分点。

（二）生态之城

2012年以来，泌阳城市建设坚持以绿为本、生态优先的原则，科学编制城市绿地系统规划，并对生态建设的各项目标任务进行了分解，先后组织实

施了泌水河公园改造，建成了盘古开天园、莘园、范缜广场、团结游园、水润园、金凤园、迎宾园等21座城市公园游园，建成了泌阳河4级橡胶坝，完成了梁河碧水江南带状公园项目建设。

2017年，治理河道4.5公里。城市道路绿化普及率95%以上，新建小区绿化率达到35%以上。县城区公园绿地面积367万平方米，人均公园绿地面积13.8平方米，城区绿化覆盖率达41.8%。铜山湖景观大道全长13.2公里，总投资7亿元，其绿化和县城发展珠联璧合，实现了文、商、旅一体化发展，带动了乡村振兴。

创建森林城市启动以来，按照有路必绿的原则，对城区原14条道路进行了栽绿、增绿，使道路绿化率达98%以上。先后补栽新植行道树5万多株，4条林带环绕城区，5条景观大道纵横全城。

至2018年年底，泌阳县城区共拥有市级园林小区6个、省级园林小区8个，拥有市级园林单位40个，省级园林单位21个，省达标公园3个。城区呈现四季常青，三季有花，绿色充盈，生机盎然面貌。

（三）卫生之城

2017年，泌阳县“国家卫生县城”顺利通过复检。县委、县政府坚持开展卫生县城创建活动，对新建成的11座公厕和垃圾中转站完善了配套设备，建立了污水处理厂；增加了城区清扫、洒水机械，使城区主次干道机械化清扫率达到了90%以上。通过落实沿街门店“五包”责任制，建立起一支敬业奉献的环卫工人队伍，及时进行垃圾清运，从根本上解决垃圾落地问题。同时，不断加大宣传教育力度，提高城市居民卫生意识，组织搞好全民卫生县城创建。实施净、美、绿、亮、畅“五化”工程，城区日常亮灯率和设施完好率达到98%以上，保持井然有序的街景市容。

（四）宜居之城

近年来，县委政府按照城区建设总体规划，先后贯通了4条环城路，建设了新阳高速引线、西环路北段，打通了花园路西段、工业路南段、棠西中路、行政路东段，实施了人民路泌水河大桥、梁河上游钢坝、文明路梁河大桥工程建设。对城区所有主次干道全部进行了升级、拓宽改建，沥青铺面，大理石板材铺设人行道，同时完成了绿化亮化工程，城市道路总里程达到了

190多公里，形成了城区“十九横二十五纵”的道路网络格局，有效改善了老城区交通状况，并实现了城市路灯照明全覆盖，美化亮化了城区。

县财政投资1.2亿元建设了日供水8万吨的铜山湖引水工程，2018年，新铺设供水管网15.4公里，排放污水管道4.2公里，升级改造城区供水管网18.7公里，有效解决了县城居民生活用水和产业集聚区生产用水。城区天然气管网覆盖率54%，接通用户2万多户。

城市教育、卫生、文化、体育、休闲娱乐等资源配置得到加强，开通了城市公交路线，方便了城市区居民的出行、工作和生活。

规范集贸市场管理，取消马路市场；建立科学规范的政务便民服务平台，创造良好的人文环境、居住环境。河南懿丰、浙江华厦等12家房地产开发公司，成功开发了懿丰、盛景新城、碧水江南、四季花城、尚东一二期等一大批房地产开发项目。建成了容纳648户拆迁古城等安置社区；建成了可容纳1.3万人的城东区商务中心安置社区，共建社会保障房1100套。建设了总投资15亿元的中州国际商城，总投资1.5亿元的商务中心区综合服务中心，总投资1.2亿元的文化馆、图书馆、博物馆文化综合体，投资20亿元的尚东第一城市综合体项目及其配套的学校、医院等民生项目。每年有2万人的规模向县城转移，扩大了城市发展容量，带动了中心城市的快速健康发展。

（五）文明之城

连年来，县委县政府切实加大文明城市、文明单位、文明社区、文明行业和文明乡村等各种创建力度，经过上下共同努力、社会各界参与支持，至2018年年底，泌阳县先后荣获省级生态县、国家级卫生县城、省级文明县城、省级园林城市荣誉称号。全县共创建省级文明单位23个、市级23个、县级57个。通过开展“十星级文明户”“文明家庭”“好媳妇、好公婆”评选活动，共评选出“十星级文明户”1.5万余户，“文明家庭”1697户，“好媳妇、好公婆”1839户。把评选、推荐“泌阳好人”活动作为培育和践行社会主义核心价值观的有力抓手，营造出“学习好人、争当好人、争当道德模范”的浓厚氛围。开展创建“文明使者——志愿服务站”活动，搭建志愿者与服务对象对接的工作平台。全县现有志愿者服务站30多个，共注册了197支志愿服务队，96 167名志愿者。

二、产业集聚梧桐引凤

2013年，泌阳县紧紧抓住国家促进产业转型升级的政策机遇，大力实施工业强县战略，提升了工业化水平。产业集聚区规划面积13平方公里，建成区面积5平方公里，围绕农副产品加工和电子电器制造两大主导产业，建成了以恒都食品、亿健食品和懿丰油脂为主的食品加工企业，以中云创光电、巨龙科技为主的科技创新企业，以丰盈制衣、一登鞋业为主的服装鞋帽企业等。此产业集聚区中，电子园区总投资15亿元，占地380亩；夏南牛区总投资20亿元，占地800亩；懿丰油脂总投资9.5亿元，占地580亩。

懿丰油脂利用泌阳盛产的油菜籽生产"悦生合"系列食品油，年产30万吨，成为中国食用油加工企业50强，"悦生合"被定为"中国驰名商标"。恒都食品投资10亿元，占地139.7亩，集夏南牛标准化育肥、屠宰牛肉加工销售为一体，年屠宰牛15万头，生产鲜肉产品6万吨，牛副产品4万吨，产品供应国内麦德龙、家乐福、沃尔玛等300余家大型超市，国内远销到香港，国外已远销中东地区，2015年销售额达20亿元，属河南省产业重点龙头企业，受到河南原省委书记郭庚茂、原省长谢伏瞻的好评。中云创光电占地200亩，建有3.5万平方米的主体厂房，主要从事JED照明系列产品的研发、生产、销售，工程设计安装及服务，属国家高新技术企业，"新三板"上市企业。河南丰盈制衣服饰拥有现代化的服装品装流水生产线，所生产的服装远销欧美、非洲以及东南亚。

2016年，全县又引进项目近20个，完成投资20.6亿元，其中河南省食品有限公司的肉熟食加工、泌阳鑫盛饮品、河南富凯科技电子、河南谊蒙服饰、河南泌花食品等均属投资超亿元的工业项目。2017年，夏南牛产业集群实现产值近百亿元，食用菌产业集群实现产值50亿元，电子电器实现产值近百亿元，三大产业集群成为泌阳产业集聚的重要支撑，年主营业务收入350亿元。

2018年，县产业集聚区建成面积14.5平方公里，入驻项目165个，拥有市级以上骨干企业41家，从业4.5万人。

三、邮电通信快捷迅速

（一）邮政

自1999年邮、电分设，邮电的服务功能更加优良，服务领域不断拓宽，为县域经济和人民的生产生活提供了优质快捷的邮政和通信服务。邮政分公司坚持以民为本理念，着力推进发展质量变革、效率变革和动力变革，积极推进农村和大型社区邮政便民服务站建设，开办小额取款，包裹寄递、报刊征订代投、代收电费、通信费、网上代购等邮政业务，使广大民众足不出村（社区）就能享受方便快捷周到的邮政服务。2015年，积极创新“工业品下乡，农产品进城”的服务农村电商新模式，依托“邮乐网”等自有平台和“拼多多”等合作平台，把泌阳的特色农副产品卖向全国各地。

同时，邮政公司充分发挥邮政金融网络和资金结算优势，积极推广邮政“消费贷”，满足人民群众日益丰富的消费需求。以“服务基层、服务三农”为己任，大力发展中邮人寿保险业务，促进城乡保险业均衡发展，更好地支撑农村电商发展，服务农产品进城和工业品下乡，促进农村经济发展，助力精准扶贫，不断提升邮政事业服务经济和社会发展的能力。2018年全年完成业务总量10 077.49万元。分公司连年被评为市级文明单位。

（二）联通

2014年，开展联通创新业务，发挥自身网络优势为建立智慧城市提供支撑。依托光纤电路建成卡口、人脸识别、行车微卡、视频监控940多条，监控城市建筑工地、道路交通状况、政府电子商务、政府一网通办服务及手机办公等。同时，推行云计算电子政务工作模式，开展各行各业零售、影像储存、互联网办公、电子政务、物联网业务和小程序电商平台，有力助推了泌阳老区经济建设和社会不断发展进步。2018年底，全县宽带用户3万多户，固话1万多户，移动电话用户5万多户。

（三）电信

2008年，中国电信泌阳分公司开始经营移动网业务，并不断创新发展、努力开拓中国电信旗下的运营支付和互联网金融的业务品牌——翼支付新科技服务领域。翼支付支持各类线上线下民生支付应用，通过添益宝、天翼贷、交费助手、交费易、翼支付碰碰等业务，并随着4G网络及光纤宽带网络建设，为老区人民群众的生产生活提供了高效便捷的优质服务。2012年以来，泌阳分公司每年均为全省龙虎榜前30强县区。2017年获得省级先进集体荣誉和中国电信集团先进集体。

2018年底，中国电信泌阳分公司移动网用户8万多个，宽带用户3万多个；泌阳县共计建设FTTH端口13万线，实装用户3万余户，实装率达到26%以上。城区覆盖率达到91%，集镇覆盖率达到100%，行政村覆盖率达到92%，共计覆盖22个乡镇，全县乡、村形成客户接入能力7万余线。

（四）储蓄

邮政储蓄不断推动个人金融业务发展转型升级、推动邮银协同发展，并通过持续提高服务质量，深挖客户资源、项目营销、智能设备运用、网点转型升级等多措并举，助推存款快速稳定增长，践行社会责任。年代发残疾人补助、参战参试军人补助等各类政府惠民补助24.8万人次，累计发放金额2.5亿元。加大公务卡投放力度，服务公务结算，持续加强产品创新能力和风险管控能力。2017年，全年结存信用卡11 980张，信用卡收入439万元，同比增长69.76%。全行注册网上银行5766户，注册手机银行5032户。

支行在县城区固定营业网点常年提供服务，还在各乡镇开办助农服务点68个，共投放自助设备35部，改善了支付服务环境。同时，按照金融服务实体经济、金融扶贫、支持就业创业政策方针，持续加大“三农”领域、建档立卡贫困户、创业担保贷款投放力度，年投放3.25亿元助推县域小微企业、个体工商户、新型农业经营主体、农户种养殖经营发展，为老区经济繁荣发展作出了积极贡献。

四、电力供应富足

（一）网电

国网泌阳县供电公司始建于1972年，属于国家中二型企业，承担着3个街道办、22个乡（镇）、98万人的供电任务，供电区域2774平方公里。有220千伏变电站1座、110千伏变电站4座、35千伏变电站16座。

2012年以来，国网泌阳县供电公司坚持抓好落实省、市公司关于电网跨越，管理转型，队伍提升“三大攻坚战略”，主动承担社会责任，持续提升安全管理水平，努力打造坚强智能电网。电网结构进一步完善和优化，供电可靠性和安全性显著提高。

供电公司坚持遵循“人民电业为人民”的宗旨，秉承“优质、方便、规范、真诚”的服务方针，坚持做好服务党和政府工作大局、服务电力客户、服务发电企业、服务经济社会发展“四个服务”，建立实时定位抢修服务机制，主动研判故障停电，推行“黄金五分钟”原则，抢修到现场及时率达98%以上。全县乡村全部实现了“村村有缴费网点”，并推广掌上电力、电e宝等智能缴费业务，线上缴费应用率达到49.35%。供电公司坚持以服务地方经济社会发展为己任，全面助推脱贫攻坚和乡村振兴及小康村建设，完成13个深度贫困村电网脱贫改造任务；认真落实北方地区冬季清洁取暖有关部署，完成“煤改电”项目总投资1824.8万元，解决县域31个村2542户“煤改电”供暖问题。

先后荣获了河南省文明单位，河南省一流供电企业，河南省安全生产单位等荣誉。

2018年，全县有220千伏变电站2座，110千伏变电站6座，35千伏变电站18座。全年完成供电量133 821千瓦时，完成售电量114 304千瓦时。

（二）风力发电

泌阳境内的黄山口、羊册、郭集、官庄、杨家集、付庄、贾楼、马谷田、铜山、王店、下碑寺、春水、象河13个乡镇山上的风速都达到了5米／秒，加上荒山荒坡面积大，具有发展风电和光伏电新能源的特别优势。

2011年，华润新能源（泌阳）风能有限公司在泌阳县成立，相继在黄山口乡建成了华润一期泌阳中天5万千瓦风电项目，在羊册镇建成了华润二期泌阳中祥5万千瓦风电项目，在铜山乡建成华润三期泌阳盘古5万千瓦风电项目，在黄山口乡建成了华润四期泌阳黄山5万千瓦风电项目。

2015年，华能驻马店风电有限责任公司自在郭集镇建设华能泌阳盛祥3.2万千瓦风电项目。2018年7月，在黄山口乡新建华润五期泌阳中瑞5万千瓦风电项目，在官庄镇新建华润六期泌阳中兴5万千瓦风电项目。12月始，在下碑寺乡尖山建设华能泌阳尖山5万千瓦风电项目。新能源项目每年可贡献2亿多度的清洁能源，有力支持了老区的经济建设和提升了人民生活质量。

（三）光伏发电

2016年10月始，江苏爱康集团在官庄镇投资建设了2万千瓦的光伏发电项目，该项目于2017年3月正式建成并网。同时，建设村级扶贫光伏发电项目106个，总规模3.159万千瓦，项目于2017年12月底前全部并网发电。

五、城乡交通便利

（一）城市公交

2011年11月，泌阳城市公共交通有限公司（简称“泌阳城市公交公司”）成立。12月1日，开通城市公共交通汽车，对改善广大群众出行条件、加快城市建设步伐，起到了积极的推动作用，为城市经济发展注入了新的活力，是全县人民生活中的一件喜事，是泌阳社会发展史上的一件大事。

新开通的101路公交，自城东新区白岗，经平桐路口、盘古开天园、人财保险公司、县医院东、移民办、老汽车站、邮政局、商务局、西盘古商城、中医院、污水处理厂、姚庄、草店、职业教育学校共15个站点。间隔10分钟一趟，不分远近上车1元，自动投币。后向东延伸到净水厂，向西改经县医院、小火车站路口、烟草局。

2012年，县政府投资1000余万元购置35台城市公交车，拨付运营补助经费1500多万元，开通102、103、104、105运营线路，5条线路长度为80公里，设置公交站亭186个，全部实行无人售票。车辆配置有投币箱、监控摄录设备、电子语音报站设备、GPS卫星定位智能调度系统等，科学调度车辆，智能信息化管理和服务。公司秉承“公车公营”理念，采取“高档次车辆、高标准服务、高密度运行”策略，以“让政府放心，让市民称心，让员工安心”为宗旨，科学管理，优质服务，中心城区构建了“三纵三横”为主线、四个区域公交线路均衡分布的线网格局，公交站点500米半径覆盖率达到90%，实现主城区500米上车、10分钟换乘；公交线网有效连接汽车站、学校、医院、商业区、新老城区及铜山湖风景区等各交通要点，构筑起“布局合理、衔接顺畅、优势互补、四通八达”的现代化交通网络。

（二）乡村公交

2014年后，泌阳按照推进城乡客运一体化示范试点县要求，不断延伸和优化运营线路，完善农村客运网络，重点解决行政村通客车“最后一公里”问题。为认真贯彻习近平总书记有关乡村振兴战略和建好、管好、养好、运行好“四好农村路”重要指示精神，县委、县政府要求举全县之力，做好农村公路提档升级工作，确保“四好农村路”建设稳步推进。2017年，全县坚持农村公路建设与养护管理齐头并进，做好沿路清障、排水和设置警示标牌、道路绿化工作，全面改善农村公路路况，全力提高农村公路的通达率及好路率。在巩固已创建的87公里省级文明示范路段的基础上，高标准创建县乡道示范路段150公里、村道示范路段300多公里。先后改建乡道221公里、村道524公里，改造危桥8694米。其中新建县乡道83.8公里，总投资7285万元；村道472.6公里，总投资19 525.28万元；桥梁6656米，总投资10 539.7万元。成为省、市级“四好农村路示范县”。

2018年年底，全县农村公路通车总里程增加到3000多公里，行政村通达率100%，干线公路通车里程289.1公里。公路网密度达到145.8公里/百平方公里。全县机动车保有量达到69 113辆。其中，小型汽车67 616辆，大型汽车1497辆，客、货运车辆1000多辆。全县有农村客运企业2家，农村客运车辆187辆。城市公交、出租、网约车辆共137辆。农村客运线路44条，在通达客运班车和城乡公交的行政村，建设规范客运停靠站点站牌354个。在位居偏远，人口较少，客流量小的行政村，开通学生班车、赶集班车、周末班车、电话预约车和按需灵活发车。在行政村村部、小学或居民聚集点设置公示标牌，公布预约电话，全面提升了行政村通客车的保障能力和服务水平。

六、信息网络全覆盖

（一）管理体制

2016年，泌阳县科技局与县工业和信息化局合并组建泌阳县科技和工业信息化委员会，以业务智能整合联通、网通、电信公司，强化基础设施建设，累计固定资产投资2.5亿元，新建基站80座，实现了县、乡、村网络全覆盖，增强了信息化对全县经济社会发展的支撑力，完成了市委、市政府下达的信息化建设目标任务。

（二）项目建设

2016年后，在中国河南非公有制经济论坛会上签约项目两个计划投资12亿元；在中国政府产业转移会上签约项目5个，计划总投资16亿元；科技工信委引进源丰、天源电子项目两个，计划投资1.3亿元。全县对外共发布招商项目10个，计划引进资金60亿元。开建亿元建设项目15个，落实投资60亿元。亿健食品香菇深加工和泌花食品、福瑞电子项目建成投产。组织40多家企业参加省、市、县开展的中小企业上市培训，方舟游艇在中股新四版成功上市；组织30家重点企业参加了河南省先进制造业专项资金、基金的申报培训，并为中云创光电、丰盈制衣、金桂纸业申报了省先进制造业专项基金项目。全县6家企业进入河南省先进制造业项目库，另有10余家完成了河南省“智慧企业”申报。实现网上对接企业45家，搭建企业产、学、研对接平台，实现了中云创与华中师范大学合作，夏南牛科技开发公司与西北科技大学合作，鑫发食用菌有限公司与郑州轻工业学院合作。

（三）信息传播

2017年，县移动公司投资8000万元，新建4G基站76个，完成200多条监控专线，完成中云创智能化道路建设，建成铜山湖大道等40多条智能数据专线。县联通公司投资9500万元，新建4G基站98个，新建宽带端124 480线，新建光纤通达行政村两个。县电信公司投入2800万元，新建4G基站166个，全县40%的企业安装了ERP系统，90%的乡镇开辟了农村党员远程教育系统，中小学全部实现了现代远程教育功能。全县基本建成了以光纤为主，数字集群、卫星和微波通信为辅，数字化交换为一体的高速通信网络。公安、消防、交通、教育、卫生、社保等重点专业网络体系得到进一步加强，政府政务网站建设全面实施，实现了政务信息公开。

（四）服务中小型企业

2017年，按照省科技工业和信息委要求，推荐7家企业进入河南省优质中小企业库；有3家被市政府评为规模效益强企业，5家企业被市政府评为长性工业企业，2家被评为全市战略性创新工业企业。开展银企对接，累计争取到银行签约贷款9.5亿元；组织企业参加国家工信部举办的全国中小企业融资上市培训，推动其上市融资。开展工业企业与电商企业对接，实施百家企业网上促销工程，推广应用“阿里巴巴”在线网络营销模式。组织22家企业参加了电商培训会，有12家与驻马店电子产业园签订了产品营销合同。依托每年的中国农产品加工投资贸易洽谈会，中国（漯河）食品博览会，河南（鹤壁）食品博览会平台，组织企业开展名优产品扩销活动，扩大了企业产品的知名度和市场占有率。实现全县工业总产值392亿元，同比增0.53%；纳税13.3亿元，同比增6.54%；利润36亿元，同比增7.15%。

第三节　各项事业发展，成果普惠民生

一、教育体育长足发展

（一）普通教育

党的十八大以来，全县教育工作全面贯彻习近平总书记系列重要讲话精神和党中央治国理政新理念新思想新战略，以办人民满意的教育为目标，按照“优先发展、育人为本、改革创新、促进公平、提高质量”的要求，开拓进取，务实重干，确保了全县教育事业持续健康协调发展。截至2018年年底，全县共有各级学校 486所，其中高中3所，初中31 所，小学337所，幼儿园136所，职业中等技术学校1所，特殊教育学校1所，教师进修学校1所。全县在校学生193 701人，其中高中阶段21 826人，义务教育阶段128 109人，学前教育阶段43 766人。全县现有教职工12 257人。

坚持把幼儿教育摆在更加重要的位置，以乡镇中心幼儿园建设为龙头，以村级小学附设学前班为重点，大力提倡举办民办幼儿园，形成了全县幼儿教育的快速发展。现有民办幼儿园121所，在园师生27 307人，民办教育已经成为全县幼儿学前教育的中坚力量。

义务教育均衡发展是教育工作的重中之重。实施国家级义务教育发展基本均衡创建工作，切实加大投入，按照“校际均衡、农村特色、城乡一体”理念，全面打造高标准生态文化校园。实施农村寄宿制学校、标准化学校建设。使全县农村中小学成为“教育设施基本齐全、校园安全整洁、教学管理规范、校园文化积极向上”的标准化学校。截至2018年年底，全县小学入学率为100%，巩固率为99.8%，初中入学率为99%，巩固率为98%，均达到省定标准。

以发展为主题，以改革创新为动力，坚持科学规划，着力培育和扩大优质高中教育资源，促进了全县普通高中教育的发展。2018年高考报考7022人，进本科线4747人（含体育艺术类），进本科线率达到67.6%。其中，进一本线1173人，比2017年增加139人，进一本线率达到16.7%；进二本线3348人，进二本线率达到47.7%。“双一流”院校录取200多人，一批本科录取800

人。被市教体局评为“全市普通高中教学质量（管理）先进县区”。

（二）特殊教育

1999年9月，开办县特殊教育学校（聋哑学校）。2014年4月迁入位于沪陕高速入口处的新校区。学校占地20亩，建筑面积6500平方米，总投资900多万元。现有教职工29名，开设有12个教学班，189名学生。是全县唯一一所残疾少年儿童接受九年义务教育的学校。学校建有宽敞明亮的教室、设施完备的学生公寓、干净卫生的学生食堂，还装配有先进的律动教室、计算机教室、美工教室、图书室等。

开设有语文、数学、美术、手工律动、生活技能、劳动技能、沟通交流、体育健康等课程。学校依据学生特点，坚持走特色办学之路，注重开发学生智力，补偿缺陷，康复身心，培养学生的社会适应能力。通过开展丰富的课外活动，确保每个学生在同一片蓝天下，共沐阳光，健康成长。

建校至今，已毕业升入同类高级学校或融入社会就业学生500名。学校先后荣获“河南省特殊教育先进单位”“河南省文明班级”等诸多荣誉称号，先后有10多名教师获省、市、县表彰。

（三）职业教育

2011年5月，县职业教育中心、县第一职业高中和县成人中专3所学校整合成立县中等职业技术学校，并易地搬迁于泌水南岸、盘古大道与学苑路交汇处，占地520亩，建筑面积9800平方米，校内有专业实训室29个，驾驶训练场地4000平方米。有教职工250人，开设电子技术应用、汽车运用与维修、计算机应用、动物科学、电子商务等十余个专业，在校生3000余人。2018年，对口升学（含本专科）600多人，推荐就业 200人，与商务局合作开展电子商务进农村技术培训5445人次。县中等职业技术学校先后被评为“国家级重点中等职业学校”“国家级中职教育改革发展示范学校”“河南省职业教育先进单位”等，泌阳由此成功入围“国家级农村职业教育和成人教育示范县”。

二、卫生保健水平提高

（一）综合改革

2016年2月，按照上级部署，卫生、计划生育两部门顺利合并组建为泌阳县卫生和计划生育委员会。机构合并、人员合心、工作合力，保持了卫生与计生执法、妇幼保健与计生服务工作的连续性。

2017年，县级公立医院改革中，实行药品零差率销售，落实财政补偿政策，开展先诊疗、后付费服务和住院病人按病种付费工作。县级医院分别与省人民医院、郑大一附院、郑大八附院等单位签订了合作和分级诊疗协议，加强对乡镇卫生院的对口帮扶和业务技术培训，优化服务流程，规范诊疗行为，提升服务水平。

2017年7月，县政府制定《泌阳县开展城乡居民健康签约服务工作实施方案》，县卫计委组织县、乡、村三级签约医生队伍，走村入户签订服务协议书，城区居民以家庭为单位的签约服务率30%左右，农村占80%左右。7月22日，泌阳被定为河南省深化医药卫生体制改革工作分级诊疗试点县，互联网医院在泌阳正式启动。县政府投资500万元建设云平台机房，以便整合各类信息系统，实现卫生计生信息互联互通，并与省云平台对接，从而有效发挥信息在卫生计生服务中的作用。

2018年4月25日，按照“合作、共赢、创新、发展、便民、惠民”的原则，制定了基本公卫服务实施方案及考核办法，各乡镇（街道）及有关单位严格按照要求开展各项服务；采取以会代训、专题培训等方式，对乡村两级公卫人员进行了培训，提高了基本公卫服务质量。至10月底，全县累计建立居民健康档案880 291份，电子档案880 291份，其中0～6岁儿童建档46 125份，65岁以上老年人建档97 290份，孕产妇建档3173份，慢性病建档75 840份，并按要求对65岁以上老年人、6岁以下儿童、孕产妇以及高血压、糖尿病、重症精神病人进行了规范管理。

（二）新农合

2016年，全县共有714 604人参加新型农村合作医疗，参合率为99.5%，全年共筹集资金38 588.6万元，248.4万人次享受到农合补偿，总补偿金额3.44亿元。全县确认城乡计生家庭社保补贴45—59周岁对象10 017人，每人每年补贴100元；60周岁以上1977人，每人每年补贴120元，共补贴24.4万元。累计确认艾滋病毒携带者和病人505例，对病毒携带者和病人均进行了免费抗病毒和机会性感染治疗。落实国家免费治疗政策确诊结核436例，均给予正规方案治疗。基础免疫、疫苗接种率以乡镇为单位达95%以上，疫苗冷链运转22.6万人。全年报告传染病疫情1710例，早发现、早报告、早治疗，防止了传染病暴发和流行。

（三）优生优育

2016年，全县人口出生率7.46%，自然增长3.03%，性别比11.43。免费计划生育基本技术服务覆盖率达100%，综合避孕率稳定在89%，免费孕前优生健康检查项目实现城乡全覆盖。全县共检测目标人群5327对夫妇，占全年的101.27%；建立项目家庭个人健康档案10 654份，筛查出高风险人群431例，全部进行了有针对性的优生指导。跨省流动人口信息检查，信息通报，接受、反馈率100%，共办理两孩生育证4526份，已生育3376人，占登记人数的74.6%。

2017年，落实7240名独生子女奖励费270.7万元，城镇奖扶金76.6万元，三孩申请办理14人。全县人口出生率10.3‰，出生统计准确率98.76%，多孩符合政策生育率81.08%，全县常住人口基本信息数据库统计完整率95.03%，综合避孕率89.35%，计划生育奖励扶助政策落实率100%，免费孕前优生健康检查覆盖率100%，流动人口计划生育均等化服务覆盖率87.5%。是年，“新国优”创建工作启动，县政府成立了创建领导小组，制定了创建方案，明确了有关部门职责，认真开展创建“新一轮全国计划生育优质服务先进单位”活动，泌阳的创建工作在全省“新国优”创建评估验收中得到省验收组的肯定。

三、食品药品安全可靠

2014年以来，按照县委、县政府统一部署，牢固树立“五大发展”理念，全面贯彻“四个最严”要求，深化体制改革，夯实基层基础，加强能力建设，落实“四有两责”，守住安全底线，着重加强食品药品监督管理所建设，确保全县人民饮食用药安全。共发放食品药品安全须知5万余份，大力宣传饮食用药安全知识和食品药品安全法律法规。积极推进食品药品监管网格化管理，畅通12331食品药品投诉举报平台，完善快速受理、高效处置的工作机制。

2016年，按照县政府《泌阳县食品抽样检测实施方案》，完成流通抽样检验、餐饮抽样检验、食品生产抽样检验、主食行动抽样检验共810个批次，投入检测经费50多万元。围绕食品安全重点区域、重点场所、重点品种，以食用农产品、肉及肉制品、米面制品、豆制品、卤制品、儿童食品、食用油及各类调味品为重点，着力解决食品生产加工小作坊、小摊贩、小餐饮及网络食品交易等隐患突出问题，深入开展风险排查和专项整治，规范食品生产经营行为。全县共受理食品经营许可2100余户，发证1860户。共创建县级食品安全示范店24个，创建市级食品安全示范店21个，申报省级食品安全示范店13个，全面打造了范缜路中段和文化路两条餐饮食品安全示范街。积极引导学校食堂、宾馆、酒店等餐饮服务单位实施“明厨亮灶”工程，建成“明厨亮灶”68家。

同时，进一步巩固药品“两打两建”行动成果，深化药品、医疗器械质量安全专项整治。加大中药饮片、体外诊断试剂等重点品种专项整治力度，严厉打击虚假注册申报、违规生产、非法经营、夸大宣传、无证生产药品和医疗器械的违法行为。打击保健食品“四非”行为，清理假冒伪劣药品，保障药品安全。共完成药品抽样68批次、医疗器械抽样8批次、药品不良反应报告510例、医疗器械不良事件报告120例，提高药械安全预警和风险管理能力，切实保障公众用药用械安全有效。

为保障全县人民“舌尖安全”，县食药监局申请成为驻马店市唯一一个省级食品安全预验单位。严格对照食品安全县创建标准，扎实开展大排查、大整治、大规范、大提升行动，圆满完成全县食品安全创建工作。

四、文化旅游渐入佳境

（一）景区景点

2012年以来，泌阳依托盘古文化、铜山佛道文化、焦竹园红色文化等整合文化旅游资源，举办盘古文化节、马谷田梨花节、贾楼桃花节、铜山六月十五庙会等节庆文化旅游，以铜山湖、火炬松母树林“中原北戴河，天中大森林”生态旅游，牵手旅行社，积极对外宣传，举办国际马拉松、汽车拉力赛等各种赛事，创新旅游品牌。结合乡村实际，先后建成生态和园、马谷田万亩梨园、贾楼白云仙桃基地、下碑寺马场和下碑寺石灰窑村、高邑谭园村、王店老鸹山百年老梨园等一批乡村旅游景点；建立铜山湖岩生植物园、凤凰山林区两处生态科普知识教育基地；建立特色主题公园和红色教育基地各1处；还注重发展近郊观光、采摘等生态旅游休闲项目，高速引线两侧建成优质葡萄、蓝莓、火龙果、树莓、黄金梨、西瓜、桃等旅游采摘生态果园200余处。

2017年是十三五规划的第二年，也是泌阳旅游业提升发展的关键之年，角子山乡村（马术）俱乐部3A级景区1个，五峰山书院奠基开工。年底，全县共有4A级景区建成，3A级景区4个，2A级景区1个，星级酒店3家。

2018年，进一步完善景区创建工作。全县已形成“三山（白云山、铜山、盘古山）、四园（铜山湖国家级森林公园和白云山、盘古山、五峰山省级森林公园）、二水（铜山湖、板桥湖）、一谷（象河谷）、两圣地（盘古圣地、焦竹园革命圣地）”的旅游格局。全年接待国内游客38万人次，旅游总收入3亿元。

（二）旅游服务

2017年，文化旅游部门在省市旅游局组织的旅游推介会活动中，发放宣传折页两万余份，光盘3000多盘，与旅行社签约25家。成功举办了豫南6市旅游联盟座谈会、铜山湖首届灯光节、铜山湖首届摄影大赛、驻马店市铜山湖景区婚纱摄影大赛、盘古文化节等旅游节庆活动。全县AAA级以上景区完善增加各类设施800多件，新建农家宾馆53家，改建23家，景区周边农家宾馆达120户，总床位1200张。

（三）旅游管理

2012—2018年，文化旅游部门对全县旅游市场进行拉网式排查整顿，完善旅游投诉受理和处理机制。一是与旅游企业签订《旅游安全目标责任书》责任落实到人，并在假日前后，由安监、卫生、质检等部门组成联合检查组，对旅游企业食品卫生、住宿及有关安全生产设施进行突击检查，确保全县旅游安全无事故；二是加强宣传教育，开展旅游安全警示教育，提高从业者和旅游者的安全意识；三是配合市旅游、安监、海事等多部门在铜山湖举行水上安全演练；四是开展旅游环境检查，加强对景区水源地保护，对铜山湖森林公园，铜山湖景区全面整治，实行车辆禁行，杜绝游泳、湖边烧烤等。

第四节　社会和谐稳定，保障机制健全

一、适应经济发展新常态

（一）财政稳步提升

2012年后，县委县政府认真贯彻落实党的“十八大精神”，按照省、市部署，始终坚持稳中求进总基调，主动适应经济发展新常态，把“稳增长、保态势”作为首要任务，按照“四个全面”战略和“创新、协调、绿色、开发、共享”的发展理念，实施“生态立县、工业强县、特色富县、科技兴县”，为全县财政经济工作奠定坚实基础。

（二）工业提速增效

加大产业集聚区建设力度，新建社区6.5万平方米，标准化厂房15万平方米，完成了第二污水处理厂、多媒体展厅、供排水管道、地下通讯管网、道路贯通和延伸区内绿化等配套基础设施工程，加快了夏南牛产业园、电子产业园和食用菌产业园建设。2015年，实施亿元以上工业项目21个，完成固定资产投资38.1亿元，规模以上工业增加值74.7亿元，其中产业集聚区规模以上工业占全县的88.86%，为2010年的2.8倍。目前，全县规模以上工业企业30余家，主营业务收入3.50亿元。

（三）税收稳定增长

2015年以来，泌阳县地税工作紧紧围绕“强化分析定目标，完善措施保增收，严格考核稳增长”的目标，积极组织各项地税收入。一是提前增长，牢牢把握税收主动权。每年初第一季度组织好“开门红”，第二季度争取时间过半完成税收任务过半，第三季度完成收入超“七五”，第四季度完成年度税收任务。二是挖潜增收，推进税源专业化管理、税收共治等。积极适应税务税收新常态，探索征管资源整合、人财物使用等方面的新方法和新举措，重点抓好纳税评估、稽查查账、重点税源管理、土地增值税清算、房地产管理软件开发应用等方面的工作，成立税收“攻坚小组”和“重点税源专业化管理办公室”。三是综合治税，确保税收及时定额入库。依托“三证”办理网上审批系统，强力推进一房一票、先税后证、“两税”后置等房地产税收一体化管理机制，对房地产交易所涉及的土地出转让，不动产销售等环节，实现了信息比对和联合控管；与此同时，争取县委、县政府同意，对财政拨款项目所产生的税款实行代扣，对烟叶资源税等特殊税种综合治税，税收总量稳居全市第二位。

2015年10月，泌阳县国税局顺应互联网高速发展的潮流，实行智能办公机制，安装了办税综合管理系统，集大厅管理、音视频监控、绩效考核、辅助决策、应急处理为一体，24小时处于工作状态，纳税人不出门即可互联网络办税。至2016年2月的开通初期，自动办税人网上办税达7200余人次，申报缴纳增值税2860万元，企业所得税1717万元。当年国税完成收入5992万元。2017年，全年税收64 439万元，同比增长21.6%。

（四）金融作用增强

金融领域制度改革完成后，按照国家政策实行开放的商业化经营模式，专业银行大多实行股份制，发挥调节市场的杠杆作用。

2016年，泌阳县农村信用合作联社改为农商银行，存款利率比原来提高45%；贷款利率增高6～9厘，贷款条件放宽，而且便捷，受到农户和商户的欢迎。6月，全县金融机构存款余额达174.9亿元，接近2010年的3倍。

2017年，存款余额200.1亿元，年增长12.69%，贷款余额75.83亿元，增长19.5%。

二、反腐倡廉

2012年，县纪委落实党中央“八项规定”，加大节假日“四风”监督检查力度，当年，查处违反八项规定精神案件32个，党政纪处分32人。

接着，对全县公务用车治理整顿，保留公务用车108辆，其余公车悉数评估拍卖，仅此一项每年减少公费开支800多万元。同时，对机关事业单位办公用房按标准清查整改，共清理整改办公用房3万多平方米。

为预防农村基层干部职务犯罪，检察院在马谷田镇建立了农村基层干部教育警示基地，对乡镇基层干部开展廉洁自律教育。全县乡村两委班子进行党风廉政和法制教育培训1300余人。

坚持以案促改，以案为鉴，闻警自省，廉政党风。2012年6月—2016年底，县纪检监察机关充分发挥信访举报主渠道作用，受理来信来电来访1727

起，初核案件线索1431件（次），立案897件1056人，其中科级干部161人，重处分328人。

2017年，县纪委依托鄂豫边革命纪念馆建立全县廉政教育基地。当年全县党员干部前往接受学习教育3万余人次。通过精心打造“清风泌阳”微信公众号，年发布微信110多期，以宣传教育警示，营造风清气正，崇尚廉洁的良好氛围。全县纪检监察机关共立案210件，党政纪处分230人。其中，重处分35人，科级干部26人，移交司法机关处理6人，谈话函询31人，诫勉谈话等组织处理208人（次）。全年运用“四种形态”中的第一种形态处理党员干部280人次，占54%；运用第二种形态处理184人，占36%；运用第三种形态处理29人次，占6%；运用第四种形态处理20人次，占4%。

2018年，全年全县纪检监察机关共立案362件，结案251件，党纪政务处分374人，处分科级干部70人，谈话函询64人，移送检察机关审查起诉5人，全年运用“四种形态”第一种形态处理420人次，占比52.3%；运用第二种形态处理290人次，占比36.1%；运用第三种形态处理70人次，占比8.7%；运用第四种形态处理23人次，占比2.9%。

2019年，全县纪检监察机关共初核问题线索556起，立案210件，结案246件，党纪政务处分342人，其中，处分科级干部44人，重处分70人，使用留置措施6人，移送检察机关审查起诉7人，直接为国家挽回经济损失1200多万元。全年运用“四种形态”处理912人次，第一、二、三、四种形态分别处理563人、274人、42人、33人，占比分别为61.7%、30.0%、4.6%和3.7%。

三、平安建设，社会治安状况良好

（一）普法教育

党的“十八大”以来，开展法律宣讲“进机关、进乡村、进社区、进学校、进企业、进单位”的“六进”活动。把《宪法》《城乡规范法》《食品安全法》《环境保护法》《侵权责任法》等十余部与农民生产、生活相关的国家法律法规和党中央有关农业，农村工作的政策作为主要宣传教育的内容。2015年，针对泌阳外出务工人员的特点，加大了《劳动合同法》和《民法》的宣传，免费印发《农民进城务工法律知识问卷》3000余册，为农民工维权提供法律服务。2016年，全面启动“法治县区”“法治乡镇”创建工作。全年举办法制宣传报告会64余次，受教育达96万人次，结合“六五”普法总结验收工作，按照县依法治县办公室的要求，对全县进行了拉网式检查。建立了示范单位，公布了普法和依法治理成果，提高了全县民主法治化水平。

在普法教育基础上，认真抓好基层民调工作，组织建立健全乡（镇）、村、组三级人民调解网，对人民调解员分批分期进行了系统培训，制定了制度，规范了民调工作程序。2017年，全县基层司法所和各级民调机构共调处各类民间纠纷5150起，调成5098起，成功率98.9%。解答法律咨询1382人次，发挥了“法制第一道防线”的作用。同时，把监狱刑释解教回归人员纳入帮教体系，理顺了档案，建立了帮教组织，完善了帮教措施，积极探索对口衔接管理、管控措施、堵塞帮教漏洞。安置率100%，重新犯罪率控制在1%以内。还把社区矫正纳入综合治理平安建设目标进行考核，加强社区矫正阵地建设，开发建设了矫正工作监管管理信息系统，对矫正对象实施实行定位监控，有效避免了脱管，漏管，提升了教育矫正质量。累计接收社区矫正服刑1092人，解除876人，在网216人（其中缓刑202人，监外执行9人，假释4人，管制1人），无脱管、漏管，无重新违法犯罪。

法律服务者积极为改革开放和经济建设贡献力量，落实各项便民措施，降低法律援助门槛，加强法律援助队伍建设，改善办公条件，扩大受援范围，提高法律援助公众知晓率，及时为老、弱、病、残、弱势群体和外出务工人员提供法律救援，法律援助的质量和效率得到显著提高。至2017年底，建立法律顾问点27家，围绕企业改革，城镇建设招商引资，新农村建设代理各类诉讼案件1964件，代理公诉业务508件，创出了优异成绩。法律援助中心共受理援助案588件，其中民事案414件，刑事案140件，行政诉讼案4件，接待来访、来电法律咨询4083人次，为建档贫困户提供法律援助36件，215人次；办理政府交派案13起，53人次，挽回各种经济损失735万余元。

（二）治安防范

2012年2月，县公安局交警大队先后在春水、羊册、付庄等地开展校车及接送学生车辆整治专项行动，共查处接送学生超员车辆19台，处罚23人，拘留19人，扣押违法车辆19台，对37个校车单位下发了整改通知书。5月启动城区6个报警点，并同时加强对城区夜晚治安秩序的巡逻防控。11月，县公安局在市局治安支队的紧密配合下，抽调15个单位180名民警，对城区电玩城进行了突击清查，当场抓获涉嫌开设赌场犯罪嫌疑人4名，清缴各类赌博机200余台，追缴赌资5400余元，停业整顿5家电玩城，取缔3家电玩城。

2013年始，县城主要道路路口和小区陆续安装电子眼、摄像头，电子监控和防控逐步进入居民生产生活。

2015年，全社会强化安全责任意识，深入进行安全隐患排查整治、打击刑事犯罪、社会治安防范和队伍建设等重点工作。公安局民警先后深入花园派出所、花园办事处杨庄村委李杨庄组、冯庄村委马庄组、张庄村委十里庙组，走访辖区群众、排查出租房屋、暂住人口、行业场所，带头深入开展大排查、大整治专项行动。同年8月，县公安局开展了为期三个月的提升城市管理集中行动。在城区9条路段31个重要路口设立了“高峰岗”，县公安局党委班子和局机关、业务大队50余名民警配合交警参加“高峰岗”执勤活动。年底，组织对存放炸药、雷管、烟花爆竹、加油站等危险品查处，治理安全隐患。

2017年，规范校园周边治安秩序和网吧经营。依法持续开展扫黄打非工作，有效促进文化市场的净化与繁荣。组织执法人员集中学习《行政处罚法》《行政诉讼法》《娱乐场所管理条例》等法律法规，对文化市场经营业主采取以会代训的形式培训三期，培训人员121人次，提高了文化市场经营业主守法意识。召开了全县扫黄打非工作会和扫黄打非进基层工作会，对扫黄打非工作进行了安排部署，并与各成员单位和各乡镇街道办事处签定了目标管理责任书，制定下发了《泌阳县2017年“扫黄打非”行动方案》《泌阳县深入推进“扫黄打非”进基层实施方案》。累计开展“扫黄打非”专项行动10余次，检查文化市场经营单位298家（次），出动执法人员400人（次），车辆90台（次），检查网吧1300家（次），出版物市场540家（次），印刷复印企业88家（次），取缔违法经营摊点12个，收缴盗版、低俗音像制品500张（盘），盗版、封建迷信等图书400本（册），立案查处案件30余件，办结30余件，对违法违规经营者起到了一定的震慑作用，保证了文化市场的健康发展。

四、劳动保障体系健全

（一）制度改革

2012年，机关事业单位用人制度改革，逢进必考。用人单位自然减员汇总后，根据单位设岗情况，通过社会公开考试，招聘上岗。

2017年，县计生委系统招聘人事代理人员57名，共招聘大学生村官40人到事业单位。城镇全年新增就业7730人，完成目标任务161%，其中失业人员就业1610人，完成目标任务163%；就业困难对象再就业1220人，完成目标任务169%；全县城镇登记失业率控制在4.5%以内。全年共发放小额担保贷款5701万元，带动就业1820人。全年完成农村劳动力转移就业14 080人，完成目标任务176%。全年再就业培训5700人，完成目标任务104%；创业培训513人，完成目标任务106%。

是年，完成工资年报及1549名公务员工资试调查、机关事业单位工作人员晋级晋档和机关事业单位工勤技能岗位568人考核报名工作。

2018年，进一步深化职称制度改革，完善个人自主申报、业内公正评价、单位择优聘用、政府指导监督的职称工作运行机制。完成高级职务评审104人，中级职务评审259人，初级职务评审435人；推荐申报高级职务106人，中级职务297人。全县范围的事业单位新进人员全部实行人事代理，全年办理人事代理手续668人，接管大中专毕业档案2237份，全部实施微机管理，并纳入互联网系统，实现了网上查询、网上办理人事档案业务的快捷方式。

（二）社会保险

2014年，机关事业单位现职工作人员一律缴纳医疗保险金，办理医保卡，个人缴纳部分为每年80元。2015年，全县城乡居民养老保险实现了全覆盖，60岁以上老人按年龄段每月可领取不同数额的养老金，全县社会保险（养老医保）基金收入6614万元，支出5549万元，结余1065万元。

2017年，国家社会保障制度改革，由政府主导的保险业务，主要包括养老保险、医疗保险、失业保险等。行政事业与企业同步，除已办理过离退休手续者外，其余人员一律按标准缴纳养老保险金，退休金数额直接与本人的缴纳养老保险金数额挂钩。行政事业退休人员退休金与企业退休人员的退休金同步，同标准增长，根据中央规定增长比为10%左右，1~2年调整一次，地方增长幅度为5%。是年，全县参保登记单位共录入511个，在职职工18 816人；养老金实际征收1.6亿元，职业年金实际征收2964万元。城乡居民医保基金收入45 749万元，基金支出43 324万元，共结算外地住院困难群众大病补充保险1014人次，报销资金374.71万元。失业保险参保人数33 500人，完成目标任务104%，收缴失业保险金521万元，完成目标任务148.7%。征缴城乡居民养老保险养老金3640万元，完成目标任务104%，为12.8万符合待遇领取条件的城乡居民发放养老金1.29亿元。各类企业参保职工人数达到19 091人，全年累计发放养老金 27 850万元，按时足额发放率100 %；为 9700名离退休人员月平均增长养老金 142.48 元，并在上级要求时间内发放到位。

2018年上半年取消医保卡，与社会保障卡合并，实行社会保障一卡通，分设医保个人账户。机关企事业单位人员和城乡居民就医，分设窗口办理，报销比例初期为应报项目总费用的60%~85%。

（三）劳动监察

2017年，共检查用人单位471家，受理举报、投诉97起，结案104起。帮助农民工追讨工资647.836万元，涉及农民工2246人次。及时处理上级政府督办案件6件，信访部门转交案件、民意热线、市长热线共17件，其中10人以上群体性事件6件。按照法定程序以涉嫌“拒不支付劳动报酬罪”移交公安机关立案查处5起，较好地维护了农民工的合法权益。全年共受理劳动争议案112起，其中确立劳动争议关系类39起、工伤待遇争议类8起、解除劳动关系经济补偿类争议以及缴纳社会保险类65起；结案108起，结案率97%，为劳动者挽回经济损失283万元。

第五节　脱贫环保攻坚战，辉煌成果惠人民

一、脱贫攻坚，奔向小康

（一）精准识别

2016年，党中央向世界承诺2020年中国消灭贫困，向全党全国人民

发出脱贫攻坚的伟大号召，要求全民奔小康的路上，一个都不能少。这时，全县尚有贫困村102个，贫困户16 476户，贫困人口36 993 人，省定泌阳贫困县的帽子一直压在干部群众头上。县委县政府把脱贫攻坚作为政府工作头等大事和第一民生工程。第一，高点谋划。出台了《泌阳县脱贫攻坚“十三五”规划》，坚持以脱贫攻坚统领经济社会发展全局。第二，高位推进。党政主要领导为第一责任人亲自抓扶贫，全县38位县处级领导干部全部联村入户，定点扶贫。县委书记张树营和县委副书记、县长魏华伟数十次深入乡、村、户走访调研，进行实地检查、指导、督促，现场帮助解决问题。县委、县政府与各乡镇（街道）、有帮扶任务的县直各部门至各行政村逐级签订责任书，形成了层层传导压力的责任链。第三，严督实查。县委、县政府从脱贫攻坚成员单位抽调工作务实认真、熟悉脱贫攻坚业务、农村工作经验丰富的同志成立了6个督查巡查组，县委副书记任总组长，签订了督查巡查责任书，直接对县委负责。严格落实“一周一督查、一月一排序、一月一通报”督查巡查机制，加强横向对比、纵向拉动，全面深入地推进脱贫攻坚工作。

县直单位选派700名优秀干部，成立了350个村级核查组，入村入户，对照既定的贫困户、贫困人口条件，“一比二看三算四议五审六公开”程序，精准识别，确定贫困对象，保证不漏一户不少一人。然后由乡镇党委书记、乡镇长任总组长，村责任组长任组长，村支书、驻村第一书记、驻村工作队长、具体帮扶责任人为成员，根据贫困户致贫原因和实际情况，逐户研究制定针对性的帮扶措施，由村级责任组长签字报乡镇党委书记、乡镇长逐人审核，签字加盖乡镇党委政府公章后实施精准帮扶。

对识别出的精准贫困户和贫困人员建立档案、填写卡片，即建档立卡。由核查组人员对所包村委档卡资料逐户逐项进行审核，确保信息填写准确无误、符合逻辑。同时，对档卡资料登记的贫困户电话逐一拨打核实，产生的通信费用由县财政予以承担。在开展的扶贫对象动态管理工作中，统筹考虑“两不愁四保障”，按照农户申请、民主评议、“两公示、一比对、一公告”等程序进行识别，做到应纳尽纳、应扶尽扶。经过半年精准识别，全县新纳入贫困户4150户7670人，清退1727户5130人，净增加2423户2540人，实现了应进必进、应退慎退的目标。印制贫困户扶贫政策明白卡和非贫困户惠民政策明白卡，由驻村帮扶人员、包村干部、农村党员、村民代表逐户发放每一个农户家中，逐项讲解扶贫惠民政策及贫困对象识别、退出标准。同时，把贫困户公示表张贴到农户门前及村委显著位置，提高贫困户、非贫困户的认知率。

（二）精准帮扶

全县38位县处级领导干部联村入户，102个县直单位定点帮扶102个贫困村，102名后备干部到102个贫困村任第一书记，57名后备干部到基层力量薄弱的非贫困村任驻村第一书记。同时，率先在各村设立了扶贫专干，享受村主任待遇，实现了帮扶覆盖网格化、联系沟通网格化。按照每人分包3～5户贫困户，选定县直单位部分在编人员组成帮扶工作队分配到村委开展定点帮扶，乡村党员、村民代表全部分包贫困户和非贫困户，形成帮扶帮扶合力。帮扶责任人根据贫困户主要致贫原因，按照宜农则农、宜商则商的原则，指导帮助其制定切实可行帮扶的计划，及时解决其生产生活中的实际困难，通过宣传鼓励，增强贫困户的生活勇气和脱贫信心。依托各行政村的发展优势，由各乡镇扶贫办牵头，聘请农业种植养殖专家，逐村举办农业实用技术培训班，对全县建档立卡贫困户进行了集中培训，提升贫困户生产技能，增强致富能力。

县委政府根据省定《方案》《办法》，出台了《关于进一步加大建档立卡贫困对象扶持力度的实施意见》，内容为六大类26条。

生活保障 县财政全额为建档立卡贫困人口代缴城乡居民养老保险参保费用，并分别将相应人员纳入低保、孤儿管理、孤老优扶、特困供养等政策保障。针对重度残疾、憨傻痴呆等“有钱也不能生活”，自身无劳动能力，又无人供养的贫困对象，县财政投资5000万元，在城区规划建设了占地42亩的县集中托养中心，作为县残联的二级机构，纳入财政全额供给事业单位，全面保障二级以上重度智力、肢体残疾人衣、食、住、医，帮助贫困家庭劳动力从繁重的陪护事务中解脱出来，实现“托养一人、脱贫一家、和谐一方”目标。

医疗保障　积极开展健康医生签约服务活动，贫困对象签约率100%。全面落实贫困对象两免两保制度（两免即免除医疗保险和大病补充保险参保费用，两保即门诊保障和住院保障）和重症慢性病患者1000元门诊就医补助制度，有效解决了贫困家庭因病致贫、因病返贫的问题，受到省社保局的充分肯定，并在全省社会保障工作信息上予以刊发。

就学保障　对建档立卡贫困户子女参加学前教育、义务教育、高中教育、职业教育、高等教育的，分别给予1200～6000元的救助资金，其中，今年全县累计资助学前到高中阶段学生14 094人次，发放补助1218.859万元，确保贫困家庭无因贫辍学学生。

住房保障　按照“对象不出资，数量不封顶，资金不封顶，住房全保障”的原则，将现有危房和无房贫困户全部纳入改造计划，确保贫困人口住有所居。2016年以来，全县累计投入资金1.62亿元，新建住房4581户，改造C级危房1106户，实现全县所有贫困户住有所居的目标。

易地搬迁　围绕出门行路便利、有病求医便利、子女就学便利、寻找就业门路便利、获得信息便利的目标，在县产业聚集区苗楼村、马谷田堡子村、铜山焦竹园村、下碑寺石灰窑村、春水街村建5个场地扶贫搬迁集中安置区。为使搬迁对象能够“搬得出、稳得住、可发展、能致富”，投资1240万元在4个乡镇安置区各建设一个扶贫车间、一座光伏电站，投资1650万元在产业集聚区安置社区建成两栋1.5万平方米的标准化厂房，成立了泌阳县扶贫开发有限公司，强化后续保障。同时，出台泌阳县易地扶贫搬迁产业发展奖补政策，集中安置区分别建立电商服务站，由县财政给予一定补贴，打通了搬迁贫困群众销售产品的“最后一公里”。目前，搬迁群众的产品销售额达到1800多万元，实现利润540多万元。

就业保障　加大贫困对象转移就业支持力度，对于贫困对象参加就业培训（包括实习）的，按照每人每天40元的标准给予补贴；到市外省内参加培训的，每人给予450元的一次性交通、住宿补贴。引导和鼓励县内企业安排贫困对象就业，企业每安排一名贫困对象长期稳定就业的，财政统筹补助企业2000元。三年共引导25 868名贫困群众在县内就业和外出创业，安置公益岗位8746个。

（三）精准脱贫

2017年来，县委政府整合资金2.7亿元，在贫困村“道路、安全饮水、电力、文化中心、卫生室、宽带网络、广播电视 ”等7项指标基础上，增加“环境美化、危房改造、村室建设”3项建设内容，切实改善农村居住环境。全县27个预脱贫村实现通村公路硬化率100%、安全饮水供水率100%、通电通广播通宽带率100%、综合性文化服务中心建设率100%、村级卫生室建设率100%的目标。

全县354个村依托党群创业服务社，建起了“一村一品”的特色产业，118个村实现了集体经济“零”的突破，村级集体经济总量达5290万元，村年集体纯收入突破1000万，带动550户1300人稳定脱贫。这种发展村级集体经济带动贫困户发展产业的做法得到了省委常委、省委组织部部长孔昌生的充分肯定，河南电视台作了专题录制，并在《调查研究》上予以刊发。

同时，结合贫困村、贫困户实际情况，大力实施光伏产业、扶贫工厂、直补到户、集体经济、金融扶贫、“龙头”企业等增收6项工程，确保每户贫困家庭有1—2项产业扶贫增收项目。2018年3月9日，泌阳县在全省产业扶贫现场会上做了典型发言。4月26日，省委书记谢伏瞻在泌阳检查指导脱贫攻坚工作时，对产业带动贫困户增收的有效做法给予了充分肯定。

2018年全县退出贫困村30个，脱贫9964户18 249人，未脱贫3968户7161人，综合贫困发生率由9.5%下降到0.89%。2019年，全县贫困村累计出列102个，脱贫人口25 955户69 440人。

二、环境攻坚，碧水蓝天

（一）大气污染防治

2018年，县委政府按照全省大气污染防治攻坚战“三治标三治本”总体思路，积极推进县城区集中供热供暖工程。编制了《泌阳县城区集中供热供暖实施方案》，制定城乡电网配套改造清单，明确电网改造贫困村、中心村名录，推进实施“气代煤”“电代煤”改造民生工程，推进产业集聚区集中供热供暖。对县联合板业有限公司在用20蒸吨以上锅炉废气进行提标治理，执行超低排放限值，并完成锅炉废气自动监测装置建设安装及联网工作。利用“全省环保法律法规深入城乡居民户大宣传暨大气污染源普查整治诸项专项行动”，依法取缔整治“小散乱污”企业482家。全面排查燃煤茶浴锅炉、燃煤大灶、经营性小煤炉，建立台账，逐户核销。

制定《轻中度大气污染防治管控方案》和《重污染天气污染防治管控方案》，严格大气污染管控。完成3个街道办事处、19个乡镇以及所辖居委、村委建立乡镇级、村级大气污染防治监管网格，建立网格公示制度，明确网格长、网格员、巡查员、监督员人员及岗位职责。建立完善各乡镇（街道）、村委会（居委会）大气污染防治监管台账。完成县城区内新增两个空气自动监测站建设并联网运行（县住建局、县工业集聚区管委会），完成联合板业有限公司在用锅炉以及推动县域内13家砖瓦窑企业废气自动监测设施建设并联网运行，完成县汽车尾气环保检测线监控联网运行。

（二）水污染防治

2016年始，泌阳河涧岭店断面水质稳定达到《地表水环境质量标准（GB3838—2002）》Ⅳ类，实现了流域水环境质量“只能更好、不能变坏”的工作目标。计投资3440万，重点建设 “四大工程”项目，新建污泥处理处置能力40吨/日及配套设施；畜禽养殖场污水治理项目：赊湾建民养殖场污水处理设施1套；泌水河河道治理清淤3公里，泌阳河两岸护砌7.68公里；城镇排污管网建设：第二污水处理厂污水管道钢坝上游段改线工程591米。各工程项目均已建成运营。

全县境内排污口已全面封堵，并按照时间节点完成了建成区内76口自备井封井工作，整治台账已全部建立完善。完成城区西二环泌水河大桥东北侧小梁河汇入泌水河河段、泌阳县产业聚集区朗格光电西墙、泌阳县老县医院南侧3处污水沟黑臭水体治理任务，共计投资1.87亿元，从根本上解决了县建成区黑臭水体水环境质量。完成60个加油站地下油罐防渗漏改造任务的48个，位列全市第一名。关闭清理了禁养区16家养殖场，整治了215家规模以上畜禽养殖的208家，尚有1676家规模以下畜禽散养户整治任务，已完成总数任务的26.7%。

2017年，泌阳县被市政府命名为全市环境污染防治攻坚先进单位，被省政府、省攻坚办命名为全省环境污染防治攻坚战先进单位。2018年2月1日，人力资源社会保障部环境保护部授于泌阳县环境保护局为全国环境保护系统先进集体，是全省唯一一个获此殊荣的县级环保局。

（三）烟尘污染防治

严格扬尘污染治理。落实各类施工工地开复工制度，制定扬尘污染在线监控建设及联网方案，制定扬尘污染防治预算管理制度，完成县城区内运营的渣土运输车辆自动化密闭改装，制定《渣土车运输管理规范》，首次以管理规范的形式把渣土车运营纳入长效管理机制，开展砂石运输车辆超限超载及扬尘污染防治专项整治行动，组织开展城市清洁行动，并建立了长效机制。

严格露天烧烤规范管理，督促县城区餐饮服务行业安装油烟净化设施，降低油烟污染危害。严格农村夏秋秸秆禁烧及城镇垃圾焚烧管控措施，建立长效监管机制。建立健全烟花炮竹禁放工作机制，建成区不设立烟花炮竹销售点，实现泌阳城区全时段禁放。制定了花生剥壳、板材加工、石子加工行业的环境治理标准。

（四）推进生态工程建设

2017年，按照《泌阳生态县创建规划（2017—2020）》，积极推进生态农业、生态工业、生态林业、生态旅游、生态城镇、生态文化等六大生态工程建设体系，完成2个国家级生态乡镇和16个省级生态乡镇创建，在8个乡镇的13个村建设了农村污水处理设施，制定了《泌阳县创建省级生态县验收迎检工作方案》（泌政文〔2017〕26号），将三大块25项指标分解到各相关单位，整理编制了《泌阳县生态建设规划实施情况评估报告》、生态县工作总结以及指标证明材料。拟定了生态县验收路线和考察点位，向省环保厅提交了验收正式申请。

在创建过程中，县委县政府领导高度重视，认真组织。一是共出动执法人次7800余人次，检查重点污染源2家，建设项目28家，其他污染源760家，查处纠正违法行为502起，立案处罚214家，执行到位的罚款总额440.2万元，未执行到位罚款金额17万元。查封扣押49家，停产限产28家，关停取缔171家，下发监察通知31家，整改495家。二是对全县涉气污染源进行排查并对2016年已淘汰燃煤锅炉情况进一步落实。完成全县112台燃煤锅炉拆改和两家水泥粉磨站提标治理任务。三是对涉水工业污染源加强监管。对泌阳河沿河两岸的废水排放口进行了封堵。对排查出的畜禽养殖户下发《泌阳县畜禽污染防治技术服务告知书》，并要求畜禽养殖户根据养殖规模和污染防治需要，建设粪便、污水与雨水分流管道、粪便、污水的贮存设施（晾粪场、沉淀池、氧化塘等），以及无害化处理设施。四是积极配合省环保综合督查组督查工作，环保大宣传大检查活动效果显著，万人入户走访城乡居民户268 806户，发放宣传册689 328份，排查散、乱、污问题企业83家，核查2017年开工并完成电网改造数68个，核查洁净型煤生产仓储中心两家，检查施工工地94家，排查加油站85家，排查污染源134个，检查黑臭水体8个，检查集中式污水处理设施3个，排查规模化畜禽养殖场200家，核查城市饮用水源两处，农村环境综合整治14个，辐射设施安全检查42家。编制《调查汇总表》25册、《调查问卷》546册1194本，圆满完成了上级安排的各项工作任务。2017年被省环境保护厅、省攻坚办评为“全省环保法律法规深入城乡大宣传暨大气污染源普查整治诸项专项行动先进单位”。五是群众环境权益得到切实保障和维护。按照“分级负责、归口管理”的原则，制定了一系列的信访工作制度、程序，信访工作进一步规范化、制度化。全年共处理人民群众来电来访及省、市和局转发的各种污染纠纷249起，结案率达100%。

第九章　老区之光

第一节　革命纪念地

一、革命旧址

（一）中国共产党泌阳支部成立旧址

1927年，中共豫区委指派姚建宇（敬斋，泌阳城关人）回泌阳发展党的组织。姚以泌阳中山中学教员职业为掩护，秘密发展了张旺午、张炳昌、魏祥甫、陈香斋、史星岑、史子惠、李秀三、高子扬入党。11月，中共泌阳支部在县城福音堂（今人民路南段教堂院内）成立，共有党员9人，书记姚建宇，组织委员张旺午，宣传委员张炳昌，交通委员魏祥甫。中共泌阳支部隶属中共河南省委领导。

（二）城北土窑县委会议旧址

1930年11月，中共鄂豫边特委调红26师由鄂北根据地北上，开辟唐河、泌阳、桐柏新苏区，泌阳县委即策划举行武装暴动，策应红9军26师解放泌阳，建立泌阳苏维埃政权。12月5日，红26师从唐河出发，向泌阳进军，途经唐河毕店受阻。当晚，中共泌阳县委在城北窑上再次开会研究武装暴动事宜，与会人员尚未到齐，突遭国民党泌阳县民团袭击，县委委员王立堂、胡邦立、蔡玉钦被捕，国民党反动当局在没有任何证据情况下，以莫须有的罪名，将3名同志杀害在北城墙内（现寺后道北边）。

（三）康庄炸会旧址

泌阳县赊湾乡北康庄村，是中共地下党组织第一次武装暴动的地方。1930年冬，泌阳县赊湾西北楝树庄祖始庙起会，赊湾寨工局派人枪到会维持秩序。陈香斋（赊湾孙楼人）同刘黎阁商议，炸会夺枪武装队伍。刘黎阁、陈香斋研究了方案，3个人盯一个扛枪的团丁，两人掩护，1人夺枪。晚饭后，夺枪人员随看戏群众走进戏场。当戏正热闹时，突然会场灯灭，一片吵闹，被袭击的团丁没有反应过来，肩上的枪已被夺走。一声口哨，队员们安全地离开了会场。此次炸会夺枪5支，是在党的领导下泌阳的第一次武装行动，是武装暴动的预演。

（四）羊册小候庄抢粮旧址

1932年11月，中共泌阳县委高子扬、武装小组长周青等人，在羊册召集羊册支部书记陶耀久和丁运章、李书钧等发动群众数十人，到羊册街南小侯庄抢地主赵家的粮食。抢粮群众撤离时，还将写好的红军分田分地标语贴在小侯庄，抢粮斗争在当地影响很大。

（五）张湾周青等烈士牺牲地

1932年12月27日夜，中共泌阳县委委员、武装小组组长周青，县委委员吕宝和薛家群、薛邦典、刘毛5人带领城南曹店、油房庄、小张庄等村群众数十人，抢了张岗大地主的粮食，疏散了抢粮的群众后，周青一行5人按事先行动计划来到赊湾西张湾窑上休息。叛徒刘毛和窑主勾结，秘密报告涧岭店民团。大家刚入睡，站岗的吕宝发现敌情，又见刘毛逃遁，即喊醒大家。大家立即依土窑作掩体，和唐河县涧岭店民团头子王子龙部反动武装接上了火。战斗持续一个多小时，周青提出掩护大家突围，吕宝等人刚离开窑场，周青牺牲。在此情况下，吕宝回身掩护薛家群和薛邦典突围。吕宝为引开敌人，故意向东北方向边跑边打，不幸被敌众枪扫射牺牲。突围到张湾河道上的薛家群、薛邦典被捕，解押开封监狱，受尽酷刑，惨遭杀害。

（六）吕秀甫烈士牺牲地旧址

1932年农历10月26日夜，中共泌阳县委员吕秀甫、武装小组长周青带领赊湾、涧岭店100多人到赊湾西北楝树庄抢粮。在接应撤退群众时，遭遇赊湾寨工局民团，赤手与敌搏斗后被捕。敌人对吕秀甫严刑拷打，坐老虎凳、喝洋油、灌辣椒水，吕秀甫坚不吐实，宁死不屈。凶残的敌人将吕秀甫五花大绑，赤着双脚，假意往县城押送，枪杀在城西八里沟。

（七）王店张楼村鄂豫边区省委驻地旧址

位于泌阳县王店乡小河村委张楼村。1935年8月初，鄂豫边工委与豫南党组织合并为中共鄂豫边省委。书记张星江，组织委员仝中玉，宣传委员王国华。确定斗争中心东移到泌阳东部山区，省委机关驻张楼马长富祖宅后院东屋。东屋南头留有脚门。省委驻张楼期间，领导泌阳、唐河、桐柏、南召、邓县、新野、南阳、新蔡、信阳、确山、汝南、正阳、镇平、内乡、淅川、方城、遂平、舞阳、叶县等县党的工作，在信阳吴家尖山成立了鄂豫边红军游击队，组织和领导了奔袭大桥洼、杜庄战斗、平氏炸会夺枪、袭击出山王、夜袭八门庄和大庄子休整、化整为零、集零为整等战斗活动。

（八）铜山乡大庄子游击队休整地

泌阳县铜山乡（大路庄）铜山脚下大庄子村。1936年3月初，鄂豫边红军游击队夜宿杜庄，遭国民党遂平县保安大队包围。游击队迅速组织反击，边打边向后山突围。战斗中，王春义（王国平）和队员柯骡牺牲，张旺午、吴仁甫等人被俘。杜庄受挫后，红军游击队夜行到铜山脚下大庄子进行休整。部队在这里休整了8天，并确定在游击队设立战士委员会，重新明确了战场纪律，作出游击队新队员由各县党组织选送的决定。不久，补充队员30多人。

（九）王店乡王庄鄂豫边省委兵工厂旧址

位于泌阳王店乡小河村委王庄村西北角。1936年9月，鄂豫边省委于此建立造枪厂。厂房是王广林家的上下两层小楼，初名“中共鄂豫边区省委红军游击队修械所”，后觉名字太长，且易引人注意，简称“炮厂”（实际不生产炮），生产的枪支称“洋擡”（见残片）。游击队秘书李子健兼厂长，技术生产负责人桑连清，铁匠雷勤学（共产党员），保管马长富，全厂共十多人。先后生产5子盒子枪数十支、长枪百余支。1937年6月，东北军一二九师王理环团三营营长吕伟绩撕毁协定，率部进攻鄂豫边区省委机关所在地，并将王庄造枪厂破坏，洛阳修枪师桑连清一家3口人被枪杀。之后，炮厂转移到罗沙坡。1937年10月迁移至邓庄铺。

（十）中共鄂豫边省委文印室旧址

位于泌阳县高邑乡官驿村，占地面积200多平方米。1937年1月，中共鄂豫边省委机关在官驿村设立省委文印室，翻印党的文件和宣传材料。文印室负责人乔全义，工作人员有刘荣业、曹振堂。6月，遭到东北军吕伟绩营破坏。之后，随鄂豫边省委和红军游击队迁至焦竹园。

（十一）高店乡八门庄战斗旧址

位于高店乡西南八门庄，距县城约16公里。1937年8月，鄂豫边红军游击队在摆脱敌人围剿之后，集零为整，寻机夜袭八门庄围寨，震慑了桐柏、泌阳地方反动势力。

（十二）侯庄老虎石

位于高邑街西侯庄村东。1937年10月，经刘世耀等人做工作，从“安段团”选80多人枪，在老虎石集结，开赴焦竹园，参加豫南人民抗日军独立团。

（十三）义和寨会议旧址

位于泌阳县马谷田镇东北12公里处，海拔约500米。1936年12月24日，中共鄂豫边省委于此召开了扩大会议。会议根据中央北方局的指示精神，调整了鄂豫边省委领导，着重解决鄂豫边根据地党的建设、游击战争的群众工作和统战工作，建立农民自卫会和自卫队，加强瓦解争取反动武装，扩大红军游击队的武装等问题。义和寨会议为桐柏山区革命根据地巩固和发展奠定了基础。

（十四）焦竹园鄂豫边省委驻地旧址

位于泌阳县铜山乡焦竹园村。南北宽49.5米，东西长59米，占地面积2920.5平方米，房屋建筑面积1280平方米。共分东、西、东偏三个院，现有55间瓦房。1937年，中共鄂豫边省委和鄂豫边红军游击队领导机关曾驻地。1938年，中共豫边省委机关迁驻竹沟，焦竹园旧址曾一度作为新四军招兵留守处，为抗日战争和解放战争输送了大量兵员和物资。

（十五）青年抗日集训转运站旧址

位于泌阳县高邑乡下陈洼村。1937年11月，泌阳县委组织部长樊中甫（新野人，烈士）在高邑下陈洼村办青年抗日集训转运站，报名参加者数百人。通过集中训练，选送到邓庄铺豫南人民抗日军独立团。

（十六）碾盘沟会议旧址

位于泌阳铜山乡肖庄村委碾盘沟村。1937年7月，于此召开中共鄂豫边省委扩大会议。从延安回泌阳的胡龙奎、周骏鸣带回了党中央毛主席的关怀和朱总司令要鄂豫边猛烈扩大的指示，会议调整了省委领导机构；决定建立抗日民族统一战线，公开亮旗；通过上级党组织取得与鄂豫皖红军的联系，开创了边区斗争的新局面。

碾盘沟会议是鄂豫边革命斗争史上的一个历史转折性会议。它统一了边区省委及红军游击队的思想认识，明确了斗争方向，为游击根据地的巩固和发展、实现党中央在新的历史时期提出的方针、路线、政策，开创抗战斗争新局面，奠定了组织思想基础。

（十七）邓庄妇女识字班旧址

位于泌阳县铜山乡邓庄铺村，占地500多平方米。原系乡公所房屋。1937年11月，中共鄂豫边省委组织由开封等地到鄂豫边根据地参加革命的青年学生高维进、孟萍、樊淑俊、曾兰、张剑钊等，于此办妇女、儿童识字班，自编教材，识字、唱歌、演话剧，宣传抗日，学员达80余人。

（十八）豫南人民抗日军独立团改编处

位于泌阳县铜山乡邓庄铺村，占地面积1500平方米。1937年10月，以邓庄铺、焦竹园为中心的鄂豫边革命根据地得以巩固和发展，红军游击队发展到500余人。中共鄂豫边省委根据上级党的指示，在邓庄铺街西大槐树旁的稻场上开会，宣布鄂豫边红军游击队改编为豫南人民抗日军独立团，公开打出旗帜。团长周骏鸣、政委王国华、副团长冯景禹、政训部副主任文敏生。下辖两个营，1个手枪队，1个少先队。随着鄂豫边根据地声威的扩大，开封、洛阳、许昌、漯河、平顶山、南阳等地的爱国青年学生纷纷前来参加革命。焦竹园、邓庄铺上空红旗猎猎，歌声嘹亮，一派生动活泼的新气象。

（十九）邓庄、焦竹园保卫战旧址

位于泌阳县铜山乡焦竹园村东焦坡，占地面积20 000多平方米。1938年1月7日，泌阳地方实力派人物王友梅与宛属十三县民团司令别廷芳密谋，派“定远团”1300人偷袭焦竹园、邓庄铺。泌阳县团队百余人助战。其时，红军主力在外剿匪，留守邓庄铺的豫南人民抗日军独立团副团长冯景禹率新兵连和少先队打响邓庄铺焦竹园保卫战。次日，王国华率部分主力回师焦竹园、邓庄铺，立即在焦竹园东山布阵。第三天，周骏鸣团长率部返回，将“定远团”重重包围。全面反击。独立团还从抗日大局出发，向敌人展开政治攻势，高喊：“大敌当前，枪口对外，团结抗日，共赴国难！”“定远团”士气瓦解。当晚，独立团闪开一条路，敌人仓皇逃遁。邓焦保卫战保卫了省委和根据地广大人民群众，是鄂豫边三年游击战争史上规模最大的一次战斗，是对独立团和抗日自卫队等共产党领导的鄂豫边区抗日武装力量的一次检验。

（二十）泌阳青年战时工作团旧址

位于泌阳县官庄镇官庄街，占地面积800多平方米。1938年6月，彭雪枫及刘子厚、刘子久对泌阳名绅王友梅的统战工作成功，商定在官庄镇开办泌阳青年战时工作团。王友梅任团长，晁松亭任副团长，豫南特委先后派周志坚、张瑞恒、刘贯一、方毅等到官庄分别担任政治和军事教官，采用竹沟教导队教材和教学方法。学员200多人，中共泌阳县委从学员中发展了30多人入党，为抗日培养了一批骨干力量。

（二十一）泌阳县爱国民主县政府旧址

位于泌阳县铜山乡竖石岗村，占地面积200平方米。1945年3月，于此成立泌阳爱国民主县政府县长高子扬，副县长王国信，财政科长王广宇、薛鲁（接任）。泌阳县爱国民主县政府辖焦竹园、老虎张、冷水、大磨、东黄岗5个区，隶属豫南地委、豫南专署领导。

（二十二）苗庄寺会议旧址

位于泰山街西北9公里苗庄寺村，占地面积500平方米。1948年5月，邓小平率部来到泌阳，住在泌阳泰山庙乡苗庄寺贾福来家。邓小平政委在该村寺庙里召开会议，分别听取了桐柏区党委、桐柏二地委、二专署、二分区和泌西县、尧良区区委等关于新区执行政策情况的汇报，对新区工作作出具体指导，从而纠正了急性土改的错误，改进了工作方法，促进了新区各项工作的健康发展。

二、革命纪念园馆

（一）泌阳烈士陵园

泌阳县烈士陵园位于泌阳县城行政路东段，占地17 000平方米。陵园于1955年10月动工兴建，1957年4月建成。2011年4月，泌阳县委、县政府投资860万元对烈士陵园进行全方位修缮。陵园内安葬有中共鄂豫边省委书记张星江，鄂豫边省委委员、红军游击队大队长陈香斋，红九军将领白玉文、张焕民、刘煊，淮北支队政委、泌阳县委书记侯太俊等革命烈士，和为解放泌

清明节泌阳烈士陵园教育活动

阳牺牲的无名烈士110位、有名烈士72位。2002年被命名为市级青少年革命传统教育基地；2005年12月，被命名为市级爱国主义教育基地。

陵园在原来的基础上，东西大门各向外扩展40余米，新建了牌坊门，门上楣书“泌阳烈士陵园”，西门4柱楹联为“革命精神千古不朽；烈士殉国浩气长存”“淮汉英烈丰功垂青史；中原儿女碧血壮山河”，门两侧为6幅革命斗争故事浮雕。东门4柱楹联为“生为人民　生的伟大；死为革命　死的光荣”“铜峰叠翠　一抔黄土埋忠骨；泌水流香　百世英名勖后人”。修缮后的纪念碑底座为方形，高1.2米，周围有1米高的汉白玉石栏杆，底座四周为鄂豫边革命斗争故事浮雕。纪念碑通高18米，四棱台式，四面为毛泽东、刘少奇、周恩来、朱德为革命烈士纪念碑的题词。

陵园纪念碑以东一条通道直达纪念堂，道路的两侧各有六角亭一座，亭顶为黄绿色琉璃瓦结构，亭子的石柱上分别雕刻有“甘洒热血为人民；壮怀忠烈报祖国”“先烈功绩永不朽；英灵与世共千秋”的对联，周围花坛草坪相对应，幽雅美观。

陵园的正中间建有“革命烈士纪念堂”，周围有30根圆柱，建造美观大方，纪念堂中陈列着有关革命烈士的文字、图片、书籍、遗物等内容，宣传展版近200平方米。

每年清明节，成千上万的学生和人民群众络绎不绝地前来陵园祭扫革命烈士墓。9月30日，全县社会各界数千名代表在县烈士陵园隆重举行烈士纪念日公祭活动。

（二）鄂豫边革命纪念馆

位于泌阳县铜山乡焦竹园村南侧，由焦竹园革命旧址、鄂豫边革命纪念广场和鄂豫边革命纪念馆等部分组成，总占地面积22 520平方米，建筑面积2160平方米。焦竹园革命旧址为明代民居院落，门楼为硬山式过道，木雕花檐版，门墩为抱鼓石。房屋均为青砖墙，木花窗，重梁起架，小布瓦屋面，筒子瓦花脊，五脊六兽，前檐墙樨头为鹿、花砖雕。南北宽49.5米，东西长59米，总面积2920.5平方米，房屋建筑面积1280平方米。旧址坐北朝南，南临鄂豫边革命纪念广场。纪念广场占地面积1.2万平方米，芝麻灰花岗岩方砖铺地，通过三座汉白玉小桥，步十数级台阶达鄂豫边革命纪念馆。馆院内矗立革命英雄群像雕塑，整体布局美观大方。纪念馆仿古建筑，与旧址色调一致，十分典雅。占地面积7600平方米，建筑面积880平方米，按照“革命历史”“厚重文化”“今日泌阳”等部分进行陈列布展，展览面积268平方米。

焦竹园革命旧址是三年游击战争时期（1934—1937）中共鄂豫边省委和鄂豫边红军游击队领导机关曾驻地。旧址有两个院，鄂豫边省委机关住东院，红军游击队领导住西院，警卫人员和红军女战士住三进院的群房里。1938年，中共鄂豫边省委机关迁驻竹沟后，焦竹园旧址曾一度作为新四军招兵留守处，为抗日战争和解放战争输送了大量兵员和物资。

纪念馆有鄂豫边革命斗争辉煌历史陈展，共制作展版120多幅，展示历史事件30余个，展示人物50多位。陈列力求再现当年情景，展览图文并茂，

邓庄焦竹园小学少先队参观焦竹园革命旧址

展版制作技术精湛，达到目前同类纪念馆的先进技术水平。

2000年9月，焦竹园革命旧址被省政府批准为省级重点文物保护单位。2006年至2007年利用专项资金对旧址进行了全面修建，恢复了建筑的原貌。2008年7月1日始对外开放，年门票收入25.5万元。2009年按照国家文物局和省、市文物部门的要求实行免费开放。2011年2月，鄂豫边革命纪念馆被命名为省级爱国主义教育基地。2017年，泌阳县委于此建立廉政文化教育基地。年接待社会各界受教育人员9.8万人次，是豫南鄂北红色教育示范基地之一。

第二节　革命纪念碑

一、鄂豫边革命历史纪念碑（待立）

鄂豫边游击区是豫、鄂、皖、湘、赣、浙、闽、粤南方8省15块红色游击区之一，是三年游击战争时期中共鄂豫边省委领导边区人民历尽艰难险阻开辟的革命根据地（史称桐柏山革命根据地），在中国革命现代历史上有着重要的地位。

1934年红军长征以后，鄂豫边地方党组织遭到严重破坏，又与党中央失去联系。在白色恐怖笼罩的腥风血雨中，张星江、王国华、仝中玉、周骏鸣、张旺午、陈香斋等一批共产党人，怀着对党的事业的赤诚忠心和解放劳苦大众的必胜信念，挺身而出，将河南省委与鄂豫边工委两地党组织合并，于1935年8月成立中共鄂豫边省委，翌年1月成立鄂豫边红军游击队。在共产党领导下，边区人民用大刀、长矛做武器，同敌人进行斗争；用建立自卫会、自卫队的方法，建立基层苏维埃政权和武装组织；用拉土豪、打坏货、交朋友的方式，与杆众和国民党军政当局建立统战关系，根据地范围发展到20个县域，为牵制敌人、配合各革命根据地的斗争发挥了重要作用，为而后在竹沟建立中原抗战的支撑点奠定了坚实的基础。

铜山是鄂豫边革命根据地中心区的主要地理标志之一。鄂豫边省委成立之初，驻于铜山西的张楼、侯庄一带，在馆驿设文印室，在王庄设造枪厂，在王店、高邑与东北军谈判达成和平共处协议。铜山附近的义和寨会议、碾盘沟会议、王店会议、邓庄铺会议等，是鄂豫边革命历史进程中几次十分重要的会议。平氏夺枪、夜袭八门庄、智取蔡冲、奔袭马谷田、竹沟暴动、围攻贾楼和邓、焦保卫战，是红军游击队的几次重大军事行动。1937年秋，鄂豫边省委及红军游击队进驻邓庄铺、焦竹园后，开封、洛阳、南阳、襄樊等地青年积极分子纷纷慕名前来，队伍迅速扩大，红军游击队公开打出豫南人民抗日军独立团旗帜，并于1938年1月，奉周恩来副主席之命，与南方8省红军游击队统编为新四军，为第四支队第八团队。

铜峰巍巍，泌水汤汤。铜山在革命前辈和鄂豫边区人民的心中一直充满光荣和神圣。这是一方革命的摇篮，这是一块红色的土地，这里记载着一代革命志士英勇的壮举，这里矗立着无数革命英烈永远的丰碑。昔日的满目疮痍、民不聊生已变成今日的安定祥和、物阜民康，革命前辈的愿望正变成现实。在此勒碑永志鄂豫边辉煌的革命历史，以使后人在领略美好自然风景的同时，受到革命传统和爱国主义教育，不忘历史，开创未来，构建和谐，科学发展，为建设祖国贡献力量。

二、革命烈士碑文（选录）

张星江（1907—1936），河南唐河县毕店乡张心一村人，鄂豫边革命根

张星江烈士墓碑

据地主要创始人。1927年参加革命，1928年加入中国共产党，曾任中共南阳中心县委书记，鄂豫边特委委员，鄂豫边工委书记。1934年1月，代表鄂豫边区赴江西瑞金参加中华苏维埃第二次全国代表大会，并当选为大会主席团成员。同年11月，担任红二十五军向导，使红二十五军长征途中摆脱国民党军队重兵围追堵截。1935年8月，鄂豫边工委与豫南党组织合并成立鄂豫边省委，任书记，兼任鄂豫边红军游击队政治指导员。1936年3月27日，率红军游击队至平氏孤峰山庙会夺枪。28日与敌遭遇战中，为掩护战友突围壮烈牺牲。

陈香斋（1907—1937），原名振铎，化名胡祖亭，1907年生于河南泌阳县赊湾乡孙楼村。鄂豫边革命根据地创始人之一。1927年加入中国共产党，曾任中共泌阳特支委员，泌阳县委委员，中共鄂豫边省委委员，红军游击队队长，曾参加平民夺枪、八门庄战斗，多次在豫南及湖北随县等地做瓦解争取反动武装，被誉为“改造土匪的专家”。1937年6月，在截击邓庄铺联保主任王廷杰的战斗中英勇牺牲。

王广宇（1914—1948），1914年2月出生于河南泌阳县王店乡王庄村。1936年加入中国共产党，任罗沙坡党支部书记，高邑区委书记、区长，泌阳县委委员。曾参加出山王、八门庄战斗等，中原五师突围时奉陈少敏指示在随州一带打游击。1948年3月，在正阳县二赵庄对敌作战中英勇牺牲。

王广林（1904—1937），1904年出生于河南泌阳县王店乡王庄村，1930年后，以其家开油坊作为中共党组织联络站，掩护党的同志从事革命活动。1934年加入中国共产党，曾任中共泌阳王岗党支部书记，红军游击队分队长。1937年2月，在柳林战斗中壮烈牺牲。

吕秀甫（1905—1932），又名益文，1905年出生于河南泌阳县赊湾乡阎店村。1928年加入中国共产党，曾任中共泌阳县委委员，与王德廷、陈省吾等组织起30多人的桐柏山游击队，活动在鄂豫边界，打击坏货抢粮济民，1932年11月，在赊湾北楝树庄抢粮时遭到国民党地方武装围袭，不幸被捕，惨遭杀害。

侯太俊（1902—？），1902年出生于河南泌阳县高邑乡侯庄村，1928年加入中国共产党，是王店张楼一带农民“红枪会”“光蛋会”组织者之一。曾任中共高邑区委书记、新四军八团警卫营营长、信随工委书记兼游击队政委，任豫鄂工委委员、淮北游击支队政委、代理泌阳县委书记，在掩护中原解放军部队突围时被捕，后在转押南阳途中的朱集街惨遭杀害。

欧阳中民（1922—？），原名欧阳灿如，1922年2月出生于河南泌阳县大路庄乡缸窑下马山村。1942年10月加入中国共产党，淮北游击支队队员。1946年8月，随侯太俊掩护中原突围，转战于泌阳东部山区，英勇顽强。后与侯太俊一起被被捕，在转押南阳途中的朱集街同时遇害。

苏天广（1910—1945），1910年出生于河南省泌阳县高邑乡前馆驿村。1932年参加革命，同时加入中国共产党，曾任农民自卫长，中共泌阳县委委员、组织部长，唐、泌、确三县自卫队队长。1945年在王店牺牲。

王立堂（1906—1930），1906年4月出生于河南泌阳县赊湾乡打席店村。1928年加入中国共产党，曾任中共泌阳县委委员，以城关完小校长身份为掩护组织发动抗捐税和夺抢斗争。1930年12月19日晚，为策应红九军二十六师解放泌阳县，县委在县城北一土窑召开扩大会议，突遭当局民团围击，王立堂与胡帮立、蔡玉钦同时被捕，三人惨遭杀害。

樊中甫（1912—1937），原名樊永忠，1912年出生于河南新野樊集镇背笼庄村。1931年加入中国共产党，1936年夏，随鄂豫边省委书记仝中玉在新野沙堰一带开展游击斗争。后参加鄂豫边红军游击队。1937年春，任中共泌阳县委组织部长。当年11月5日，在送一批青年参军参战途中，突遭地方反动武装袭击，壮烈牺牲。

吕益炳（1909—1938），原名义三，1909年出生于河南泌阳县泰山庙乡赵洼三官庙村。1932年加入中国共产党，曾任沟李党支部书记。以办学名义在泰山、双庙一带从事革命活动。1938年7月奉竹沟地委之命回本地联系工作时，惨遭杀害。

三、无名烈士碑（待立）

1840年后，清政府政治腐败、经济落后，列强趁机入侵，战乱灾荒，民不聊生。在辛亥革命影响下，有识之士开始奋起，尤其是1921年中国共产党成立后，苦难深重的劳苦大众黑暗中见光明，仁人志士纷纷参加革命队伍，前仆后继，英勇奋斗，终于赢得了广大人民的解放和新中国的诞生。

这里安葬的革命先烈为祖国的解放、为民族的振兴，血洒泌阳大地，气壮山河，志贯日月，浩气长存，精神永在，歌以颂之曰：

铜峰巍巍，泌水汤汤。惟我英烈，千秋颂扬。
缅怀烈士，永世不忘。

满清末期，不修政纲。外侮内讧，民生凄惶。
辛亥春雷，义声振扬。英哲攘臂，万众景仰。
马列主义，指引航向。井冈武装，泽润东方。

鄂豫边区，穷乡僻壤。苦难愈深，革命愈强。
共产党人，指引方向。农民武装，壮大力量。
游击战争，闻名一方。红色政权，旗帜高扬。

七七事变，中华危亡。八省合纵，开赴战场。
八年抗战，日寇投降。解放战争，威武雄壮。
奋斗牺牲，勋业煌煌。烈烈忠魂，万代流芳。

人民共和，国运盛昌。六秩祯祥，物阜民康。
民族复兴，先烈榜样。继承遗志，发扬荣光。
科学发展，初心不忘。筑梦中华，福祉家乡。

第三节　知名老区村

一、焦竹园村：鄂豫边革命首府

焦竹园村位于泌阳县铜山乡东部，东与确山县接壤。属浅山丘陵地貌，总面积22平方公里，耕地面积1900亩。有9个自然村，14个村民小组，352户村民，人口1581人。该村西距泌阳县城33公里，东距确山县城47公里，南距桐柏县城55公里，北距舞阳县城52公里，是泌（阳）、确（山）、桐（柏）、信（阳）4县接合部的一个著名村庄。

1928年，中共泌阳县委派高子扬（后任县委书记）到泌阳东部山区开展工作，发展侯太俊等加入中国共产党。之后，侯太俊（后任县委书记）、王广宇（后任县委委员）在泌阳王店张楼、高邑侯庄和东山邓庄铺焦竹园一带联合穷人组织“光蛋会”。在党的领导下，“光蛋会”抗捐税、打恶霸、防匪祸，展开轰轰烈烈的抢粮斗争。“光蛋会”的革命行动打击了土豪、赈济了穷人、唤醒了民众，为泌阳县在三年游击战争中成为鄂豫边革命游击根据地中心区域，奠定了良好的群众基础。

1935年，中共鄂豫边省委机关驻泌阳王店张楼、王庄，高邑侯庄等村。

1936年，鄂豫边红军游击队在信阳吴家尖山成立。此时，由于红军主力北上抗日，鄂豫边省委与党中央失去联系，在国民党当局白色恐怖的血腥风雨中坚持斗争。直到1936年底，鄂豫边省委才与北方局接上关系。尔后，接到延安党中央的具体指示，鄂豫边区党的组织和武装开始大的发展。1937年7月，在红28军的支援下，接连拔除几个顽固的据点，使信、确、桐、泌4县百余里根据地中心区连成一片，豫南抗日武装力量很快壮大起来，群众抗日救亡运动得到较快发展。9月，中共鄂豫边省委和红军游击队由相对隐蔽的状态转向公开状态，其领导机关进驻焦竹园、邓庄铺，并公开亮旗。

焦竹园村子中间相邻的两座宅院，是焦姓居民祖上留下的深宅大院，成了鄂豫边省委机关和红军游击队的理想住所。东院瓦房15间，楼房3间，为省委机关院；西院瓦房31间，楼房2间，为游击队指战员住房。鄂豫边省委书记仝中玉住东院堂屋，胡龙奎、邓一非、刘子厚、林恺等分别住东西屋和楼房。红军游击队首长王国华住西院堂屋东间，周骏鸣住堂屋西间（有时住邓庄铺），文敏生、李子健、牛德胜、张明河、冯景禹等住西院。李子健在东屋北头办公。西前院东屋南头3间为伙屋。大院后边还有一排房子为女同志住房。

根据党中央《关于南方各游击区域工作》的指示，鄂豫边省委积极发展党组织，广泛深入地发动群众，创建了以焦竹园、邓庄铺为中心，方圆数百里的红色区域，即桐柏山革命游击根据地。当时，开封、洛阳和鄂豫边各县区的先进青年、知识分子，纷纷前来参加革命，红军游击队迅速发展到600多人。

根据地区域内的地方自卫会、自卫队更有大的发展，仅焦竹园周围的武装自卫队就达3000多人。著名武装自卫队有邓庄铺北的吴祥春自卫队、高邑北的苏天广自卫队等。邓庄铺、焦竹园贫苦农民积极投身革命斗争，党群和谐相处，军民团结战斗，白天生产劳动，晚上学习文化。青年人积极参加自卫队，跟红军战士一起训练。白天妇女儿童站岗放哨，晚上部队轮班站岗，规定有口令。省委机关和红军游击队活动听军号。宣传队员用沙盘教村民识字，村民徐广善当时就参加儿童识字班学习。一时间，焦竹园革命的红旗高高飘扬，《国际歌》《义勇军进行曲》的歌声响彻云霄，政治教育、识字教学形成热潮，呈现出一派生动活泼的新气象。

革命根据地的迅猛发展，引起国民党反动当局和地方顽固势力的极大仇视和反对。1938年1月初，别廷芳派部下吴定远团偷袭焦竹园。留守焦竹园的省委机关人员和部队指战员立即部署，迎击敌人。根据地广大群众和自卫队积极配合，村民张奎兴拿起自己的坡枪，焦正点组织村民上焦坡挖壕沟掩体，村民摘下自己的门板当担架，协助留守部队打退了敌人的多次进攻。后来，主力部队回师焦竹园，在四周群山布阵，全面反击，迫使吴定远团狼狈逃回泌阳县城，保卫了省委和根据地广大人民群众。

1938年1月中旬，由鄂豫边红军游击队改编的豫南人民抗日军独立团奉中共中央副主席周恩来之命，归属新四军军长叶挺领导，改编为新四军第四支队第八团队。鄂豫边省委改称鄂豫边特委（不久称豫南特委），与部队一起迁驻确山竹沟，揭开了中原抗日战争的新篇章。

以焦竹园为中心的鄂豫边革命游击根据地，包括河南的唐河、泌阳、确山、信阳、桐柏、新野、方城、南召、邓县、内乡、镇平、淅川、南阳、叶县、舞阳、西平、遂平、汝南、正阳、上蔡等和湖北的随州、襄樊、枣阳等20多个县，面积近5万平方公里。是3年游击战争时期中共鄂豫边省委领导边区人民历尽艰难险阻开辟的革命游击根据地，是豫、鄂、皖、湘、赣、闽、粤、浙南方8省15块红色游击根据地之一，是竹沟抗日根据地的前身。

二、邓庄铺村：老八团从这里走出

邓庄铺位于泌阳县东部铜山乡，属于山区村，山岭连绵、沟壑纵横，林木蓊郁。全村现有12个自然村、11个村民组、480户、2190口人、2360多亩地，坡地1.5万亩。全境32平方公里。

1935年，中共河南省委与鄂豫边工委合并成立中共鄂豫边省委，按照朱德总司令“要把游击队拉到山区去，拉到‘三不管’的地方去生根发芽”的指示，决定在反动势力防守比较薄弱的泌阳东部山区开辟革命根据地，壮大革命武装。

李耀堂时任邓庄铺联保主任，省委最初的想法是先把他除掉，便于党组织开展工作。后来，王国华、周骏鸣通过和李接触，发现他知书达理，思想比较进步，倾向革命，遂和他结为朋友，并吸收他加入共产党组织。他一边为共产党办事，一边应酬国民党，以双重身份掩护，“白皮红心”，为革命作出贡献。

1937年，中共鄂豫边省委及其红军游击队进驻焦竹园、邓庄铺以后，邓庄铺村民积极配合鄂豫边省委工作，建立党支部发展党员，组织农民自卫会和自卫队。鄂豫边省委的兵工厂也从王店乡王庄、罗沙坡迁移到邓庄铺进步群众高如山家，枪造好后就在村南的乱坟地里试验。原乡公所院腾出来开办农民识字班，传播革命思想。

邓庄铺、焦竹园成了鄂豫边区的革命中心。当时邓庄铺村参加革命的有：李耀堂（1940年在李先念师部当副官，在对日战斗中牺牲）、杨卿和（追烈）、杨保（牺牲到朝鲜战场，追烈）、杨廷云（杨瘸子）、王国信（后成为区干部）、高留（牺牲到大别山、追烈）、孙文联、廉群（十二）、徐协功（曾任新四军秘书）、徐大别子（曾任农会主席，俗称“穷人头儿”）、徐中学、马立言、许宝（牺牲在抗美援朝战场）、高汝林（1947年随刘邓大军，参加过淮海战役，多次立功，后复员回乡）、高汝佩（后参加了抗美援朝战争，军转干部）、刘顺祥（随王国华部队，后到延安，1948年任马谷田首任区长，后任县政协副主席）、张文成（曾在竹沟革命根据地任号兵）、吕老二、李太奎（曾以保长身份在东山开挖山洞，多次掩护省委领导）、李天堂（李耀堂的哥，地下交通员）、苏国信（穷人头儿）等，还有许多青壮年参加村民兵自卫队，自卫会等基层组织，配合红军游击队，共同保卫根据地。

1937年10月，鄂豫边省委在邓庄铺村西头大槐树下，将红军游击队改编为豫南人民抗日军独立团，团部就设在李耀堂家。

鄂豫边革命根据地的创建，边区人民经历了血与火的考验和枪林弹雨的淬炼。1938年1月，宛属十三县联队司令别廷芳派下属吴定远带领一个团1300多人，在泌阳民团地方武装100多人的引导下，以焦竹园联保主任为内应，联合进攻邓、焦省委和独立团驻地，情况十分紧急。经过考验的邓庄铺人民群众英勇无畏，全村动员，积极配合留守部队新编六连和少年先锋排及农民自卫队，用土枪、土炮和劳动工具等，进行英勇保卫反击。或以喊杀声为红军助阵助威，或冒着枪炮帮助红军构筑工事，或为战士送茶送饭、运送抢救伤员，全村搞坚壁清野，断绝敌人给养。其中，一位叫肖聋子的村民，还及时捡回并抚养了一位红军女战士上战场时忍痛扔下的孩子（养大后被领回）。坚持到主力部队返回，全力反击，最终瓦解和打败了敌人，胜利保卫了革命根据地。

在长期的革命斗争中，邓庄铺村有不少人为此献出了宝贵生命。曾为红军带路、多次掩护红军战士的革命群众吴倔头，被本村联保主任王廷杰用镢头活活砸死；徐协功（绰号徐大别子）被反动势力活埋在村南18亩地里；苏国信被国民党军队抓住惨杀在村西河；“穷人头”杨廷云（杨瘸子）被国民党地方反动势力枪杀；徐中学，1935年加入共产党，曾任邓庄铺农民自卫队队长，后奉命打入国民党泌阳县保安团任第三大队队长。在1939年竹沟事变中，他冒着生命危险与省委联络，率队闪开所防守的西寨门，朝天放空枪，掩护河南省委和新四军留守部队突围。后被国民党4县联队抓住，敌人用刀在他身上划上口子，再撒上盐和辣椒面，活活折磨死。

鄂豫边区革命的旗帜永远飘扬在这块被英烈鲜血染红的土地上，英雄人民的风范也将光耀千秋万代，永垂革命史册。

三、罗沙坡村：红星闪耀的村子

泌阳县高邑乡罗沙坡村，是有着光荣革命斗争历史的老区村。该村位于县城东10公里，距高邑乡政府西2.5公里，泌阳河西侧，平桐高速公路泌阳东引线北侧。辖10个自然村，12个村民小组，572户、3650亩耕地。

土地革命时期，罗沙坡一带是鄂豫边省委所在地，附近的侯庄、王庄、王岗、邓吴庄、罗沙坡、马寺、张楼等村庄，曾是张星江、王国华、周骏鸣、仝中玉、张旺午、李子健等老一辈革命家在这里进行革命活动的地方。省委机关曾驻张楼、王庄、侯庄等村。刘少奇经过大侯庄指导抗战工作，彭雪枫遗愿修建侯庄桥；当时的罗沙坡围寨（今村小学校）东南角炮楼，曾是红军游击队的造枪厂。轰轰烈烈的革命浪潮的影响，罗沙坡周边村庄涌现出一大批革命志士。有的是公开的职业革命工作者；有的以伪职掩护进行革命活动，有的是秘密情报交通员；有的在紧要关头掩护党的领导人、保护人民群众。多数人白天是农民，辛勤种田，晚上拿起枪，是农民自卫队员。

罗沙坡地下支部书记邓祥斋（邓吴庄），委员节老九（前庄）、王同富（小王岗）、侯太广（小侯庄）；以伪职掩护的地下党员陈子爵，大陈庄人，先后任国民党竹林乡副乡长、高邑乡长；侯定祥，大侯庄人，国民党保安团（有枪壮丁团队）高邑副中队长；交通联络员侯定跃（大侯庄人，绰号“标子旗”）联系省委领导和陈子爵、侯定祥以及小河王庄的王广宇、王广林等；农民赤卫队有侯太俊、侯太振、节四元、王同富、王同才、邓本光、邓成祖、小侯庄侯太某（平运之父）以及大侯庄的很多人。

1938年初，彭雪枫遵照党中央对全国抗日战争的部署，来到竹沟，负责河南省委军事和党的统一战线工作。4月的一天，彭雪枫将军到泌阳会晤开明绅士王友梅，共商开办“青年战时工作团”事宜。回程中，彭雪枫到泌阳东部的罗沙坡、侯庄、王庄检查工作。在侯庄去高邑时，彭雪枫用自己骑的马与同行的李子健的自行车换骑。顺着河边“老虎石”的漫坡骑行时，只见彭雪枫骑着自行车越滑越快，车子没刹车刹不住，顺凹凸不平的河坡路左右摇摆，上下跳跃，像一匹脱缰的野马冲到沙滩上，车子歪倒一边。幸好，松软的沙子保护了彭将军没被摔伤。陪同的陈子爵、侯太俊等人赶快上前扶起彭将军。彭雪枫对大家说，这里的路太不平了，等将来革命胜利了，咱们就在这个地方修一座又宽又牢的大桥，让咱们的父老乡亲享受革命胜利的成果。

1939年1月29日（腊月初八）刘少奇化名“胡服”从延安出发，经南阳、唐河、泌阳前往竹沟。经过高邑时，在街上“荣华旅馆”，地方党组织侯太俊、陈子爵、侯定祥等人接待刘少奇并汇报工作，由陈子爵负责招待。刘少奇见酒肉饭菜丰盛，就蹙起眉头，国难时期，怎么这么奢华？侯太俊介绍说，这是陈子爵个人招待，陈子爵家有土地和生意，虽然是富户，但是思想进步，加入共产党已经十来年了。刘少奇当场说，出身不能选择，但是道路可以选择，我们一样，都是富家出身呐。

侯太俊，侯庄人，1928年加入中国共产党，历任新四军八团竹沟留守处警卫营长、中共仙桥区委书记、信阳县委副书记兼组织部长。1930年，在王庄、罗沙坡、侯庄、张楼一带组织“红枪会”“光蛋会”，并任会首。1932年泌阳县委发动群众开展抢粮斗争，侯太俊负责县城东部山区一带的工作，仅在王店昌庄一次就抢粮几千斤。1935—1937年的三年游击战争中，侯太俊任中共高邑区委书记，他侯庄的家，就是中共鄂豫边省委机关办公和开会的地方。1946年6月，中原突围时，侯太俊留地方坚持斗争，任鄂豫边工委委员、淮北游击队政委、代理泌阳县委书记。在白色恐怖下的极端艰难困苦中，战斗在确、泌、桐边区。1946年8月，游击支队遭国民党唐、桐、泌3县地方武装联合“围剿”，侯太俊率领20多人从竹沟、陈楼翻山向北转移。在黄茅岭遭泌阳县保安团200余人围堵。由于寡不敌众，弹药耗尽，只得分散隐蔽。侯被叛徒李某出卖被捕，后在押解南阳途中，在朱集街惨遭杀害。

侯太俊之妻陈士荣，系下陈洼人。侯太俊参加革命后，家庭屡遭国民党搜捕。陈士荣带着子女，不断逃亡。据小王岗村侯太俊现年80岁的女儿侯平云讲，从小跟随母亲到处逃亡，抓到就会被斩尽杀绝、祸灭九族。侯平云随母亲逃到王店老鸹山吴庄、白茅垛山，又到往竹沟，再随军到信阳。陈士荣在竹沟参加革命，到信阳在后勤干一些照顾伤病员的工作。1939年在信阳战乱中被国民党部队（有说土匪）所杀。当时，埋葬在信阳。解放后，陈士荣被认定为革命烈士，后组织人员找到坟头。2015年，遗骨迁入泌阳县烈士陵园。

陈子爵，大陈庄人，公开身份是国民党政府乡长。1928年参加“红枪会”。1930年由侯庄党支部书记侯太俊和陈隆章二人介绍加入中国共产党。1935年受命以伪职身份暗中保护鄂豫边省委领导和地方党组织。陈子爵智救王国华（老汉）的事，至今还在罗沙坡周边村庄流传。有一次，王老汉到陈子爵家商谈工作。恰在此时，高邑民团王同碧带人来追捕王老汉，中午来陈子爵家吃饭。王同碧并不知道王老汉在屋，他在村周围安排了岗哨，就坐在了陈家堂屋里。一看这阵势，陈子爵一边安排家人做饭，一边考虑脱险办法。他先让妻子找一套女人衣服，让王老汉扮作老妇人，转移至灶房。又让其儿子哭闹上街买东西吃，派自家长工、族弟陈继泰装一车黍秆，让王老汉坐车上街，躲过敌哨兵盘查，顺利出村脱险。1939年，国民党反动派实行假抗日真剿共的政策，造成竹沟新四军留守处1500多人后勤供应困难，陈子爵曾往竹沟送两大车粮食，给予有力支援。是年11月“竹沟惨案”时，陈所在泌阳民团参与驻防西寨门，按照地下党的安排，往天上打枪，掩护河南省委、新四军八团竹沟留守处同志顺利突出重围。1949年5月，陈任中国人民解放军第51军211师9团3营营长。1951年3月25在缉匪反特斗争中被敌特陷害遭误杀，终年41岁。当年任留守处参谋长并主管军需的刘少卿和刘少卿夫人毛文秀在2005年4月4日给河南省委副书记支树平并转徐光春书记的信中说：“我是1939年7月到达竹沟的。当时的竹沟是我党中原局和河南省委所在地，但对外称新四军四支队第八团留守处……建有多种团队约有1500多人，挤在一个小镇是每人每天7分钱的生活费，吃穿困难很大……我就找王国华同志商量……第一站就来到泌阳县高邑找到了陈子爵同志。王老汉向我介绍陈子爵，他非常慷慨，给我们筹粮借款，派人派车送到竹沟，当时连收条也没给他们打，解决了前线和留守处同志的很大困难。”

侯太印，大侯庄人，公开身份是粮行斗把。1932年参加赤卫队，1948年调入48团担任中尉排长。后因年老体弱，1949年转地方工作，担任王店区第八乡乡长（今王店乡乡长）。1950年退职，在家半生产半休养，1962年病故。在参加赤卫队期间，除送子参军外，还介绍侯太瑞、侯太春、节小元、张娃等人参加新四军。本人也参加了“平氏夺枪”战斗。

侯平立，侯太印之子。1938年，参加新四军8团。1940年，调入新四军四师供给处，担任上尉科长。1942年，抗日牺牲于江苏省雪枫县。

侯平海，侯太印之子。1938年参加新四军部队第五师，担任上尉连长。1940年抗日牺牲于汉口北花园。

侯平安，侯太印之子。受侯太俊指派，多次前往焦竹园、竹沟传递情报。

侯平东，侯太印之子。1944年参加新四军黄霖部队，任上尉军医。后转入中国人民解放军第四野战军，参加过解放海南岛战役。1950年8月，转入湖北军区卫生部卫校工作。1957年，复员到武汉钢铁学院卫生处，任卫生处长。

侯定跃，大侯庄人，曾是鄂豫边省委交通员。据侯定跃健在的现年84岁的儿子侯太伦回忆，父亲是因“爱好结亲”，将姐姐嫁到铜山沟，利用这一条件，加上父亲身体好、农活好、人缘好、办事干净麻利（人送绰号“标子旗”），就当上了省委的交通员。他平时不仅和本村党组织联系，传送省委的情报、指示，还给其他乡村的党组织联系，比如小河王庄的王广宇、王广林等。父亲还经常刺探情报，打探消息。为了保密，他们都是单线联系，没有见过他们开会。由于自己年龄小，晚上睡觉，醒来时不见了父亲。第二天问他，他不说，不让小孩乱打听。有时也会说，跑阴差去了。当时，侯庄有很多人都是白天耕田种地，晚上拿枪打仗。侯庄的太春、太振、太印，包括父亲，都参加过椅子圈战斗。那一次是农民自卫队攻打土匪、杆上的寨。记得一次，李子健和几个人在我家后院小屋里开会。从前院的东北角，有一个小门通到后院，平时用柴草堵着，使用时扒开，掩护省委领导。还记得一次在西地梨园锄地，有一个人来说了几句话，父亲交待我把挖锛拿回家，就从地里走了。他还为罗沙坡枪厂找材料，收废铁、收车脚子做枪。

侯定祥，大侯庄人，1928年参加革命，1930年加入中国共产党。1935年受鄂豫边省委派遣，打入国民党地方政权，利用伪职身份进行革命斗争，保护鄂豫边省委领导和地方党组织。1939年11月竹沟事变时，利用国民党泌阳联防队中队副职，与其他地下党一道，暗中打开西门，使河南省委、新四军竹沟留守处顺利突围。1951年3月缉匪反特斗争中遇害。1957年被追认为革命烈士。侯定祥入党后，跟随陈子爵利用伪职身份开展革命活动，保护人民群众。其现年75岁的二儿子侯太甫讲："鄂豫边省委机关就设在我家，省委秘书李子健就住在我家。李子健第一次来是下午，晚上又到陈子爵家去了。第二天回来，就一直住在我家了。听母亲讲，李子健曾夸奖老人为他做的衣服可其（合身）。李子健从北平回来时带了3件东西：自行车、皮箱、洋戏机（留声机）。这几件东西已经没有了，只有洋戏机的几个零件由哥哥侯玉亭捐给确山竹沟革命纪念馆里存放。记得家边有一个大竹竿园，平时领导们开会，伤员养伤都在里边。刘子厚也来过这里，当时挑一付花眼篓子，伪装成收鸡子的，化名马宏图。大个子，后来才知道姓名刘子厚。我母亲也经常为领导和伤员们操持饭菜，缝补衣服，站岗放哨。侯庄村后路边，有一座小庙。听老人们说，小庙里的香炉，是一个白瓷兰边花碗，地下党约的有暗号。约定小花碗怎么放，表示平安或是危险。可惜这个碗后来被意外砸碎了。"

在《红色焦竹园》一书中，李子健回忆"革命历史文物"印证了这一说法："第二次我去北方局时，北方局给我们一部留声机。这在当时来说，唱戏机比其他宣传工具优越。它既便于流行，在群众中又是稀罕物，很能招惹人。"

罗沙坡周边的人民群众为革命胜利作出了巨大贡献，其历史功绩将永留史册。鄂豫边省委秘书李子健的回忆文章说："1936年下半年，省委机关逐渐由确山石滚河一带转移到泌阳侯庄一带。当时我任游击队秘书也是省委秘书。省委机关吃住和公开会议，多半在侯庄侯太俊家，王庄王广宇家，张楼马长富家，陈子爵家也是常住的地方。还有些地方和人名记不清了。当时中国革命最低潮时期，我党虽未掌握政权，在严重的白色恐怖下，由于地下党员和广大群众的掩护保护，鄂豫边省委机关和干部都是相当安全的，而且顺利地开展工作对敌斗争。从无到有，从小到大，创建和壮大了红军游击队，奠定了中原革命局势大发展的基础。鄂豫边省委能安全存在，并且取得如此伟大成绩，是与侯太俊、王广宇、马长富以及陈子爵、侯定祥等地下党员的掩护、保护分不开的。""鄂豫边省委在侯庄一带的时间较长，这段时间是最困难、最关键的时刻。这个地区的党组织听到中央的声音较早，对当时的时局、中央政策也了解得较早，地方党组织所发挥的作用最大。侯庄一带划作老区，享受老区荣誉，是当之无愧的。"

四、小河村：鄂豫边省委机关驻地

小河村位于王店乡南部，紧邻新阳高速引线，属浅山丘陵区，现辖窑上、孙庄、禹庄、祁庄、小河、王庄、陈庄、张楼8个自然村，14个村民组，373户，人口1740人，耕地面积2930亩。

（一）张楼

张楼位于河南省驻马店市泌阳县城东12公里，坐落在丘岭半丘岭的包围区域，现属王店乡小河村委管辖，该村南距新（蔡）阳（泌阳）高速引线公路1.5公里。

1935年8月，中共鄂豫边工委书记张星江和原河南省委委员王国华在唐河见面后，决定鄂豫边工委与河南省委合并成立鄂豫边省委。省委在马长富家后院东屋里办公。从此，张楼和张星江、王国华、周骏鸣、仝中玉、张旺午、李子健、刘子厚、姜宗仁等人的名字联系在一起。

1936年3月，在平氏夺枪的战斗中，张楼群众积极参加，马长富、马长兴、马长寅、马长青、马长合、马长泰、马长友、高丰川、高二妮、高丰杰等人参加了这次战斗。

1936年8月，在打八门庄的战斗中，地下党员马长富、靳九聚、高丰川、马长兴、马长泰等人参加了战斗。

1938年1月，中共豫南特委和豫南人民抗日军独立团到达竹沟后，张楼农民自卫队员积极参加。老八团东征时，张楼村跟部队东征的就有11人。马金山烈士，随老八团从抗日战争打到解放战争，1946年在宿迁县壮烈牺牲（正营级）。

1939年11月竹沟事变和1946年6月中原突围后，留下的部分伤员，由张楼一带群众隐蔽养伤。

1947年12月，时任桐柏第二专属专员的王国华、时任桐柏解放区公安局局长的仝中玉、时任中共人民解放军华东军区副参谋长的周骏鸣一起回到张楼，看望乡亲。

1954年11月，时任国家水利部副部长的周骏鸣，为表达对张楼群众的深厚的革命阶级感情，拨专款给张楼修一水库，至今还浇灌着下游百亩田地。

2009年，国家水利部门又拨款为张楼架起生产桥两座，改善该村基础设施，为居民生产生活水平提高奠定了基础。

张楼村现有人口537人，耕作土地面积764.5亩，村民的经济收入有三方面来源。一是年轻人外出务工，二是村民养殖，三是农作物收入。新一代农民以牧、林、菌、菜、烟和高效农业为基础，大力发展特色农业，增加收入，正逐步迈向小康。

（二）王庄

王庄位于泌阳县王店乡小河村委，现在全村50户、216口人，316亩地，村民大多以种地为主。这里是革命烈士王广宇、王广林的家乡，也曾是鄂豫边省委驻地和鄂豫边省委兵工厂所在地，是在省委领导下最早开展革命活动的地方之一。

1936年9月间，鄂豫边省委出于当时革命战争和游击队继续武器武装的需要，决定在王庄开办兵工厂，对外称（鞭）炮厂。当年初，鄂豫边红军游击队在信阳吴家尖山成立时，只有7个人、两只半枪。因为武器太少，深感开展武装斗争艰难。后游击队打下了宋冲、石滚河、王庄等几家围寨缴获了一些武器弹药，游击队才有较快发展。到这一年的8月，游击队已扩大到60余人，但仍有少数队员没有武器。且因频繁战斗造成武器损坏多和弹药消耗量大，单靠从敌人手里缴获武器弹药和上级配发的少量枪支，远远满足不了战斗的需要。如果不解决这个问题，就会影响游击队的战斗力和武装斗争的开展。因此，省委决定建立自己的兵工厂，自己生产武器，满足发展需要。

王庄村西北角，现存有坯房3间，是王广宇、王广林的旧宅。王家在村里是大户，父辈兄弟多，开着油坊、给县里种着“官田”，来往人多，不被人注意。厂房就在王家的小楼上，上下两间改造而成。开始的名称叫“鄂豫边省委游击队修械所”，后来觉得名字长，也易引人注意，就改称炮厂。游击队秘书李子健兼厂长，技术生产负责人桑连清，铁匠雷勤学（共产党员），保管员马长富，全厂共12人。桑连清原籍洛阳人，经省委领导王国华做工作后，毅然来到王庄为游击队修造枪支。厂里设备简陋，每天定额生产长、短枪各1支，另外兼修枪支。对鄂豫边区的创建和发展壮大做出了很大贡献。1937年7月，兵工厂因国民党东北军一二九师驻王店的3营撕毁联合抗战协议，毁坏兵工厂。技术员桑连清一家3口被枪杀，工厂设备被破坏。之后，兵工厂迁到罗沙坡，后又迁到邓庄铺进步群众高如山家，枪造好后在邓庄村南乱坟墓地试验。

王家是个以种地为主的大户人家，并开有一座远近有名的大油坊，家境富裕，房舍整齐严密。加上王家叔伯弟兄有老大王广铎、老二王广庆、老三王广勋、老四王广钦、老五王广林、老六王广川、老七王广德、老八王广军、老九王广宇、老十王广照（后为军级干部）10个，成为当地非常有影响力的人家。在鄂豫边领导人王国华、仝中玉、周骏鸣、姜宗仁等人的教育影响下，王家弟兄都是该村最早从事革命活动的青年。此期间，王家利用自家的声望和油坊来往人多、易于掩护的条件，除了保证兵工厂造枪安全外，还掩护过频繁来此工作和从事革命活动的王国华、仝中玉、陈香斋、张旺午、李子健、姜宗仁、马立言、赵世芳、邓一飞等诸多领导人。解放后成为武汉大学教授的庄果，一次战斗中负伤也曾在王家养伤，伤愈后返回革命工作岗位。一次王国华等正在附近的马寺庙和基层地下党组织负责人接头开会，为了安全起见，老七王广德就扮作王国华的模样向东南出村，迷惑了外人也躲避了反动势力搜捕。当时省委在王庄时，王家楼上即是秘书李子健的办公室。仝中玉、牛德胜等也经常住在王家。附近罗沙坡村的地下党负责人侯太俊、陈子爵等也经常往来联络。

王家的父辈和王广宇10个弟兄，都各有分工，参与兵工厂生产。18岁就参加革命工作的老九王广宇，当时就秘密地承担着造枪材料的购买运输工作。他经常扮作商人赶着骡马，外出购买省委和游击队及兵工厂所急需的物品、材料。1948年2月，时任解放军连长的王广宇，在攻打正阳县城战斗中牺牲，曾任鄂豫边省委组织部长的陈少敏派人送钱到王家慰问。老五王广林曾任红军游击队队长，1948年在从竹沟开会返回时，被伪县长薛子正指派的地方反动保长马国平、张茂堂捉住，活埋于高邑北小屯。为了革命，王家先后有9人献出了生命。他们是王广铎（被反动势力杀害 追烈）、王振山（跟着王国华大部队走的，时任连长，后到山西，至今下落不明）、王振芝（战斗牺牲，追烈）、王广林（追烈）、王广宇（追烈）、王老黑（小名、王广宇大儿子，跟广宇外出活动，至今下落不明），王振国、振亭（王广勋和宋庙蔡氏所生，被反动势力烧死在高邑南小屯，死时分别是10岁，8岁）、王广勋（被抓进国民党县监狱因惨遭毒打受刑，出狱即死）。

此外，王庄还有王振道（解放后任湖南湘中机械厂党委书记）、朱金玉、王广来、王荣海和吉长兴（解放战争时牺牲在广西，时任连长，追烈）等，也都同时参加了党的地下活动和革命工作，王庄人为革命作出了巨大贡献。

五、馆驿村：鄂豫边省委文印室

泌阳县高邑乡小屯村位于高邑街东北部，美丽的铜山湖西边，辖12个自然村，2720人，耕地面积4320亩。小屯村的馆驿村，顾名思义，曾是铺馆驿站。一条通往南阳府和汝宁府的东西古道，把馆驿村分成两个：前馆驿和后馆驿。

紧邻村东的柳河（泌阳河支流）在这里拐了一个弯，1970年发了一场大水，使前馆驿村民吃尽了苦头。从那时起，前馆驿一分为三：一部分仍留原址叫前馆驿，一部分迁至南北河道的东岭叫东馆驿，一部分迁至河道东南叫南馆驿。馆驿村苏姓和史姓人口为多，革命烈士苏天广就是这个村的人。

1930年后，王国华、周骏鸣、仝中玉等经常在这一带活动。

村东的柳河在馆驿南有一弧形拐弯，使河流几乎成为东西向，当年成为国民党和共产党活动区域的分界线。河南是国民党控制区，河北是红军游击队的天下，双方都相互不轻易过河。

苏天广他们的活动是地下活动，就在馆驿的北大堰和河边以及附近的地里，夜聚明散，到附近的财主家抢粮分财，受益的是周围的人民群众，没有粮食的人可以分到粮食，没有衣服的人可以分得衣被。当然，也必须防范被抢财主及国民党当局的搜查。1936年，苏天广在馆驿成立农民自卫会和自卫队（对外称联庄社），组织农民武装，开展革命斗争。鄂豫边区这样的自卫会和自卫队有3000多个，逐步成为共产党基层苏维埃政权。苏天广曾任唐桐泌3县自卫队长。由于这一带党的群众基础好，鄂豫边省委文印室就设在苏天广族弟苏天祥家院落西头的房里。文印室负责人乔全义，工作人员刘荣业、曹振堂，主要翻印党的文件和宣传品。后随鄂豫边省委机关迁往焦竹园。当时，这里是鄂豫边省委、红军游击队根据地。不管人多人少，吃住都在馆驿。经常为部队筹粮、筹款，制作服装，又是红军的后勤部。馆驿人民群众对革命的贡献是巨大的。解放后很多后来当了领导的人，也回到馆驿看望老乡。如，宋振宇（师长）解放后来到馆驿，感谢人民无私帮助，慰问老区人民，了解老区生产生活情况。临走时，老区人民给他送了栗子、绿豆、小米等乡土产品。

苏天广等进步青年多次保护过王国华、周骏鸣、仝中玉等省委领导人。前馆驿的苏济臣是地主出身，有文化，也当过国民党政权的乡文书。但他拥护共产党，多次掩护党的领导，对革命有贡献。解放后，他到河南省委所在地开封，找到了王国华等领导人，政府把苏济臣安排到了信阳供销社，1958年反右时回乡（已故）。

苏天广牺牲于1945年，时任中共泌阳县委委员、组织部长。抗日游击队转移时，他正患虐疾，没有走成，当地几个赖货通风报信，是被国民党当局抓住的。几个地方反动顽固分子，一直和他作对，坚持说苏天广是土匪，抢夺劫掠，无恶不作，才致他于死地，在王店被杀害。解放后王国华回到泌阳，在泌阳县烈士陵园没有见到苏天广的墓碑，过问此事。得到消息，当天下午，族弟苏天祥（苏德立之父）就把烈士的遗骨护送到了县烈士陵园。

解放战争时期，王国华仍经常活动在馆驿一带，不断去苏天广二哥苏天德家，也和后馆驿史文铎有接触。史曾对王国华说，黄岗有卖枪的。王国华就让其携带经费前去购买。但是，史回来说枪没有买到，而经费在路上“泼了”（即被抢劫）。实际上是把经费据为己有。解放后，史被抓，他说曾和王国华共过事，在管制时相对宽松一些，当时没有电话，就让他在乡里跑腿送信。在第一次王国华来到高邑放电影时，他到高邑找王国华，让给说情。王国华让秘书给公安局写了信，让史文铎带去了。第二天，史文铎就被严管起来，后病死在狱中。

村民苏国田回忆说：“解放初我是民兵，晚上给王店区区长老霍（霍彩霞）站岗。一次，国民党85师冒充八路军，找到黄拴（村民兵队长），以给民兵换枪为由，要民兵把枪集中起来。集中后，他们就现出了原形，是抓壮丁，大家才知道上当了。当时，民兵安五、禹扁头、苏运杰、马田、冯赖货等，都凭借熟悉地形跑掉了，黄拴被国民党军队抓走了。后来，黄拴随着国民党部队在湖北贺胜桥起义，成了中国人民解放军，在部队入了党。复员后，回来当了多年大队干部。”

六、孙楼村：陈香斋故里

孙楼村是革命先烈陈香斋的故里。

孙楼村原属于泌阳县赊湾镇，2012年，泌阳县行政区划变革时，划归泌阳县泌水街道办事处，属十里庙村委。

陈香斋，原名陈振铎，又名陈德馨，1907年出生于孙楼村一个农民家庭里。父亲陈怀庆，是个私塾先生，略懂医术，兼在乡村行医，家虽有几十亩薄地，但并不富裕。

陈香斋7岁入孙楼私塾读书。辛亥革命推翻了清王朝的统治，而后军阀混战，风云变幻。当时的斗争形势，在其童年的心灵上，打上了深深的烙印。他立志求学，向往新生活，要闯出自己的一片新天地。陈香斋考入县立高级小学，继而又在县简易师范学校读书。

1927年11月，陈香斋经以教书为掩护的地下党员姚建宇介绍，加入了中国共产党。不久，成立中共孙楼支部，陈香斋任支部书记。此后，他又先后任中共泌阳县特别支部委员、中共泌阳县委委员。

陈香斋坚持在农村开展工作，团结广大农民，积极发展组织，秘密建立乡赤卫队。他说服家庭拿出经费购买武器，动员进步群众兑钱养鱼筹集活动经费，放掉祖坟里的柏树筹资办学堂，组织康庄炸会夺枪，组织大规模武装抢粮，他组织伏击国民党县党部书记梁仰正等。

1937年，泌阳县邓庄铺国民党联保主任王廷杰，仗着自己有坚固的围寨、7座炮楼、几十支枪的武装，公然与红军游击队作对，迫害同情、支持革命的群众，横行乡里，鱼肉百姓。6月11日，王廷杰率民团到铜山沟收税，劫掠百姓。游击队决定趁机拔掉这个钉子。根据情报，陈香斋率游击队员埋伏在冯庄的高粱地里，准备在王廷杰再到冯庄收税时，将其击毙。哪知，王廷杰在黄庄收税后，没有到冯庄来，而转向丁楼去了。陈香斋又率队追向丁楼，终于追上了王廷杰。王廷杰一看不妙，撒腿便跑。陈香斋和游击队员边追边打，一直追到邓庄铺南坡上。这时，守寨的保丁向游击队开火还击，王廷杰趁机逃回寨中。就在陈香斋和游击队隐蔽观察时，不幸被一颗流弹击中，因伤势太重而牺牲。

七、红二十五军走过的村庄

（一）二郎庙村

1934年11月23日，红25军在枣阳与国民党政府军经过一场激战之后，由中共鄂豫边工委书记张星江担任向导，绕道桐柏县平氏镇进入泌阳县境，从高店乡的上二门村、下二门村折东转向盘古乡二郎庙、马谷田凤凰山，在铜山乡罗沟村稍加休整后，经贾楼、春水、象河等山区，顺利通过泌阳县境，向西挺进伏牛山区，最终完成了红军长征战略转移，建立了鄂豫陕革命根据地。

盘古山下的二郎庙村王凤琴老大娘今年80多岁了，但耳不聋，眼不花，记性又好，她对当年过红军的情况仍然记忆犹新，时刻不忘。

王凤琴老人回忆，过红军那年，她只有七八岁。一天下午，她正在山坡上放羊，她的舅父突然气喘吁吁地跑到山上，对她说："琴妮呵，'杆子'（指土匪）快进村了，赶紧跑吧！"于是，她跟随舅父一起撵着羊群朝盘古山"百神庙"方向跑。"跑反"的人很多，牛、驴、骡、马背上都驮着包袱、粮食等，中年扶老携幼，小孩喊娘叫爹。

在一片惊慌混乱之中，留守在二郎庙街杂货店的"陈掌柜"（后知此人名叫陈岱，系中共地下工作者，新中国成立后任职于嘉兴军分区），突然追向人群，在后边敲起铜锣高声大喊：“父老乡亲们，不要害怕啦，是咱穷人老百姓自己的队伍过来了，赶快各回各家吧！”于是，“跑反”的人群渐渐安定下来，尔后各自回到家中。

王凤琴回村后，看到红军战士们头戴五星帽，腿扎绑带，整整齐齐地站在场里听首长讲话。散会之后，战士们宁可去到村头或待在磨坊、牛铺、草棚中休息，也不愿意进屋扰民。老百姓拍手称颂说：“红军真是咱老百姓的队伍。”在共产党员和进步群众的宣传发动下，村民们有的主动帮助红军烧茶、送饭，有些妇女主动为红军缝缝补补，一些富裕农户送来柴、米、油、盐等生活必需品……但红军指战员牢记党的宗旨，坚决执行“三大纪律”“八项注意”，对群众所送东西一律公买公卖，照价付款，分文不欠。

（二）栗木林村

1934年11月下旬，红25军长征经过泌阳象河乡时，有位因病而掉队的“红小鬼”李自梅，后来落户在槐树李村委栗木林自然村。在栗木林村的农家大院里，“红小鬼”李自梅的两个孙子刘刚、刘立介绍说，奶奶叫李自梅，掉队时刚满14岁。在大别山入伍之前是个孤儿，无依无靠，入伍后在红25军卫生队干些洗洗晒晒的杂活。红军在这次急行军中，她正赶上发高烧，不能随军行走，因此掉了队。红军刚过，国民党地方民团抓住了这个“陌生”女孩，把她吊到树上用皮鞭、木棍打得皮开肉绽，询问她是不是红军。李自梅佯装哑巴，咬牙不向敌人说一个字。民团头目恼羞成怒，便命令打手将其拉到村外“马鳖沟”活埋。大坑挖好后，打手们念其年龄尚小，动了恻隐之心，随便朝李自梅腿部打了一枪，回去交差。好心的农民刘山搭救了她。经过3个多月的精心护养，她终于痊愈了。刘山提出送她回家，她说家里已没有亲人，部队也无消息，她已无家可归，无处可去。刘山便收留了她。李自梅长到18岁时，自愿与刘山结婚，先后生下两个儿子。大儿子刘平法，19岁那年参加中国人民志愿军抗美援朝，为保家卫国英勇作战，荣立三等功。小儿子刘平保长大后，担任生产队长多年，多次被评为生产队的劳动模范。刘山、李自梅在20世纪80年代去世，其儿子刘平法、刘平保2人也在前几年下世。

八、沙子岗村：张旺午的出生地

沙子岗村属泌阳县杨家集乡，位于杨家集街南1公里，已有400多年历史，以张、王、杨3姓居多。现在，全村250户，800多人，662亩地。泌阳至杨家集街公路穿村而过，村子分别被东、北部两边起伏的岗峦半包围着。鄂豫边革命根据地创始人之一的张旺午，就出生在这个村。

张旺午，名炳南，字旺午，以字行世。1910年生，自幼读书，1927年秋在泌阳县城关加入中国共产党，次年秋任支部书记。1931年秋调鄂豫边省委当交通员。1932年以后曾任鄂豫边临时工委宣传委员、赊店农民暴动总指挥、泌阳县委书记和鄂豫边省委委员等职，曾在一次战斗中不幸被俘，后被我地下党营救出狱。1938年后，曾任新四军第四支队第八团队3营营长、竹沟地委书记。

1939年11月，国民党反动派集中了确山、泌阳、信阳土顽2000多人，进攻我竹沟镇新四军八团留守处，造成震惊全国的“竹沟惨案”，时任地委书记的张旺午，自然成为重点搜捕对象之一。国民党保安团三番五次的到沙子岗进行突袭抓捕，每年的春节除夕，更是进村发疯施威，曾3次放火烧毁全村的房子。有一次大年三十，保安团夜里从村东北角放火，火乘风势，全村百十户人家无一幸免，几百间房屋、粮食、衣物都化为灰烬，无家可归的村民只得在村东庙岗上搭草庵居住，整个春节期间，村民们扯儿带女挨村乞讨。

张旺午的革命活动得到了乡亲们甘冒生死风险的支持和掩护。一次县保安团为搜捕张旺午包围了村子，一下抓了二三十个村民关在屋子里，逼迫他们说出张旺午藏在何处。因村民张长炳名字中也有一个“炳”字，他们就误认为是张炳南，立即严刑吊打，打得浑身是血的张长炳说：“我不是张炳南，也不知道他藏在哪里，去了哪里！”最后确认他真不是张旺午才放了他。

为使时而秘密返乡活动的张旺午免遭不测，张青业、张金榜、张德文、张振生、张长德、王太昌、王永富、张长青和张六少等青年村民就承担起他的安全保护责任，更多的时候是把他秘密藏在村西半里多地的一座墓穴中，晚上轮流为他站岗送饭。有一次为躲避偷袭进村的县保安团抓捕，张金榜就把他藏在家里的水缸里，头上扣个瓢躲过了搜捕。还有一次是县保安团已到了村口，村民王太昌急中生智，忙叫村民王永富把他藏在装满秫秸柴火的牛车上，一直拉到十来里外盂岗西边的安全地方才让他走开。

受张旺午的革命思想影响，沙子岗村先后有张青林和张青德两位青年跟随他参加了革命活动。全国解放后，张青林享受了老红军待遇，而张青德至今下落不明，村民们说他可能在早期就已经被反动派秘密杀害了。

在张旺午长期的革命活动中，他的父母承担了很大的牺牲，他的母亲一直处在惊悸之中，受反动当局长期迫害抓捕的恐吓，他的父亲患上了严重的神经病。

1947年，张旺午随刘邓大军南下后曾任江汉军区三专署专员、鄂豫边行署粮食局长、鄂东地委副书记、十二纵队供给部长、江汉行署秘书长。新中国成立后，历任湖北省人民政府工商厅副厅长、财办副主任、省政府秘书长、常务副省长、省人大副主任等职。

1960年春，已任湖北省副省长的张旺午和时任湖北省委书记的张体学一同回到阔别多年的家乡，受到乡亲们亲切欢迎。

由于当时全国正处于饥馑时期，沙子岗集体食堂每天人均伙食标准仅为1两8钱，照村民的话说那是塞牙缝都不够的，村里已经饿死了43人。食堂炊事员倾尽全村的伙食才为张旺午他们一行5人做了顿稀汤面条。他们了解了情况后，都端着碗难以下咽。张旺午说："我已经十几年没尝过家里水了，来，我带头喝！"那次他也仅喝了一碗就放下了。

在食堂大院里，村民张长德等人拉着张旺午的手，叫着他的小名："老炳啊，你咋不给乡亲们弄点粮食哩！你不能看着叫全村人都饿死啊！"张旺午两眼含泪回答说："我知道大家都饿，可我也不能光给咱庄弄吃的呀！最起码也得叫全县人都吃啊！"那次张旺午在家1天，逐家看望了面黄肌瘦的乡亲们，临走时还掏给张长德15元钱、张金榜10元钱，并安慰乡亲们说："老少爷们，别着急，以后生活一定会好起来的！"说完挥泪上了小车。

就在乡亲们把他送走的第三天，县里的驻队干部就来到了村里，村食堂人均每天伙食标准就由1两8钱提高到了8两，并撤了队长会计和司务长的职，随后不久集体食堂也宣布解散。

“以后生活一定会好起来的”，村民们记着了张旺午那句鼓舞人心的安慰，时时重复在嘴边、记存在心里，也急切地盼望着生活尽快好起来。

1965年秋，张旺午又轻车简从回到了家乡，这次他是要看看家乡的面貌和乡亲们的生活变化了没有。他在村里转着问着，当看到乡亲们分了自留地后，尽管生活还不富裕，但都有房子住，有饭吃，穿的也好些，非常高兴地说：“只要乡亲们吃穿住变化了，我也放心了！”

改革开放的好政策极大地激发了村民们劳动致富的智慧和创造力，沙子岗村民也终于迎来了好生活、好日子。20世纪80年代，村民们就家家养牛，成为杨家集乡有名的养牛专业村。随后家家又引进了手工造纸，用废纸板打浆生产包装纸和火纸，那时泌阳县市场上销售的产品70%以上来自沙子岗，沙子岗村也成为当地“万元户”最多的村。

自20世纪90年代以来，村民们与时俱进，在村里致富能人的带动下，村民们种烟、养猪、养羊和外出务工。养殖业成为该村的支柱产业。现在全村养羊200多只，养猪存栏20多头以上，年出栏60头以上的小规模养殖户有20多户。女村民钟家云在外地承包的养猪场，仅能繁母猪存栏就达100多头，年均出栏商品猪600头以上，年产值达到90多万元，纯收入40万元。全村外出务工人员300多名，其中，全户外出的有13户、50多人，务工一项全村年收入可达350万元。全村共有大小车辆30多辆，其中，村民徐万义家有价值10万元以上的轿车4辆，王宗仁家有价值6万元以上的小轿车3辆。电动车、摩托车、名高档电器家家都有，不少人家还装上了电脑。全村大中小农机具200多台件，有80%以上村民住上了楼房、平房。全村有毕业和在读的大中专学生30多名、在外工作人员 20多名；拥有固定资产千万元以上的企业老板1个。2012年全村粮食平均亩产达到了600公斤以上，比改革开放初期翻了3番。2012年全村人均纯收入超过5000元，成为当地富裕村。已经作古的张旺午如果能看到他始终为之牵挂的乡亲们现在正团结一心，努力建设更新更美的家园、创造更加幸福安乐的现代生活也一定会含笑九泉。

九、闫台村：一方革命热土

泌阳县羊册镇闫台村位于华山水库上游，泌阳、方城、社旗3县交界处，下辖3个自然村，296户，1400人，耕地1326亩，山坡村林地3000亩。

该村是一个当时泌阳、唐河、方城“三不管”的地方，20世纪三四十年代，在土地革命战争和抗日战争时期，闫台村作为一方革命活动中心，老区人民积极参加革命活动，积极参加抗日斗争，为革命事业作出了很大贡献。曾任泌阳县委代理书记的苏凤章，就是这个村的人。

苏凤章，1914年生于闫堂村较为殷实的农民家庭，幼读私塾，后入羊册保国民小学校学习。

1931年，苏凤章考入泌阳乡村师范学校。该校始建于1907年，初称“泌阳县师范传习所”，1929年更名师范学校，是当时泌阳县的最高学府。这是泌阳较早有共产党人活动的一所学校，王立堂、胡帮立、吕秀甫、陈香斋等有影响的泌阳地下党的领导都毕业于该校。在进步思想的氛围中，苏凤章积极组织进步学生成立生活读书会，阅读进步书籍，散发传单，是学生中的先进分子。师范毕业后，回乡与李书均、丁运章等一起发动农民抗捐、抗税、抗粮，组织农民打击土豪劣绅，开展武装斗争。1934年，经李书均介绍加入中国共产党。

羊册一带的地下党员李书均、刘会川、郭新普、孙云献、苏玉田等人，经常在该村活动，并组织成立了“农民自卫会”和“自卫队”。鄂豫边省委领导王国华（王老汉）、张旺午等多次到这里指导工作。

苏凤章的家是党组织开会活动的地方。开会时，苏凤章的母亲端起一个针线簸箩在村边做针线，爱人苏孙氏也有一个针线簸箩，在家门口做针线。发现情况时，立即用约定信号通风报信。一般情况敲3下，紧急情况连敲五六下，同志们听到警报立即转移到后山，躲进山洞。

苏家当年曾有一个夹床，是在原装木档床的下面，专做了一个卧铺，可以藏身，就是专用来掩护地下党的领导的。敌人来从外面一看床上没人，其实这时人已经藏到床板的下面了。可惜，这个床解放后被毁掉了。

苏凤章的旧居及其邻居一排几个院，当时都是不高的院墙（半截墙），相邻的房子都留个利于通行的小门，一有情况，参加党的活动的同志就可以顺利转移。

闫台村后山上有一个地方叫鹁鸽崖，山半麓间有一个山洞，洞口林木茂密，比较隐蔽。那是有情况时用来藏身的山洞，有时也是组织开会的地方。

王国华数次在这里藏身。这个洞一直保存几十年，在2013年修路时才毁掉。

苏家东邻苏金华3兄弟，是苏凤章的族叔。有一次，国民党乡公所侦知王国华到该村来，迅即派保安队来抓人。苏凤章连忙带王老汉经苏金华家转移。王老汉翻墙时，把苏金华家院墙上的一个坯碰掉了。保安队的人据此把苏金华3兄弟一起抓到乡里刑讯逼供。后来，还是苏家人到官庄找当地名人李自宽，才把他弟兄3个保了出来。

有一次，苏金华去给王老汉送信，在东山被国民党地方武装抓住，拴到牛屋，声言下午要铡死他。所幸巧遇到了地下党员周天朗（解放后曾任乡长），才被保释了出来。

1937年，根据中共鄂豫边省委指示，苏凤章和李书均、陶瑜等重组中共羊册中心党支部。1938年3月，苏凤章奉命赴竹沟参加抗日训练学习班，在这革命的熔炉里，苏凤章聆听到彭雪枫以及许多延安和长江局派来的红军领导干部的教诲，并与他们建立了深厚的友谊，思想和文化水平得到很大提高。

1938年四五月间，竹沟派新四军联络参谋刘贯一和统战部长刘子厚做周边区县国民党地方当局的统战工作，中共河南省委军事部长、统战委员会主任彭雪枫亲自到泌阳与当地士绅王友梅达成协议，于6月在泌阳官庄合办“泌阳青年战时工作团”，并争得了拨款，配发了200多支枪。

“抗日战时期青年工作团”设在官庄东门内一所小学里。学员大部分来自泌阳师范学校读书会和社会进步青年，共计200多人。彭雪枫师长曾亲自到训练班指导并派周志坚、张瑞恒、方毅等到工作团任教。工作团组织机构、学习科目及训练方法都是竹沟教导大队的模式。有学员按军事编制，1个大队，3个中队，9个分队。课程有政治、军事等，教材以竹沟教导大队教材为主，结合报刊资料和当地实际编写。省委把在竹沟学习的苏凤章、王席卿等人派回官庄“抗日战时青年工作团”，建立党支部，苏凤章任支部书记。先后在学员中发展了刘会川、李灿武、孙云献、张广增、刘汉瑜等30多名共产党员。该团训练结束后，部分学员由党组织介绍到竹沟参军，奔赴抗日前线；部分党员转入地方，组织抗日武装；部分被分配到地方民团担任政治指导员，逐步掌控地方武装力量。工作团实际上成为中共河南省委培训干部的合法场所。

1938—1939年，苏凤章任中共羊册区党委书记及羊册中心支部书记。他积极组织羊册“抗日救援会”，通过印发传单、画报、演讲和演戏剧《放下你的鞭子》，合唱歌曲《枪口对外》《义勇军进行曲》等形式宣传抗日。

1939年夏，苏凤章参加了中共泌阳县委在白云山尖山土门村召开的党支部书记会议，讨论了在恶劣环境下如何开展抗日民族统一战线工作。10月再次参加中共县委扩大会议，遵照会议精神，苏凤章集中官庄、羊册一带枪支150多支，在羊册西北罗汉山下训练抗日队伍。竹沟老八团留守处主任王国华特意到罗汉山查看训练场地，说：“这里就好，这里是三县交界处，有得天独厚的地理位置。”以此决定在罗汉山下训练抗日武装，培训的学员输送到新四军主力部队。苏凤章一边训练学员，一边积极筹粮，负责赶制军鞋，送往抗日部队。

1939年11月，“竹沟惨案”发生，河南省委部分领导竹沟突围后向洛阳转移，途经泌阳、羊册时，苏凤章所领导的羊册区党支部予以积极配合、掩护，将转移的领导安全送到洛阳。

省委和地委领导王国华、张旺午等到羊册中共党支部有两个接头地点，一是羊册镇北头孙云献的家，以铁匠炉作掩护，苏凤章和羊册支部的同志经常在这里开会；二是闫台村苏凤章的家，到苏凤章的家首先由孙云献护送。村支部的同志也和孙云献一样责任心很强，保卫工作安排得十分周到，做到全民皆兵。苏凤章的父亲、母亲、妻子都参加放哨、掩护。只要省委领导一来，苏母立即端起针线筐箩到村边，发现陌生人或可疑人，会高声吆喝鸡或猪：“嘿——唠唠”，大家听到这样的吆喝，立即转移。王国华还与苏凤章的父亲结拜兄弟，让苏父做保长，便于掩护组织。

有一次王国华去孙云献家时走到离住处不远的地方，发现身后有跟踪，灵机一动，佯装不知，一直翻过华山向北走去，敌人一直跟踪，快到闫台村时，闫台支部两名在村边的岗哨发现领导遇上跟踪。就将其迎到河沟里，七拐八抹甩掉敌人，和王国华一起躲进闫台后山山洞。敌人找不到王国华，气急败坏地在村里挨家挨户搜查，扬言“活捉王老汉”。而这时王国华已经和苏凤章接上头，正在山洞里布置工作。王国华开玩笑说：“你这庄是安全宝地，气死敌人。”

1940年年初，形势恶化，白色恐怖笼罩泌阳。国民党“反共联防处”大肆捕杀共产党人和进步群众，中共泌阳县委书记邢旭初（邢西玲）奉命赴延安，由苏凤章代理县委书记。苏凤章临危受命，遂不顾个人安危，坚持党的秘密活动，组织部分党员安全转移；坚决贯彻党中央指示：“长期埋伏，积蓄力量等待时机，反对急性暴露。”要求党员和干部利用一切时机打入国民党政权内部，利用合法身份掩护地下工作，保护革命有生力量。

1941年春，苏凤章被敌人通缉，并遭到10多次围捕，均由当地党组织和进步群众掩护脱险。敌人搜捕时藏身于闫台山后的洞里，安全时再出来与组织联系。他时刻都有被捕和牺牲的危险。组织上安排他转移延安，但由于接任书记迟迟没有到任，无法离开。苏凤章把个人生死置之度外，冒着追捕的危险，辗转全县将全县中共支部进行妥善安排。这时苏凤章的指示多由闫台党支部负责上传下达，历时年余。直到1942年农历正月初二才由苏金华陪同，扮作卖布商人离开泌阳，向延安出发。

在奔赴延安的途中敌人设有严密的封锁线，几经周折仍无法通过，无奈滞留在山西山阳县，由先期到达的中共地下党员郭彦章（公开身份是乡长）安排他在乡团部当“队长”，化名苏方明。在山阳县只和郭彦章单线联系，他以“队长”的合法身份掩护并营救中共党员和进步群众多人。山阳县解放前夕，苏凤章协同郭彦章策动所部起义，加入中国人民解放军。

1951年年初，苏凤章回乡，经请示党组织在家乡筹办学校。不意，受到暗藏敌特的诬陷，以“破坏土改罪”被误杀。1951年年底，被人民政府追认为革命烈士。

十、曾沟村：抗日民主县政府办公处

曾沟村位于泌阳县贾楼街东1.5公里处。东部、南部起伏的山峦和群山连绵的白云山相接。全村现在有150多户、600多人，以曾姓为多；有1000多亩土地、2000多亩荒坡。

村中一处破旧的四合院砖瓦房，就是当年中共泌东县委、泌东县爱国民主政府办公的地方。这原是村中大户曾学干重修于道光年间、一拉溜五处明

三暗五四合院中的一处，由于近年来村民拆建新房，现仅剩下这一处。

1947年12月17日，王国华、王海山率桐柏区二地委、二专署和二分区部队和（南下）干部队到达泌阳王店，19日，入泌阳城（史称第二次解放），宣布泌阳县委、泌阳民主县政府建立，后称泌东县，迁驻曾沟，辖梅林、牛蹄、马谷田、王店、春水5个区，属桐柏区二地委二专属二分区领导。

因为当时处于“拉锯”战争时期，新诞生的泌阳县委、县政府之所以选择驻曾沟村，一是这里地处山区便于军事隐蔽，一有情况可以立即往山区撤退，避免和国民党团队正面接触；二是曾沟一直处于鄂豫边游击区中心区，地下党组织和群众思想基础比较好。长期的革命斗争以及后来县委、县政府迁驻后的实践都证明，该村群众有一定政治觉悟，为革命付出了很大牺牲。

1948年春，县委书记兼县剿匪武装部队政委肖英（河北冀县人、南下干部，曾任北京市人民政府秘书长）、县长常青、秘书薛中光就在这里办公，领导着全县的土地革命和对敌斗争。当时泌阳虽已解放，但因全国尚未解放，一直处于敌、我来回游击驻防的拉锯战时期。曾沟村地下党负责人曾少卿等，组织村里的民兵和进步群众一方面做好地方保卫，帮助驻军87团筹集粮款、组织群众缝制衣服，配合支持驻军工作；一方面随部队进山和敌人周旋，或向方城、舞阳方向转移，避开和敌人的正面作战，减少不必要的牺牲，在对敌斗争中得到锻炼。

泌东县的东部、南部都是山区，藏匿的惯匪较多，清剿难度大。1948年11月，在二地委发出 “当前应首先打开泌东东部地区，再转入泌南之清剿”的决定后，地方党组织和民兵武装紧密配合驻军，经过月余追剿，俘虏土匪200多人，瓦解150多人，缴枪100余支。又连续清剿一个月，捕毙、瓦解土匪500多人，缴枪300余支，境内土匪基本肃清，政权得以巩固，社会秩序趋于稳定。泌东县委、县政府设在曾沟期间，党政军民团结亲如一家。干部和工作人员经常给乡亲们打水扫地，上山打柴。还组织青年男女、小孩教学文化。驻军87团还教村里民兵学军事理论，讲游击战术，教打枪投弹。曾沟村地下党和群众更是踊跃积极开展生产救灾工作，军民携手共同保卫革命胜利果实。

曾沟村也遭到了国民党团队的仇视和袭击，他们曾多次进村偷袭搜捕革命群众和地下党工作者，有一次他们还乘民兵武装转移之机放火烧了村子，给群众造成了很大财产损失。

国民党团队的多次袭击，并没有扑灭革命火种、吓倒革命群众。他们通过各种地下活动，掩护支持革命工作。在当地党组织领导下，村民兵队伍13人，有杨兴旺、曾广元、广文、广立、广二等任过民兵队长。其中的民兵骨干曾广含、曾昭义、曾昭卿等解放后还成为国家干部或村里干部。被国民党军队拉壮丁拉走的张广才、张广发兄弟二人随傅作义将军战场起义，加入中国人民解放军，分别参加了抗美援朝战争和淮海战役，先后于20世纪50年代带着多枚立功勋章复员回乡。

1948年春，村民兵队在境内的大沙河杨树林伏击了国民党团队一辆运输物资的汽车。当时民兵张大彪的机枪首发击中汽车，司机侥幸逃脱。缴获的满车大米当即分给了附近贫民，然后焚烧了这部汽车，极大地鼓舞了当地群众。

村里大户人家（地主）曾广凯、曾纪连等也都倾向革命，先后多次为鄂豫边游击队和驻军87团储放粮、款和军械物资，还掩护鄂豫边领导人王国华等多人在家里吃住、工作。有一次，本村地下党曾昭卿被国民党团队搜捕尾随至村中，在险遭不测之时，士绅八富爷曾纪芳机智地搭话说道："外甥子，你来了。"曾昭卿也随机应变地说"八舅，你搁屋哩！"尾随的团队一听是舅甥俩，不是本村的曾昭卿，才转身离去。其实，按家族辈份曾昭卿该叫曾纪芳爷爷，是曾纪芳巧妙掩护了他虎口脱险。

当时大户人家的姑娘、被称为曾十姑娘的曾广义和父亲曾纪连一道掩护本村地下工作者，还为鄂豫边省委游击队和驻军多次完好无损地保管粮食、布匹、银圆等物资。一次，国民党团队为搜捕曾昭卿偷偷地包围了村子，曾昭卿来不及走脱。曾纪连就把他用被子盖在自己的炕上，对搜捕的团队说："俺孙子发高烧，正捂住被子发汗哩！"巧妙地打发了国民党团队。

在长期的对敌斗争中，村里群众多次冒着生命危险为当地驻军和党组织及地下工作者站岗、放哨、监视敌情、传递情报。正是得益于一位曾姓普通群众的情报，地下党工作者曾广松在国民党团队的搜捕中，提前把有关党的秘密文件吞咽到肚子里，免遭了损失。

随着人民解放战争的节节胜利，1949年1月，泌东、泌西县在官庄合并为泌阳县，恢复中共泌阳县委、泌阳县爱国人民政府。同年4月，迁到泌阳县城。在祖国黎明前的黑暗中，曾沟村党组织和全体民兵及进步群众，紧密团结、共同对敌，为革命所做的贡献，将永载革命史册。

十一、官北村：青年战时工作团

官北村地处官庄镇北侧，有2600亩土地，2510口人。现官北村委的小学，旧时为该镇关帝庙，有房舍数十间，坐北朝南，大殿卷檐金碧辉煌，南边是雕梁画栋的大戏台。抗日战争时期，曾在此开办“泌阳县青年战时工作团”。

1938年春，鄂豫边省委统战部长刘子厚、新四军联络参谋刘贯一等到泌阳做统战工作，时任中共河南省委统战委员会主任的彭雪枫，以国民革命军第十八集团军总部少将参谋长的身份，亲自与泌阳开明绅士、时任国民党河南省参议会议员、国民党南阳党务专员的王友梅晤谈，以“唇亡齿寒”的典故晓以民族大义，阐明共产党抗日统一战线的政策，使王友梅深受感动，于6月在泌阳官庄镇合办了“泌阳青年战时工作团”。王友梅任名誉团长，张炳耀（冠武）任教育长，晁松亭任教务主任。共产党从当时有“小延安”之称的竹沟抽调周志坚、张瑞恒、方中铎等来官庄指导训练和讲课。

泌阳青年战时工作团在小学校院内搭了一个大棚，集中授课。招收进步青年200多人，官庄街和附近的进步青年刘汉瑜、张广增、刘惠川等参加学习。党组织派苏凤章从竹沟回官庄参加工作团任党支部书记，在青年学员中秘密发展党员30多人。

工作团的组织机构、学习科目及训练方法比照竹沟教导大队的程式，军事编制，军事训练，并且组织学员多次到官庄北五龙顶、母猪山和牙（公）猪山中进行实地军事演习。

开设“抗日民族统一战线”“群众运动”“民运工作”“游击战术”等课程，教唱《大刀进行曲》《义勇军进行曲》和《流亡三部曲》等抗日歌曲，组织文娱表演，学员们的政治、军事素质得到很大的提高，爱国爱家和抗日激情十分高涨。

官庄街群众对工作团的开办十分支持，培训结业后，有120多名学员直接参加八路军和新四军，奔赴抗日前线。一部分未结业的学员转移竹沟继续学习，另有许多同志留在当地或打入敌伪内部，继续坚持革命斗争。

十二、老康庄：民兵武装显威风

双庙街乡老康庄村辖1个自然村，位于县城西北30华里的典型丘陵地带，现耕地1500亩，人口1100人，村民99%为康姓。

老康庄村历史文化悠久，是一个具有革命斗争光荣传统的村子。

1936年后，读私塾的学生康守严、康守公、康业生、康先双、康先道、康先修等10余人由私塾先生吕益炳（早期地下党员）发展为地下党员。鄂豫边省委领导王国华经与吕益炳联系，在村西南破窑内召开会议，开展革命活动，本村成为泌西地下党活动中心。通过动员，本村青年康先海、张清党、康先东、吕世运等在官庄战时青年工作团培训后输送到竹沟参加了新四军。

不久，地下党领导吕益炳被坏人告密，南阳土顽司令别廷芳以清乡为名将吕抓走，押到泰山庙寺庙里。康庄几名地下党员得知这一紧急情况，即身带手枪组织抢救。赶到泰山东岗时听到枪声，吕被枪杀于泰山街东边沟内。他们只好将尸体运回安葬（解放后尸骨安葬于烈士陵园）。

解放战争时，解放军部队及南下干部团在该村成立基层政权组织，发动群众成立民兵武装。河北籍王瑞山任政委、李臣冉任区长，秦喜福、曲麻子（小名）任副政委及区队长。因当时政局混乱，双庙区政府暗地设在康庄。为开展革命活动，更好地保护这一政权，由康先国挑选该村20多名青壮年组织民兵武装，经教育培训，配备了精良武器，人人有长短枪，康先荣为民兵队长，康先臣、康先章、康守顺、康业生、康先民、康守甫、康先冬、康守钦、康先海、康先如、康先勇、康云龙、吕世运、张清党、景增山、胡申杰、康守稳等为民兵骨干分子，为泌西县一支精干的武装力量。这支民兵队伍配合河北籍来的干部战士，积极参与了清剿地方匪霸和国民党地方顽固势力的艰苦斗争。在马谷田的凤凰山战斗中，全村20多名民兵配合县武装袭击了正在凤凰山顶盘踞的县民团。此次战斗，村民兵康守甫重伤，康顺卿负伤被俘，押扣确山。

1948年农历三月三日，少拜寺战役中，康先荣带领全村20多名民兵前去参战。被安排在少拜寺东边的谷耀岗布防，以截击出逃民团的东去路线，一直到下午寨被攻破才撤离。

1949年年初，泌阳拉锯战争加剧。一天，泌阳民团夜聚苗庄寺、龚庄，康庄村民兵组织人员前去夜袭未成功，吕喜运、康先海二人被俘。后趁机逃了出来，又带出了敌团两挺机枪。邓县战役打响，村民兵康守顺、康业春等20多人，组织10付担架，亲赴邓县参战。

在清剿地方顽匪中，康庄民兵主动出击，先后逮捕和镇压了陈庄土匪陈世海，王湾叛匪（活埋我民兵人员）王书安，在当地危害时间最长罪恶极大的杆匪首领李庆相、康守文，作恶多端的当地刘保长，为民除了大害。

为支援解放大军南下，康庄民兵积极筹集小麦1700多斤，被、鞋、袜400多件。

康庄群众对革命政权有浓厚的感情，在对敌斗争中立场坚定，斗争顽强、英勇、不屈不挠，为新生政权的发展，巩固壮大，付出了巨大的牺牲。引起地方反动势力，特别是伪国民党县长薛子正的极大恼怒，薛多次组织县民团对康庄革命据点和民兵武装袭击，扬言“凡抓着康姓人家不问就杀”，“康吕二家，不问就杀”。县民团每到康庄见人就抓，见物就抢，能带的带走，不能带走的予以破坏。1949年冬，县民团突袭康庄，将全村老人妇女孩子，用绳捆在一起，集中到村中一院落，准备午饭后大屠杀。将村妇女代表康李氏绑到院内的一棵椿树上，残忍地割掉其一个乳房。将全村的锅碗瓢勺砸坏，杀掉所有猪鸡。中午民团匪徒吃饭时，解放军某部前来救援，民团急忙集结逃命，康庄100多人幸免一劫。

1950年，抗美援朝时，该村4名民兵踊跃报名。第一批入伍的康云龙、康先如、康守四（牺牲）、康先勇。民兵大队长康先荣、贫农组长康先奎把政府救济的2匹马捐献，染坊主康增录将10匹棉布捐出。

十三、苗庄寺村：邓小平驻村指导土改

泰山庙镇苗庄寺村位于泰山街西北9公里，东与惠河村相邻，西与郭集镇接壤，北与羊册镇毗邻，南与社旗县朱集镇搭界。全村3476人，辖4个自然村，19个村民小组，耕地6300亩。

1948年4月29日，中原野战军政委、中原局第一书记邓小平率10纵28旅48团一部驻在该村，邓小平住在村民姚秀德家中，其余人住苗庄寺庙中（时苗庄寺庙称青龙寺，殿厢房共20余间，后长期失修，众多文

物已不复存在，房屋大部分倒塌，现仅剩正殿3间）。于此召开桐柏二地委、二专署及署县领导干部会议，纠正新区土改工作中的“左”倾错误，并布置解放南阳等任务。专署领导王国华、焦景尧和泌西县领导史雷锋、姚增绪、李振希、张诚实等，向邓小平汇报了工作。

第四节　老区人物

一、鄂豫边革命根据地创始人

张星江

张星江（1907—1936），又名张振兴，绰号“老吭”，河南省唐河县毕店乡人。鄂豫边革命根据地主要创始人之一。历任中共南阳中心县委书记、鄂豫边省委委员、党中央交通员、鄂豫边省委书记等职。

1907年，张星江出生于唐河县毕店乡张心一村一个农民家庭。1927年，加入中国共产主义青年团。1928年成为中国共产党党员。在家乡秘密组织农民斗争，发展党的组织，建立了唐河东部第一个党支部，任书记。

1930年任中共唐河县委委员、县委书记，参加领导鄂豫边农民武装斗争。同年11月，率领地方武装配合鄂北红九军第二十六师攻占唐河县县城，建立苏维埃政权。不久任中共南阳中心县委书记。1932年1月，任中共鄂豫边省委委员、党中央交通员，领导当地党组织开展秘密斗争。1933年7月，成立中共鄂豫边工作委员会，任书记。同年底，经上海去中央革命根据地瑞金。1934年1月，列席中共六届五中全会，并出席中华苏维埃全国第二次代表大会，被选为大会主席团成员，会后听取中央革命军事委员会主席朱德关于开展游击战争的指示。4月返回鄂豫边，积极扩大党的组织，发展农民武装。11月，担任红二十五军向导，使红二十五军长征途中顺利通过鄂豫边区，摆脱国民党军队围追堵截。1935年，鄂豫边工委与豫南党组织合并组成鄂豫边省委，任书记。1936年1月，鄂豫边红军游击队在信阳吴家尖山小石岭成立，兼任政治指导员。1936年3月27日，他率领红军游击队到桐柏县平氏镇孤峰山庙会夺取反动民团枪支。3月28日，在转移途中遭遇国民党武装和地方民团，战斗中英勇牺牲，时年29岁。新中国成立后，张星江遗骨迁安于泌阳烈士陵园。

王国华

王国华（1890—1970），幼名华子，绰号“王老汉”，河南省确山县（今驻马店市）韩庄乡大王庄人。鄂豫边革命游击根据地创始人之一。1927年春，王国华组织农民协会和红枪会会员参加杨靖宇领导的确山农民暴动，建立了河南省第一个县级工农政权。1931年，组织农民开展声势浩大的抢粮分粮斗争。同年，任确山县中区苏维埃主席。

1932年，王国华加入中国共产党，随后担任确山县大王庄党支部书记、中区区委书记。1933年6月任中共河南省工委巡视员，指导各区党组织发展和武装斗争。9月至11月任中共河南省确山县委书记、河南省委委员。1934年1月，作为河南省农民代表前往中央苏区参加中华苏维埃第二次全国代表大会并列席党的六届五中全会，被选为全苏大会主席团成员。在中央苏区期间，受到毛泽东、周恩来、朱德接见，毛泽东亲笔为其题写“党不离枪”。在中央党校和红军大学各学习3个月后，派到长胜县任县委副书记。

1935年春，他从中央苏区回到豫南。在白色恐怖下，积极奔走，联络鄂豫边工委张星江，于8月成立任中共鄂豫边省委，任宣传部长。1936年4月，任中共鄂豫边省委组织部长。12月任中共鄂豫边省委书记。1937年7月，任鄂豫边红军游击队指导员。10月，任豫南人民抗日独立团政治委员兼政治部主任。1938年1月至1939年11月，任中共鄂豫边特委书记、中共河南（豫皖苏）省委委员、新四军第四支队第八团竹沟留守处主任兼政治委员、中共豫南省委（亦称豫鄂边省委、区委）委员兼民运部长、中共豫南省委军事部长等。“竹沟惨案”发生后，率部突围，继续领导边区的民运工作。

1940年2月，赴延安学习，被毛泽东亲切地称为“豫南农民领袖”“我们的王老汉”。1945年4月作为华中代表团成员出席中共“七大”会议。

1946年秋，任晋冀鲁豫中央局民运部副部长。1947年12月任中共桐柏区委委员、农民协会主席兼第二专署专员。1948年9月任中共桐柏区委第二地委书记、桐柏军区第二军分区政治委员。

1949年3月任中原临时人民政府委员、河南军区确山军分区司令员。8月，任信阳军分区司令员兼信阳市军管会主任。1950年1月，任河南农协筹备委员会主任，后当选河南省农协副主席兼河南省土改委员会主任。1955年2月，任河南省第一届政协副主席。1956年11月任河南省人民政府副省长。1959年2月任河南省第二届政协副主席。1964年9月任河南省第三届政协副主席。1970年2月8日在郑州逝世。

仝中玉

仝中玉（1908—1994），又名钟渝，字述三。唐河县人，鄂豫边革命根据地创始人之一。1927年参加革命，1928年2月加入中国共产党。革命战争时期，历任南阳中心县委书记，中共鄂豫边工委组织部长，鄂豫边省委组织部长、宣传部长、省委书记，豫南特委书记。新中国成立后，曾任河南省人事局长、省政协副秘书长、省委纪律检查委员会筹备组负责人等职。

1926年，仝中玉入开封济汴中学。一年后回县，在第六中心学校任教。1928年2月，加入中国共产党，在家乡仝庄发展了一批党员，组建了党的支部，任书记。次年，任中共唐河县南区区委委员。1930年2月，任中共桐柏县西区区委委员；6月任中共唐河县委秘书。11月，协助县委书记吴寿青策应红26师解放唐河。红军撤回鄂北后，调任南阳中心县委书记。

1932年夏，由于叛徒告密，中共豫西南党组织相继遭到破坏，与上级失去联系。仝中玉和张星江、张旺午等召开了紧急会议，成立中共鄂豫边区临时工作委员会，他任组织部长。1934年4月中旬，鄂豫边临时工委在平氏后洼村召开扩大会议，传达中央六届五中全会、“二苏大会”精神和中央指示信。会议根据中央指示组建鄂豫边工作委员会，宣传部长仝中玉。5月，到北枣阳、襄阳、钟祥恢复党的组织。

1935年秋，中共鄂豫边省委成立，任组织部长。1936年3月27日，平氏夺枪转移途中，张星江牺牲，接任省委书记。12月，省委与游击队负责人调整，王国华任省委书记，仝中玉任游击队政治指导员。1937年7月，复任省委书记。1938年1月，参加中共长江局训练班学习。5月，调任中共鄂豫边区组织部长。1939年春，赴延安马列学院学习。冬，在中共中央组织部和南方委员会任干事和秘书。1941年，任中央党务研究室秘书。1944年11月，随河南军区部队回河南，先后任河南三区专员、河南军区组织部长和豫南地委副书记兼组织部长。

1946年7月，随中原军区部队突围到达陕南后奉命化装离队。1947年春天，在山西晋城归队后，任桐柏解放区公安局长。1949年起，历任中共南阳地委宣传部长，陈留地委组织部长、河南省委组织部副部长兼人事局长。

1957年被错划为右派，1960年下放黄河农场劳动，1962年平反，任河南省农委副主任。1964年，任省政协副秘书长。1978年，调任中共河南省委纪律检查委员会筹备组负责人。1982年12月离休，享受副省级待遇。

周骏鸣

周骏鸣（1902—2003），确山县人。早年参加国民革命军（西北军）。1931年参加宁都起义。1933年7月，加入中国共产党。历任中共确山县委委员、书记；中共河南省委委员、省委军委书记；中共河南省党团恢复工作委员会书记；中共鄂豫边区省委委员、组织部长，鄂豫边区红军游击队队长、豫南人民抗日军独立团团长；新四军第四支队第八团队团队长、第五支队副司令员、第二师参谋长、淮南军区司令员兼二师师长；华中军区参谋长、华东军区副参谋长兼后勤司令部司令员。中华人民共和国成立后历任华东军区第三野战军副参谋长；水利部副部长，林业部副部长，河南省政协副主席等职。为中共七大、八大代表，全国政协第三、第四届特邀委员。

周骏鸣出生于农民家庭，7岁入私塾。1919年赴上海加入国民革命军，参加北伐战争。1931年，担任国民党26路军75师2团1营少校营长。12月14日，在江西省随26路军参谋长赵博生参加“宁都起义”。起义后，26路军被中共中央军委改编为中国工农红军第五军团，任红五军团某团团长，受到毛泽东、朱德、叶剑英等的亲切接见。1932年2月，奉朱德总司令指示回确山开展革命斗争。

1933年5月，组织和领导了确山县石滚河乡农民暴动，遭到国民党军队残酷镇压。暴动失败后，受到国民党河南省政府通缉。7月，经王国华介绍加入中国共产党，随即赴汝南开展工作，任汝南水屯区委书记。9月，调任中共确山县委书记。

1934年5月，任中共河南省委委员、军委书记。1935年春，遭叛徒出卖被捕。9月，为揭露敌人企图利用河南省委同中央失去联系之机组织假省委的阴谋，在同一监狱关押的兰德修（中共河南省委组织部长）的帮助下，机智脱险。出狱后，立即参加到豫南鄂豫边省委，主动请求到信阳西北的吴家尖山发展党的组织。11月，建立了中共尖山地区支部。

1936年1月4日，由7个人、3支枪组成的鄂豫边红军游击队在吴家尖山小石岭成立，任游击队长。1937年3月，代表中共鄂豫边省委和鄂豫边红军游击队赴延安向党中央汇报工作。5月参加了党的苏区代表会议和白区代表会议。7月，同中央派往鄂豫边工作的胡龙奎一道返回鄂豫边区，在泌阳县碾盘沟召开会议，传达了中央“猛烈扩大游击队，建立巩固抗日根据地”的指示。10月，鄂豫边红军游击队改编为“豫南人民抗日军独立团”，任团长。12月，中共鄂豫边省委改为中共鄂豫边特委，又改为中共豫南特委，任特委军事部长兼独立团团长。

1938年1月，豫南人民抗日军独立团改编为新四军第四支队第八团队，任团长。3月29日，率新四军第八团从信阳县邢集镇出发，开赴皖东抗日战场。

1939年7月，新四军以第八团队为基础建立第五支队，罗炳辉兼任司令员，任副司令员。1940年3月，国民党鲁苏战区副总司令兼江苏省主席韩德勤纠集10个团的兵力万余人，于21日拂晓向五支队司令部所在地半塔集发起进攻。率五支队留守人员1000多人死守半塔，打退了敌人一次又一次的猛烈进攻，顽强坚持8昼夜，为主力部队回援赢得了时间。

1941年1月“皖南事变”后，中共中央军委发布命令，重建新四军。2月，新四军江北指挥部及所属部队奉命改编为新四军二师，任二师参谋长。1943年3月，率新四军二师40多名营职以上干部组成的干部队赴延安中共中央党校学习，任干部队队长兼党支部书记。1945年4月，参加了中共中央第七次全国代表大会。9月，带领一支由300多人组成的干部大队日夜兼程返回华中地区。12月，抵达江苏省淮阴县华中军区司令部，受命担任新四军淮南军区司令员。1946年7月，成立新四军新二师，兼任新二师师长。9月，新四军淮南军区和新二师部队并入华中军区和华中野战军，调任华中军区参谋长，后兼任华中军区办事处主任。

1947年1月，任中国人民解放军华东军区副参谋长，先后参加了鲁南战役、莱芜战役、孟良崮战役、济南战役、淮海战役、渡江战役等战役。1948年7月，兼任中国人民解放军华东军区后勤司令员。1950年1月，任中国人民解放军华东军区第三野战军副参谋长，兼任华东军区直属机关党委书记，负责组建了华东军区军事科学研究所。

1954年10月，转业到国家水利部任副部长、部党组副书记兼直属机关党委书记。1956年9月，当选为党的“八大”代表，参加了中国共产党第八次全国代表大会。1958年，国家水利部与国家电力部合并，调国家林业部任副部长兼部党组副书记。1979年调任政协河南省第四届委员会副主席。1991年离休，享受省长级待遇。2003年11月9日19时在郑州逝世。

张旺午

张旺午（1910—1995），又名张炳南，鄂豫边区革命根据地创始人之一。

1910年出生于泌阳县杨家集乡沙子岗村一个小地主家庭。4岁丧父，跟随祖母、母亲生活。8岁入私塾，后入新式学堂上学，高小毕业后因家庭经济困难而失学。1927年10月经姚建宇介绍，张旺午、魏祥甫、李秀三、陈德修、史星岑等10余名青年加入中国共产党。1928年8月，任支部书记；10月，中共泌阳县委成立，任县委委员。

1930年8月，党组织计划在驻扎舞阳的杨虎成部冯钦哉旅发动兵变，党组织派张旺午去社旗镇参加暴动，策应兵变。兵变失败后，回南阳任城区区委书记。

1931年秋，调鄂北苏区工作。1932年2月5日，鄂豫边临时省委派其回泌阳任县委书记。很快在农村发展了一批新党员，全县党员发展到120人，组建了4个区委和13个直属支部。任宣传部长。

1935年7月，同河南省委委员王国华一起，到毕店与张星江商定豫南党组织和鄂豫边工委合并，成立中共鄂豫边省委，任宣传部长。1936年3月，鄂豫边红军游击队在老乐山一带活动，夜宿杜庄，遭国民党团队遂平保安团袭击。与吴仁甫等人一起被捕。化名姜焕文被解送开封监狱，第二年被转往开封反省院，1937年10月获释。1938年1月13日，随豫南特委和豫南人民抗日独立团进驻确山竹沟镇。先后任竹沟县委书记、竹沟地委书记。

“竹沟事变”后，受组织委派寻找失去联系的地方党员。在舞阳北舞渡镇，和王景瑞一起设法输送了一批党的干部到鄂豫边区。1941年6月，被分配到信阳地委任信阳地区指挥长。不久，改任一分区地委副书记。1945年，任四专署专员。1946年，随新四军第5师“中原突围”，到达豫陕边界地区，在卢灵洛地区任四专署专员。1947年3月20日，随新四军第5师的部队过黄河，到晋冀鲁豫边区任晋城52纵队供给部长。8月，南下到汉江区，任三专署专员。1949年年初，任江汉行署秘书长。

新中国成立后，张旺午任湖北省人民政府副秘书长、省财委秘书长、省财政厅厅长、省财委副主任、省人委秘书长、湖北省委常委、省人民政府副省长。1980年后任省五届人大常委副主任，省顾问委员会常委。1986年12月离职休养。

1995年12月，在武汉逝世，享年85岁。骨灰一半撒入长江，一半安葬在他曾战斗过的风景秀丽的铜山脚下。

陈香斋

陈香斋（1907—1937），原名陈振铎，又名陈德馨，泌阳县泌水镇十里庙村委孙楼村人。鄂豫边区革命根据地创始人之一。1907年7月28日出生，7岁入孙楼私塾读书。两年后，考入县立高等小学校上学。高小毕业考入县简易师范学习。

1927年11月，陈香斋经姚敬斋介绍加入了中国共产党。1928年，根据党组织的指示，回到家乡孙楼、崔楼、陈楼等村宣传发动，成立了中共孙楼党支部，任支部书记。后任中共泌阳县特别支部委员、中共泌阳县委委员。

1929年，陈香斋说服家庭出一部分钱，又鼓动村民凑钱养了一塘鱼。用卖鱼钱买了几支汉阳木鞍枪，建立了乡赤卫队。1930年秋同刘黎阁带领20多名赤卫队员，在楝树庄炸会，夺得长枪数支。此后，他与族户协商，把祖茔20多棵柏树卖掉，在陈洼办起了一所小学，安排中共党员陈宜轩为教师。学校成为党组织活动的一个联络站。

1931年春，泌阳师范党支部发动学生控告国民党泌阳当局杀害王立堂、胡邦立、蔡玉钦的罪行，强烈要求严惩杀人凶手。陈香斋在孙楼等地组织党员和进步群众捐款并拿出自己家的卖粮钱，支持王立堂继母利用其特殊社会关系赴省府开封告状，迫使国民党省政府惩办了谋杀王立堂等的凶手，狠狠打击了敌人。

1932年年初，配合张旺午很快恢复了孙楼、阎店、侯庄、羊册、象河等党支部，发展了一批农民加入中国共产党。一天，获悉国民党县党部书记梁仰正赴省城开会。率武装小组吕秀甫、刘长法、王德收等人埋伏在张铺北大路边，待梁仰正到来，前后夹击，一举将其击毙，为民除了一害。

1933年年初，受鄂豫边省委派遣，到湖北枣阳、随县一带做瓦解争取反动武装的工作，积累了丰富的瓦解争取反动武装经验。鄂北苏区被敌人围剿而丧失之后，回到泌阳，化名胡祖亭，到东部山区宣传发动群众，恢复发展党组织和农民武装。

1936年3月初，鄂豫边红军游击队在确山杜庄受挫，奉调任红军游击队副队长。3月27日，红军游击队桐柏平氏庙会夺枪归途中，游击队长周骏鸣负了重伤。被任命为中共鄂豫边省委委员、红军游击队队长。

1937年6月11日，在截击邓庄铺联保主任王廷杰战斗中，不幸被子弹击中小腹。

队员们把身负重伤的陈香斋抬到大靳庄东头竹园旁一间磨屋里。游击队秘书李子健飞奔县城，请王海忠医生。因伤势太重，没等李子健回来，他就牺牲了。在生命的最后一刻，他挣扎着对队员们说道："……我不行了，没有看到胜利。希望你们努力奋斗……中国共产党万岁!"

1959年，中共泌阳县委将陈香斋遗骨迁葬于泌阳烈士陵园。中国革命军事博物馆记载，陈香斋是三年游击战争时期鄂豫边革命根据地牺牲的团以上级别的领导。2009年10月，陈香斋被评为河南省60位为新中国成立做出突出贡献的英雄模范人物之一。

二、革命先贤

祁修文

祁修文（1902—1931），字秉堂，号新吾，河南省泌阳县泌水镇祁庄人。

祁修文幼读私塾，后在本县高等小学堂学习。1918年，祁修文在河南省立第三师范学校（信阳）上学时，组织本校学生驱赶压制学生运动的学监毛灿舟。翌年，赴上海参加全国学生代表会议。1920年，祁修文去上海美专就读。他每年利用假期返乡时，举办《新青年》讲习班，对进步青年进行爱国主义教育。1924年9月，祁修文加入中国共产党。后到开封任中共豫区执行委员会秘书。1927年，任河南省特委委员及副组长。同年9月，同工作组长张景增（组长）一行5人赴安阳贯彻党中央“八七”会议精神，开展土地革命，组织武装暴动。在六河沟以召开工人大会为名乘机夺矿警枪支未成。尔后在安阳西沟城村建立“联合会”，发动群众，处决了罪大恶极的恶霸地主李六之。又在辛店建立“工商学协会”，以“拒毒会”名义反对贪官污吏，赶跑辛店民团团长李发年。后调任开封市委领导。年底市委机关遭破坏，祁被叛徒出卖，险遭逮捕。奉省委指示到西平县中学教书，继续从事革命活动。1929年夏，因组织县城教职员工反对教育局长郭龙川时，暴露身份。中共豫南特委即决定让祁到桐柏以桐柏县女中校长的身份为掩护，任县委书记。翌年春，祁因组织领导县城教师学生抗议教育局长赵贤邦扣发教师工资，遭国民党河南省党部通缉，不久被捕。后越狱到四十里冲隐蔽。1931年再次被捕，转押开封监狱。在狱中，敌人对其软硬兼施，受尽酷刑，始终坚贞不屈，表现了共产党员的革命英雄气概。同年9月，因策划越狱未遂壮烈牺牲，时年29岁。

韩沅波（1904—1931），本名绍湘，泌阳饶良茨园村（今属社旗县）人。幼随父韩运章（字自步，曾任袁世凯总统府秘书、河南通志馆馆长）在开封省立第一师范学校附属小学就读，后以优异成绩考入省立第一师范学校，与该校英语教员中共党员冯品一经常往来，阅读马列书刊，逐步走上革命道路。1924年加入社会主义青年团组织，不久，成为中国共产党党员。

1925年初，沅波在第一次国共合作时，跨党加入国民党，任国民党开封市委执行委员，和中共开封市委宣传及团开封地方执行委员会组织委员。当时，作为在校学生，主要通过社会主义青年团组织和青年协社从事青年学生运动。在“五卅”运动中，青年协社创办了刊物《雷火》，通过刊物联络进步青年一起邀请李大钊到开封给青年学生讲演，并将讲演内容发表在《雷火》第八期上。这年10月，中共中央派韩沅波赴莫斯科中山大学学习。

1927年4月12日，蒋介石反革命大屠杀，轰轰烈烈的大革命失败。莫斯科中山大学发生变化，韩沅波转入列宁格勒军政学院继续学习。1929年7月，奉命回国，分配到中共中央军委工作。1930年8月，中央派韩沅波任中共满洲总行委主席团成员，兼军委书记。不久，任中共满洲省委常委、军委书记。1931年1月，韩沅波化名王文成到博克图东北陆军第15旅83团传达中共六届三中全会精神，领导兵变事宜。因兵变机密泄露，被当局逮捕。14日，韩沅波等5位兵变领导人被枪杀于博克图西沟。

姚建宇

姚建宇，名敬斋，字建宇，号勤民、文之，1905年3月生，祖籍泌阳县羊册镇，后移居县中山镇（今泌水镇）。1926年夏参加革命，加入中国共产党。1927年，创建泌阳县第一个中共支部，是泌阳党组织的创始人。

姚建宇幼年入私塾，学名钦明，聪颖好学。1923年考入开封省立第一甲种工业学校，受到新文化运动的思想影响，积极参加了五卅运动及其他爱国运动，热衷于阅读进步书刊，诸如宣传马列主义、完全新文化及三民主义等著作。1925年夏参加共青团外围组织河南青年协社，同年冬参加共青团，继而介绍同学马尚德（杨靖宇）等参加共青团。时常与党、团组织负责人和进步青年，如中共豫区委（省委）领导人张景增、开封市委领导人冯品一、共青团河南省委领导人韩绍湘（沅波，原泌阳尧良茨园村人）以及祁炳堂（修文，泌阳县花园乡祁庄人）、马尚德等人交往。1926年夏，由开封市委委员冯品一及同学张耀昶（唐河县毕店镇张油坊村人）介绍加入中国共产党，更名姚建宇。他当时是开封市学联负责人之一，入党前后均以学联名义进行校内外活动，发展进步学生参加青协、共青团和党的组织。

1926年冬，受中共豫区委执行委员会派遣离汴回泌，宣传大革命和北阀战争，着手筹建泌阳县党组织。因宣传发动群众中过于暴露，遭军阀吴佩孚驻泌阳的陈文钊旅通缉，即离泌赴宛（南阳）。1927年1月，离宛去武汉找组织。在枣阳遇中共豫区委书记汪泽楷，后持汪的介绍信到武汉与中共中央组织部陈潭秋接上关系。党组织立即派他去中央长沙分校学习，3个月结业返回武汉。4月中旬，在农民运动讲习所学习，见到了毛泽东、郭高臣、李子祥（郭、李系泌阳人，后在党领导的广州起义中牺牲）等人，丰富了学识。

1927年大革命失败后，在白色恐怖笼罩情况下，中共河南省委张和尚（景增）、李森（求实）派姚回泌阳建立党组织。先后培养了张炳昌（后任河南省团委领导、中共鄂豫皖边区地委书记，牺牲）、张旺午（后任中共竹沟地委书记，解放后任湖北省副省长）、魏祥甫（后任豫、皖、鄂、湘党的地下交通员，1930年被国民党枪杀于湖南岳州）、陈香斋（后任中共豫鄂边省委委员、红军游击大队长，牺牲）等10余名青年，加入了中国共产党。同年11月的一天晚上，在泌阳县城福音堂钟楼底下，创建了中共泌阳县第一个支部，姚建宇任书记。1928年3月，姚建宇奉命去方城县沈营村参加了豫西南特委（亦称南阳特委）成立会议。会上确定工作路线是，重点向农村发展，发动贫苦农民，组织农民协会，积极准备武装，进行革命暴动。8月底，豫西南特委在省委许东岩（许建真）的指导下，在源潭镇召开各县联席会议，充实调整了特委成员，姚建宇被任命为特委执行委员，住机关，负责特委宣传技术工作。11月29日，石友三部突然包围了豫西南特委机关，逮捕了姚建宇等3人。1929年10月，获释出狱，由中共河南省委、团省委负责同志赖学昭、祁炳堂、张炳昌委派，复回泌阳参加县委，抓宣传工作。在县委书记陈雪怀的领导下，泌阳县发动了反对基督教侵略运动。他站在街头发表了“怎样做个新青年”的演讲，并起草了《反对基督教侵略宣言》，印发全国，轰动一时。

1930年，建宇被南阳特委书记郝久亭安排到杨虎城部《宛南日报》社任编辑，以此身份作掩护，继续开展党的革命活动。后《宛南日报》社被查封，他只身辗转泌阳、驻马店、武汉等地避难。

1931年后，曾任新蔡县任今是中学语文教员，《两河商报》编辑，临颍小学教员，郾城《警报》驻临颍记者等。

1938年夏，协同竹沟中共河南省委刘贯一同志作各界的统战工作。1940年夏，中共泌阳县委负责人苏风章指示其隐蔽身份，待机活动。不久，姚建宇经同情党的五战区参议晁善堂介绍，到老河口《阵中日报》任编辑；后任《泌阳日报》编辑，利用报纸宣传统战工作。不久，遭国民党85军逮捕，于1942年获释。之后，姚建宇一直在家乡教书育人。

1949年泌阳解放，中共桐柏区二地委组织部长范青民和二专署主任王国华（王老汉）安排姚建宇搞肃反工作。1950年，由泌阳县长姚增绪举荐，到省城开封进修培训，结业后留开封任教师，直至终生。

王立堂（1906—1930），泌阳县赊湾乡打席店人。师范毕业。1928年加入中国共产党，1930年2月任中共泌阳县委委员。生前任城关完小校长。

胡帮立（1909—1930），泌阳县泌水镇人。师范毕业。1927年参加革命，次年加入中国共产党。1930年2月任中共泌阳县委委员、宣传部长。

蔡玉钦（?—1930），唐河县少拜寺人。1928年加入中国共产党，1930年任中共泌阳县委委员。生前任县简易师范学校教导主任。

王立堂、胡帮立、蔡玉钦参加革命后，积极宣传马列主义，忘我工作。1929年春末，发动群众游行请愿，反抗捐税、盐税等，与商会会长樊焕台、税局局长张和祥辩论，斗争取得胜利。县教育局长、反共分子李逊吾拉私情，培植私人势力，蔡玉钦、王立堂遂于1930年春，以李逊吾徇私和贪污为据，发动师生声讨。迫使李撤换了私下安排的教员，公布了账目。1930年秋，为壮大革命武装，王立堂和吕益文、陈香斋带领10多名赤卫队员在小康庄夺得长枪4支。是年12月，红九军二十六师解放了唐河，并计划解放泌阳，建立根据地。为迎接红九军，举行武装暴动，19日晚，县委在城北一土窑开扩大会议，商议策应办法，因叛徒告密，人未到齐即遭县民团包围。王立堂、胡帮立、蔡玉钦三人被捕，当晚被惨杀在北城墙外。

魏祥甫（1907—1931），原名宗瑞，泌阳城关人（泌水镇），其父母早丧，幼年在镇福音堂小学就读，后在基督教办的信阳信义中学就读。信中毕业后回到泌阳，经共产党员姚建宇培养，信仰马列主义，接受革命思想，1927年10月加入中国共产党，负责交通工作。经常往返武汉、信阳、驻马店、南阳等地，使上级的指示和下边的工作情况得以及时通报。他以县城开的石印馆作党的联络点，印发党的宣传材料。1928年，他培养妻子李秀三和青年胡邦立、陈德修、樊书庆等人加入中国共产党。其时营救了不少信（阳）确（山）汝（南）“光蛋会”和四望山暴动失败被捕的同志。同年，建立中共泌阳县委，任县委委员。他家成为党组织开会及工作的联络处，妻子李秀三负责联络和保管工作。1929年在县委领导下开展了反基督教侵略斗争，他把那些披着宗教外衣的牧师侮辱妇女、搞特务活动等犯罪事实编印成材料、传单公布于众，激起了学生、市民的愤恨，举行了大规模的游行示威，捣毁了教堂，把美国牧师挪心清驱逐出泌阳境。此举震惊了整个基督教机构，引起了国民党当局的惊恐，密令缉捕张旺午和祥甫等人。党组织决定借国民党新编12师在泌阳招兵之机，让祥甫进入部队当兵，在部队搞军运。

国民党12师开往正阳后，祥甫和桐柏暴动失利而打入敌军内部的刘景林、何华斋等3位同志成立了军委党支部，祥甫任支部书记。他们从士兵中发展党员，带士兵离队或携械投诚红军。后部队奉调过江，开往湖南岳阳。不久，该部和武汉警备旅合并改编为陆军82师。魏利用该部合编不稳之机，三次渡过洞庭湖与湘西红军取得联系。前两次带回大批红军印刷宣传品，夜间在岳阳市张贴。第三次从湘西返回时，被国民党武汉保安团搜查，敌发现有宣传品，把魏送往师部，惨遭酷刑，始终坚贞不屈。1931年4月17日，在岳州壮烈牺牲。

吕秀甫

吕秀甫（1905—1932），宇益文，泌阳县赊湾镇人。其父吕焕台，在本乡开药店。吕秀甫幼年受私塾教育，后在泌阳县立师范学习毕业。在上师范期间，经中共地下党员姚敬斋培养，积极参加校内学生罢课、反基督教侵略等活动。1928年，吕秀甫加入中国共产党。1929年任中共泌阳县委委员。

1930年秋，吕秀甫和陈香斋、王立堂带领5个党员和40多个农民赤卫队员，不断袭击赊湾、双庙、少拜寺、王集、高店等乡的反动民团，打击敌人。1931年，他和史连奎率10余名游击队员，鸣枪进入刘店白马寺庙院，震慑了欺压穷人的和尚及其帮凶，缴获4头牛、1头驴交给穷人使用。同年，秀甫和王德廷率游击队在毕店街铲除了安庄有名的匪霸黄小个，并将其罪行书写出来贴在黄的身上。此举，使地方的匪霸一时收敛，穷人无不欢欣鼓舞。1932年8月，他受县委指示，与陈香斋、刘长法一块到张铺处决了国民党泌阳县党部书记梁仰正。1932年秋，中共泌阳县委组织抢粮斗争，吕负责城西工作。他同王云阁、王道三等商量，带领武装小组组织灾民先后到左洞、董坡、打席店、金庄等村抢粮，缴获了地主许多粮食和棉花，分给了群众。

1932年冬，吕秀甫指挥数百名群众到赊湾北楝树庄抢粮，被国民党地方武装击散，在掩护群众撤离时，遭遇敌人，不幸被捕。敌人用多种酷刑，他始终未吐露一点党的机密。敌无计可施，以往县城押送为名，行至城西八里沟时，将其杀害，时年27岁。

刘黎阁

刘黎阁（1901—1932），泌阳县泌水镇人。其家在农村有地，县城内开有小商店，比较富裕。他自幼在县立小学读书，后就读于县简易师范，毕业后到冯玉祥部队当兵。1928年春，刘黎阁离冯部回到泌阳，不久加入中国共产党，任中共城关区委委员。之后，以信奉基督教、宣传其教义作掩护，走街串巷宣传马列主义，宣传共产党的救国救民政策，讲劳苦大众团结起来反对帝、官、封，翻身解放当家作主人的道理。多次凭着机警和群众的掩护，躲过国民党政府的缉捕。他不信鬼神，撕掉家中灶君像，扒掉村里土地庙。他同情劳动人民，自编诗歌传唱“种田人多辛苦，锄地到晌午，风又刮，雨又淋，脚和手难闲着。谁知碗中饭，粒粒皆辛苦，吃吃喝喝摇摇摆摆都是大地主”。1929年，黎阁任中共泌阳县委委员，分管宣传。

1930年春，刘黎阁到泌阳东部张楼一带发展党的外围组织“光蛋会”，和侯太俊一起组织农民队伍。冬，在赊湾北楝树庄庙会夺枪。后调往襄枣宜苏区工作，任邓县县委委员，曾为红九军战歌编词谱曲。未几，被组织派往桐柏山区的桐柏、随州一带搞匪运和农运工作。

1932年秋，在瓦解争取反动武装中，随大杆马德义部南去湖北随州小林一带，行军途中，他骑着骡子走在队伍前边，不幸被流弹击中，经抢救无效，于小林西南十八里处牺牲。

张炳昌（1911—1932），泌阳县城关（泌水镇）人。其祖父张联奎曾于清光绪年间在县衙中任职。父亲张昆堂早年下世，母亲朱氏，家庭妇女。炳昌兄妹二人，妹早夭。炳昌幼年在泌阳县立高等小学读书，后考入泌阳西关中山中学继续就读。1927年10月，张炳昌经姚建宇介绍秘密加入中国共产党。同年11月，中共泌阳县第一个党支部成立时，被选为支部委员。

初中毕业后，考入开封师范学校。他利用课余时间宣传进步思想和文化，抨击黑暗制度。由于他性格豪放，活动积极，言谈直爽，先后两次因共产党嫌疑被捕。有一次，他母亲去狱中看望他时，他劝慰母亲说："不要难过，还有很多同乡和我关在一起，可以互相照顾，我们虽说受点苦，可为的是让大家都过上好日子。"被党组织营救出狱后，又立即投入火热的斗争。

第二次出狱后，由于斗争形势恶化，他被迫弃学，离汴转往南阳开始了他的革命生涯。在党组织的领导下，他以开书店为掩护，积极发展党的组织。为了解决组织上的经费困难，他曾几次返回泌阳老家筹集活动经费。其中一次卖了自己家的几亩地，有两次找他姑母筹集大洋（银圆）400多块。

1929年11月，中共河南省委调炳昌到共青团河南省委任委员。1930年4月兼任团开封市委书记。是年11月又调豫南任共青团特委书记。1932年5月，兼任太康县委书记。尔后，他到江西苏区见到毛泽东，他们谈工作、谈思想、论策略，很是融洽，并合影留念。回泌阳时，他将在中央苏区与毛泽东的合影交给母亲，并嘱咐说："革命是要掉头的，万一儿子先走，到共产党革命成功后，你拿着照片找毛泽东。"炳昌出生入死，历尽了风险，为党做了大量的工作。

1932年秋、冬，张国焘搞肃反扩大化运动，张炳昌坚持原则，在思想路线、组织路线上与张国焘发生严重矛盾，被张国焘扣上"右倾""反革命"等帽子，指使人夜间将张炳昌杀害。

1951年，政务院派内务部负责人到泌阳县政府，将张炳昌享受省级干部待遇的烈士证敬送张母。

侯太俊

侯太俊（1902—1946），泌阳县高邑乡大侯庄人。1928年，加入中国共产党。1930年，在王庄、张楼一带农民群众中组织“光蛋会”，任会首。1932年，中共泌阳县委发动抢粮斗争，侯负责东部山区一带的工作，仅昌庄就抢到粮食4000多斤。

1935年至1937年的三年游击战中，太俊任中共高邑区委书记，其家系中共鄂豫边省委机关及开会的主要地方，他的村庄被誉为“革命的摇篮”。1938年至1939年，中共中央中原局及新四军八团队留守处设在竹沟，侯任警卫营营长，为中原局、河南省委和新四军留守处的安全工作做出了重大贡献。1940年1月，中共信南县第四区委在信阳县睡仙桥成立，侯任区委书记，并任信（阳）、随（县）特委副书记兼组织部长，在日、伪和国民党统治区域内开辟了一块抗日根据地。1943年7月，信、随特委改为信随工委，侯任工委书记兼游击队政委。1945年初，泌阳爱国人民政府成立，侯任第一区区长兼区政委。翌年10月，成立确（山）、泌（阳）独立二团，侯任三营教导员。

1946年6月中原突围时，侯太俊留地方坚持工作，任淮北游击队政委、泌阳县委书记，在极端困苦的环境中坚持战斗在确、泌、桐边区。8月，游击支队遭唐、桐、泌三县地方武装联合“围剿”，侯率30余人从竹沟、陈楼翻山向北转移，黎明时到达黄茅岭，分散隐蔽时被捕，后在转押南阳途中的朱集街南，与一起被捕的欧阳灿如同时惨遭活埋。

孙石（1916—1968），原名孙继遂，泌阳县牛蹄（今属付庄）人。1939年加入中国共产党，曾任鄂豫皖挺进支队中队长、大队长，应山安应县队长、参谋长、指挥长，应山县委书记、豫中地委军事部长、豫南地区行署副专员。新中国成立后，历任湖北省孝感地区行署专员、中南水利局副局长、水利部机关党委副书记、水利电力部干部司司长、政治部副主任等职。

1916年9月，生于泌阳县牛蹄街孙老庄一个封建地主家庭，祖上是前清秀才，孙继遂自幼受到很好的文化的熏陶。他聪明颖悟，勤奋好学，深得老师器重。1932年，他以优异成绩考入开封中学。当时九一八事变后的省会开封，抗日救亡活动蓬勃发展，他和进步学生李林、娄光奇等，积极宣传抗日反帝。

1937年，“卢沟桥”事变，抗日战争全面爆发。他从开封回到故乡，动员家庭筹措资金先后买了4支枪，组织族户青年保家护院。其堂兄孙远功（又名孙继勋）曾在孙中山领导的国民革命军樊钟秀部当师长，后弃官返乡从医，受聘为牛蹄区代理区长，与王国华结为朋友，秘密来往。

伪军官出身的李杰卿向泌阳民团头子张虎岑密告了王国华在孙家的活动情况，张虎臣大为恼火，对孙家视为仇敌，以通共嫌疑的罪名，先后杀害了孙家近亲孙焕业、孙奎业、孙安业和亲戚焦林祥、焦尊武、赵子录等，又阴谋对孙继遂、孙远功、孙永昌下毒手。

1938年春，日本侵犯信阳、武汉以后，抗战吃紧。王国华指示孙家在牛蹄一带成立了“民众抗日自卫团”，团长孙远功，副团长孙继遂。孙继遂和孙远功四处奔走，宣传动员，组织400余人枪，齐集孙老庄。竹沟新四军留守处的李应泉、刘贯一、王国华等到场讲话祝贺。

泌阳民团头子张虎臣得知孙老庄农民自卫队成立，惊恐万状。跑到南阳“联防司令部”别廷芳那里请来保安队、杂牌军2000多人，急行300多里，于7月22日从西北、西南、正南三个方向合围而来，欲一举吃掉孙老庄武装。孙继遂和远功立即组织反击。同敌人激战一天后，乘当晚大雨，河水上涨之机，突围到南山。一方面争取竹沟新四军支持。一方面，联合打富济贫武装胡十一、朱六排长等，共同对付张虎臣。经南山整训，他带领四五百人，胡十一、朱六排长带二百多人，兵分两路对民团头子张虎岑的各个据点，主动进攻。队伍出师连捷，沉重地打击了敌人，锻炼了自己。两个多月后，竹沟新四军留守处派李应泉、胡仁、李林、杨子芳等，接收了孙继遂领导的这支农民武装，改编为新四军“豫南抗日挺进大队”，下辖3个中队。孙继遂任第一中队长，胡仁任指导员。1939年春，经胡仁、杨子芳介绍加入中国共产党。为表达坚如磐石的革命意志和决心，孙继遂改名为孙石。

1940年豫南地委成立，孙石任军事部长。1941年至1942年末，党组织派孙石到湖北省应山担任新四军应山指挥部参谋长、指挥长。1943年至1944

年9月，孙石先后任信阳中心县委书记、县长，豫中地区行署副专员，分管财经和信南县的工作。1945年8月至1946年5月，我中原解放区成立豫南四专署，孙石任副专员。四专署下辖信阳、桐柏、泌阳、确山、正阳、西平、遂平。1946年6月，孙石随“中原突围”部队西进，经唐河、南阳、邓县、淅川到陕南，孙石受命担任陕南地区行署副专员、陕南二地区委组织部长。1947年3月，重返鄂中、豫南，先后担任湖北省黄岗、广济县县长、县委书记，孝感地区行署专员、中南水利局副局长等职。

新中国成立后，中组部选调孙石到中央外交部工作。后调任中央水利部机关党委副书记、人事司司长。1958年2月，中央水利部、电力部合并为中央水利电力部，任干部司司长、政治部副主任等职。1968年6月10日去世。1978年9月16日，在北京八宝山革命公墓礼堂召开追悼大会，称赞孙石是党的好干部。

史达夫

史达夫（1922—1949），又名德富。泌阳县铜山乡邓庄铺村人。1937年3月，史达夫参加豫鄂边红军游击队。1938年加入中国共产党。1940年，他给新四军二师师长罗炳辉当警卫员，在小麻场战斗中，为保护首长安全身负重伤。同年，在安徽津浦路西鸦窝同国民党桂系反共顽固派战斗中，时任排长的史达夫率全排战士坚守阵地。1947年，在金山战斗中，他率不足200人的兵力从深夜激战至拂晓，顶住了敌人一个团的进攻。1948年，在苏中田家坝战斗中，史达夫任副营长，他一面指挥作战，一面带突击队反击，在他的带领下，战士们勇猛战斗，粉碎了敌人的猖狂进攻。1949年1月6日，淮海战役进入第三阶段，在李明庄战斗中，时任营长的史达夫带领二营四连三排战士插入敌人心脏，敌人集中兵力疯狂反扑，他勇往直前，锐不可挡，活捉敌兵团司令杜聿明。在战斗即将取得胜利时不幸中弹，光荣牺牲，时年27岁。部队党委追认他为华东一级人民战斗英雄。

陈子爵（1909—1951），泌阳县高邑乡罗沙坡村大陈庄人。1928年参加由共产党领导的红枪会。1930年经侯太俊和陈隆章（原任中共豫边工委交通员）介绍加入中国共产党。

陈子爵

1935年，陈子爵受命以伪职身份暗中保护鄂豫边省委领导和地方党组织，并以家中铁匠铺等生意为掩护建立了党的秘密交通站，在掩护党的组织活动和向延安、上海等地输送进步青年学生中发挥了重要的作用。1938年，竹沟新四军四支队第八团留守处1500多人缺乏给养，陈子爵筹借粮款，派人派车送到竹沟，解决了前线和留守处的很大困难。1939年11月11日，国民党第31集团军总司令汤伯恩命令其少将参议耿明轩纠集确山、泌阳、信阳三县团队1800多人，突然袭击确山竹沟镇新四军第四支队第八团队留守处，制造了著名的“竹沟惨案”。在党组织的指示下，时任泌阳民团中队长的陈子爵嘱咐副中队长侯定祥“遇到情况不要乱放枪，要先向他报告”。待竹沟留守处人员从西门全部撤离，他才下令向空中打枪，并冲进竹沟占领西门，与东门团队对击。陈子爵的机智勇敢，有力阻止了敌人的追击，使河南省委和留守处的同志得以胜利突围。1946年夏“五师突围”后，奉泌阳县委书记张难指示，陈子爵任邓庄乡副乡长，坚持隐蔽斗争，负责掩护不能随军打仗的一批干部和伤病员。他和侯定祥等先后营救了被伪民团逮捕的王广宇之妻刘玉凤和儿子安全脱险。保护并治愈了庄果（建国后武汉大学原党委书记兼校长）等一批伤病员奔赴前线。1949年，陈子爵在关汝松部随张轸起义，于汉川县被改编为中国人民解放军第五十一军，任解放军51军211师9团3营营长。

1951年，陈子爵持湖北江汉军区调令从湖北省军区回泌阳参加“剿匪反霸”。3月25日，在缉匪反特斗争中被敌特诬陷遇害。1957年追认为革命烈士。

侯定祥

侯定祥（1913—1951），泌阳县高邑乡侯庄人。1928年参加革命，1930年加入共产党。祖业有地有房，自耕劳作。侯定祥幼读私塾。因弟弟侯定坤被土匪绑票致家境破落。

1932年秋，侯定祥参加抢粮斗争。1935年鄂豫边省委在张楼、侯庄一带活动，侯定祥参与保护鄂豫边省委和地方党组织工作。1937年5月，驻扎泌阳高邑的东北军李伟绩营实施反共，逮捕鄂豫边区省委宣传部长邓一飞等多人。侯定祥、陈子爵让甲长侯国道、侯定耀当保人，侯定祥为担保中间人将邓一飞保释。

1939年11月11日竹沟事变，和其他党员一起暗开西门，使河南省委、新四军竹沟留守处人员顺利突围。1942年，以与陈子爵合伙做生意为掩护，在高邑开办粮行、布行、油坊，为新四军筹备了大批粮食、布匹。1944年，新四军五师侦察员侯国旺被确山保安团抓住。定祥接到营救命令后，以侯国旺是他叔父的名义到确山保安队设法营救。1945年9月，根据县委指示，撤出防区，策应我军一举攻克高邑、罗桥、马谷田3个据点。1951年3月25日上午，定祥在缉匪反特斗争中被敌特诬陷遇害。1957年被追认为革命烈士。

徐中学

徐中学（1916—1940），泌阳县铜山乡缸窑村人。1935年加入中国共产党。1936年任邓庄铺自卫队队长，1937年奉党的指示去竹沟学习，结业后被派回本县做地下工作，任泌阳保安团第三大队队长。1939年11月11日午夜，徐中学所在团队接到偷袭竹沟新四军八团留守处的密令后，他立即派人把敌人计划、兵力部署和自己防区的位置等情报递送给河南省委。12日夜，他冒着生命危险参加河南省委扩大会议，承担起策应竹沟留守处的党、政、军人员从其把守的西门撤离的责任，保证了竹沟留守处人员安全突围。1940年因叛徒告密，中学被国民党联防处逮捕，重刑面前，坚贞不屈，视死如归，被残杀在竹沟南河滩上。

刘世耀（1900—1958），泌阳县王店乡前葛沟村石头河人。家有地70余亩、房6间，农忙佣工帮种。刘世耀7岁读私塾，13岁高小未考取，后补读至16岁后结婚成家，娶妻张振芳。

1926年春，刘世耀在石头河组织红枪会，自任分会首。1927年3月，他带领石头河红枪会，参加了杨靖宇领导的确山暴动。1930年初，经陈岱介绍加入中国共产党。接着，和中共泌阳县委委员刘黎阁一起去饶良做贾林汉瓦解争取反动武装，顺利说服土匪。6月，和刘黎阁与唐河的马西友、马德义“土匪”结为“拜把子”弟兄，言明打富济贫，不祸害百姓。

1932年，刘世耀率众在张楼南孙庄、彭庄一带开展抢粮斗争。1936年参加了平氏夺枪。1937年，任农民抗日自卫队副队长。10月，带领安克祥、段永祥竿中80多人枪在高邑河西老虎石集结后，开赴焦竹园邓庄铺，参加由鄂豫边红军游击队改编的豫南人民抗日军独立团，任六连连长。后到竹沟，任新四军竹沟留守处副官、警卫营营长。

1940年1月3日，鄂东、鄂中、豫南3个地区中共领导的抗日武装先后改编为新四军豫鄂挺进纵队和新四军五师，刘世耀任霍（山）应（山）西总队队长。1945年4月，豫南军分区泌阳武装总队成立，刘世耀任参谋长。

新中国成立后，世耀在驻马店财贸系统工作。1958年因公殉职。

苏凤章

苏凤章（1914—1951），泌阳县羊册镇阎堂村人。1931年小学毕业考入县立简易师范学校，在校受共产党进步思想影响，成立了以他为首的生活读书会，时常研读进步书籍。1934年加入中国共产党。1935年后，在泌阳县羊册一带发展党组织，并积极为鄂豫边红军游击队输送战士。1938年3月到竹沟教导队参加学习。6月从竹沟回泌阳后，参加了在泌阳官庄举办的泌阳青年战时工作团，任党支部书记。1939年任官羊区委书记，积极组织成立了农民自卫会和自卫队，领导农民武装150多人枪。1946年，时任代理县委书记的苏凤章成为国民党地方“反共联防处”通缉要犯，奉命向陕北根据地转移，途中滞留山阳县，化名苏方明，经共产党员郭彦章引荐担任该县团队队长。山阳解放时，策反所在团队起义加入中国人民解放军。1949年返回泌阳，经组织安排筹办阎台学校。1951年3月，被敌特诬陷遇害。同年12月被追认为革命烈士。

赵峰（1915—2007），泌阳县马谷田乡人。1915年11月生，1937年10月参加豫南人民军抗日独立团，1938年8月加入中国共产党。曾任新四军第四支队八团卫生队军医，第五支队十四团卫生队长、营长。1942年起，历任新四军第二师五旅司令部作战参谋，五旅十四团参谋长。抗日战争结束后调往东北，任哈东军分区一团团长。1947年起，任第四野战军四十九军一四五师参谋长。

建国初期，任四十九军一四六师师长，1952年入南京军事学院学习，1954年任援越军事顾问团顾问。1956年起，任二十六军副军长、军长。1978

年任山东省军区司令员，济南军区党委常委，中共第九届、十届中央委员会候补委员。1983年5月离职休养。

张万合，泌阳县羊册镇吉庄村委人，生于1917年。1937年参加鄂豫边红军游击队，1938年1月在邓庄铺加入中国共产党。抗日战争初期，在新四军第四支队、第五支队连政治指导员和营政治教导员。1944年4月起任新四军第二师五旅十四团政治处主任。解放战争时期，曾任团政治委员、第三野战军二十三军七十三师政治部主任、副政治委员，参加过孟良固战役，淮海战役和渡江战役。建国初期，赴朝作战，曾任二十三军七十三师政治委员、二十三军副军长。1960年任二十三军副政治委员。1964年4月任中华人民共和国第一轻工业部政治部主任。1978年任第六机械工业部政治部主任、六机部直属机关党委书记。1983年离职休养。

侯建新，又名侯平海，曾用名余曙光，泌阳县象河人。1918年5月生。1938年7月加入中国共产党。1939年5月参加新四军。抗日战争时期，历任新四军八团留守独立游击队宣传员，新四军豫鄂挺进纵队一团连副政治指导员、政治指导员、鄂东独立团连政治指导员、团政治处组织股股长、抗大十分校警卫团政治教导员、新四军五师三分区司令部作战科长。解放战争时期，曾任江汉军区独立旅一团参谋长、皖西军区第二支队参谋长、太湖军分区副参谋长、皖北军区第九团团长。参加过大巴山、漫水河、大别山、渡江等战役战斗。

建国后，历任皖北军区司令部办公室主任、安徽省宿县军分区副司令员、安徽省兵役局副参谋长。1970年5月任浙江省军区参谋长。1978年7月任南京军区后勤部参谋长、副部长。被授予大校军衔，荣获二级独立自由勋章、三级解放勋章和独立功勋荣誉章。1982年9月离职休养。

李东林，原名李培锦，泌阳县赊湾乡人。生于1917年。中共党员。1938年春到竹沟新四军八团留守处教导大队学习后，被派到国民政府第一战区学生大队，第五战区政治工作队、商城县政府挺进队工作。1940年春从安徽省学生军团到新四军部队工作，历任地方独立营连指导员、新四军二师四旅团政治股长、旅直党总支书记、团政治处主任、六十一师政治部组织科长、二十一军政治部组织部副部长、七兵团政治部直属工作部副部长、浙江省军区金华分区副政委和独立二师副政委，1965年因病离职休息，享受副军职待遇。

禹甲鼎，字贯三。1921年3月出生于泌阳县王店乡东张楼村农民家庭。1936年冬，参加中共组织的农民自卫队。1937年10月，参加豫南人民抗日军独立团当战士。1938年1月改编为国民革命军新编第四军第四支队第八团队，任副班长，通讯班长，警卫员等职，同年3月加入中国共产党。此期间，参加战斗数十次，表现勇敢，1940年4月调中央军委二局第七训练班学习无线电报务。后任科员、台长、股长等职，1950年后任正团职科长、副处长、副政治委员、处长等职。1964年后任总参谋部第三部第二局副政治委员，副军职政治委员，局党委副书记、书记。1955年被授予中校军衔，1960年晋升为上校军衔。1947年荣立二等功，1957年6月1日荣获三级独立自由勋章、三级解放勋章。1987年3月离职休养。

贾庆祥，1913年生于泌阳县贾楼街。1937年参加抗日独立团，1938年加入中国共产党。历任战士、班长、副指导员、连长、营长、团长、团政委、铁道兵大队长、副师长、师长、铁道兵西南指挥部司令员、铁道兵工程学院顾问等职。参加过辽沈、平津战役和抗美援朝战争。荣获三级独立自由勋章、二级解放勋章和朝鲜二级国旗勋章、二级独立自由勋章。1960年晋升大校军衔。1981年离休。

第五节　老区建设促进会

一、组织

泌阳老区建设促进会（简称老促会）成立于1994年。第一届理事会选举产生：会长杨松泉（时任县委副书记），名誉会长李惠河（原副县长），副会长李同春（时任县人大常委会主任）、刘德法（时任县政协主席）等，秘书长李玉玺（时任县烟办主任），副秘书长4人；常委理事43人，理事35人。老促会的成立，标志着党和政府对老区的关注和支持度明显增强。

2004年，县委同意老促会换届。二届一次会议选举刘德法任会长，程良春、袁新义、侯云中、庞长和（时任县工会主席）为副会长，尚聚宝为秘书长，副秘书长3人，常务理事50人，理事30人。2006年二届三次理事会增补闫荫楠（女）、田运德、王广超为副会长，高明德为副秘书长。2008年成立乡镇老促会，乡镇党委副书记兼任会长。同时，县老促会成立妇女工作委员会（妇工委）闫荫楠为主任，史云清为副主任。各乡镇妇联主席为成员。2011年老促会会刊《红色鄂豫边》创刊。成立《红色鄂豫边》编辑部，王瑜廷为主编，副主编3人。

2019年8月23日，泌阳老区建设促进会三届理事会一次全体会议召开，聘请刘德法为县老促会名誉会长，选举焦相贤为会长，王广超、高明德、袁运福、陈超、王建军、李全武为副会长，袁运福兼任秘书长，副秘书长3人，常务理事25人，理事29人。

二十余年来，县老促会按照上级老促会的要求，紧紧围绕县委县政府的中心工作，在促进老区经济加快发展上下功夫，在加大老区宣传、主动调查研究，用心为民办事上做文章，为县委政府献计出力，为老区人民办实事办好事，得到了各级党委、政府的充分肯定，赢得了社会各界的赞誉。

二、宣传

做好老区宣传工作，着力营造全社会增强老区意识，关心支持老区振兴发展，是老促会的重要工作和任务。老促会充分利用各种媒体，采取多种形式，大力宣传党和政府关心支持老区建设的方针政策，宣传老区英烈的历史功绩和重大贡献，宣传老区人民革命精神和光荣传统，宣传老区的经济社会发展进步和先进典型。始终坚定信念，以传承革命事业、赓续红色血脉的历史责任感，大力宣传和弘扬老区精神，让革命事业薪火相传。

2008年老促会和县电视台制作了《红旗飘过的地方》专题片，着力宣传我县的革命斗争史和现代经济社会发展的闪光点，在县电视台反复播放。还通过树立典型，宣传老区人民干事创业精神风貌。2009年，向全国老促会推荐县民政技校校长禹宗圻的先进事迹。被全国老促会表彰为“全国老区妇女创业创新标兵”。之后，全国老促会又表彰张喜凤为“全国筑梦老区出彩女性”。

2010年以来，为了动员社会各界关心支持老区的发展，会长亲自在《泌阳报》撰文《广泛动员，为泌阳振兴发展献计出力》，呼吁社会各界和有经济实力的企业家，关心支持泌阳的发展。突出反映了泌阳老区人民在战争时期不畏强敌，在社会主义建设时期不怕困难，在改革开放时期勇立潮头的大无畏精神。主要成果有：由泌阳县党史、文史、县志编辑部及县政协文史委的工作人员，及众多亲历者撰写出了近三千条、约500万字的文史资料，已编辑出版了16集。整理出了约10万字（包括图片）的“鄂豫边省委纪念馆”20多个展厅的展览解说词，并征集了大量珍贵革命文物。搜集整理出版了约80万字的大型综合文献资料《红色焦竹园》一书。由泌阳县委主管、泌阳老促会主办，以追寻历史，关注现实为办刊宗旨，以宣传老区、了解老区、不忘老区、关心老区、支持老区为组稿内容，编辑出版了红色季刊《红色鄂豫边》。由泌阳党史办主办编辑出版了红色季刊《红色记忆》。编辑出版了反映泌阳老区革命斗争史和改革开放以来经济社会建设成就的大型画册《老区之光》和《泌阳揽胜》。由县老促会主席刘德法任主编，编辑出版了70多万字的《泌阳老区九十年》一书。分别由泌阳电视台拍摄制作了时长25分钟的电视专题片《红色焦竹园》，郑州电视台制作了时长30分钟的声光电视片《邓（庄铺）焦（竹园）保卫战》。由王瑜廷、侯太升合写6000多字的社科论文《星火燎原的成功范例——鄂豫边革命根据地的形成与发展》，获驻马店社科一等奖。王瑜廷、周文化、闫照有、康进业又分别挖掘整理出涉及高邑乡王庄、铜山乡邓庄铺、贾楼乡曾沟、杨家集乡沙子岗、双庙街乡老康庄等10多个老区村史。由县老促会主席刘德法与高明德，王瑜廷、闫照有合写申报了5700字的社科论文《让泌阳老区传统村落留下来活起来》。

泌阳文化工作者以红色题材为创作内容的影视剧及其他文艺作品主要有：汝南孔祥玲（执笔）与《红色鄂豫边》主编王瑜廷合写的25集电视连续剧《石榴花开》；县广播电视台编辑闫照有、李佑改编的长篇电影剧本《长夜曙光》；闫照有改编的戏曲剧本《刘小妹阵前托孤》；闫照有创作的河南坠子《平氏夺枪》和《一枪端掉八门寨》；闫照有创作的快板《少年英雄千秋传》；闫照有、王瑜廷整理、创作的《当兵就要当红军》《山窝窝里两亲家》《妹送情哥去东征》及由周豫林创作的《焦竹园断想・组诗》诗歌、民歌系列等40多首；闫照有创作的长诗《家乡放歌》及戏曲唱词《中国梦・泌阳情》等。2015年中国人民抗日战争胜利70周年之际，老促会组织召开座谈会，并在

《泌阳报》上发表纪念文章。老促会还多次组织文艺宣传队，深入到农村、山区、敬老院进行演出宣传。老促会理事积极向《中国老区建设》《河南老区建设》等国家和省级刊物投稿30余篇，扩大了对泌阳老区的宣传、增强了泌阳老区的影响力。《红色鄂豫边》已印行30期，共发文1000余篇，约300多万字。

2017年，县老促会会同党校和教育局开展了“老区精神进党校”和以县红色文化为主题内容的作文征文、讲红故事，唱红歌进校园系列活动，对党员干部和青少年进行革命传统教育，取得很好的效果。同时，促进有关部门在14处有纪念意义的红色遗址，树立了永久性标牌，固化了红色历史的记忆。

2018年，老促会组织落实全国老促会“全国革命老区县发展史”丛书的编纂工作，按照要求成立了写作班子，搜集了大量的历史资料，初稿完成后，报经省、市老促会审查，由郑州大学出版社于2021年正式出版发行。

老区宣传增强了社会各界对老区的认识，形成了关注老区、支持老区的社会氛围。

三、调研

调查研究是老促会的重要工作，也是为县委、县政府当好参谋的主要途径。本届老促会的会长、副会长、常务理事、理事，继承和发扬党的优良传统，不顾年高体弱，不分酷暑寒冬，紧紧围绕老区发展、老区振兴，对老区发展中的民生、热点问题深入实际调查研究，共写出调研报告30多篇，为县委、政府提供了决策参考和依据，得到领导重视和肯定。

围绕县委的重点和中心工作调研。每年一个主题，同时还有专项调研。如老促会组织力量对山区独散居贫困户生存条件差，靠一般扶持不能脱贫的现状，写出了《关于我县山区独散居户状况及搬迁扶贫的调查报告》，提出把他们从深山搬到条件较好的地方，是彻底脱贫、走向富裕的根本出路。通过对农业合作社的调查，写出了《关于农机合作社的调查》。通过对新型社区的调查，写出了《泌阳县新型农村社区建设情况的调查与思考》，还有《关于争取列入大别山发展规划范围和支援贫困地区发展的建议》《关于泌阳县老区发展的调研报告》等，这些调研如实反映了老区人民不断解放思想，更新观念，勇于改革创新的精神面貌。反映了老区人民在县委领导下发扬老区精神，自力更生、发奋图强生产生活的实际，反映了老区建设中存在的热点、难关问题，针对性强，实实在在，经县领导批转后，得到有效落实，发挥了较好的作用。

围绕老区脱贫攻坚和乡村振兴进行调研。老区贫困地区一直是党和政府关心的事情。2016年，党中央、国务院制订了《关于加大脱贫攻坚力度支持革命老区开发过建设的指导意见》，出台了《大别山革命老区振兴发展规划》。县老促会围绕县委脱贫攻坚和乡村振兴，先后到黄山口乡、春水镇、象河乡、贾楼乡贫困村组进行调研，对贫困村自然条件差，工农业基础设施薄弱，交通不便，发展经济存在诸多客观因素，写出了《建设现代化美丽乡村，打造脱贫示范亮点》《老区贫困村脱贫致富的思考》调查报告，县领导批示在县委《调查与研究》上转发，引起很大反响。2017年，脱贫工作进入攻坚阶级，老促会又组织力量先后到高店乡、盘古乡、铜山乡和下碑寺进行调研，调研组走村串户，开座谈会，走访群众，实地访问，向县委、政府写出了《精准脱贫工作存在的问题和对策》的调查报告，得到县委、政府的重视。

四、服务

县二届老促会坚持全心全意为老区人民服务的宗旨，把为老区人民办好事、实事作为义不容辞的责任。连年来，老促会共争取上级财政扶持资金120多万元，争取企业支持老区教育资金30万元，赠送优秀教师价值5000元的电脑2台，支援老区小学书籍2000册。财政扶持资金中，用于改善老区人民生产生活条件、修桥修路的项目6个，其中王店乡昌庄的生产桥、白庄的生产路，铜山乡的焦竹园村项目2个，高邑乡的王湾村项目1个，下碑寺乡的四合庄村人畜饮水项目1个。改善教学条件项目2个。其中付庄乡中心小学由省内一家企业投资30万元援建了学生食堂。对老区人民的生产生活中的实际困难实施帮扶，有效改善人民群众行路难、吃水难的问题。促进了党、政府同老区人民的血肉联系，密切了党群关系。

2016年，老促会配合市老促会，联系市县医院专家，开展了“健康知识进老区”活动，组织专家在走进乡镇社区，宣讲健康知识，在杨家集乡、王店乡开展义诊活动。共组织专家义诊6次，组织文艺爱好者到基层乡镇敬老院演出10余场。

连续10年向省内有关院校推荐22名贫困大学生，为他们免除上学期间的学费，圆了老区贫困家庭学子的大学梦。

老促会一直注重自身建设，坚持认真学习习近平总书记关于加快老区发展的重要指示，提升服务老区的思想认识。老促会的同志特别是会长们，怀着对革命先烈的敬仰之心和对老区人民的感恩之情，不忘初心，牢记使命，不图名，不图利，不计个人得失，退而不休，余热生辉，服务老区，无私奉献，做到思想上团结协作，言行上步调一致，作风上清正廉洁，工作上以身作则，职责上尽心尽力，待遇上无私奉献。在实践中，老促会每年向县委常委会和政府办公会汇报一次工作，重要会议、重大活动及早请示，请党政领导到场指导并听取重要指示，始终把老促会工作置于党委和政府领导之下。在工作中恪守“尽职不越位，帮忙不添乱”，坚持“量力而行，尽力而为”的原则，确保与县委、政府的工作思路相一致，找准工作的结合点和着力点，在“促”字上做文章，在“进”字上下功夫，为促进我县经济社会发展上发挥了积极作用，作出了重要贡献。

2008年，县老促会被市委、市政府授于“驻马店老区工作先进单位”称号；2009年，获得省委、省政府“河南省老区建设先进集体”荣誉；2014年、2018年获得河南省老区工作先进单位。老区宣传工作连续14年受到全国老促会表彰，2018年获得全国老促会特别贡献奖。

“老区是中国人民站起来的光辉出发地，是改革开放富起来的重要践行地，是中华民族强起来的战略支撑地。老区人民在中国共产党领导下，是中华民族复兴伟业的开创者、建设者、见证者，也是中国革命、建设、改革成果的共享者。”革命老区在党和政府关怀支持下，已经得到长足发展和进步。在中国社会主义特色新时代，老区迎来了前所未有的发展际遇，老区建设促进会使命光荣，责任重大，老促会是全心全意为老区人民服务的政治性很强的特殊社团组织。她践行的是党的宗旨，代表的是党和政府的形象，承载的是党联系老区人民的桥梁和纽带，搭建的是社会各界关心、支持老区建设的桥梁。

附录一

大事记

1926年秋，在开封甲种工业学校上学的姚健宇（泌阳城关人）加入中国共产党。

1927年11月，泌阳第一个共产党支部在县城福音堂钟楼成立，有党员11人。支部书记姚健宇、组织委员张旺午、宣传委员张炳昌、交通委员魏祥甫。

1928年4月，中共南阳特委派党员金孚光（桐柏人）、段语禅（叶县人）经泌阳党支部活动打入驻泌建国豫军内部，准备做兵运策反工作，被国民党泌阳县执委发觉，密告该军，金、段被迫离境。10月，中共泌阳县委建立。时有党员50余人。书记陈雪怀，委员张旺午、魏祥甫、刘黎阁、孙怀远。同时成立共产主义青年团泌阳县委会，书记孙怀远。

1929年冬，中共泌阳县委发动泌阳师范学校师生举行反帝游行示威，强烈要求县当局把城关美籍基督教牧师诺心清驱逐出境，城关市民积极响应.斗争持续数日，终把诺心清赶走。其时，县境东部山区成立“光蛋会”，宗旨是对抗国民党苛捐杂税、夺取土豪恶霸粮食救济穷人，并联合起来防匪祸。

1930年7月31日，红九军将领张焕民、白玉文、刘煊在杨虎城部策划兵变失败，突围到泌阳双庙街时，被地方民团逮捕。两日后张、白、刘惨遭杀害。12月，中共泌阳县委为策应红军解放泌阳，准备在城北一土窑商议武装暴动等事宜，突遭当局武装围击，县委委员王立堂、胡帮立和蔡玉钦被捕，当夜惨遭杀害。

1931年4月，泌阳师范学校发动学生强烈要求县国民党当局严惩杀害王立堂、胡帮立、蔡玉钦的凶手，并支持王立堂继母赴省告状。终于迫使省当局将泌阳县长赵承钦、县党部干事李季高和教育局局长李逊吾各判刑15年。李逊吾囚死狱中。

1932年秋，大饥。中共泌阳县委发动群众向恶霸地主展开抢粮斗争。县委委员吕秀甫在抢粮斗争中不幸被捕，于11月23日（农历十月二十六）被枪杀在城西八里沟。12月，泌阳师范梁玉合被捕叛变，出卖同志，国民党反动当局疯狂逮捕共产党员和进步群众50余人，党组织遭到严重破坏。同时，中共泌阳县委委员、武装小组长周青（四川人）等在抢粮斗争中牺牲。县委书记张旺午和县委委员陈香斋、高子扬在敌通缉下离开泌阳，革命暂入低潮。

1933年8月，中共鄂豫边工委书记张星江在桐柏县邓河召开唐、桐、泌三县党代表会议，泌阳高子扬参加。会议决定成立中共唐、桐、泌中心县委，高子扬任书记。号召集中力量发展党组织，继续发动群众开展抗粮抗捐斗争。

1934年11月23—26日，中国工农红25军北上抗日，途经泌阳县境。红军纪律严明，秋毫无犯，积极宣传抗日救国主张。泌阳群众主动为过境红军筹集粮草、送水送饭、安置伤病员。

1935年8月，中共鄂豫边工委与河南省委合并成立中共鄂豫边省委，书记张星江、组织部长仝中玉、宣传部长王国华。省委决定在泌阳、确山、桐柏、信阳四县接合部开展游击战争，创立革命根据地。省委驻泌阳县城东张楼一带。

1936年1月，中共鄂豫边省委成立红军游击队，转战于泌阳、确山、信阳、桐柏和唐河边界。3月初，游击队夜宿杜庄，遭到遂平保安团围击，副队长王国平等牺牲，张旺午等被捕。27日，张星江、王国华、周骏鸣率领红军游击队和泌阳30多名共产党员及进步农民群众，去桐柏平氏镇庙会夺得长、短枪9支。28日游击队转移途中遭遇桐柏保安团围击，省委书记张星江牺牲，游击队长周骏鸣负伤。游击队暂由陈香斋负责。12月，中共鄂豫边省委在马谷田义和寨召开扩大会议，决定对鄂豫边省委和游击队组织进行调整。省委书记王国华，组织部长周骏鸣，宣传部长邓一飞；游击队指导员仝中玉，队长陈香斋。决定加强群众工作和统战工作，在游击区内建立体现农民政权的抗日自卫会和农民自卫队。之后，根据地自卫会和自卫队组织发展到3000多个。

1937年初夏，东北军一二九师同鄂豫边区红军游击队谈判，达成“枪口对外，共同抗日”的协议，规定“双方互相支援，共同对付外来威胁”，驻军“负鄂豫边安全和保卫人民群众利益之责任”。不久，豫皖绥靖主任刘峙强令周福成师“剿共”。该师驻防王店的王理怀团第三营营长吕伟绩违约反共，破坏省委文印室，逮捕邓一飞及区委书记姜宗仁。红军游击队隐蔽深山活动，处境十分艰难。6月11日，中共鄂豫边省委委员、红军游击队队长陈香斋率队追击邓庄铺联保主任王廷杰时，中弹牺牲。

9月，中共鄂豫边省委在泌阳碾盘沟召开扩大会议，传达中央指示。10月，中共鄂豫边省委机关迁驻邓庄铺、焦竹园。不久，将鄂豫边红军游击队改编为“豫南人民抗日军独立团”。1938年1月7日，别廷芳指令吴定远团进攻邓庄铺、焦竹园鄂豫边省委驻地。独立团留守人员和地方自卫队奋起反击，打退了敌人进攻，保卫了根据地。同时，奉中共中央长江局命令，豫南人民抗日军独立团改编为新四军第四支队第八团队。13日，由鄂豫边省委改称的豫南特委和准备改编的八团从邓庄铺、焦竹园迁往确山县竹沟镇。5月下旬，国民党中央军事委员会副委员长冯玉祥来泌阳视察国防工事，分别在沙河店、象河关群众会上发表了抗日演讲。历时6天，后去舞阳。6月，中共河南省委统战委员会主任彭雪枫做王友梅的统战工作成功，由王出面协调归还了在邓庄铺抢走的物资，在官庄合办“泌阳县战时青年工作团”，结业后，大部分学员奔赴抗日前线。9月，泌阳县牛蹄区抗日民众自卫团团长孙继遂（孙石）率200余人，到竹沟参加革命。

1939年1月27日，刘少奇由延安去竹沟途经泌阳停留时，对泌阳党组织活动情况进行了询问和指导。次日赴竹沟。5月3日，日本侵略军出动12架飞机轰炸泌阳县城和赊湾，投弹40余枚，炸毁民房2100多间，炸死炸伤居民40余人。11日下午，4架日机再次轰炸县城，投弹30余枚，炸毁民房60余间，炸死炸伤21人。12日上午，16架日机又在县城、沙河店、龙王庙、官庄等地投弹120余枚，炸毁民房1900多间，炸死炸伤43人。秋，美国女作家、新闻记者史沫特莱（Agnes Smedley）女士由上海来泌阳访问，县城数千人集会欢迎，她在会上发表了抗日演讲，两天后去南阳。11月，国民党顽固派纠集确山、泌阳、信阳三县常备队1800余人，对竹沟发动突然袭击，制造了骇人听闻的“竹沟事变”。

1940年5月初，日军三师团小川支队由信阳经明港西犯泌阳，3日进入马谷田一带。时驻防泌阳的85军、68军、92军正互移驻地。县政府代县长袁景闳率国民兵团一部在城东古路沟布防阻击。5日上午与日军交战，因寡不敌众，退至城西北牛庄，被两路日军包围，袁景闳壮烈牺牲。

1941年2月2日，日军由舞阳侵犯象河关时，残杀周围村庄群众及国民革命军68军伤病员百余人。是年春，日军在泌阳共焚毁房屋30 334座，使数万人无家可归。

1944年10月初，新四军五师来河南开辟确、泌、桐抗日根据地。10月16日，豫南游击兵团在沙河店至驻马店公路上，伏击日军运输车辆，缴获大批药品。

1945年1月初，成立泌阳爱国民主县政府，县长高子扬。下设3个区政府和1个游击区，区下辖6个乡政府。3月，新四军豫南军分区参谋长周庆鸣率挺进兵团一部，为保卫抗日根据地，在马谷田一带击溃泌阳保安团及驻军第五十五军一个营共2000余人，其中死伤200余人，缴获大批枪支弹药。

1946年6月，中共豫鄂工委委员、代理泌阳县委书记兼淮北支队政委侯太俊，为施护五师突围，率30多名游击队员坚持地方斗争。8月，在与泌阳保安团周旋时，侯太俊被捕牺牲。

1947年11月18日，中国人民解放军陈、谢兵团第四纵队第十一旅（李成芳旅）解放泌阳。11月23日，成立中共泌北县委员会，书记（政委）为李富荣，隶属豫陕七地委领导。12月17日，在王店宣布建立中共泌阳县委会，书记（政委）为萧英，隶属桐柏区二地委领导。19日，随部队进入泌阳县城。

1948年4月11日，人民解放军四纵队二十八旅两个团和桐柏二分区武装配合，在唐河县少拜寺击溃泌阳保安一、三两个团和特务总队。击毙三团团长王之元，活捉一团团长、代司令张成久。4月29日，中共中央中原局第一书记邓小平在泌阳西北苗庄寺召开部分地、县委书记（政委）和部队营以上干部会议。听取汇报，部署执行新区政策等问题。

1949年1月，泌东、泌西两县合并，在官庄成立泌阳爱国民主县政府，改属南阳专员公署领导。姚增绪任县长，史雷锋任政委。3月，县政府迁至泌阳城关。10月1日，县城党、政、军、民、各界5000余人举行大会，热烈庆祝中华人民共和国成立。同日，宣布泌阳爱国民主县政府改称泌阳县人民政府。是年，全县人民支援前线，除支援大批粮食、布匹等物资外，还输送650名青年参加人民解放军。

1950年2月，结合剿匪反霸，开展减租减息。11月25日，建立泌阳县土地改革运动委员会，史雷锋任主任委员。11月底，全县31万人参加抗美援朝游行示威及和平签名运动，捐献款可购买战斗机一架，大炮一门。

1951年1月，全县开展镇压反革命运动。4月2日，板桥水库动工兴建。8月24日至29日，县召开首次党代表会议，参加320人，列席40人。会议中心内容是由土改转向生产、组织互助合作，深入开展抗美援朝和爱国增产节约运动等。

1952年5月1日，板桥水库主体工程建成。5月，在县、区干部中开展“三反”（反对贪污、反对浪费、反对官僚主义）运动，7月基本结束。

1953年3月2日，成立泌阳县宣传贯彻婚姻法委员会。6月30日，泌阳县进行建国后第一次人口普查，普查结果，全县共105 203户，436 052人。11月底，县委召开县、区、乡三级干部会议，到会2500余人。贯彻党在过渡时期的总路线，开始对农业、手工业和资本主义商业实行社会主义改造。12月，实行粮食统购统销政策，计划供应。

1954年7月2日至7日，泌阳县第一届人民代表大会召开，出席代表396人，会议通过3个决议。

1955年4月8日（农历三月十六日），县公安部门破获羊册反革命暴乱案。6月20日，在羊册举行宣判大会，对暴乱案主犯李炳照、张太亮、周万德、孙彦生等执行枪决。9月底，检举羊册反革命暴乱案的青年团员张桂芳赴京参加全国社会主义青年积极分子大会，应邀出席了周恩来总理举行的国庆招待会，见到了毛泽东主席和其他中央领导。

1956年5月取消区建制，全县改设25个中心乡和一个镇。5月27日至6月2日，召开中国共产党泌阳县第一次代表大会。年底，完成农业、手工业、工商业社会主义改造。

1957年1月，撤销中心乡建制，设8区1镇和8个县直乡。4月4日，县烈士陵园峻工，迁移安葬132名烈士遗骨。11月，开展整风运动和反右派斗争。

1958年10月1日，全线实行一县一社名为“泌阳人民公社”县人民委员会改称泌阳人民公社管理委员会，下辖11个管理区。同时，县内城乡实行食堂化，干部改工资制为供给制。全县购买载客汽车28辆，各区通汽车。是年兴建华山、三山、石门、霍庄、火石山5座中型水库。

1959年3月，取消一县一社，全县共设10个人民公社。

1960年1月，河南省国营林场现场会在泌阳召开，共有81个国营林场、120名代表参加了会议。泌阳被评选为全省5个“林业红旗县”之一。

1961年2月，县委抽调大批干部深入农村宣传贯彻中共中央《关于农村人民公社当前政策问题的紧急指示信》（即12条）执行“调整、巩固、充实、提高”八字方针，纠正农村工作中的“左”倾错误，实行人民公社三级所有，队为基础的体制。4月，取消农村公共食堂。

1963年1月，经国务院批准，泌阳县被定为河南省活猪出口基地县。4月，开展社会主义教育运动。4月28日，农业部确定泌阳为全国大牲畜繁殖基地县。

1964年6月30日，县人委公布第二次人口普查结果，全县总人口为508 060人。9月，全县开展“四清”（清政治、清经济、清组织、清思想）运动。同时，线抽调400多名干部和社会青年组成工作队，赴南阳县参加“四清”试点。

1965年7月1日，泌阳县由南阳专区划归新设的驻马店专区。12月，将饶良区划归新设的社旗县。

1966年8月14日，县委发出关于学习《中国共产党中央委员会关于无产阶级文化大革命的决定》（即“十六条”）的通知。

1968年县委根据“侯、王建议”，令全县近800名教师回原籍教学。

1969年1月，区社体制变更，原8区1镇改称人民公社，并新设郭集、泰山等6个人民公社。

1970年2月17日至26日，县革委召开三级干部会议，部署开展“一打三反”（打击现场反革命破坏活动、反对贪污盗窃、反对投机倒把、反对铺张浪费）运动，与会1934人。5月，县直机构调整，将26个局委合并为5局1委。

1971年5月，中共泌阳县第三次代表大会召开。

1975年8月4日至8日，境内降特大暴雨。全县平均降水量为978.2毫米，暴雨中心板桥公社林庄三天降水1606毫米。8月凌晨，板桥水库垮坝，6个小型二类水库亦失事，人、畜伤亡严重。8月中旬至年底，中央和省、地、县先后派出工作队、医疗队，同中国人民解放军33588部队、34452部队、8218部队奔赴灾区投入抗洪抢险斗争，帮助灾区群众开展生产自救，重建家园。

1977年秋，恢复高招升学考试制度。

1979年2月13日至18日，县委召开三级干部会议，参加540人。传达贯彻党的十一届三中全会精神，开始把工作重点转移到社会主义现代化建设上来。8月河南省革命委员会确定泌阳为柞蚕基地县。22—28日，县委召开农村工作会议。会议之后在全县推行家庭联产全线推出家庭联产承包责任制。

1982年7月1日，泌阳第三次人口普查结束，全县总人口742 821人。

1983年9月25日，全县召开严厉打击各种刑事犯罪分子宣判大会。中心会场在城关镇，下设23个分会场，共参加12万余人。会上判处犯罪分子死刑6名，宣判各种徒刑122名。11月，公社管理委员会改为乡镇人民政府。

1986年4月，省人民政府确定泌阳为贫困地区重点扶持县之一，由省文化厅对口支援、扶持。

1987年2月15日，板桥水库复建工程开工。4月11日，全国油菜高产技术研究会在泌阳召开。12月26日，板桥水库复建工程大坝截流合龙。是年，泌阳县被国务院评为“工业普查先进单位”。

1988年4月20日，县政府批转县民政局《红军失散人员落实情况的通知》，认定陶焕林、李运亭等40位老人为红军失散人员，给予适当经济补贴。9月，国家林业部在泌阳召开薪炭林试点现场会。

1989年9月6日，省政府为泌阳县颁发“1987年小学普及达标县”证书。

1990年4月，县食用菌协会被国家科协评为全国农村科普先进集体。11月，泌阳县获全国农牧渔业丰收一等奖。

1991年12月24日，驻新疆某部泌阳籍战士孟其凡在鄯善县吐峪沟筑路工程施工中，为保护战友光荣牺牲。新疆军区追认孟其凡为革命烈士和共产党员。

1992年6月，板桥复建工程竣工。8月，林业部在全国推广泌阳县“最佳造林类型法”，此成果录入《中国科技成果大全》一书。

1993年，国家投资550万元，建设泌阳粮食基地县。

1994年5月13日，省政府《关于公布第四批省级风景名胜区的通知》公布泌阳铜山风景区为省级风景名胜区。

1995年1月15日，泌阳县首次“四荒”（荒山、荒坡、荒丘、荒滩）使用权拍卖会在王店乡高楼村召开。4月12日，全县城市建设和土地使用制度改革万人动员大会召开，成立“五统一”指挥部，城市规划区内国有土地有偿使用，统一规划、统一征用、统一出证、统一开发、统一管理。9月4—8日，全国薪炭林建设现场会在泌阳召开。9月27日，全县严厉打击严重刑事经济犯罪分子逮捕宣判大会召开，依法逮捕14人，判刑11人，其中，3名罪犯被判处死刑。12月1日，泌水湖公园沿河北路全线开工，9乡镇7000多民工分段施工。24日，鄂豫边游击根据地创始人之一张旺午骨灰安放仪式在泌阳烈士陵园举行。

1996年11月，泌阳投资1700万元兴建全国北方最大的香菇专业市场。

1997年5月1日，泌阳县公交公司成立，开辟城区3条线路，投入6座新型中巴车7辆。10月15日，省长马忠臣到泌阳调研。是年，全县夏粮创历史新高，小麦总产2.62亿公斤。

1998年3月1—4日，全国第三次香菇专业会议在泌阳召开，国家有关部委及台湾、香港和内地25个省、自治区、直辖市1100多人参加会议。一致称赞泌阳创新的袋料香菇大棚立体种植模式是中国香菇发展史上的一次革命。

1999年3月3—5日，全国食用菌新技术新产品交流交易会在泌阳召开。3月9日，联合国经济社会事务部高级官员达西·明里奥在中央统战部五局副局长曹虹兵及省地统战部负责人陪同下，到泌阳考察“光彩事业”。春，完成境内省、县、乡道两侧5～10米绿化带植树258公里。12月，国家环保总局批准泌阳县为全国第四批生态示范区建设试点县。

2000年1月，国家建设部命名泌阳为“全国城市综合治理先进县”。10

月，省政府公布焦竹园革命旧址为省级重点文物保护单位。是月，国家体育总局命名泌阳为体育先进县。

2002年3月，中国泌阳国际香菇技术与营销研讨会在驻马店市召开，15个国家和地区500多人（国外代表50多人）参加，高度评价了“泌阳模式”的袋料香菇生产，充分肯定了泌阳花菇品质。12月，国家林业部批准建设铜山湖国家森林公园。

2003年4月4日（农历三月初三），首届中华盘古文化节在泌阳盘古山举行。

2004年4月，新蔡—泌阳和过境泌阳的上海（沪）—武威（陕）两条高速公路建设同时开工，沿线征地拆迁即日开始。11月，沪陕高速公路建设过程中，马谷田下河湾段发现一冶铁遗址，总面积两万余平方米，经考古专家认定是迄今为止发现的国内面积最大的战国至秦汉时期官营古冶铁遗址。

2005年9月，在全国乡镇（民营）企业东西合作经贸洽谈会上，泌阳与各地民营企业洽谈签约项目87个，合同资金10.75亿元。12月1日，中国民间文艺家协会命名泌阳为“中国盘古圣地”。同月，“铜山湖花白鲢鱼”“金铜山优质烤烟”“泌阳县无公害牛肉”“贾楼白云仙桃”等项目，被国家标准化管理委员会追加为第五批国家级农业标准示范项目（基地），“泌阳花菇”地理标志产品通过国家质检总局审查并公示。是年，泌阳县被国家环保总局授予国家级生态示范区。

2009年3月25日，由泌阳县委、县政府主办，马谷田镇党委、镇政府承办的“2009河南·泌阳梨花节”在泌阳县马谷田镇举行。3月，中国食用菌协会四届四次常务理事会召开，泌阳县被评为“全国十大食用菌生产基地”。9月6日，驿阳高速泌阳连接线通车仪式在泌阳县举行。驿阳高速是省、市、县三级交通运输部门重点工程。泌阳连接线通车后，泌阳县将成为河南交通枢纽上的重要环节，大幅提升竞争力和发展潜力。10月，中国夏南牛之乡泌阳县投资417万元兴建夏南牛原种场，建设标准化牛舍4800平方米，预计3年内达到存栏原种母牛1000头、公牛200头，年出栏良种牛600头，年产冻精细管500万剂。届时，全县夏南牛年养殖量将达80万头，真正成为中国肉牛之乡。12月，全国畜禽遗传资源保护和管理培训班暨国家级畜禽保种场、保护区和基因库授牌仪式在北京举行，泌阳驴保种场入选第一批

97个国家级畜禽遗传资源保种场。泌阳驴是全国四大优良驴种之一。

2010年1月21日，2009年“感动中原”十大年度人物颁奖晚会在河南电视台举行，“夏南牛之父”、泌阳县畜牧局副局长、高级畜牧师祁兴磊当选。

2011年4月21日，泌阳县农村公路管理所女子养护队获“2010年度驻马店十大‘三农’人物”殊荣。12月，泌阳县获全国科技进步先进县。

2012年1月9日晚，2011“感动中原”十大年度人物颁奖晚会在河南电视台举行。被誉为“爱心妈妈”的泌阳县农民张喜凤榜上有名。张喜凤还入选“2008年度中国好人”，获得第二届“河南省道德模范”提名奖，曾荣获“河南省扶贫开发先进人物”“河南省优秀母亲”“驻马店市优秀共产党员”等荣誉称号。1月30日，省政府办公厅公布泌阳县列入省扶贫开发工作重点县。3月，泌阳县培育的夏南牛国家标准正式通过国家质检总局预审，即将在全国发布实施。这是继泌阳花菇成为国家标准之后本市出台的第二个国家标准项目。4月，泌阳县被河南省科协授予“河南省科普示范县”称号，这是该县继全国科技进步先进县、省级科技富民强县等之后获得的又一荣誉称号。5月，泌阳县铜山湖获国家林业局批准为国家森林公园。6月5—6日，省委副书记、省长郭庚茂到泌阳县进行调研。

2013年5月，泌阳县邮政局投递班被中华全国总工会授予“全国工人先锋号”荣誉称号。7月10日，鄂豫边革命纪念馆正式建成开放，来自各地的老一辈革命家后代和领导、嘉宾出席开放仪式。李先念夫人林佳楣女士和北京新四军研究会四师分会、五师分会、来安县新四军历史研究会发来贺信表示祝贺。同月，泌阳楚长城遗址入选河南省第六批省级文物保护单位。9月5日，中国肉牛（夏南牛）产业发展模式研讨会在泌阳县召开。10月，泌阳县土地证、规划证、房权证“三证办理”网上平台开通运行。此举开辟了全省网上审批办证的先河。11月，泌阳县被科技部评为全国县（市）科技进步考核先进县。

2014年1月8日，河南省人民政府作出《关于表彰2012年度农田水利基本建设“红旗渠精神杯”竞赛活动先进集体和先进个人的决定》，泌阳县被表彰为先进集体；泌阳县委书记高万象被记一等功，泌阳县县长张树营被记三等功；泌阳县水利局局长刘培富受到嘉奖。1月，泌阳县妇幼保健院被评为全国农村妇女“两癌”筛查先进集体。2月，泌阳县夏南牛原种场、泌阳县夏南牛良种繁育场、杨家集乡夏南牛养殖科技示范场、双庙街乡夏南牛养殖科技示范场4个夏南牛标准化规模养殖场顺利通过验收，成为国家级标准化示范养殖场。3月23日，全国人大财政经济委员会副主任委员、原海南省委书记卫留成回家乡泌阳县，就泌阳县城建工作和产业集聚区建设进行考察。泌阳县产业集聚区晋升省一星级产业集聚区。5月，被誉为“最美司机”的泌阳县双庙街乡韩岗村韩岗二组村民吕绍军，入选4月份“中国好人榜”见义勇为类好人。9月30日，全国首个烈士纪念日当天，泌阳县委、县人大、县政府、县政协四个班子领导、烈属代表、县直单位代表、学生代表、公安民警、解放军和武警官兵代表在烈士陵园参加公祭活动。10月，泌阳县被省财政厅确定为省2014年农业生产全程社会化服务10个试点县之一。

2015年1月5日，驻马店市企业河南恒都夏南牛开发有限公司“夏南牛高档牛肉研究开发与产业化”项目获省科技厅河南省重大科技专项立项，并获得省经费支持600万元。这是驻市农业领域首次获得省重大科技专项立项。1月19日，县委召开经济会议，县委书记张树营主持会议。会议确定了2015年经济发展目标，做大做强工业，统筹城乡发展，持续抓好“三农”，提升第三产业，致力民生改善。1月21日，河南中云创光电科技股份有限公司“新三板”挂牌上市。公司成立于2011年，是专业生产LED照明产品的国家高新技术企业，2014年被评定为“国家高新技术企业”。4月14日，原国家人社部副部长王东进一行，来泌阳参观鄂豫边革命纪念馆。4月23日，省委书记、省人大常委会主任郭庚茂深入泌阳县调研。郭庚茂先后察看了泌阳县夏南牛生产企业。10月21日，农历九月初九，由泌阳县盘古山景区旅游开发有限公司主办的中国盘古文化纪念馆揭牌仪式在中国盘古圣地——泌阳盘古山景区举行。11月3日，省长谢伏瞻深入泌阳县调研重点项目、企业生产、城镇建设和农业产业化发展，了解当地经济运行态势走向，和当地干部、企业负责人探讨稳增长、谋发展的思路举措，指导当地经济社会发展。

2016年1月4日，副省长、省公安厅厅长许甘露到驻马店市，深入“三严三实”专题教育联系点调研，并参加泌阳县委常委班子“三严三实”专题民主生活会。3月26日，刘少奇的长女刘爱琴由原北京卫戍区副司令员、少将黄伯诚夫妇，原武警部队少将彭水鹏夫妇和王国华之子王雷生陪同，到焦竹园鄂豫边革命纪念馆参观，缅怀老一辈丰功伟绩。8月31日，中央文明办发布8月“中国好人榜”，泌阳县农民王士杰荣登8月份诚实守信类“中国好人榜”。11月，河南恒都食品有限公司成功申报国家级农业产业化重点龙头企业。

2017年3月30日（农历三月初三），以“同根同脉、共铸和谐”为主题的第十五届泌阳盘古文化节在泌阳盘古山举行。4月26日，省委书记、省人大常委会主任谢伏瞻到驻马店市泌阳县检查指导脱贫攻坚工作。强调要坚决扛起脱贫攻坚的政治责任，下真功夫、用硬功夫，持之以恒地推进脱贫攻坚，坚决打赢扶贫脱贫翻身仗。5月，泌阳县被农业部确定为粮改饲试点县。7月25日，省政协常委、省政协经济委员会主任介新带领省政协调研组，深入泌阳县调研驻市推进《大别山革命老区振兴发展规划》落实和建立生态补偿机制等工作。

2018年3月28日，全国爱国卫生运动委员会在官网上正式公布，泌阳县城通过复审被重新确认为国家卫生县城。4月25日，驻马店市老区建设促进会会长刘军甫率各县老促会会长到焦竹园鄂豫边革命纪念馆调研。11月20日，郑州大学副校长关绍康一行到双庙街乡闫洼调研慰问，闫洼是郑州大学脱贫攻坚定点帮扶村。12月20日，副省长武定国带领省直有关部门负责同志深入泌阳，调研指导脱贫攻坚等工作。

附录二

南方三年游击战争时期各游击区领导人

一、赣粤边游击区

项　英　中共中央分局书记中央军区司令员兼政治委员、中共革命军事委员会中区分会主席

陈　毅　中共中央分局委员、中华苏维埃共和国中央政府办事处主任

李乐天　中共赣粤边特委书记、赣粤边军分区司令员

杨尚奎　中共赣粤边特委副书记、书记

二、闽赣边游击区

赖昌祚　中共瑞西特委书记

刘连标　瑞西军分区司令员

杨世珠　瑞西军分区政治委员

钟德胜　中共瑞西特委委员、少共瑞西特委书记瑞金游击队负责人、汀瑞游击支队支队长

三、闽西游击区

张鼎丞　闽西南军政委员会主席

邓子恢　闽西南军政委员会副主席

谭震林　闽西南军政委员会副主席

方　方　闽西南军政委员会政治部主任

四、闽粤边游击区

黄辉聪　中共闽粤边区特委书记

何　鸣　中共闽粤边区特委代理书记、红3团政治委员、团长

何　浚　潍州人民抗日义勇军总指挥、中共闽粤边区特委书记

张　敏　中共闽粤边区特委代理书记

卢　胜　中国工农红军闽粤边独立营营长、闽粤独立团3团团长兼政治委员

五、皖浙赣边游击区（前期为闽浙赣边游击区）

关　英　中共闽浙赣（后改为皖浙赣）省委书记

唐在刚闽浙赣军区司令员

六、浙南游击区

刘　英　中国工农红军挺进师政治委员会书记、挺进师政治委员、中共闽浙边临时省委书记、闽浙边临时省军区政治委员

粟　裕　中国工农红军挺进师师长、中共闽浙边临时省军区司令员

七、闽北游击区

黄　道　中共闽北区委书记、中共闽赣省委书记、闽赣省抗日军政委员会主席

黄立贵　闽北红军独立师师长

吴　先　闽北军分区司令员兼闽北红军独立师政治委员

曾镜冰　闽北红军独立师代政治委员、闽赣省抗日军政委员会副主席

八、闽东游击区

叶　飞　中共闽东特委书记、闽东独立师政治委员兼师长、闽东军政委员会主席

马立峰　闽东苏维埃政府主席

詹如柏　中共闽东临时特委代理书记

叶秀蕃　闽东苏维埃政府副主席

阮　英　闽东军政委员会副主席

范式人　闽东军政委员会副主席、闽东独立师政治部主任

九、闽中游击区

王于洁　中共闽中特委书记

黄孝敏　中共闽中特委组织部长、闽中工农游击队第一支队政治委员

刘突军　中共闽中工委书记、中华人民抗日救国义勇军第七路军第一纵队政治委员

十、湘鄂赣边游击区

陈寿昌　中共湘鄂赣省委书记兼军区政治委员

徐彦刚　湘鄂赣军区司令员兼红16师师长

傅秋涛　中共湘鄂赣省委代理书记兼军区政治委员

严图阁　湘鄂赣军区参谋长司令员

涂正坤　中共湘鄂赣省委书记、中共湘鄂赣特委书记

十一、湘鄂边游击区

谭余保　中共湘赣临时省委书记、湘赣省军政委员会主席、湘赣游击司令部政治委员

彭辉明　中共湘赣临时省委党委、湘赣军区司令员

段焕竞　中共湘赣临时省委常委、湘赣游击司令部参谋长

刘培普　中共湘赣临时省委常委、湘赣游击司令部政治部主任

十二、湘南游击区

彭林昌　中共湘南特委书记

蔡会文　湘粤赣边游击支队支队长

周　礼　中共湘南特委书记、湘粤赣边游击支队政治委员

李　林　湘南红军游击队第一大队大队长

十三、鄂豫皖边游击区

高敬亭　红28军政治委员

罗成云　红28军第82师师长

方永乐　红28军第82师政治委员

十四、鄂豫边游击区

张星江　中共鄂豫边省委书记兼红军游击队指导员

周骏鸣　鄂豫边红军游击队队长、豫南独立团团长

仝中玉　中共鄂豫边省委书记、红军游击队指导员

王国华　中共鄂豫边省委书记豫南独立团政治委员

陈香斋　鄂豫边红军游击队副队长、队长

十五、琼崖游击区

冯白驹　中共琼崖特委书记、琼崖党组织、红军、游击队主要领导人

附录三

鄂豫边区组织机构沿革

（1933.7—1938.1）

一、党的组织

（一）中共鄂豫边区工委（含临时工委）、省委领导机构

1.中共鄂豫边区工作委员会（含临时工委）（1933.7—1935.8）

委　员：张星江　全中玉　张旺午

陶汉三（1933.10牺牲）

杨文彩（1933.11因敌通缉转移外地）

方德鑫　李成朴　朱凤昌　李金山

（后二人系1934.4任）

常　委：张星江　全中玉　张旺午

书　记：张星江

组织部部长：全中玉（1934.4 离）

张旺午（1934.4 任）

宣传部部长：张旺午（1934.4 离）

全中玉（1934.4 任）

2.中共鄂豫边区省委员会（1935.8— 1937.12）

1935年8月，建立鄂豫边省委，1936年3月，省委书记张星江在战斗中牺牲。4月，推举全中玉任省委书记。9月，全中玉因病在唐河县治疗，组织部长王国华主持召开边区省委和红军游击队领导人会议，议论了改组省委问题。12月，边区省委在泌阳县义和寨召开会议，调整了省委领导成员。1937年7月，边区省委在泌阳碾盘沟召开会议，再次调整了边区省委和红军游击队的领导成员。

委　员：张星江（1936.3 牺牲）

全中玉　王国华　周骏鸣（1936.12任）

邓一非（1936.12任、1937.11 牺牲）

胡龙奎（1937.7 任）

刘子厚（又名马致远，1937.8 任）

书　记：张星江（1935.8—1936.3）

全中玉（1936.4—1936.12）

王国华（1936.12—1937.7）

全中玉（1937.7任）

组织部部长：全中玉（1935.8— 1936.4）

王国华（1935.8—1936.4）

周骏鸣（1936.12—1937.7）

胡龙奎（1937.7 任）

宣传部部长：王国华（1935.8—1936.4）

邓一非（1936.12—1937.11）

统战部部长：刘子厚（1937.8 任）

（二）下辖各县党组织

1.中共唐河县委员会（1933.7—1933.8）

书　记：高子扬（代理）

2.中共唐（河）桐（柏）泌（阳）中心县委员会（1933.8— 1934.5）

书　记：高子扬

3.中共唐河县委员会（1934.5—1937.7）

该县委1937年7月被破坏。

书　记：张西岐（1935.3离）

贾恒坦（1935.3—1935.7）

段永健（又名常文志，1937.1—1937.7）

4.中共镇平县委员会（1933.8—1934.7）

书　记：郭同昌（1933.11离）

余修善（1934.5）

5.中共新野县委员会（1933.7—1935.7）

负责人：杨文彩（1933.10 离）

书　记：高书席（1934.5任）

6.中共镇（平）邓（县）区委员会（1934.7—1935.8）

书　记：郭同昌 （1934.8 离）

　　　　阎文甫（1934.8 任）

7.中共新野中心区委员会（1935.8—1937.10）

该中心区委管辖新野、镇平、邓县3县党的工作。

书　记：阎文甫（1935.12被捕）

　　　　韩俊昌（1935.12—1937.8）

　　　　李西民（1937.8 任）

8.中共枣阳县委员会（1933.10—1933.10）

枣阳县委1933年10月建立，当月县委书记被捕，县委停止活动。

书　记：陶汉三（1933.10 被捕牺牲）

9.中共南召特支、区委员会（1934.8—1937.12）

1934年8月成立南召特支，1935年6月改建区委。

书　记：姜宗仁（1935.6离）

　　　　方德鑫（1935.6—1935.7）

　　　　杨德成（1935.9—1935.12）

　　　　樊合典（1936.10任）

10.中共泌阳特支、县委员会（1934—1937.12）

1934年5月建立泌阳特支，8月改为县委。1935年7月书记被捕，县委活动中断。1937年2月又重建县委。

书　记：高子扬（1936.7 被捕）

　　　　郭同昌（1937.2 任）

11.中共叶县工作委员会（1936年春—1936.6）

该工委1935年8月建立，1936年6月书记调出，工委停止活动。

书　记：段永建

12.中共确山县委员会（1936.6—1937.1）

书　记：段永建

13.中共桐柏县榨楼工作委员会（1936.12—1937.6）

书　记：李廷朗（1937.2 离）

马善民（1937.2 任）

14.中共信（阳）桐（柏）特区委员会（1937.6—1937年冬）

书　记：甄　平

15.中共桐柏县申铺特支（1933.7—1937.7）

书　记：王立松（1935.7被捕）

邢克振（1935.7 任）

二、军事组织

1.鄂豫边区红军游击队（1936.1—1937.9）

该游击队从1936年1月4日成立时7人，到1937年初扩大到120人。

队　长：周骏鸣（1936.12 离）

陈香斋（1936.12 任、1937.6 牺牲）

周骏鸣（1937.7 任）

指导员：张星江 （1936.3 牺牲）

全中玉（1936.12—1937.7）

王国华（1937.7 任）

副队长：王春义（1936.6 牺牲）

陈香斋（1936.3—1936.12）

2.豫南人民抗日军独立团（1937.10— 1938.1）

1937年10月，鄂豫边区红军游击队改编为豫南人民抗日军独立团，1938年 1月又改编为新四军第四支队第八团队。1938 年3月，在邢集整编后开赴皖中抗日前线。

团　长：周骏鸣

政治委员：王国华

副团长：冯景禹

政训处主任：王国华（兼）

政训处副主任：文敏生

政训处下设组织科科长：王斌吾

宣传科科长：牛德胜

民运科科长：姜宗仁

团下设两营

一营副营长：张文岐　政委：张明河

二营副营长：王斌吾

一连连长：张文岐　后　毛世昌

二连连长：杨盛奎　后　祝平安

三连连长：范国兰　后　范国章

五连连长：李德福　后　李贵山

六连连长：刘世跃　后　吕笑吾

手枪队队长：赵明镜

少先队队长：涂来安

3.新四军第四支队第八团队（1938.1）

团　长：周骏鸣

政　委：胡龙奎

参谋长：朱茂绪

政治部主任：王斌吾

一营营长：成钧　教导员：祝世凤

二营营长：朱绍清　教导员：王敬群

团直手枪连：朱国华　李木生

三、群团组织

共青团鄂豫边区委员会（1934.5—1934.6）

1934年5月，建立共青团鄂豫边区委员会，只有书记1人。6月，因书记去江西苏区学习，组织停止活动。

书　记：方德鑫

附录四

革命英烈名录

郭集镇

李海峰　男，1910年生，三官庙村人，1938年9月参加革命，中共党员，1944年失踪。

徐长林　男，徐庄人，1948年2月参加革命，泌西县五连战士，1948年在桐柏县牺牲。

魏金德　男，1927年生，徐庄人，1947年参加革命，县独立营战士，1948年6月在双庙街乡郭心庄牺牲。

徐金德　男，徐庄人，1948年4月参加革命，泌西县五连战士，1948年6月在郭心庄牺牲。

许长明　男，1920年生，徐庄人，1947年参加革命，县独立营战士，1948年8月在桐柏县吴城牺牲。

魏全有　男，1928年9月生，小魏庄人，1949年1月参加革命，三六九团警卫连战士，1952年4月在湖北省蒲圻县羊楼洞牺牲。

王金贵　男，马庄人，1948年8月参加革命，中国人民解放军某部三营战士，1952年8月在四川失踪。

苗群德　男，1937年生，何楼村人，1949年6月参加革命，9837部队战士，1959年12月在西藏黑河地区牺牲。

买玉海　男，1941年4月生，石台村人，1961年9月参加革命，同年12月入团，公安总队604部队战士，1960年2月在蒙阳大桥抢救群众被火车轧伤牺牲。

张顺兴　男，1947年生，郭集街人，1968年3月参加革命，同年5月入党，空军某部队班长，1969年1月26日在湖北省光化县牺牲。

肖全明　男，1946年生，前台村人，1968年3月参加革命，中共党员，8828部队56分队副班长，1969年5月12日在武汉市牺牲。

李富有　男，1953年生，陈庄人，1973年1月参加革命，共青团员，建字407部队战士，1973年12月在贵州省平台火车站牺牲。

安玺栓　男，1943年生，叶曹村人，1961年3月参加革命，1968年9月入党，8329部队20分队战士，1969年在河北怀来县牺牲。

高邑镇

孙长芝　男，陈楼村人，1937年参加革命，游击队战士，同年在四方山牺牲。

曹永山　男，1920年生，小节庄人，1937年参加革命，新四军八团三连班长，1940年在江苏省江浦县牺牲。

侯平海　男，1917年生，大侯庄人，1938年参加革命，新四军五师连长，1940年在湖北省花园牺牲。

郭运才　男，1904年生，马谷石村人，1937年10月参加革命，中共党员，新四军八团一营一连班长，1940年6月在安徽来安牺牲。

张明四　男，1918年生，小张岗村人，1937年参加革命，新四军战士，1941年在大别山牺牲。

王占国　男，后馆驿村人，1938年参加革命，新四军一大队七连连长，1942年在安徽省庐江县牺牲。

王运朝　男，1920年生，高邑街人，游击队战士，1944年牺牲。

陈运堂　男，1920年生，陈老庄人，1938年参加新四军，1942年在湖北省黄陂县清山口作战中牺牲。

陈凤鸣　男，1918年生，陈老庄人，1938年参加新四军，任营长，1942年在湖北省黄陂县清山口作战中牺牲。

侯定法　男，1919年生，小侯庄人，1937年参加革命，1942年在河北省牺牲。

侯平立　男，1920年生，小侯庄人，1938年参加新四军，任四师供给处科长，1942年在江苏省牺牲。

赵华林 男，1923年生，高邑街人，1938年参加革命，战士，1943年5月在邓庄牺牲。

苏　娃 男，1920年生，张庄人，1941年参加革命，1945年在大别山作战中牺牲。

苏天广 男，1910年生，前馆释村人，1932年参加革命，中共党员，唐桐泌三县自卫队队长，1945年在王店牺牲。

廉运行 男，1916年生，东夭庙村人，1945年参加革命，游击队班长，1946年在前馆驿村牺牲。

刘松林 男，1928年生，古庄洼村人，1946年参加革命，1947年在高邑西河牺牲。

刘书香 男，1928年生，古庄洼村人，1945年参加革命，1947年牺牲。

杜书玉 男，1918年生，小屯村人，民兵队长，1948年在前岗战斗中牺牲。

韩发典 男，1921年生，双张村人，民兵，1948年8月在史洼南岗牺牲。

邓永祖 男，1912年生，吴庄人，1940年参加革命，战士，1948年在湖北省牺牲。

叶长恩 男，1926年生，古庄洼村人，1946年参加革命，班长，1948年在湖北省枣阳县牺牲。

滑相玉 男，1928年生，归庄人，1948年在唐河县大河屯失踪。

秦宝荣 男，新庄人，1937年参加革命，1948年牺牲。

张二妮 男，1920年生，红土沟村人，马谷田区中队队员，1948年在南黄楝沟牺牲。

宋朝停 男，1922年生，东夭庙村人，1937年2月参加革命，1939年入党，华东军区一团七中队教导员，1948年6月在山西省临汾县战斗中牺牲。

吕玉庆 男，高邑街人，1948年牺牲。

杨宝林 男，1929年生，高邑街人，1947年参加革命，三十七师一团一营班长，1950年在云南省牺牲。

谭行春 男，1923年生，谭园村人，1948年参加革命，在十二军政治部工作，1950年11月牺牲。

史朝瑞 男，1932年生，陈楼村人，1949年5月参加革命，志愿军五十一军二一一师六三三团战士，1951年在朝鲜牺牲。

王玉卿 男，1924年生，八犋牛村人，1948年参加革命，志愿军股长，1951年在朝鲜牺牲。

王玉贵 男，1921年生，新庄人，1949年4月参加革命，志愿军炮兵三十二团三营战士，1951年9月在朝鲜作战中牺牲。

王全德 男，1929年生，小陈庄人，1949年2月参加革命，中共党员，志愿军炮兵二一团三营八连班长，1952年1月在朝鲜作战中牺牲。

谭耀华 男，1930年生，谭园村人，1948年2月参加革命，志愿军十二军三十五师班长，1953年3月24日在朝鲜作战中牺牲。

陈相亭 男，1921年生，高邑街人，1937年参加革命，失踪。

赫秀义 男，1942年生，八犋牛村人，1959年12月参加革命，河北省唐山市赵各庄9251部队机车手，1963年在唐山长凝牺牲。

李长松 男，1950年10月生，后荒村人，1968年1月参加革命，武汉部队战士，1968年8月在西藏边坝县战斗中牺牲。

左林朋 男，1947年生，小节庄人，1971年参加革命，共青团员，6177部队战士，1972年1月9日在山东泰安县牺牲。

陈海传 男，1949年7月生，柴市村人，1966年6月参加革命，1969年入党，39698部队空军飞行员，1975年8月在山东德州牺牲。

陈相奇 男，1915年生，柴市村人，游击队战士，1934年参加革命。

刘德江 男，1907年生，后馆驿村人，1938年1月参加革命。

贾　友 男，高邑街人，1944年3月参加革命。

刘树相 男，孙桥村人，1944年入伍，排长，失踪。

贾楼乡

崔喜先 男，1912年生，崔庄人，1935年10月参加革命，游击队排长，1937年1月在竹沟牺牲。

曾宪点 男，1904年生，董庄人，1937年8月参加革命，班长，1939年10月在竹沟西曹庄牺牲。

曾绍同 男，1892年生，董庄人，1937年5月参加革命，战士，1939年

10月在竹沟牺牲。

刘国成 男，1910年生，寺上村人，1945年3月参加革命，县独立营班长，1945年6月在横梁山牺牲。

吴盘根 男，1911年生，张沟村人，民兵，1948年3月在官庄茨园牺牲。

侯小娃 男，1920年生，张沟村人，民兵，1948年3月在官庄茨园牺牲。

佘青付 男，1924年12月生，杨树底村人，1947年2月参加革命，泌西独立营战士，1948年6月在大磨分水岭牺牲。

史功蘼 男，1929年6月生，寺后村人，民兵，1948年6月在上冯牺牲。

刘国平 男，1914年生，大刘庄人，区中队战士，1948年9月在铁帽徐牺牲。

刘长稳 男，1923年生，小刘庄人，民兵，1948年9月在铁帽徐牺牲。

刘心知 男，1910年生，大刘庄人，民兵，1948年10月在本庄牺牲。

吕庆五 男，1915年生，看花楼村人，民兵，1948年9月在铁帽徐牺牲。

贾长法 男，1922年5月生，张湾村人，民兵，1949年4月在遂平县诸市牺牲。

禹洪海 男，1912年生，稻谷田村人，1937年参加革命，志愿军九兵团炮团排长，1950年在朝鲜山岗安牺牲。

曾绍海 男，1909年生，石头庄人，1948年2月参加革命，县大队战士，1950年4月牺牲。

何青顺 男，柳树沟村人，县大队战士，1951年在县城牺牲。

常怀江 男，1913年生，曾老庄人，1948年参加革命，四兵团留守处机关战士，1951年失踪。

席正德 男，1917年生，竹园村人，1948年8月参加革命，一七四师五二〇团排长，1951年7月在广西河池县金城江镇剿匪中牺牲。

南殿瑞 男，1926年生，王庄人，1949年5月参加革命，志愿军炮兵三〇二团二营五连战士，1952年6月在朝鲜金化牺牲。

王文成 男，斗岸村人，失踪。

乔增有 男，玉皇庙村人，1938年参加革命，失踪。

官庄镇

牛太立 男，1907年生，牛岗村人，1933年参加革命，游击队队长，1935年11月在二铺东张楼牺牲。

余青方 男，1909年生，官庄街人，1935年参加革命，1936年入党，游击队队长，1937年8月在竹沟西段岗与国民革命军一〇六师作战牺牲。

王自高 男，王和庄人，1937年参加革命，中共党员，官庄党支部成员，同年11月在官庄南门外牺牲。

王文吉 男，1912年生，尤庄人，1937年7月入党，1938年9月在官庄街西门外牺牲。

梅家洋 男，1920年生，西陈沟村人，1938年参加革命，同年入党，红军游击队战士，1939年10月在作战中牺牲。

王文彬 男，1915年生，茨园村人，1938年10月参加革命，战士，1939年7月在信阳牺牲。

王兰亭 男，1909年生，林畔村人，1933年参加革命，同年入党，新四军排长，1944年在湖北省应城县与敌人作战中牺牲。

刘新春 男，1925年生，小洪河村人，1948年10月参加革命，1949年6月在湖北省枣阳县牺牲。

任德山 男，1918年生，蛤蟆湾村人，1947年参加革命，同年入党，遂平县大队队长，1948年2月在该县诸市战斗中牺牲。

侯小章 男，1916年生，张岗村人，1946年3月参加革命，新四军排长，1947年12月在龙王庙被地方团队杀害。

王坚四 男，山后赵村人，1947年参加革命，1948年在湖北省枣阳县牺牲。

张付桂 男，1919年生，山湾村人，泌东第三区民兵，1948年在城南李庄牺牲。

王天星 男，1909年生，岗王村人，官庄区中队战士，1948年在官庄街牺牲。

梅培芳 男，1927年生，西陈沟村人，1948年1月参加革命，游击队队员，1948年5月在马谷田罗桥战斗中牺牲。

郭长德 男，官庄街人，1947年入党，确山独立营战士，1948年在楼门牺牲。

王明饮 男，1907年生，西石佛村人，1948年5月在马谷田马道牺牲。

李金照 男，1927年生，焦庄人，1948年1月参加革命，游击队队员，1948年5月在马谷田牺牲。

秦　亲 男，秦老庄人，1948年2月参加革命，泌西县独立营五连战士，1948年6月在郭心庄牺牲。

江登云 男，官庄街人，韩庄中心村村长，1948年7月在韩庄牺牲。

李国旺 男，1919年8月生，官庄街人，民兵队长，1948年8月在楼房村牺牲。

高长义 男，1903年生，高庄人，村长，1948年9月在秦山庙乡郑庄西河被地方团队杀害。

张付生 男，1922年生，山湾村人，民兵，1948年10月在羊册东上冯北山战斗中牺牲。

王德成 男，1923年生，石桥村人，1948年3月参加革命，县独立团班长，1949年在马谷田战斗中牺牲。

张业堂 男，1907年生，段庄人，1938年参加革命，战士，1949年在大别山牺牲。

李明广 男，1927年生，前海子村人，1947年参加革命，工作队队员，1949年在遂平县诸市牺牲。

吴锡义 男，1931年生，官庄街人，1947年参加革命，1948年入党，官庄区财政主任，1949年4月在南阳县牺牲。

杨清军 男，1914年生，夏庄人，1947年12月参加革命，官庄区中队战士，1949年7月在赊湾牺牲。

常学义 男，1930年生，前寨村人，1947年12月参加革命，官庄区中队战士，1949年8月在羊册街北河口牺牲。

王有道 男，1901年12月生，官庄街人，中共党员，民兵队长，1949年12月在饶良牺牲。

李大合 男，1927年生，前海子村人，1945年参加革命，志愿军战士，

1950年在抗美援朝战争中牺牲。

何锡富 男，1912年11月生，后寨村人，1947年12月参加革命，四野战士，1950年4月在广西柳江县沙镇牺牲。

张长芝 男，1923年9月生，张庄人，1941年8月参加革命，中共党员，志愿军五六八团四连连长，1951年12月于朝鲜失踪。

李广松 男，1927年7月生，吴庄人，1948年3月参加革命，中共党员，八十七团班长，1951年1月在湖北省保康县牺牲。

王金芳 男，1927年生，王岗村人，1948年4月参加革命，志愿军战士，1952年在朝鲜牺牲。

张培贞 男，1928年4月生，石门村人，1950年10月参加革命，1952年2月入党，志愿军五五九团五连战士，1952年5月在朝鲜牺牲。

王彦德 男，1932年生，余凹村人，1950年1月参加革命，志愿军五五九团四连战士，1952年6月在朝鲜牺牲。

李桂荣 男，汾潭河村人，1950年11月参加革命，志愿军战士，1952年8月在朝鲜牺牲。

李桂明 男，汾潭河村人，1950年11月参加革命，志愿军战士，1952年8月在朝鲜失踪。

宋天义 男，1927年生，安庄人，1951年8月参加革命，志愿军三九八团五连战士，1953年5月在朝鲜牺牲。

苏文增 男，1932年12月生，铁王村人，志愿军战士，1954年于朝鲜失踪。

宋书增 男，1915年生，后梁河村人，1947年参加革命，司务长，1954年在四川省白沙寺牺牲。

秦法群 男，1932年生，后寨村人，1951年1月参加革命，共青团员，确山炮兵战士，1957年在福建厦门战斗中牺牲。

李文彬 男，1922年生，前海子村人，战士，1962年6月在西藏牺牲。

乔保才 男，1949年生，臧庄人，1968年参加革命，1969年入党，北京卫戍区通讯营战士，1971年在北京牛栏山牺牲。

何清甫 男，1956年生，后寨村人，1971年1月参加革命，共青团员，空军5439部队54分队战士，1975年12月在江西泰和县牺牲。

侯太法　男，1909年8月生，石头河村人，1948年1月参加革命，共产党员，志愿军第三十八军连长，1950年10月在抗美援朝作战中牺牲。

春水镇

孙礼敬　男，1905年生，庞庄人，1931年3月参加革命，新四军战士，1938年10月在确山县竹沟牺牲。

苏明合　男，小单庄人，1939年6月参加革命，游击队战士，1940年10月在确山县竹沟牺牲。

魏振宇　男，1921年5月生，魏庄人，1947年参加革命，地下工作队队员，1948年3月在沙河店焦新庄牺牲。

郭明清　男，1888年生，蝎子沟村人，村长，1947年7月因叛徒告密在下碑寺李松庄牺牲。

沈老五　男，1905年生，何庄人，1944年8月参加革命，1947年11月在城南新庄牺牲。

沈法恒　男，1894年生，沈楼村人，乡农会主席，1948年在吉河村牺牲。

孙立经　男，1918年生，庞庄人，1946年3月参加革命，县大队战士，1948年在大熊庄牺牲。

刘士珍　男，1927年生，和庄人，1947年9月参加革命，基干队副班长，1948年2月在洛阳作战中牺牲。

曹东禄　男，1898年生，春水街人，民兵，1948年3月在春水街牺牲。

郈　营　男，1927年3月生，东王庄人，1947年11月参加革命，羊进冲武工队队员，1948年3月在铜山牺牲。

胡兴国　男，1924年生，和庄人，1947年10月参加革命，二野四纵十六旅战士，1948年12月在淮海战役中牺牲。

夏书奇　男，沈楼村人，民兵，1949年在东岗小天桥牺牲。

沈业盛　男，1921年生，沈楼村人，1948年10月参加革命，志愿军六纵队十七旅班长，1950年11月在朝鲜牺牲。

曹绍才　男，1926年11月生，李洼村人，1948年1月参加革命，志愿军战士，1950年11月在朝鲜牺牲。

韩国安　男，1921年生，云子庄人，1947年8月参加革命，志愿军九兵团二十军五十八师一七三团战士，1950年11月28日在朝鲜牺牲。

牛长有　男，1935年生，云子庄人，1957年3月参加革命，共青团员，9228部队班长，1960年3月在西藏平叛中牺牲。

沈灿有　男，1904年8月生，李庄人，1963年3月参加革命，共青团员，战士，1964年3月在广东省牺牲。

袁中祥　男，1925年生，周庄人，1948年12月参加革命，五兵团十八军一五四团班长，在四川省南川县牺牲。

杨家集镇

刘德俊　男，1902年生，大刘庄人，1937年10月参加革命，中共党员，新四军四支队八团四连班长，1938年7月在安徽省桐城县牺牲。

刘长聚　男，1898年生，刘庄人，1936年参加革命，新四军四支队八团六连班长，1938年8月在安徽省西堂牺牲。

白太洲　男，1922年生，白庄人，1938年参加革命，新四军四支队八团三连排长，1944年8月在王店冯庄战斗中牺牲。

张孔恩　男，1915年生，林庄人，1944年参加革命，新四军战士，同年9月在马谷田堡子牺牲。

王振祥　男，1915年生，王庄人，1939年2月加入中国共产党，1945年5月在大熊庄牺牲。

朱景松　男，1914年生，尤庄人，1946年参加革命，游击队战士，1947年在沙河店牺牲。

曹善九　男，1924年生，沈庄村人，1948年11月参加革命，民兵，同年在玉皇庙牺牲。

邓学恩　男，1929年生，黄庄村人，1948年参加革命，二野三十七师一一〇团机枪班战士，同年12月在淮海战役中牺牲。

党兴瑞　男，1925年生，尤庄村人，1947年11月参加革命，中共党员，司务长，1950年2月在湖北省南漳县牺牲。

苏运山　男，1922年生，杨家集街人，1948年11月参加革命，中共党员，志愿军四十五师一三五班长，1952年10月在朝鲜上甘岭战役中牺牲。

王聚章　男，1932年生，粟园村人，1952年参加革命，志愿军战士，1953年8月在朝鲜牺牲。

李相成　男，1938年生，孟岗村人，1963年12月参加革命，共青团员，6900部队战士，1967年10月在湖南长沙牺牲。

王富先　男，1949年10月生，后王庄人，1969年3月参加革命，同年入党，6885部队战士，同年5月在广西宜山牺牲。

冯广生　男，1899年生，薄地庄村人，1939年参加革命，竹沟八团留守处战士，同年11月在竹沟事变中牺牲。

下碑寺乡

孙立献　男，1919年生，祖师庙村人，1937年8月参加革命，新四军分队长，1938年7月在竹沟牺牲。

宋清显　男，1910年生，宋庄村人，1935年参加革命，新四军八团班长，1938年8月在下碑寺遇害。

李　广　男，1923年生，大李庄村人，1939年7月参加革命，游击队战士，同年8月在孙老庄牺牲。

张培龙　男，1930年9月生，赵庄村人，1949年3月参加革命，1951年入党，志愿军一八一师五四二团警卫连班长，1951年6月24日在朝鲜金华郡战役中牺牲。

赵天法　男，1928年8月生，赵岗村人，1947年9月参加革命，志愿军排长，1952年6月在朝鲜作战中牺牲。

赵国文　男，1931年生，下徐村人，1951年4月参加革命，志愿军六十七军二〇一师六〇三团三连战士，1953年7月在朝鲜牺牲。

朱德照　男，1950年5月生，王六沟村人，1971年1月参加革命，空军070部队战士，1971年11月28日在江西上饶牺牲。

刘志成　男，1953年2月生，大李庄村人，1975年1月参加革命，共青团员，第二炮兵运输连战士，1977年11月在云南省昆明牺牲。

张培喜　男，1948年9月生，王庄村人，1969年4月参加革命，1970年入党，武汉军区0644部队保管助理员，1972年10月在武汉市牺牲。

付庄乡

王成录　男，竹林村人，1937年4月参加革命，游击队战士，同年10月在本村牺牲。

傅长国　男，1910年生，付庄人，1939年参加革命，新四军独立团战士，1942年7月在陕西华县牺牲。

王广照　男，1920年生，孙庄人，1944年参加革命，十五旅一团三营九班战士，1946年8月15日在通许县牺牲。

何学振　男，1919年生，何庄人，民兵，1948年在牛蹄街牺牲。

刘　小　男，刘庄人，1948年2月参加革命，泌东县大队一连战士，1948年3月在马谷田牺牲。

张清恩　男，1926年5月生，鹅沟村人，1946年参加革命，游击队副队长，1948年5月在羊册东上冯被反动地方武装杀害。

侯太山　男，1925年6月生，下朗村人，1946年参加革命，三野连长，1948年6月在南阳白河桥牺牲。

刘松林　男，1923年2月生，龙王庙村人，民兵，1948年8月在本村窑上牺牲。

王广占　男，1921年生，强庄人，1948年3月参加革命，区中队战士，1948年9月在舞阳县北王店牺牲。

周运德　男，1913年10月生，小河村人，民兵，1948年10月在荆树坟牺牲。

何运德　男，1911年生，东岗村人，1948年2月参加革命，区中队战士，1948年10月在上段牺牲。

郑国合　男，大刘庄人，1948年3月参加革命，二五〇团四连战士，1948年1月在韩岗战斗中牺牲。

胡国有　男，1913年生，王岗村人，1948年2月参加革命，区中队战主，1948年9月在象河关被地方团队杀害。

司运芳　男，前安子村人，民兵，1948年10月在牛蹄牺牲。

郑清瑞　男，1901年生，阎楼村人，民兵，1948年12月在李岗牺牲。

李万才 男，1908年生，李庄人，1948年2月参加革命，牛蹄区中队民兵，1948年9月在象河关牺牲。

黄　贵 男，1924年生，黄岗村人，1948年2月参加革命，牛蹄区中队民兵，1948年9月在象河关牺牲。

沈老五 男，1910年生，孙河村人，村代表，1948年12月在李岗牺牲。

郭老八 男，1892年生，张西杨村人，1948年2月参加革命，牛蹄区中队民兵，1948年9月在象河关牺牲。

廖德胜 男，1920年生，廖庄人，1947年参加革命，二一六团一营三连战士，1949年在驻马店尚集牺牲。

沈士国 男，1914年生，申铺村人，村长，1949年在龙王庙被地方团队杀害。

沈　安 男，1920年4月生，孙河村人，村代表，1949年1月在马庄战斗中牺牲。

刘广有 男，1922年生，刘庄人，农会主席，1949年2月在万峰寺被土匪杀害。

杨春法 男，1904年生，杨庄人，1948年参加革命，春水区中队战士，1949年8月在油楼沟被泌阳县团队杀害。

张中纪 男，1927年生，柿园村人，1947年参加革命，班长，1950年在陕西省潼关牺牲。

李崇合 男，1933年生，李岗村人，1949年11月参加革命，四十五军一三三师三九九团二营六连战士，1950年9月在广西省连江县平江区牺牲。

胡广富 1926年生，林子沟村人，1949年参加革命，志愿军班长，1951年在朝鲜作战中牺牲。

邵元钦 男，1927年3月生，邵庄人，1948年1月参加革命，警卫员，1951年4月在孙河被泌阳县地方团队杀害。

马振山 男，1925年生，牛马庄人，1948年1月参加革命，1949年2月入党，五十八军一七四师五二〇团四连班长，1951年4月14日在广西弄花洞战役中牺牲。

朱达理 男，1915年生，龙王庙村人，1945年7月参加革命，排长，

1951年12月牺牲。

张中军 男，1919年生，柿园村人，1942年参加革命，1952年在安徽省宿县牺牲。

聂玉宾 男，1926年生，竹林村人，1948年4月参加革命，1952年入党，志愿军五十军四五〇团战士，1952年2月在朝鲜作战中牺牲。

杨玉福 男，1929年生，竹林村人，1948年4月参加革命，志愿军五十军四五0团战士，1952年2月在朝鲜牺牲。

王　林 男，1929年生，姜庄人，1948年12月参加革命，志愿军一一五团二营战士，1952年7月在朝鲜牺牲。

廖明德 男，1924年6月生，廖庄人，1951年7月参加革命，志愿军六〇三团一连战士，1953年6月在朝鲜牺牲。

李树周 男，1928年生，李岗村人，1949年11月参加革命，共青团员，广东海南军区三八六团炮一连战士，1953年5月在广东省榆林港牺牲。

傅知信 男，1915年2月生，龙王庙村人，1945年10月参加革命，1949年2月入党，广西军区五二一团三连班长，1956年2月在广西牺牲。

马国喜 男，李岗村人，1955年3月参加革命，志愿军战士，1957年2月在朝鲜牺牲。

花园街道

李建朝 男，1907年生，花园村人，赤卫队分队长，1931年牺牲。

冉祥瑞 男，1894年生，张岗村人，1935年参加革命，中共党员，新四军战士，1945年6月在大熊庄牺牲。

李朝松 男，1912年生，李岗村人，1937年10月参加革命，同年入党，新四军二师五旅特务营营长，1945年12月在山东省滕县牺牲。

杨德青 男，1895年生，张岗村人，地下工作者，1947年7月在本县二郎庙牺牲。

邵书德 男，1897年生，邵庄人，贫协组长，1948年6月在段庄南岗牺牲。

徐长江 男，1873年生，下湾村人，村长，1948年10月在下湾牺牲。

李朝远 男，1918年生，李岗村人，1937年10月参加革命，同年入党，二十五军二二〇团副营长，1948年12月在安徽省涡阳县牺牲。

张春旺 男，1928年生，李沟村人，1948年参加革命，八十七团战士，1949年在马谷田牺牲。

袁金章 男，1930年生，杨庄人，1948年8月参加革命，1949年2月入党，二十七师一一一团二连战士，1949年11月在广东省乳源县战斗中牺牲。

李国华 男，1925年生，曹沟村人，1948年5月参加革命，中共党员，志愿军战士，1951年4月在朝鲜铁原郡牺牲。

徐炳臣 男，1921年生，徐庄人，1948年参加革命，1949年3月入党，五十一军六十三师七十二团一营二连班长，1952年在朝鲜牺牲。

苗书卿 男，1926年生，苗楼村人，1948年参加革命，中共党员，志愿军战士，1952年在朝鲜牺牲。

王恩德 男，1924年生，杨庄人，1949年2月参加革命，中共党员，三十八师一三团二营机枪连司务长，1952年6月在云南省河口市牺牲。

吴书黑 男，1934年生，后栗园村人，1956年3月参加革命，共青团员，5032部队战士，1956年11月在漯河部队医院病故。

郭德海 男，1936年生，徐湾村人，1956年参加革命，同年入团，确山炮二师汽车连战士，1957年3月在确山县牺牲。

武书远 男，1943年生，前栗园村人，1965年参加革命，1968年入党，西安市民航管理局运输中队指导员，1978年2月12日在上海第一医学院病故。

王喜山 男，1906年生，马庄人，1942年1月参加革命，1943年入党，县独立营战士，在县城南河牺牲。

袁士林 男，三里岔人，志愿军战士，在朝鲜牺牲。

张文奎 男，1927年生，易楼村人，1947年参加革命，失踪。

象河乡

曹恒业 男，1912年生，槐树李村人，1946年10月参加革命，1947年南下失踪。

秦国兴 男，1920年生，杨安村人，1948年4月参加革命，二野一一八团八连战士，1948年在洛阳牺牲。

陈相乾 男，1926年生，曹洼村人，1947年12月参加革命，二野四十师一一八团八连战士，1948年3月在洛阳牺牲。

刘士勋 男，1925年5月生，大碾刘村人，1947年11月参加革命，战士，1948年3月在洛阳牺牲。

史德富 男，1919年3月生，下韩村人，1947年3月参加革命，战士，1948年4月在南阳桥头牺牲。

张 七 男，1922年生，花鹿羊村人，1945年1月参加革命，中共党员，十三纵队三十七旅副排长，1948年6月在晋中战役中牺牲。

刘钦玺 男，1907年生，大碾刘村人，乡农会主席，1948年在花鹿羊村牺牲。

刘书金 男，1931年生，大碾刘村人，乡农会主席，1948年8月在花鹿羊村牺牲。

刘长金 男，花鹿羊村人，民兵，1948年8月在本村牺牲。

曹贯伦 男，1912年5月生，陈平村人，村长，1948年8月在本村牺牲。

张庆福 男，1919年生，下韩村人，村长，1948年9月在本村牺牲。

秦国亮 男，1920年生，杨安村人，1948年4月参加革命，二野炮团战士，1948年11月在洛阳牺牲。

冯朝中 男，1927年生，杨安村人，1948年2月参加革命，二野炮团战士，1948年11月在淮海战役中牺牲。

冯朝海 男，1927年生，小吴庄人，1948年参加革命，二野二十人团二连战士，1948年11月在淮海战役中牺牲。

楚天宝 男，1928年生，楚庄人，1947年3月参加革命，二野炮团战士，1948年12月在淮海战役中牺牲。

陈松一 男，北徐庄人，1947年参加革命，二野四十师一一八团八连战士，1948年12月在淮海战役中牺牲。

段长荣 男，1921年生，象河关人，1947年参加革命，二野十四军四十师战士，1948年12月在淮海战役中牺牲。

冯文俊 男，1917年生，古台村人，1948年2月参加革命，炮连战士，

1948年12月在淮海战役中牺牲。

陈玉一 男，1924年生，北徐庄人，1948年1月参加革命，二野四十师一一八团八连战士，1949年1月在淮海战役中牺牲。

王书彬 男，1917年生，象河关人，1948年参加革命，二野十四军四十师一一八团战士，1949年1月在淮海战役中牺牲。

曹东海 男，1927年10月生，上曹村人，1949年1月参加革命，同年6月在本村牺牲。

曹贯军 男，1923年5月生，上曹村人，1948年8月参加革命，八十二团七连班长，1949年9月在遂平县张台战斗中牺牲。

王克高 男，1929年生，象河关人，1948年12月参加革命，二野十四军四十师班长，1949年10月在青源战斗中牺牲。

马全成 男，1926年生，各庄人，1947年3月参加革命，共青团员，9228部队卫生员，1950年4月在西藏牺牲。

汪松林 男，1918年5月生，堰坦韩村人，1947年8月参加革命，1949年入党，志愿军营长，1951年5月在朝鲜牺牲。

杜万贵 男，楼底村人，1948年10月参加革命，志愿军五十军排长，1951年11月在朝鲜牺牲。

侯太珠 男，1922年生，李楼村人，1949年12月参加革命，中共党员，志愿军一二三师三九九团营文化教员，1954年8月在朝鲜金川牺牲。

曹东堂 男，1926年8月生，下曹村人，1949年9月参加革命，志愿军战士，1951年11月在朝鲜上甘岭战役中牺牲。

马顺德 男，1940年生，象河关人，1957年1月参加革命，9362部队战士，1960年在西藏牺牲。

冯士金 男，1927年生，杨安村人，1946年3月参加革命，中共党员，牡丹江市公安部队营长，1964年4月在牡丹江市牺牲。

张长义 男，1944年2月生，后周庄人，1966年3月参加革命，中共党员，7045部队战士，1967年10月在中越边境牺牲。

陈士国 男，曾用名陈万成，1918年生，象河关人，1945年参加革命，新一旅战士，在洛阳牺牲。

王培中 男，1918年生，各庄人，村干部，在本村牺牲。

王店镇

靳万力 男，1915年生，靳庄人，1929年参加革命，游击队战士，1929年在赊湾牺牲。

王小娃 男，1922年1月生，辛庄村人，1936年3月参加革命，游击队战士，1936年8月在馆驿牺牲。

陈天友 男，1900年生，陈庄人，1933年8月参加革命，游击队战士，1936年在城南河牺牲。

陈天增 男，1904年生，陈庄人，地下工作人员，1940年牺牲。

杨荣广 男，1910年生，前营村人，1934年参加革命，地方自卫队联络员，1936年8月26日在本村被地方团队杀害。

蒋文卿 男，1904年生，孟庄人，1933年参加革命，新四军自卫队长，1936年11月在仁庄牺牲。

刘玉增 男，1907年生，孟庄人，中共党员，1937年在县城南河牺牲。

崔万德 男，1905年2月生，高河咀村人，1937年1月参加革命。同年入党，新四军分队长，1937年10月在本地被民国地方武装杀害。

王广林 男，1904年1月生，王庄人，1934年参加革命，中共党员，游击队分队长，1937年2月在柳林战斗中牺牲。

李书庆 男，1905年4月生，张楼村人，1933年4月参加革命，游击队战士，1937年在竹沟战斗中牺牲。

张长芝 男，1925年生，宋庄人，1946年4月参加革命，新四军战士，1947年5月在信阳四望山牺牲。

杨开宽 男，1912年生，王楼村人，1936年参加革命，民先队员，新四军连长，1938年在确山县红十里店牺牲。

陈利生 男，1902年生，陈庄人，1936年参加革命，竹沟游击队连长，1938年在本村被民国地方武装杀害。

王恒德 男，1917年4月生，靳庄人，1933年11月参加革命，游击队自卫队长，1938年4月在竹沟牺牲。

李运同 男，1923年生，李庄人，1938年参加革命，新四军战士，同年8月在馆驿牺牲。

刘春合 男，1920年生，冯庄人，1937年8月参加革命，新四军勤务兵，1939年11月在竹沟事变中牺牲。

王国华 男，1894年生，王店街人，1937年参加革命，中共党员，新四军司务长，1939年11月在竹沟事变中牺牲。

王占元 男，1913年生，王楼村人，1935年10月参加革命，新四军四支队八团班长，1939年在安徽省巢县牺牲。

冯芳武 男，1914年生，小马庄人，1937年8月参加革命，新四军战士，1940年在竹沟牺牲。

王大相 男，1921年生，王楼村人，1936年参加革命，新四军司务长，1940年在安徽省牺牲。

赵国瑞 男，1915年生，白蒋村人，1930年参加革命，1934年入党，四师排长，1940年10月牺牲。

郭松坡 男，1916年生，梁岗村人，1935年2月参加革命，新四军排长，1940年10月在湖北省黄陂县小北坡牺牲。

刘宗善 男，1917年生，杨庄人，1940年10月参加革命，新四军班长，1941年1月在竹沟牺牲。

马长申 男，1899年生，李斗沟村人，1933年1月参加革命，排长，1941年9月在江苏省扬州市牺牲。

靳九州 男，1890年生，小靳庄人，1933年参加革命，联络员，1941年9月28日在南阳市西牺牲。

靳万章 男，1912年生，小靳庄人，1930年参加革命，新四军三十八团战士，1942年在湖北省花园病故。

孙培德 男，1917年2月生，土门村人，1938年4月参加革命，新四军战士，1941年9月在随县洪山战斗中牺牲。

王兴元 男，1893年生，枣园村人，1939年参加革命，中共党员，游击队战士，1941年在竹沟战斗中牺牲。

孟宪修 男，1915年生，后营村人，1935年参加革命，新四军排长，

1942年在安徽省石台县牺牲。

李桂山 男，1911年生，马斗沟村人，1932年参加革命，游击队营长，1940年在铜峰牺牲。

郑万山 男，1921年生，王店街人，1935年10月参加革命，新四军五支队班长，1942年4月在永城县牺牲。

袁子厚 男，1915年12月生，袁庄人，1935年12月参加革命，中共党员，1943年失踪。

王文山 男，1904年2月生，小河庄人，1933年4月参加革命，中共党员，游击队连长，1943年8月在安徽省桐城县牺牲。

孙华德 男，1919年12月生，土门村人，1938年4月参加革命，新四军战士，1943年10月在四方山牺牲。

孙培显 男，1909年2月生，土门村人，1936年入党，1944年11月在邱庄牺牲。

李春银 男，1920年5月生，岗庙岭村人，1945年参加革命，新四军战士，同年在老冯沟牺牲。

崔书美 男，1910年生，高河咀村人，1936年1月参加革命，1945年失踪。

祝子成 男，1902年生，大尹庄人，1942年参加革命，1945年牺牲。

高振乾 男，1907年生，肖楼村人，新四军排长，1945年在蒋庄战斗中牺牲。

杨金奎 男，1919年生，曹斗沟村人，1944年9月参加革命，1945年5月在张冲牺牲。

李金钟 男，1910年2月生，岗庙岭村人，1945年参加革命，新四军战士，同年7月在土门北地战斗中牺牲。

吴三妮 男，1911年12月生，白庄人，1945年参加革命，游击队排长，1945年10月在本村西岗被害。

李春军 男，1913年4月生，岗庙岭村人，1945年参加革命，新四军战士，1946年在岗庙岭战斗中牺牲。

马金山 男，1908年2月生，张楼村人，1937年9月参加革命，中共党员，华东军区营长，1946年12月在江苏省宿迁县牺牲。

禹甸才 男，1902年4月生，禹庄人，1945年3月参加革命，游击队联络员，1946年12月在高邑牺牲。

禹建良 男，1915年12月生，禹庄人。1945年3月参加革命，游击队战士，1946年12月在高邑牺牲。

吴贯一 男，1907年2月生，吴老庄人。1945年5月参加革命，中共党员，游击队秘书。1947年在本村被害。

林万聚 男，1903年12月生，林湾村人，1945年参加革命，新四军战士，1947年2月在马道牺牲。

李松贵 男，1910年1月生，白庄人。1945年10月参加革命，游击队战士，1947年10月在本村牺牲。

王照义 男，1909年2月生，外口村人。1945年4月参加革命，新四军中队长，1947年10月在彭林西地牺牲。

陈运祥 男，1920年2月生，土门村人。1944年3月参加革命，新四军战士，1947年11月在土门庄北战斗中牺牲。

谭禄家 男，1916年3月生，土门村人，1944年3月参加革命，新四军战士，1947年11月在土门村北战斗中牺牲。

谭志家 男，1918年3月生，土门村人。1944年3月参加革命，新四军班长，1947年11月在土门村北战斗中牺牲。

谭延家 男，1929年4月生，土门村人。1944年3月参加革命，新四军班长，1947年11月在土门村北战斗中牺牲

苏占奎 男，1926年生，宋庄人，1947年参加革命，八十七团战士，1948年在信阳县邢集牺牲。

黄国录 男，1916年生，梁岗村人，1948年参加革命，新四军班长，同年在确山县黄溪河战斗中牺牲。

王振山 男，1921年2月生，王庄人，1947年参加革命，战士，1948年在陕西省牺牲。

王广宇 男，1914年2月生，王庄人，1936年4月参加革命，中共党员，县委委员，游击队连长，1948年在正阳县二赵庄战斗中牺牲。

李应典 男，1919年10月生，袁庄人。1947年参加革命。一七四师

五二〇团司务长，1948年3月在遂平县诸市牺牲。

王焕玉　男，1909年4月生，辛庄村人，1946年4月参加革命，中共党员，游击队队员，1948年3月在孤山牺牲。

周国恩　男，1903年10月生，红土沟人，1947年11月参加革命，新四军战士，1948年6月在袁庄牺牲。

林假妮　男，1927年生，林陈庄人。1947年12月参加革命，八十七团炮连战士，1948年6月在信阳县邢集牺牲。

张青发　男，1907年生，张庄人，村长，1948年7月在姜庄牺牲。

臧付形　男，1922年生，李斗沟村人，1938年参加革命，1948年8月失踪。

禹定九　男，1905年1月生，白庄人，村长，1948年7月14日在高邑乡李湾被泌阳地方团队杀害。

郭士贤　男，1931年10月生，昌庄人，1948年1月参加革命，二野一师二团卫生队战士，1948年11月在淮海战役中牺牲。

王　道　男，1926年生，外口村人，1945年4月参加革命，战士，1948年12月在王楼南场被泌阳团队杀害。

周全德　男，王店街人，1939年10月参加革命。中共党员。江汉军区一团二连副班长。1948年在长岗岭牺牲

高振清　男，1930年4月生，肖楼村人，1946年参加革命，五十八军一七四师五二一团副排长，1949年4月在湖北省随县马坪牺牲。

徐假妮　男，1927年生，徐庄人，1948年参加革命，樊城独立七团班长。1949年10月在湖北省保康县牺牲。

陈小娃　男，1929年10月生，岭头村人，1945年参加革命。1950年失踪。

宋德根　男，1924年生，大尹庄人，1947年参加革命。县公安队战士。1950年在本县牺牲。

王林川　男，1928年生，张庄人，1948年参加革命，一七四师五二〇团二连战士。1950年2月5日在铜山沟牺牲。

王天义　男，王店街人，1947年参加革命，1949年2月入党。1950年7月11日牺牲。

张振荣　男，1921年生，张白洼村人，1951年参加革命，新编十一团四

连战士，同年12月在商丘市牺牲。

林家样 男，1917年生，林庄人，失踪。

张东方 男，1913年1月生，禹庄人，1948年10月参加革命，志愿军班长。1952年4月在朝鲜牺牲。

田书义 男，1916年生，孟庄人，1947年10月参加革命。志愿军一七四师五二〇团班长。1952年7月在朝鲜牺牲。

李荣远 男，1929年生，大尹庄人，1951年参加革命，志愿军战士，1952年12月在朝鲜上甘岭牺牲。

靳万瑞 男，1926年生，大靳庄人，1949年11月参加革命，志愿军九十九团二连战士。1953年6月12日在朝鲜安稳山牺牲。

徐纪章 男，1924年生，徐庄人，1948年12月入党，志愿军七师十九团指导员。1953年6月26日在朝鲜牺牲。

曹东全 男，1934年生，曹庄人，1954年5月参加革命，志愿军炮兵一九九团一连卫生员，1957年1月在朝鲜牺牲。

吉长兴 男，1919年1月生，王庄人。1937年8月参加革命。中共党员。失踪。

董兆华 男，1926年生，黄楝树村人。1946年8月参加革命。一七四师排长。1957年5月在云南省牺牲。

蒋道增 男，1927年生，孟庄人。1956年9月参加革命。1957年5月在西藏牺牲。

郭跃富 男，1926年10月生，曹岗村人。1957年3月参加革命，中共党员。1960年2月在西藏平叛中牺牲。

张　彦 男，1921年生，冯蒋村人，1944年4月参加革命。失踪。

冉万明 男，1953年12月生，朱庄人，1973年1月参加革命。1974年5月入党，00421部队排长。1979年10月1日在平顶山煤矿牺牲。

白玉珍 男，1926年生，王店街人。1938年4月参加革命。

李幸堂 男，1915年生，李斗沟村人。1935年参加革命。在河北省石家庄牺牲。

高凤宽 男，1926年生，肖楼村人。1944年参加革命。在安徽省巢县牺牲。

黄德胜 男，1921年生，梁岗村人。在广西义山牺牲。

林朝聚 男，1921年生，老林庄人。1937年参加革命。

苗广有 男，1922年生，林庄人。

靳九兴 男，1900年生，靳庄人。1937年参加革命，游击队战士。在本村牺牲。

刘　明 男，石头河人，新四军营长，在湖北宣化店牺牲。

双庙街乡

李凤录 男，1917年生，何营村人。地下工作人员。1937年9月在朱集牺牲。

刘之山 男，1913年生，刘岗村人，1936年7月参加革命。中共党员。七兵团副营长。1945年5月在安徽省抗日战斗中牺牲。

刘小六 男，1928年生，炉里村人。双庙区中队战士。1948年1月在南阳被杀害。

胡林山 男，1923年生，邓湾村人。1944年参加革命。十七旅独一五〇团战士。1948年2月牺牲。

步国岑 男，1921年6月生，前洼村人。民兵。1948年4月在唐河县少拜寺牺牲。

郭书文 男，1913年生，双庙街人。村长。1948年7月在花园牺牲。

何文亭 男，1903年1月生，马庄人。村长。1948年8月在白庄牺牲。

贾敏应 男，1908年生，贾庄人，双庙区民兵队队长。1948年8月29日在本村牺牲。

刘国合 男，1917年7月生，蔡楼村人。1948年3月参加革命。八十七团侦察员。1949年2月在沙河店牺牲。

李文平 男，1924年5月生，万庄人。1947年参加革命。五七六团一连排长。1949年8月在甘肃省固城县牺牲。

钟国山 男，1925年3月生，一张村人，1948年8月参加革命。八十九团战士。1949年10月在湖北省保康县牺牲。

康建廷 男，1926年生，康庄人。1949年3月参加革命。1951年失踪。

时书义 男，1922年生，杨庄人。1948年参加革命。志愿军战士。1951年3月在朝鲜战斗中牺牲。

吕有国 男，1933年3月生，郭庄人。1951年8月参加革命，志愿军四四八团战士。1951年8月在朝鲜牺牲。

张凤有 男，1916年生，吉楼村人。1949年参加革命。志愿军战士。1952年在朝鲜战斗中牺牲。

吕兰青 男，1930年1月生，夭庄人。1949年6月参加革命。志愿军四十军政治部副排长。1952年10月24日在朝鲜战斗中牺牲。

刘彦海 男，1926年生，刘岗村人。1950年11月参加革命。一五〇师四五〇团一营部通迅员，1959年在西藏平叛中牺牲。

王元章 男，夭庄人。1945年9月参加革命。八十二团一连战士。

赊湾镇

吕付保（又名吕宝） 男，1905年生，吕庄人。1932年加入中国共产党，县委委员。1933年在张湾被杀害。

李良臣 男，1904年生，杜庄人。1930年参加革命。1931年入党。地下工作人员。1937年2月在城西马庄牺牲。

史天赦 男，后楼村人。中共党员。地下工作人员。1938年在大磨牺牲。

申振方 男，1908年生，赊湾街人。1936年2月参加革命。中共党员。连长。1940年在安徽牺牲。

周云庆 男，1927年生，赊湾街人。1947年参加革命。一七四师五二二团侦察员。1948年1月在段楼牺牲。

常国新 男，1910年生，陈庄人。乡农会干部。1947年10月在陈庄牺牲。

杨法堂 男，1923年生。穆庄人。1947年参加革命。县独立营战士。同年12月在陈庄牺牲。

刘殿瑞 男，1911年生，刘楼村人。1947年参加革命。唐河县独立营排长。同年12月在大曹牺牲。

马德山 男，1927年生，赊湾村人。1947年参加革命。唐河县独立营一连战士。1948年2月在唐河县牺牲。

常纪德 男，1926年生，陈庄人。双庙区中队战士。1948年2月牺牲。

郭华臣 男，1908年11月生，后楼村人。一七四师班长。1948年3月在城南岗牺牲。

朱修文 男，1911年生，赊湾街人。村长。1948年4月在王岗牺牲。

刘殿军 男，1920年生，刘楼村人。民兵。1948年在本村牺牲。

王金五 男，1923年生，王阎庄人。民兵。1948年6月在曹庄牺牲。

刘朝合 男，刘楼村人。民兵。1948年7月在本村牺牲。

王多遂 男，赊湾街人。民兵。1948年7月在城南牺牲。

苟青立 男，陈老庄人。村长。1948年8月在刘岗牺牲。

王明堂 男，1928年生，肖岗村人。1947年11月参加革命。区民兵队民兵。1948年8月在本村牺牲。

郝生玉 男，1916年生，赊湾街人。1948年3月参加革命。区中队战士。同年9月在袁庄牺牲。

乔建昌 男，1909年生，马楼村人。村民兵队长。1948年8月本村牺牲。

乔振有 男，1929年生，马楼村人。1947年12月参加革命。县公安队战士。1948年8月在本村牺牲。

沈发德 男，黄庄人。1940年参加革命。中共党员。副班长。1948年9月在牛蹄牺牲。

刘本元 男，1925年生，肖岗村人。民兵。1948年10月在沙河店剿匪中牺牲。

范玉兴 男，1909年生，肖岗村人。1947年参加革命。区武工队队员。1948年秋在本村因反霸被杀害。

董春奎 男，肖岗村人，民兵。1948年10月在茨园牺牲。

张广平 男，1920年生，马庄人。1947年11月参加革命，区武工队队员。1948年9月在唐河县臧岗村被土匪杀害。

赵新春 男，1913年5月生，赵庄人。1947年参加革命。二野四十四师战士。1948年12月在淮海战役中牺牲。

申庆安 男，赊湾街人，1941年参加革命。1949年牺牲。

张成彦 男，1928年生，崔楼村人，1948年参加革命。双庙区中队战士。1949年4月在吉楼牺牲。

陈中海 男，1928年生，陈洼村人，1947年12月参加革命。泌西指挥部文书。1949年1月在高店牺牲。

张兴振 男，1928年9月生，张新庄人。1948年8月参加革命，班长。1949年10月失踪。

刘朝春 男，1929年2月生，后楼村人。1949年11月参加革命。中共党员。八十九团三营班长。1949年11月在湖北省襄阳县牺牲。

王新铎 男，1925年8月生，王庄人。1947年参加革命。1950年10月入党。志愿军四十四师一三一团通讯连副排长，1951年5月在朝鲜牺牲。

曹纪川 男，1924年3月生。后黄庄人。1947年12月参加革命。志愿军卫生员。1952年10月在朝鲜牺牲。

肖遂本 男，1925年生，肖岗村人。1951年5月参加革命。一五〇师四四八团后勤处战士。1953年在辽宁省牺牲。

李万新 男，1921年生，枣林村人。1947年参加革命。中共党员。志愿军炮五三团七连班长。1953年7月在朝鲜牺牲。

申纪春 男，1935年生，赊湾街人。1955年3月参加革命。共团员员。志愿军425部队一连司机。1957年3月在朝鲜新溪郡牺牲。

吕春如 男，1939年6月生，昌庄人。1952年参加革命。9228部队战士。1960年3月在西藏平叛中牺牲。

李明发 男，1941年12月生，李庄人。1961年3月参加革命。8184部队战士。1965年4月在商丘市牺牲。

黄凤卿 男，1947年11月生，王岗村人。1965年11月参加革命。湖南衡阳东江驻军汽车班班长。1969年4月在东江镇牺牲。

杨兰奇 男，1961年生，阎庄人，1980年参加革命。共青团员。53701部队战士，1980年5月6日在湖南省长沙市牺牲。

穆青奎 男，1929年生，穆刘庄人，1948年8月参加革命。在西藏牺牲。

梁运林 男，1935年8月生，王庄人。1956年1月参加革命。西安929部队第八研究院。失踪。

关献明 男，1933年6月生，关冯庄人。1948年1月参加革命。西南军区四十四师教导二队司号员。在解放战争中牺牲。

马谷田镇

马线匠 男，1907年生，句上村人，1932年参加革命。游击队地下工作人员。1937年在桐柏县监狱牺牲。

王七照 男，1917年生，贾楼村人。1937年6月参加革命。游击队战士。同年12月在本村牺牲。

贾广周 男，1909年生，孙传庄人。1936年3月参加革命，排长。1938年3月在贾楼牺牲。

赵奎六 男，山后村人。1937年参加革命。游击队战士。1938年5月在老河乡刘庄被土匪杀害。

朱明合 男，1889年生，小河南村人。1937年参加革命。战士。1940年在竹沟牺牲。

王财立 男，1917年生，破头山村人。1938年参加革命。游击队警卫员。1940年在竹沟牺牲。

张家彦 男，1920年生，张庄人。1937年10月参加革命。1938年入党。新四军炮连排长。1940年6月在江苏省红草湖牺牲。

詹青海 男，高庄人。1938年参加革命。中共党员。新四军五旅十三团十一连副连长。1941年在安徽省定远县牺牲。

禹德顺 男，1916年生，张庄人。1934年参加革命。新四军四支队八团排长。1941年11月在安徽省牺牲。

詹和尚 男，1916年生，小杨庄人。1937年参加革命。排长。1942年在山东省白庙牺牲。

贾广兴 男，1893年生，黄庄人。1937年参加革命。同年入党。新四军四支队八团六连司务长。1942年在安徽省来安县古城牺牲。

杨士华 男，1907年生，大南庄人。1938年参加革命。1943年在张庄牺牲。

赵东河 男，1921年生，高庄人。1938年参加革命。游击队指导员。1944年在大别山牺牲。

秦书章 男，1906年生，小河南村人，1932年参加革命。战士。1944年牺牲。

王全照 男，1916年生。贾楼村人。1937年6月参加革命。连长。1945年在安徽牺牲。

肖金海 男，1919年6月生，黄楝沟村人，1937年参加革命。中共党员。四十九团排长，1945年在安省潜山县牺牲。

高明玉 男，1924年生，赵庄人，1945年参加革命，游击队战士。1946年在信阳吴家尖山牺牲。

赵德广 男，1904年生，秦岗村人。1945年参加革命。地下工作者。1946年2月在马谷田牺牲。

陈本和 男，1888年生，茨园村人。1944年3月参加革命。泌、确、桐县大队战士。1946年10月在本村牺牲。

焦丙德 男，1916年生，堡子街人。1945年1月参加革命。民兵。同年9月在本村牺牲。

郭清太 男，1916年生，孙庄人。1944年参加革命，游击队战士。1947年在詹前洼牺牲。

顾金先 男，1915年生，高庄人。1945年参加革命。中共党员。游击队指导员。1947年在柏县黄岗牺牲。

王明铎 男，石庙村人。民兵。1947年在城南山牺牲。

杨士强 男，1916年生，三里堡村人。民兵队长。1948年8月在大南庄牺牲。

薛建科 男，罗桥村人，村长。1947年12月牺牲。

郭清坡 男，1924年生，韩庄人。1947年参加革命。共党员。八十八团班长。1948年在马谷田牺牲。

熊万海 男，1916年生，高庄人。1947年参加革命。中共党员。游击队连长。1948年在桐柏县刘老庄被杀害。

李国录 男，1913年生，土楼村人。1947年参加革命。乡农会干部。1948年在桐柏县黄岗牺牲。

董玉和 男，1907年生，木庄人。1947年参加革命。民兵队长。1948年在大南庄牺牲。

尹荣宽　男，1899年4月生，米汤沟村人。1947年参加革命。村长。1948年4月在沙子岗村牺牲。

李　柱　男，1905年生，陶店村人。村干部。1948年9月在小屯村牺牲。

余兆祥　男，1922年生，韩庄人。1938年参加革命。1948年10月在堡子西头牺牲。

鲁　玉　男，1920年生，谢庄人。村长。1948年11月在马谷田战斗中牺牲。

高品修　男，1912年生，张庄人。1934年参加革命，信南县政府手枪队班长。1949年在桐柏县毛集乡刘庄牺牲。

马会要　男，1928年生，黄楝树村人。1948年10月参加革命。区中队战士。1949年2月在王湾村牺牲。

李九学　男，1929年生，孔河村人。1949年9月参加革命。五二〇团战士。1950年2月在广西剿匪中牺牲。

陈太俄　男，1926年生，魏庄人。1949年参加革命。志愿军战士。1952年在朝鲜牺牲。

吉　章　男，1926年生，庙街村人。1951年7月参加革命。志愿军运输连战士。1953年4月在朝鲜战斗中牺牲。

胡　套　男，1921年生，王庄村人。1950年3月参加革命。志愿军战士。1954年4月在朝鲜战斗中牺牲。

路小五　男，1928年生，大河南村人。1947年参加革命。失踪。

焦国发　男，1921年生，庙街村人。1945年参加革命。残疾军人。1968年伤口复发，医治无效病故。

张运德　男，庙街村人。原十一团八连战士。1948年病故。

张连德　男，庙街村人。1948年参加革命。八十二团八连战士。

盘古乡

刘长法　男，史楼村人。1930年任中共县委委员。1932年11月牺牲。

席之堂　男，1906年生，七里岗村人。1929年入党。县委委员。1944年3月15日在宋庄牺牲。

李金铎 男，安子沟村人。1943年参加革命。1945年牺牲。

李坤堂 男，1928年6月生，黄庄人。1947年11月参加革命。中原部队十三旅八十七团警卫员。1947年12月在唐河县王寨战斗中牺牲。

张营富 男，1922年生，王老庄人。1943年10月参加革命，八十八团五连班长。1948年在信阳西作战中牺牲。

吴仔奎 男，1919年生，意柏树村人。1946年参加革命。八十七团队长。1948年在遂平县白纸店牺牲。

李全立 男，1930年生。程岗村人，1948年1月参加革命。县大队战士。1948年2月在城西梁河牺牲。

席中田 男，1910年2月生，七里岗村人。民兵。1948年5月在本村被敌杀害。

董凤祥 男，1906年4月生，安庄人。村长。1948年9月15日在陈洼被敌杀害。

席正德 男，1921年3月生，吉沟村人。1948年3月参加革命。县第三区中队战士。1949年3月在小寨牺牲。

杨　杰 男，1928年生，张岗村人。1949年12月参加革命。志愿军一八一师五四二团炮兵营战士。1951年3月20日在朝鲜牺牲。

马铁军 男，1923年生，梁湾村人。1948年参加革命。志愿军3133部队一支队十连战士。1953年7月在朝鲜牺牲。

柴祥瑞 男，1940年2月生，牌坊村人。1960年3月参加革命。共青团员。4583部队七连副班长。1964年9月11日在河北省遵化县牺牲。

李士顺 男，1957年4月生，石头坡村人。解放军00911部队战士。1978年参加革命。1980年6月12日在内蒙古乌盟地区牺牲。

邵照哲 男，杨院村人。民兵。在本村牺牲。

高店镇

陶立仁 男，1913年8月生，上二门村人。1938年参加革命。新四军五师十三旅三十八团七连排长。1941年8月在湖北省京山县杨家河牺牲。

陶焕坤 男，1913年生，和尚庄人。1930年9月参加革命。中共党员。

警卫营营长。1946年在堡子作战中牺牲。

程远德 男，1925年6月生，上七门岗村人。民兵。1948年4月在程店西岭战斗中牺牲。

张永全 男，1922年生，小南庄人。民兵。1948年6月在本村牺牲。

王封建 男，1928年6月生，高店村人。1948年3月参加革命。县区中队战士。1948年7月在吴老庄作战中牺牲。

张西国 男，1924年生，梨树洼村人。村长。1948年9月在本村牺牲。

李庆党 男，1903年生，李庄人。中共党员。村长。1948年9月在九门岗牺牲。

李文德 男，1910年生，中门庄人。1946年参加革命。中共党员。县区中队战士。1949年4月在高店牺牲。

许广友 男，1905年12月生，老高店人。1948年3月参加革命。村长。1949年10月在大堰村后岭被土匪杀害。

张西发 男，1924年生，梨树洼村人。1947年参加革命。县大队班长。1950年6月在桐柏县吴城牺牲。

邱国长 男，1926年3月生，王园村人。1947年参加革命。中共党员。志愿军排长。1951年5月在朝鲜牺牲。

来玉林 男，韩刘庄人。1948年3月参加革命。志愿军。1953年在朝鲜失踪。

陈武斌 男，1948年11月生，刘店村人。1969年3月参加革命。1970年入党。53015部队86分队副指导员。1979年2月在中越边境自卫反击战中牺牲。

张应祥 男，1914年2月生，西张庄人。

铜山乡

王群山 男，1912年生，王庄人。1932年参加革命。1933年在焦竹园牺牲。

王广山 男，1910年生，王庄人。1932年参加革命。游击队战士。1936年在邓庄铺牺牲。

毛宗庆 男，1900年生，前桥村人。1935年参加革命。游击队队长。

1937年牺牲。

孙华林 男，1904年生，河西村人。自卫队员。1937年在竹沟牺牲。

范进旺 男，1910年生，范庄人。1936年参加革命。游击队司务长。1937年2月牺牲。

曹东文 男，1904年生，郑庄人。1936年参加革命。战士。1937年10月在竹沟牺牲。

余德行 男，1908年生，河北岸村人。1936年参加革命。自卫队分队长。1937年12月在柳河牺牲。

徐兴奎 男，1914年生，茨园村人。1935年参加革命。游击队排长。1938年在信阳吴家尖山牺牲。

焦汉明 男，1901年生，柳河村人。1932年参加革命。游击队队长。1938年在小寨战斗中牺牲。

郑　黑 男，1919年生，郑庄人。1936年参加革命。战士。1938年在湖北省丁泗桥牺牲。

吴振德 男，1922年生，郑庄人。1936年参加革命。1938年在信阳四望山牺牲。

李双黑 男，羊进冲村人。自卫队队长。1938年在确山县祠堂牺牲。

高　留 男，1915年生，林子坡村人。1937年7月参加革命。新四军四支队八团三连战士。1938年2月在安徽省上白坟牺牲。

张三妮 男，1917年生。邓庄铺人。1937年4月参加革命。新四军四支队八团七连战士。1938年2月在安徽省上白坟牺牲。

刘应山 男，前银洞村人。1932年2月参加革命。同年11月入党。游击队大队长。1938年4月在确山县牺牲。

毛新正 男，1905年生，前桥村人。1937年参加革命。游击队队长。1939年在高邑牺牲。

高大娃 男，1918年11月生，小高庄人。1934年4月参加革命。1935年入党。游击队大队长。1939年5月在开封监狱牺牲。

郭明先 男，1919年5月生，大庄稼洼村人。1937年参加革命。中共党员。连长，1939年7月在湖南长沙牺牲。

郑九行　男，1918年生，大路庄人。1935年参加革命。新四军二团战士。1940年在大悟山牺牲。

彭国顺　男，1909年5月生，韩庄人。1935年3月参加革命。新四军战士。1940年5月在本村牺牲。

李玉富　男，羊进冲人。1939年参加革命。新四军战士。1940年牺牲。

史东俊　男，1916年生，葛花口村人。1933年2月参加革命。1936年入党。团参谋长。1939年6月在竹沟病故。

余国朝　男，1920年4月生，毛芽沟村人。1936年3月参加革命。中共党员。1940年失踪。

李昌祥　男，1907年生，铜山沟村人。1935年参加革命。中共党员。司务长。1941年在信阳四望山牺牲。

张清顺　男，1925年生，张庄人。自卫队员。1941年牺牲。

郭士振　男，1912年2月生，大庄稼洼村人。1938年9月参加革命。新四军连长。1941年7月在湖北省洪湖战斗中牺牲。

郭占奎　男，大路庄人。1936年参加革命。13旅手枪队班长。1943年在大悟山牺牲。

焦兆斌　男，1912年生，上白沟村人。1934年入党。1937年参加革命。1944年在伏牛山战斗中牺牲。

余书森　男，1911年1月生，毛芽沟村人。1942年3月参加革命。新四军队长。1944年10月在信阳四望山牺牲。

陈　东　男，1917年生，苏竹园村人。1936年参加革命。1945年在信阳四望山牺牲。

吴长耕　男，吴庄人。1945年在竹沟牺牲。

谢满成　男，焦竹园村人。1944年3月参加革命。1945年在伏牛山牺牲。

王永林　男，1919年生，老徐沟村人。1945年3月参加革命。新四军班长。同年7月牺牲。

徐国芝　男，1914年生，徐庄人。1938年9月参加革命。新四军副连长。1945年8月在信阳四望山牺牲。

刘　娃　男，1917年生，姚庄人。民兵。1945年8月在焦竹园牺牲。

李昌波　男，1926年生，铜山沟村人。1944年参加革命。副排长。1946年在伏牛山牺牲。

蔡金山　男，1916年生，张陈村人。1946年在本村牺牲。

姚成德　男，1922年3月生，姚庄人。1945年4月参加革命。新四军司务长。1946年在内乡马山口牺牲。

湛钱和　男，1903年生，李棚村人。1942年参加革命。游击队队员。1946年8月在小寨牺牲。

崔正点　男，1923年生，苏竹园村人。1936年参加革命。中共党员。五十一师后方医院院长。1946年8月在豫西双槐树牺牲。

崔伦甫　男，1902年生，大洼村人。1932年参加革命。中共党员。四野供应股长。1946年8月在陕西省山阳县牺牲。

张玉堂　男，1905年生，楼上村人。1935年5月参加革命。司务长。1946年12月在伏牛山牺牲。

张学东　男，1932年7月生，河北岸村人。1945年9月参加革命。游击队战士。1946年12月牺牲。

欧阳中敏　男，曾用名欧阳喜庆。1922年12月生，下马山村人。1941年5月参加革命。新四军参谋。1946年9月在唐河县少拜寺牺牲。

关国顶　男，1922年12月生，大路庄人。1939年10月参加革命。税务所长。1946年8月13日在堡子街牺牲。

郑有贤　男，1921年生，邓庄铺人。1945年参加革命。1947年在河北省牺牲。

徐中发　男，1917年生，王庄人。1932年参加革命。中共党员。游击队战士。1947年在山西省狗头坪牺牲。

王遂义　男，1918年生，苏庄村人。1945年5月参加革命。1947年3月牺牲。

徐广富　男，1912年生，焦竹园村人。1945年5月参加革命。县地方武装队员。1947年在义和寨战斗中牺牲。

徐广良　男，1912年生，焦竹园村人。民兵。1947年在义和寨牺牲。

邓王氏　女，1911年生，傅庄人。乡农会干部。1947年在大路庄被土匪杀害。

邓永林　男，1894年生，傅庄人。村干部。1947年在大路庄被土匪杀害。

焦运臣　男，1897年生，岳庄人。1947年参加革命。游击队队员。当年在本村北河被地方团队杀害。

焦运宽　男，彭庄人。1949年参加革命。同年8月在广西省牺牲。

胡广兴　男，1907年生，岳庄人。1948年2月参加革命。游击队小队长。同年8月在杨柳庄作战中牺牲。

沈贯凯　男，1900年生，李棚村人。1945年10月参加革命。1947年在下河牺牲。

刘遂成　男，1923年5月生，西车场村人。1947年参加革命。解放军战士。1948年9月在邵庄北河被还乡团杀害。

王国庆　男，1912年生，竖石岗村人。1944年6月参加革命。司号长。1947年9月在陕西省西安市狱中牺牲。

苏国信　男，1919年生，二道沟村人。1947年参加革命。次年入党。邓庄区区长。次年11月在邓庄铺被杀害。

郑和尚　男，大路庄村人。1947年参加革命。县独立营战士。1948年在石子牺牲。

邱　三　男，1929年生，铜山沟村人。1948年参加革命。游击队战士。1948年在杨树沟牺牲。

邱富顺　男，1925年生，铜山沟村人。乡农会主席。1948年在杨树沟牺牲。

吴全宝　男，1919年生，郑庄人。1945年参加革命。新四军班长。1948年在竹沟牺牲。

杨清云　男，1915年生，邓庄铺人。1948年在本村牺牲。

宋建青　男，1926年生，宋庄人。1946年参加革命。解放军战士。1948年在淮海战役中牺牲。

苏大东　男，1922年生，苏庄人。1939年4月参加革命。连长。1948年在信阳四望山牺牲。

刘士兴 男，1914年生，陈庄人。1947年参加革命。战士。1948年4月在唐河县少拜寺牺牲。

安长荣 男，1921年生，罗沟村人。1939年6月参加革命。战士。1948年3月在永城县温乡牺牲。

张　五 男，1914年生，张庄人。1947年参加革命。1948年3月牺牲。

张文礼 男，1923年生，老林东村人。1938年1月参加革命。中共党员。班长。1948年4月在马谷田牺牲。

杨德付 男，1905年3月生，杨庄人。村干部。1948年4月牺牲。

苏广有 男，1921年生，苏庄人。1947年参加革命。解放军排长。1948年5月在华庄牺牲。

吴全安 男，1919年生，郑庄人，1945年参加革命。二野战士。1948年5月在邓庄铺牺牲。

郭士良 男，1925年生，南岗村人。民兵。1948年6月在杨盖岭牺牲。

陈大保 男，1927年生，韩大顶村人。民兵。1948年7月13日在王竹园牺牲。

侯国军 男，1920年生，四十亩地村人。1948年1月参加革命。民兵队长。同年7月在羊进冲牺牲。

曹东学 男，河北岸村人。民兵。1948年7月在柳河牺牲。

程木匠 男，柳河村人。1948年7月牺牲。

王青山 男，1921年生，谭庄人。区干部。1948年7月在汪川牺牲。

李成林 男，夭庄人。1947年参加革命。队长。1948年4月在桐柏山牺牲。

许先芝 男，曾用名许三。1909年1月生。杨庄人。区干部。1948年7月在柳河牺牲。

孙　松 男，1926年生，河西村人。中共党员。区中队排长。1948年8月在罗桥牺牲。

李长海 男，1910年生，缸窑村人。村干部。1948年9月在种子湾牺牲。

李长荣 男，1914年生，缸窑村人。村干部。1948年9月在种子湾牺牲。

徐国旺 男，1903年生，小北庄人。村干部。1948年10月在邓庄铺牺牲。

王恩石 男，1914年12月生，竖石岗村人。民兵。1948年10月在确山县刨棚牺牲。

王永法 男，1911年生，老徐沟村人。乡农会干部。1948年10月在本村牺牲。

苏台魁 男，苏庄人。1948年3月参加革命。一连战士。1948年10月在信阳邢集战斗中牺牲。

崔正本 男，崔竹园村人。武工队战士。1948年8月在花石板牺牲。

步高万 男，1888年生，凤凰山村人。乡农会干部。1948年9月在古木沟被杀害。

张奎兴 男，1904年生，焦竹园村人。乡农会主任。1948年9月在本村牺牲。

姚国顺 男，1901年4月生，杨庄人。1947年参加革命。区干部，1948年10月在高邑牺牲。

安连坡 男，曾用名安新聚。1911年4月生，上邵村人。1946年3月参加革命。战士。1948年10月在湖北省京山县牺牲。

杨　遂 男，1925年3月生，何庄人。1946年参加革命。新四军战士。1948年8月在王店西南韩庄被保安团杀害。

郑随狗 男，1926年生，老林东村人。民兵。1948年9月在林西牺牲。

郑　毛 男，1929年生，老虎崖村人。民兵。1948年12月在郑庄牺牲。

刘大栓 男，1923年1月生，上邵村人。乡干部。1948年10月在白云山牺牲。

朱元旺 男，1900年4月生，高庄人。村长。1948年10月在本村牺牲。

吴荣太 男，曾用名吴练斗。1919年生，吴庄人。村长。1948年11月在焦竹园牺牲。

田喜禄 男，夭庄人。县大队战士。1948年12月在郑庄牺牲。

廉随章 男，1926年生，小东沟村人。1948年参加革命。区中队战士。1949年在孙河牺牲。

秦昌太 男，1906年12月生，铁匠炉村人。民兵。1949年1月11日在王楼沟牺牲。

宋孝信 男，1912年生，徐庄人。1933年参加革命。中共党员。新四军连长。1949年在湖北省麻城县牺牲。

王太印 男，1923年3月生，王竹园村人。1948年1月参加革命。中共党员，遂平独立团班长，1949年3月在遂平县文城牺牲。

罗兴江 男，曾用名：罗长富。1906年生，孤山洼村人。1947年参加革命。游击队队员。1949年9月在本村被保安团杀害。

邓文亮 男，1925年生，东岗村人。1945年2月参加革命，新四军战士，1949年10月在湖北省牺牲。

冯殿起 男，1931年生，冯庄人。1948年参加革命。战士。1949年12月在江苏省徐州牺牲。

许全保 男，1926年生，邓庄铺人。1948年12月参加革命。共青团员，志愿军12军战士。1951年5月在朝鲜牺牲。

秦尊宝 男，1919年生，谭庄人。1948年参加革命，一七四师五二〇团司号员。1951年8月在广西义山牺牲。

王德松 男，1925年12月生，大路庄人.1948年参加革命。中共党员。志愿军排长。1951年10月在朝鲜牺牲。

陈广富 男，1920年生，刘庄人。1947年参加革命。解放军战士。1952年在湖南长沙牺牲。

徐青山 男，1926年12月生，姚庄人。1949年1月参加革命。志愿军战士。1952年11月在朝鲜牺牲。

朱运兴 男，1928年生，范庄人。1947年12月参加革命。中共党员。志愿军十五军补训营排长。1953年10月在朝鲜牺牲。

高明先 男，1933年生，小高庄人。1955年3月参加革命。1956年1月牺牲。

苏海龙 男，1926年生，山岈村人。1946年参加革命。失踪。

黄运彬 男，1920年生，黄庄人。1947年参加革命，战士，1957年在黑龙江牺牲。

刘丰山 男，1912年生，大洼村人。1935年参加革命。营长。在信阳四望山牺牲。

邓荣安 男，1894年生，富庄人。村干部。在大路庄北河被土匪杀害。

欧阳灿如　男，下马村人，淮北游击队队员，1947年8月被民国泌阳县长薛子正下令杀害在朱集。

泰山庙镇

吕益炳　男，1907年生，三官庙村人。1934年入党。1937年从竹沟回本地联系工作遇害。

田慧甫　男，1921年生，赵洼村人。1938年11月参加革命，五师十四旅卫生科科长，1944年在湖北省黄同山牺牲。

郭尚黑　男，春板郭村人，1936年2月参加革命。班长。1948年在焦竹园牺牲。

王书亭　男，1920年生，苗庄寺村人。1947年11月参加革命，1948年2月在马谷田牺牲。

乔海彦　男，小乔庄人。1947年参加革命。1949年在马谷田牺牲。

苗全德　男，苗庄寺村人。民兵。1949年参加革命。同年5月在本村牺牲。

芦国富　男，1928年生，朱庄人。1947年12月参加革命。一七四师五二〇团六连战士。1949年5月在广西平南县罗兴山龙门村剿匪中牺牲。

苗立海　男，1930年3月生，苗庄寺村人。1948年2月参加革命。战士。1949年11月在马谷田牺牲。

刘长兴　男，1925年6月生，孙庄人。1949年10月参加革命。一七四师五二〇团班长。1951年1月在广西宜山牺牲。

陈保谦　男，关帝人。1950年10月参加革命。五二〇团六连战士。1951年2月在广西省平南县罗通牺牲。

王广文　男，西泉河村人。1951年8月牺牲。

李克堂　男，1913年生，杨庄人。1951年入党。夏庄乡公所农会主席。1951年7月10日在夏庄牺牲。

刘金榜　男，路庄人。一七四师战士。1952年1月牺牲。

王道明　男，东泉河村人。1951年3月参加革命。志愿军战士。1952年在朝鲜牺牲。

姚义山　男，1928年10月生，毗河姚村人。1949年参加革命。六三一团二营六连班长。1952年7月在湖北省浠水县作战中牺牲。

王万有 男，1928年生，毗河姚村人。1947年参加革命，班长。1953年10月在信阳牺牲。

刘海强 男，1918年3月生，后岗村人。1949年参加革命。1954年在湖北牺牲。

张建立 男，王庄人。失踪。

王广禄 男，西泉河村人。失踪。

黄山口乡

侯太松 男，1913年生，许庄人。1948年2月参加革命。战士。1948年9月在牛蹄牺牲。

杨国荣 男，1927年3月生，刘庄人。1947年12月参加革命。四野四十五军一三四师战士。1949年失踪。

张富兴 男，安淳李村人。1948年7月入伍。二野四十六师五团战士。1949年失踪。

宋遂兴 男，1920年11月生，宋庄人。1948年11月参加革命。志愿军五五九团战士。1952年3月在朝鲜牺牲。

李广庆 男，1926年生，周陈村人。1948年5月参加革命。1951年失踪。

郭金贵 男，1912年生，桃花店村人。1949年参加革命。志愿军机炮连战士。1952年在朝鲜大长岭机场牺牲。

冯　平 男，1927年生，丁庄人。1949年7月参加革命。志愿军四十军一一九师三五七团四连战士。1952年2月在朝鲜牺牲。

贾长泰 男，曾用名贾宝。1934年生，贾林村人。1951年1月参加革命。志愿军五五九团六连副班长。1952年5月在朝鲜牺牲。

贾付海 男，1926年生，贾林村人。1948年6月参加革命。失踪。

沈灿有 男，1940年8月生，安淳李村人。1964年3月参加革命。共青团员。战士。1964年在广东省牺牲。

张顺兴 男，1941年生，下罗村人。1962年入伍。放映员。1967年9月在甘肃省兰州航空医院病故。

孔庆顺 男，1944年生，打车沟村人。1966年3月入伍。中共党员。53806部队副指导员。1975年3月在广东省翁源县牺牲。

汪书贵 男，1910年生，刘庵村人。1939年7月参加革命。失踪。

羊册镇

蒋国钦 男，1911年生，后湖村人。1933年参加革命。罗炳辉部下八团三营八连战士。1936年在安徽周家岗牺牲。

王贯芝 男，1912年生，河南王村人。1937年参加革命。游击队长。1938年在龙王庙牺牲。

龚金聚 男，1917年生，吉庄人。1936年12月参加革命。新四军二师八团班长。1939年8月在江苏省运河牺牲。

阎长富 男，1915年生，吉庄人。1936年6月参加革命。新四军二师八团班长。1939年11月在安徽省蚌埠牺牲。

罗义德 男，1912年生，羊册街人。1937年9月参加革命。同年12月入党。新四军五师连长。1940年9月在新疆大芝门牺牲。

谢小娃 男，1910年生，吉庄人。1938年11月参加革命。新四军二师教导队班长。1941年10月在江苏省牺牲。

屈大山 男，荒庄人。1938年2月参加革命。新四军五师十三旅三团三营二排排长。1942年在湖北雷公店牺牲。

苏保太 男，1928年生，苏张村人。1945年10月参加革命。桐柏军分区司令部司号员。1947年11月在桐柏吴城牺牲。

张广增 男，1918年生，吉庄人。1937年8月参加革命。中共党员。齐齐哈尔军分区独立团营长。1946年在剿匪中牺牲。

王玉广 男，1926年生，小郭庄人。1948年3月参加革命。二野四十八团战士。同年在淮海战役中牺牲。

杨　章 男，1923年生，普台村人，1947年参加革命。战士。1948年失踪。

马建堂 男，1928年生，余庄人。1942年参加革命。战士。1948年11月在淮海战役中牺牲。

陈　有 男，1895年生，小陈庄人。村长。1948年在马道南冲牺牲。

王成元 男，1917年生，王寨村人。1947年11月参加革命。县大队战士。1948年3月在方城县酒店牺牲。

赵金玉 男，1920年生，宋庄人。1947年12月参加革命。泌北县大队战士。1948年5月在方城县牺牲。

孙遂章 男，1927年生，蛮子营村人。1947年12月参加革命。县大队战士。1948年5月在方城县二郎庙牺牲。

王书金 男，1912年生，羊册街人。1947年12月参加革命。1948年9月在郾城县牺牲。

刘广山 男，1920年生，斗门扬村人。1947年11月参加革命。区中队战士。1948年9月在河南王村牺牲。

石老四 男，1913年生，候庄人。1948年3月参加革命。桐柏军区二分区战士。1948年12月在沙河店牺牲。

路国正 男，1922年生，徐庄人。1948年参加革命，四野战士。1949年在洛阳市牺牲。

安凤鸣 男，1928年生，大安庄人。1948年参加革命。排长。1949年在河北邢台牺牲。

贾玉黑 男，1929年生，田庄人。1948年参加革命。六十二军班长。1949年2月27日在淖马战斗中牺牲。

王金魁 男，1925年生，关庄人。民兵。1949年8月在本村牺牲。

李志福 男，1914年生。擂鼓台村人。1949年5月参加革命。一九三师战士。1949年在甘肃省高马家山牺牲。

胡运生 男，1924年生，胡庄人，1944年3月参加革命。1950年2月牺牲。

乔青海 男，1925年生，胡林村人。1949年8月参加革命。四军十一师供给处通讯员。1950年4月在甘肃省临夏县牺牲。

吴　学 男，1925年生，毛庄人。1948年12月参加革命。志愿军十一军三十三师九十七团排长。1951年在朝鲜牺牲。

马德增 男，1911年生。黄太店村人。1949年1月参加革命。志愿军一九四师五八二团七连战士。1951年5月在朝鲜牺牲。

杨海山 男，1927年8月生，五里王村人。1948年7月参加革命。一〇五师副排长。1955年3月牺牲。

褚凤华 男，1930年生，白庄人。1948年7月参加革命。通讯员。1952年9月牺牲。

刘广山 男，1937年生，苏张村人。1955年12月入党。1957年3月参加革命，9228部队二分队班长。1960年2月1日在西藏平叛中牺牲。

安玉生 男，1961年8月生，羊册街人。1980年1月参加革命。1981年3月入党。86211部队空军崇安场站警卫队战士。1981年牺牲。

泌水街道

黄延臣 男，1918年生，向阳居委会人。1936年2月参加革命，战士。1933年11月在竹沟牺牲。

李茂堂 男，向阳居委会人，1937年3月参加革命。1939年在安徽抗日前线牺牲。

陈文炳 男，1918年生，向阳居委会人。1937年3月参加革命。1938年入党。1938年在安徽抗日前线牺牲。

王现章 男，1912年生，向阳居委会人。1935年参加革命。新四军二师五旅排长。1942年8月在安徽省牺牲。

曲生显 男，1916年生，东风居委会人。1936年参加革命。新四军十一团七连班长，1943年牺牲。

张青山 男，1907年生，东方红街112号人。1936年7月参加革命。1937年2月入党。新四军八团六连连长。1947年在安徽省合肥战役中牺牲。

余金铎 男，牛庄村人，1927年10月参加革命。独立师营长。1947年牺牲。

王连生 男，东方红街新华居委会人。1942年参加革命。战士。1948年11月在淮海战役中牺牲。

郑光明 男，1918年生，东风居委会人。1947年参加革命，二十九团战士，1948年在安徽省宿县牺牲。

黄国明 男，1920年生，向阳居委会人。1938年参加革命。确山县民主政府芦庄乡长。1948年在芦庄街战斗中牺牲。

薛官廷 男，1916年生，向阳居委会人。八纵三十三旅战士。1948年7

月在山西省祁县牺牲。

张西坤 男，人民居委会人。十九兵团战士。1949年10月1日牺牲。

邹林兴 男，1929年生，向阳居委会人。1947年参加革命。志愿军战士。1950年10月在朝鲜牺牲。

黄祥林 男，1920年生，东关人。1948年5月参加革命。四野四十七师战士。1951年牺牲。

赵海崇 男，人民居委会人。志愿军一三四团司务长。1951年4月4日在朝鲜牺牲。

李万兴 男，1921年生，向阳居委会人。1942年参加革命。志愿军战士。1951年5月在朝鲜战役中牺牲。

杨厚甫 男，1920年生，西关人。1948年参加革命。高级步校教员。1952年在重庆失踪。

张有富 男，东风居委会人。1949年4月参加革命。1950年6月入党。志愿军战士。1953年6月在朝鲜牺牲。

李国喜 男，1931年生，东风居委会人。1955年参加革命。1957年牺牲。

杨生枝 男，1920年生，人民居委会人。1944年参加革命，1945年入党。泌阳县委财贸部部长。1959年在县城病故。

赵长海 男，1937年4月生，向阳居委会人。1956年参加革命，1958年入党。北京宝兴空军后勤连长。1970年在北京空军总医院病故。

李清宇 男，李因之兄。1938年8月在延安鲁艺学习。后任鲁西文联音协主任。1946年中原突围失踪。

附录五

老区歌谣

穷没苗，富无根，不想挨饿要打拼；穷人多，富人少，开仓济贫最公道。

为了爹、为了娘，打死老财要抢粮。不要慌、不要怕，共产党为咱打天下。

锄禾日当午，汗滴禾下土，种地农民手脚难闲住，吃吃喝喝摇摇摆摆那是大地主。

打土豪，分田地，人人有衣穿，人人有饭吃。

十根扁担搭个桥

山上有柴大家烧，砍捆柴火也要把税缴。

保长专喝穷人血，扁担头上拔雁毛。

一根扁担一副挑，十根扁担能搭桥。

砍柴不缴税，大家心一条。

组织起来扁担会，再来收税决不饶。

游击队歌谣

我当红军上山岗

春季里闹灾荒，我为乡亲去砸官仓，只要乡亲们能活命，哪怕我明天上刑场。

合：周卯[①]好，老汉强，他待我们像爹娘，像爹娘。

夏季里来是农忙，我替乡亲们去插秧，哪怕晒得浑身泡，喝口凉水心里香。

合：王老汉，周队长，红军待我像爹娘，像爹娘。

秋季里来谷登场，来了催租的活阎王，算盘剥去粮万石，没粮怎能度日光！

合：王政委，周队长，你带红军在何方，在何方？

冬季里来苦难当，下锅哪有一粒粮！孩子饿得皮包骨，爹娘饿得下不来床。

合：王政委，周队长，快带红军下山岗，下山岗！

叫乡亲，莫惆怅，挺起腰杆过时光，眼前只有一条路，扛起枪来把红军当。

合：跟着王政委，跟着周队长，我当红军上山岗，上山岗！

（①周卯，时任红军游击队队长周骏鸣的小名。）

农民十想

太阳出了山，农民满田间，浑身累得都是酸，哪个敢偷闲！

太阳到山顶，天气热得很，浑身晒得汗淋淋，哪个敢留停！

太阳落了西，收工回家去，坐在树下把饭吃，越想越无益！

一想我农民，终年在辛勤，收的谷子黄如金，自己吃不成。

二想那地主，尽是吸血鬼，勾结官府把民欺，收租逼死人。

三想狗劣绅，仗势欺压人，办理公事把款吞，实令人气愤。

四想那地痞，尽是无赖鬼，狗仗人势作恶多，常把农民逼。

五想那土匪，光拉种田人，烧杀奸淫绑人票，闹得人烟稀。

六想那官府，办事太不公，无钱输来有钱赢，令人气不平。

七想那军阀，光把内战打，抓兵催款又要粮，闹得人心慌。

八想国民党，狐群又狗党，欺压农民赛虎狼，人人恨得慌。

九想那老蒋，是个独裁狂，专收土匪和流氓，来打共产党。

十想共产党，革命有主张，领导穷人得解放，大家都信仰。

革命成功了，红光遍地照，共同生活人平等，共产社会好。

投红军

天气越冷松越青，穷人越苦骨越硬。
对着新坟拜一拜，擦干眼泪投红军。

注意哟

注意哟，注意哟，站岗同志要小心，
枪支子弹不离身，随时准备打敌人。

工农商学兵

工农商学兵，一起来救亡，
拿起我们的武器刀枪，
走上民族解放的战场。

抗日小调

战号吹起来，冲锋向前进，我们要做一个抗日的军人，同志们，公路、铁路破坏它，齐心杀敌人。

打走鬼子兵，一直下关东，城头上站着两位大将军，威风凛凛是那个朱德、毛泽东。

保卫大河南

日本强盗蛮不讲理，杀我同胞强占我土地。
全国同胞大家武装起，要把鬼子赶出中国去！
英雄壮健我们新四军，开赴前线杀敌人。
开展游击战，保卫大河南，不收复失地誓不生还。

（注：此歌是1938年9月 彭雪枫率新四军东征游击支队东征抗日的军歌。）

英雄老八团

东进，东进！抗战，抗战！我们是豫南的好子弟，
我们是善战的老八团。怎能忍受这外来的侵略，
怎能忍受这兽性的摧残。
东进！抗战，抗战！ 我们有党的正确领导，
我们有广大人民的支援。我们是在战火中成长，
新四军个个都是铁打的硬汉。
东进！抗战，抗战！我们要挺进敌人心脏，
我们要奔赴抗日最前线！去拯救被蹂躏的同胞，
去恢复那已破碎的河山。
东进！抗战，抗战！我们是炎黄子孙，
要维护华夏民族的尊严。驱除日寇，全民动员，
去恢复已破碎的河山。

老八团团歌

英雄的老八团、老八团，红军时期诞生在桐柏山。艰苦转战鄂豫皖、鄂豫皖，七战七捷敌胆寒、敌胆寒，名声威震孟良崮，淮海渡江第一船。朝鲜战场显神威，英雄辈出千千万啊、千千万。

英雄的老八团、老八团，如今扎根在燕山。继承先辈老传统、老传统，抢险救灾冲在前、冲在前。军歌训练勇夺魁，国庆阅兵壮军威。守卫祖国北大门，铜墙铁壁镇边关、镇边关、镇边关。

附录六

历届县委县政府领导一览表

一、新中国成立前中共泌阳县委历任领导人表（1927.11—1949.9）

姓　名	职　务	任职时间	籍贯
姚建宇（又名敬斋）	中共泌阳支部委员会书记	1927.11—1928.7	河南泌阳
张旺午	中共泌阳特别支部书记	1928.7—1928.9	河南泌阳
陈雪怀	中共泌阳县委书记	1928.10—1929.9	湖北枣阳
张旺午	中共泌阳县委书记	1929.10—1930.2	河南泌阳
毕子久	中共泌阳县委书记	1930.2—1930.7	河南泌阳
魏世骅	中共泌阳县委书记	1930.8—1930.12 （中共南阳特委特派）	河南南阳
陈香斋	中共泌阳县委代书记	1930.12—1932.2	河南泌阳
张旺午	中共泌阳县委书记	1932.2—1933.初	河南泌阳
高子扬	中共唐桐泌中心县委书记	1933.8—1934.5	河南泌阳
高子扬	中共泌阳县特别支部 委员会书记	1934.7—1934.8	河南泌阳
高子扬	中共泌阳县委书记	1934.8—1935.7	河南泌阳
郭同昌	中共泌阳县委书记	1937.1—1938.3	河南镇平
高子扬	中共泌阳县委书记	1938.3—1938.9	河南泌阳
李　辉	中共泌阳县委书记	1938.10—1940.2	湖北钟祥
邢西玲	中共泌阳县委书记	1940.2—1940.秋	河南遂平
苏凤章	中共泌阳县委代书记	1940.秋—1941.春	河南泌阳
高子扬	中共泌阳县委书记	1942—1944.10	河南泌阳

续表

姓 名	职 务	任职时间	籍 贯
杨安平	中共泌阳县委书记	1944.10—1945.11	河南太康
张 难	中共泌阳县委书记	1945.11—1946.1	河南邓县
李建安	中共泌阳县委书记	1946.2—1946.7	河南遂平
侯太俊	中共泌阳县委书记	1946.7—1946.8	河南泌阳
李福荣	中共泌北县委书记	1947.11—1948.6	
萧 英	中共泌东县委书记	1947.12—1949.1	河北广宗
史雷锋	中共泌西县委书记	1947.12—1949.9	河北大城

二、新中国成立后中共泌阳县委历任正、副书记表（1949—2018）

姓名	职务	任职时间	籍贯
史雷峰	书 记	1949.10—1951.9	河北大城
王 琳	副书记	1949.6—1950.12	河北广宗
姚增绪	书 记	1951.1—1953.3	河北大城
郑维祥	副书记	1950.10—1953.3后任书记	山东冠县
何文轩	书 记	1953.5—1955.6	河北清河
田德芳	副书记	1953.3—1954.7	河北徐水
周林书	副书记	1953.4—1955.6	
王兆凯	副书记	1954.11—1956.5	河南方城
孙兆盛	副书记	1954.7—1958.10	山东海阳
王济民	书 记	1955.6—1957.7	河北威县
刘 琳	副书记	1955.6—1964.12	河北临西
李富昌	第一书记	1957.7—1960.4	山西和顺
王济民	第二书记	1957.7—1958.10	河北威县
杨凌阶	副书记	1957.7—1965.6	河南内乡
赵礼魁	书记处书记	1958.10—1962.8	河北深泽
田德芳	书记处书记	1958.10—1960.4	河北徐水
刘顺祥	书记处书记	1959.3—1964.4	河南泌阳

续表

姓名	职务	任职时间	籍贯
朱文江	书记处书记	1959.3—1964.5	山西人
刘　宪	第一书记	1960.4—1962.4	山西长治市
王建民	书记处书记	1960.11—1961.12	
刘从民	书记处书记	1960.11—1967.11	河南濮阳
王松林	书记处书记	1960.4—1964.5	河南社旗
刘乃武	书记处书记	1960.11—1961.9	山东胶东
安载道	书记处书记	1960.11—1961.9	河北曲周
李富昌	第一书记	1962.4—1964.5	山西和顺
刘庆丰	副书记	1962.4—1964.7	河北深县
李富昌	县委书记	1964.5—1965.7	山西和顺
张天序	副书记	1964.12—1966.5	河南泌阳
白同甫	副书记	1965.7—1967.11	河南邓县
刘富祥	副书记	1966.4—1967.11	河南泌阳
王建武	副书记	1966.4—1967.11	河南泌阳
李富昌	第一书记	1965.7—1967.11	山西和顺
骆玉杰	第二书记	1965.7—1967.11	河北唐县
崔　峰	党的核心小组组长	1970.3—1971.5	山东阳谷
刘从民	党的核心小组副组长	1970.3—1971.5	河南濮阳
井海泉	党的核心小组副组长（军代表）	1970.3—1971.5	
梁仪友	县委书记（军代表）	1971.5—1975.2	河南上蔡
李全录	副书记	1971.5—1975.2	河南陕县
陈富安	副书记	1971.5—1975.2	河南上蔡
李光辉	副书记（军代表）	1971.5—1974.8	河南邓县
罗耀宇	副书记	1972.5—1976.2	河南西平
刘培诚	第一书记	1973.1—1975.2	山东东阿
段太民	副书记	1973.1—1976.2	河南泌阳
王明富	副书记	1973.4—1975.7	河南新县
刘从民	副书记	1973.4—1977.3	河南濮阳

续表

姓名	职务	任职时间	籍贯
卜楚模	副书记	1973.4—1976.2	河南固始
王　涛	副书记	1974.8—1977.6	河南邓县
朱永朝	第一书记	1975.2—1978.4	河南新县
段太民	书 记	1976.2—1977.7	河南泌阳
卜楚模	书记	1976.2—1979.2	河南固始
罗耀宇	书记	1976.2—1977.7	河南西平
王　涛	书记	1977.6—1979.5	河南邓县
柳忠田	副书记	1975.7—1976.9	山东栖霞
吴大中	副书记	1976.2—1979.1	江苏泗洪
游洪儒	副书记	1976.2—1978.5	河北武安
张建新	第一书记（1980.4改称书记）	1978.4—1980.9	山东东阿
阎枫栖	副书记	1979.2—1980.9	河北巨鹿
李惠河	副书记	1979.2—1980.12	山东牟平
杜炳道	副书记	1979.2—1980.12	河北永年
胡文章	副书记	1979.2—1981.1	
孙定方	副书记	1980.4—1983.9	河南泌阳
阎枫栖	书记	1980.9—1984.4	河北巨鹿
马松河	副书记	1981.9—1983.9	河南泌阳
张学鹏	副书记	1981.9—1984.4	安徽萧县
禹殿记	副书记	1983.4—1984.3	河南泌阳
刘玉轩	书记	1984.4—1987.11	河南上蔡
赵玺	副书记	1984.9—1987.12	河南汝南
赵玉兰（女）	副书记	1984.9—1992.5	河南西平
崔长德	副书记	1984.9—1987	河南正阳
马太阳	副书记	1985.12—1987.3	河南安阳市
田富礼	副书记	1987.2—1987.11	河南西平
田富礼	书记	1987.11—1993.4	河南西平
赵玉兰	副书记	1984.9—1992.5	河南西平

续表

姓名	职务	任职时间	籍贯
刘德法	副书记		河南泌阳
李同春	副书记		河南泌阳
徐群才	书记	1993.4—2000.3	河南上蔡
刘军甫	副书记	1992.5—1995.10	河南汝南
杨松泉	副书记	1995.10—1998.12	河南西平
陈国明	副书记		
刘艳丽（女）	副书记		
李海洲	副书记		河南西平
王学杰	副书记	1999.3—2000.3	河南汝南
王学杰	书记	2000.3—2004.11	河南汝南
吴路线	副书记	2001.3—2004.11	河南上蔡
赵秀荣（女）	副书记		河南遂平
杨　骁	副书记		河南唐河
王富兴	书记	2004.11—2008.12	河南宜阳
谢凤鸣	副书记	2004.12—2012.7	河南汝南
高万象	副书记	2004.12—2012.7	河南正阳
王群生	副书记		河南确山
谢凤鸣	书记	2008.12—2012.7	河南汝南
高万象	副书记	2008.12—2012.7	河南正阳
王群生	副书记		河南确山
张树营	副书记	2012.7—2015.12	河南上蔡
高万象	书记	2012.7—2015.12	河南正阳
张树营	副书记	2012.7—2015.12	河南上蔡
张中林	副书记	—2015.7	
张树营	书记	2015.12—	河南上蔡
魏华伟	副书记	2016.1—	河南遂平
杜永军	副书记		
郭洪波	副书记	2018.12—	

三、县人民政府历任县长

县政府名称	姓　名	职　务	任职时间	籍　贯
确泌桐爱国人民县政府	孙　石	县长	1944.10—1944.12	河南泌阳
确泌桐爱国人民县政府	何振刚	县长	1944.12—1945.10	河南确山
泌阳爱国人民县政府	高子扬	县长	1945.1—1945.9	河南泌阳
泌阳爱国人民县政府	张子明	县长	1945.10—1946.1	河南汝南
泌阳爱国人民县政府	李建安	县长	1946.2—1946.6	河南遂平
泌北人民民主县政府	文　峰	县长	1947.11—1948.6	河北省
泌西爱国民主县政府	成建华	县长	1947.12—1948.3	河北巨鹿
泌西爱国民主县政府	孙克华	县长	1948.4—1948.12	河北巨鹿
泌东爱国民主县政府	常　青	县长	1947.12—1948.6	河北广宗
泌东爱国民主县政府	姚增绪	县长	1948.6—1948.12	河北大城
泌阳爱国民主县政府	姚增绪	县长	1949.1—1949.9	河北大城
泌阳县人民政府	姚增绪	县长	1949.10—1951.9	河北大城
泌阳县人民政府	姚天骥	县长	1951.12—1953.3	河北满城
泌阳县人民政府	田德芳	县长	1953.3—1954.7	河北徐水
泌阳县人民委员会	孙兆盛	县长	1954.7—1957.1	山东海阳
泌阳县人民委员会	赵礼魁	县长	1957.1—1958.10	河北深泽
泌阳县人民公社管理委员会	赵礼魁	县（社）长	1958.10—1959.3	河北深泽
泌阳县人民委员会	赵礼魁	县长	1959.3—1962.8	河北深泽
泌阳县人民委员会	刘庆丰	县长	1962.8—1965.5	河北深县
泌阳县人民委员会	骆玉杰	县长	1965.5—1966.5	河北唐县
泌阳县人民委员会	王建武	县长	1966.5—1968.11	河南泌阳
泌阳县革命委员会	李富昌	主任	1967.1—1968.11	山西和顺
泌阳县革命委员会	谢元俊	主任	1968.11—1969.12	不详
泌阳县革命委员会	崔峰	主任	1968.12—1972.1	山东阳谷
泌阳县革命委员会	梁仪友	主任	1972.1—1975.2	河南上蔡
泌阳县革命委员会	朱永朝	主任	1975.2—1978.4	河南新县
泌阳县革命委员会	张建新	主任	1978.4—1980.12	山东东阿
泌阳县人民政府	张学鹏	县长	1981.1—1984.4	安徽萧县

续表

县政府名称	姓　名	职　务	任职时间	籍　贯
泌阳县人民政府	马太阳	县长	1984.4—1987.3	河南安阳
泌阳县人民政府	田富礼	代县长、县长	1987.3—1988.5	河南西平
泌阳县人民政府	赵玉兰（女）	代县长、县长	1987.11—1992.5	河南西平
泌阳县人民政府	刘军甫	代县长、县长	1992.5—1995.10	河南汝南
泌阳县人民政府	杨松泉	代县长、县长	1995.10—1998.12	河南西平
泌阳县人民政府	王学杰	代县长、县长	1999.3—2000.3	河南汝南
泌阳县人民政府	吴路线	代县长、县长	2001.3—2004.11	河南上蔡
泌阳县人民政府	谢凤鸣	代县长、县长	2004.11—2008.12	河南汝南
泌阳县人民政府	高万象	代县长、县长	2008.12—2012.7	河南正阳
泌阳县人民政府	张树营	县长	2012.7—2016.1	河南上蔡
泌阳县人民政府	魏华伟	县长	2016.1—	河南遂平

后 记

2018年，全国老促会部署1559个老区县编写《革命老区发展史》。泌阳县老促会立即成立编委和编辑组织，广泛搜集资料，认真撰写初稿。期间，得到了省老促会副秘书长吴海明、白廷斌和市老促会副会长王太广、副主任李保瑜等领导多次具体指导和帮助。2019年底，初稿完成后，约请县委党史研究室主任郭晓勇，县地方志研究所主任王德收、副主任孙玲玲，县政协文史资料委员会主任李东升、县中等职业学校校长龚中立、县退伍军人事务局副局长冯建海和县老促会原会长刘德法，现会长焦相贤，副会长王广超、袁运福、高明德、陈超、李全武、王建军等有关领导参加，召开了小型评稿会。2020年，经编辑人员反复修改，于7月初完成送审稿。驻马店市委党史研究室李运成、市老促会陈德龙对书稿认真审读，提出了很好的修改意见，再经编辑人员修改后，报送省老促会审定，于2020年12月定稿。

该书以时为序，基本反映了1840—2018年泌阳革命斗争情况，编者尽全力写出了一部泌阳革命老区的简史。由于编写能力有限，尽管做了调查，数十万字还只能是个概略的史记，错误在所难免，热忱希望读者提出宝贵意见，以便修订时弥补。